Archäologische Ausgrabungen in Baden-Württemberg 2006

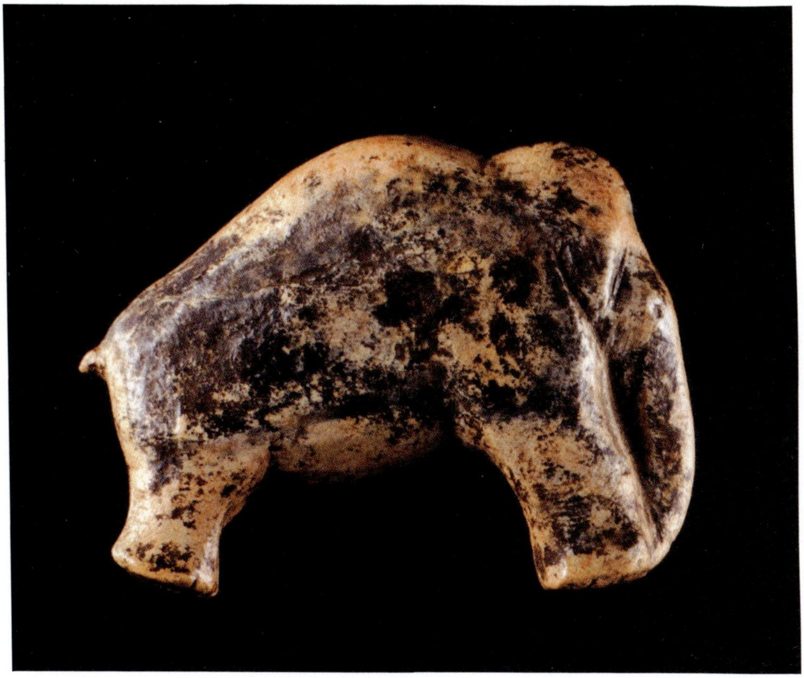

THEISS

Bibliografische Information Der Deutschen Nationalbibliothek
Die Deutsche Nationalbibliothek verzeichnet diese Publikation in der Deutschen Nationalbibliografie; detaillierte bibliografische Daten sind im Internet über http://dnb.d-nb.de abrufbar.

Umschlagbilder
Vorderseite: Niederstotzingen-Stetten ob Lontal, Vogelherd-Höhle. Jungpaläolithische Mammutfigur aus Elfenbein (Foto: Hilde Jensen). – Fellbach-Oeffingen. Bodenscherbe einer römischen Sigillata-Tasse mit Widder-Bildpunze als Töpferstempel (Foto: Yvonne A. Mühleis).
Rückseite: Hessigheim. Silberne Scheibenfibel des 7. Jahrhunderts (Foto: Yvonne A. Mühleis).

Redaktion: Karen Schmitt, Stuttgart
Gestaltung und Satz: Cornelia Fritsch, Filderstadt
Reproduktion: digigra4, Fellbach
Druck und Bindung: Offizin Andersen Nexö Leipzig GmbH, Zwenkau
ISBN 978-3-8062-2093-3
ISSN 0724-8954

Vorwort

Der Bericht der Archäologischen Denkmalpflege über die größeren Ausgrabungen des Jahres 2006 ist mit 73 Beiträgen erneut recht umfangreich ausgefallen. Unter den vorgestellten Grabungen sind unerwartete Entdeckungen, die ahnen lassen, was noch alles im Boden verborgen liegt. Vor allem die konsequente Untersuchung linearer Projekte, die das Referat 115 Schwerpunktgrabungen nun aufgenommen hat, zeigt in ersten Ergebnissen, dass auch in Baden-Württemberg nur etwa ein Zehntel der tatsächlich vorhandenen Fundstellen bekannt sind. Vergleichbare Zahlen liegen aus den neuen Bundesländen, aber auch aus anderen europäischen Ländern seit längerem vor.

Die intensive Beschäftigung mit einzelnen herausragenden Denkmälern hat ebenfalls neue Ansätze für denkmalpflegerische Entscheidungen erbracht. So bedeutet die Ausweisung des obergermanisch-rätischen Limes als Weltkulturerbe zwar keinen zusätzlichen rechtlichen Schutz, wohl aber die moralische Verpflichtung, die bestehenden Möglichkeiten voll auszuschöpfen. Dazu ist es aber auch notwendig, das Denkmal selbst noch besser zu erkunden. Auch die Heuneburg an der oberen Donau, als frühkeltischer Fürstensitz international bekannt, war als denkmalschutzrechtliches Objekt auf eine Fläche von etwas über drei Hektar – das eigentliche Burgareal – beschränkt. Vor allem die Untersuchungen in der sogenannten Außensiedlung haben diese Fläche nun um rund hundert Hektar erweitert und hier umgehenden Handlungsbedarf aufgezeigt. Die Befunde der Außensiedlung werden großflächig überpflügt und damit laufend weiter beeinträchtigt, was ihre Dokumentation wegen des schlechten Erhaltungszustandes außerordentlich kompliziert macht. Dies trifft auch auf die zahlreichen Grabhügelfelder um die Heuneburg zu, die im Ackerland liegen. Eine Lehrgrabung der Gesellschaft für Vor- und Frühgeschichte im Donautal, deren Ergebnisse in diesem Band vorgelegt werden, hat ebenso wie Untersuchungen im Grabhügelfeld „Satzet" von 2004 die dringende Notwendigkeit von Flächenstilllegungen deutlich vor Augen geführt. Dass Ausgrabungen hier nur bedingt weiterhelfen können, zeigt das Beispiel des Limes, und auch bei den Grabhügeln der Heuneburg wären die Folgelasten nicht zu leisten. So ist nicht abzusehen, wann die Restaurierung und Konservierung der in den vergangenen Jahren dort ergrabenen Funde und Befunde in Angriff genommen werden können. Solcherart umfangreiche denkmalpflegerische Maßnahmen, wie sie beispielhaft im nördlichen Federseeried durchgeführt werden, können nur als langfristige Großprojekte in Zusammenarbeit mit anderen Beteiligten, etwa Flurbereinigung und Naturschutz, vor allem aber unter Einbindung der örtlich Verantwortlichen erfolgreich angegangen werden. Punktuelle Schutzmaßnahmen werden auch künftig sinnvoll bleiben, aber vorrangig werden wir uns in Zukunft den wichtigsten Denkmallandschaften unseres Landes widmen müssen.

Neue wissenschaftliche und denkmalpflegerische Erkenntnisse sind jedoch nur aus der Fläche heraus zu gewinnen. Deshalb ist eine qualitätvolle flächendeckende Arbeit auch in Zukunft unverzichtbar. Dies zu gewährleisten, muss auch unter den neuen organisatorischen Gegebenheiten und trotz der angesetzten Personaleinsparungen oberstes Ziel bleiben. Die Erfolge unserer Arbeit – nachzulesen auch im vorliegenden Band – haben sicher mit dazu beigetragen, dass die Archäologische Denkmalpflege bisher von drastischen Mittelkürzungen verschont geblieben ist.

Einige besonders wichtige Neuentdeckungen seien im Folgenden kurz vorgestellt. Die Untersuchung des Aushubs der früheren Grabung im Vogelherd im Lonetal hat die Erwartungen weit übertroffen. Unser Titelbild ziert eine vollständig erhaltene Mammutfigur aus dem Aurignacien, neben dem Bruchstück einer Felidenplastik aus Elfenbein sicherlich eine der wichtigsten Neuentdeckungen der letzten Jahre, die weltweit Aufmerksamkeit erregen wird. Diese Funde unterstreichen die Bedeutung der Fundregion Lone- und Achtal im frühen Jungpaläolithikum, deren Erhaltung und weitere Erforschung ähnlich umfassende Maßnahmen wie oben angesprochen erfordern. Eine große Landesausstellung zum Thema Eiszeitkunst ist für 2009 in Vorbereitung.

In Bad Buchau konnten erneut hölzerne Wege vom Festland zur früheren Insel Buchau festgestellt werden. Vom Neolithikum bis in mittelalterliche Zeit können sie zum Teil jahrgenau datiert werden. Die unterwasserarchäologischen Untersuchungen und Prospektionen am Bodensee haben infolge der extremen Wassertiefstände des Winters 2005/2006 zahlreiche Neuentdeckungen ergeben, aber auch das immer höhere Gefährdungspotenzial für die Pfahlbaustationen deutlich gemacht. Wie hier der fortschreitenden Erosion dauerhaft Einhalt geboten werden kann, ist derzeit noch offen. Abdeckungsversuche haben noch nicht das gewünschte Ergebnis erbracht, aber auch Ausgrabungen selbst der wichtigsten Siedlungen sind nicht durchführbar und auch nicht wünschenswert.

Zwei Beiträge befassen sich mit dem Thema „Kultplatz". Die Untersuchungen an der Eremitage bei Inzigkofen konnten nun mit neuen interessanten Ergebnissen abgeschlossen werden, die Platzkontinuität reicht dort vom Neolithikum bis in die Alamannenzeit. Mit Spannung kann man auf die Fortsetzung der Grabungen auf der Alten Burg bei Langenenslingen hoffen. Auch solche weitab in Wäldern gelegenen Stellen erfordern denkmalschützerische Aufmerksamkeit – man denke nur an die Raubgrabungen am damals der Denkmalpflege unbekannten keltischen Heiligtum bei Egesheim.

Neuland in jeder Hinsicht haben die montanarchäologischen Untersuchungen bei Neuenbürg im Nordschwarzwald aufgetan, die dank einer Förderung durch die Deutsche Forschungsgemeinschaft nun systematisch fortgesetzt werden können. Die Grabungen, zusammen mit einem ebenfalls durch die DFG geförderten Projekt zur pollenanalytischen Rekonstruktion der Siedlungsgeschichte dieses Gebietes, haben auch große Bedeutung für die laufenden Forschungen zu den frühkeltischen Fürstensitzen Südwestdeutschlands, befassen sie sich doch mit einer potenziellen wirtschaftlichen Grundlage derselben.

Die zahlreichen Untersuchungen an Kastellorten, Villen und anderen, teils neu entdeckten Fundstellen der Römerzeit können an dieser Stelle nicht im Einzelnen erläutert werden. Eine Grabung im für seine Holzfunde berühmten alamannischen Friedhof von Oberflacht wurde leider unter sehr widrigen Umständen durchgeführt. Trotzdem konnten hier weitere Gräber mit Holzerhaltung beobachtet werden; zwei von ihnen wurden im Block geborgen und werden zurzeit in den Werkstätten in Esslingen untersucht. Schließlich sei noch ein unerwartet reich ausgestatteter merowingischer Ortsfriedhof von Hessigheim erwähnt. Ein eiserner Klappstuhl, reicher Frauenschmuck und ein mit verzierten Knochenplättchen besetztes Reliquienkästchen werden im Mittelpunkt unserer Ausstellung „Entdeckungen" stehen, in der wir zusammen mit dem Archäologischen Landesmuseum in Konstanz und Ulm die Neufunde der letzten Jahre präsentieren.

Dafür, dass unser Jahrbuch dieses Mal aus Anlass der Ausstellung besonders frühzeitig erscheinen konnte, danken wir den Grabungsleitern, Restauratoren, Grafikern und Fotografen, den zahlreichen Grabungsarbeitern und vor allem den Autoren. Für die Zusammenstellung der Beiträge sowie die Redaktion danke ich Frau Karen Schmitt, dem Konrad Theiss Verlag für die Herstellung des Bandes.

Esslingen, im April 2007 Jörg Biel

Karte der Städte und Gemeinden, aus denen in diesem Band berichtet wird.

Inhalt

5 Vorwort

13 Verzeichnis der Autoren

17 Die Ausgrabungen am Hohle Fels bei Schelklingen, Alb-Donau-Kreis (N. J. Conard, M. Malina)

20 Einmalige Funde durch die Nachgrabung am Vogelherd bei Niederstotzingen-Stetten ob Lontal, Kreis Heidenheim (N. J. Conard, M. Lingnau, M. Malina)

24 Die Ausgrabungen 2006 an dem spätpaläolithischen Fundplatz von Kappel am Federsee, Stadt Bad Buchau, Kreis Biberach (C.-J. Kind, M. Jochim)

28 Eine Siedlung mit ältester Bandkeramik bei Oedheim, Kreis Heilbronn (A. Neth)

31 Edingen-Neckarhausen, Rhein-Neckar-Kreis – eine archäologische Fundgrube am Neckar (B. Stadler, K. Wirth)

33 Sondagegrabungen zur neolithischen Hornsteinnutzung in Blaubeuren-Sonderbuch, Alb-Donau-Kreis (C. Knipper, L. Fisher, S. Harris, R. Schreg)

37 Mittelneolithische Funde von Ilvesheim, Rhein-Neckar-Kreis (H.-P. Kraft)

39 Wege über das Moor zwischen Kappel und der Insel Buchau am Federsee, Kreis Biberach (H. Schlichtherle, W. Hohl)

44 Unterwasserarchäologie am Überlinger See – Extreme Niedrigwasserstände und die Folgen (J. Köninger)

49 Erste Siedlungsspuren der Urnenfelderzeit in Schriesheim, Rhein-Neckar-Kreis (B. Stadler)

50 Zu einer Kinderbestattung der Urnenfelderkultur aus dem Gräberfeld beim Burrenhof, Gde. Grabenstetten, Kreis Reutlingen (G. Stegmaier)

52 Die „Eremitage" im Donautal bei Inzigkofen, Kreis Sigmaringen, in vor- und frühgeschichtlicher Zeit (H. Reim)

55 Frühkeltische Siedlungsspuren am Ostrand von Ladenburg, Rhein-Neckar-Kreis (G. Wieland)

58 *„… wo früher ein Thor gestanden hatte …"* – Ergebnisse und Fragen zur Untersuchung einer Toranlage bei der Heuneburg, Gde. Herbertingen-Hundersingen, Kreis Sigmaringen (G. Kurz)

63 Die Grabungen 2006 im Umland der Heuneburg bei Herbertingen-Hundersingen, Kreis Sigmaringen (S. Kurz)

68 Ein Grab im Kornfeld – Untersuchungen im Bereich der frühkeltischen Bettelbühlnekropole nahe der Heuneburg, Gde. Herbertingen, Kreis Sigmaringen (J. Bofinger, S. Walter)

71 Besiedlungsstrukturen des frühkeltischen Fürstensitzes auf dem Ipf bei Bopfingen, Ostalbkreis (R. Krause, D. Euler)

75 Prospektionen und Ausgrabungen im Umfeld des frühkeltischen Fürstensitzes auf dem Ipf in Unterriffingen, Stadt Bopfingen, Ostalbkreis (R. Krause, D. Euler)

78 Archäologische Ausgrabungen an der NATO-Pipeline zwischen Aalen (BW) und Leipheim (BY) (Ch. Bollacher, D. Krausse, J. Bofinger)

82 Archäologische Untersuchung eines Schlackenhügels der späten Hallstatt- und Frühlatènezeit im „Hirschgarten" bei Neuenbürg-Waldrennach, Enzkreis (G. Gassmann, G. Wieland)

86 Geophysikalische, bodenkundliche und archäologische Prospektionen im Umfeld des jüngerlatènezeitlichen Prunkgrabes von Sinsheim-Dühren, Rhein-Neckar-Kreis (B. Mathes, H. von der Osten-Woldenburg, G. Wieland)

90 Eine großflächige Siedlung der jüngeren Eisenzeit bei Engen-Welschingen, Kreis Konstanz (J. Hald)

94 Von der Steinzeit zu den frühen Germanen: Landschafts- und Siedlungsentwicklung im „Reißwag" bei Königshofen, Stadt Lauda-Königshofen, Main-Tauber-Kreis (R. Keller, D. Krausse)

98 Dem Limes auf der Spur – Untersuchungen eines Abschnittes der Strecke 8 südlich von Osterburken, Neckar-Odenwald-Kreis (B. Rabold, V. Bohnert, P. Knoetzele)

101 Neues zum Westkastell von Welzheim, Rems-Murr-Kreis (K. Kortüm)

106 Nordwestecke des spätrömischen Kastells auf dem *„Mons Brisiacus"* entdeckt – Fortsetzung der Grabungen in Breisach, Kreis Breisgau-Hochschwarzwald (A. Bräuning)

108 Der neue Plan des römischen Großbaus im Bereich des Münsterplatzes in Breisach, Kreis Breisgau-Hochschwarzwald (H. U. Nuber, M. Zagermann)

111 Grabungen im römischen und mittelalterlichen Rottweil (K. Kortüm, U. Gross)

116 Von der Antike bis zur Neuzeit. Ausgrabungen in der Zwingertgasse in Ladenburg, Rhein-Neckar-Kreis (B. Rabold)

118 Nicht nur ein Straßenknotenpunkt – das römische Stettfeld, Gde. Ubstadt-Weiher, Kreis Karlsruhe (B. Rabold)

122 Neue Erkenntnisse über den römischen Monumentalbau in Stettfeld, Gde. Ubstadt-Weiher, Kreis Karlsruhe, durch das Bodenradar-Verfahren (H. von der Osten-Woldenburg)

126 Römische Siedlungsspuren im Trassenbereich einer Gaspipeline im Heckengäu bei Heimsheim, Enzkreis (J. Bofinger, P. Sikora)

128 Siedeln im Morast – römische und frühmittelalterliche Siedlungsreste in Sindelfingen, Kreis Böblingen (D. Ade-Rademacher)

131 Provinzialrömische und alamannische Siedlungsbefunde in Ilvesheim, Rhein-Neckar-Kreis (F. Wedekind, K. Wirth)

134 Der Kastellvicus von Mudau-Schloßau, Neckar-Odenwald-Kreis (B. Rabold)

139 Eine Rettungsgrabung vorgeschichtlicher, römischer und völkerwanderungszeitlicher Siedlungen in Herbrechtingen, Kreis Heidenheim (I. Stork, H. Ludwig)

140 Römische Siedlungsreste und neolithische Gräber in Fellbach-Oeffingen, Rems-Murr-Kreis (W. Joachim)

143 Neues aus der Zivilsiedlung des römischen Köngen, Kreis Esslingen (I. Stork, W. Förstner)

147 Ausgrabungen an der Hofmauer der Gutsanlage von Hechingen-Stein, Zollernalbkreis (St. Schmidt-Lawrenz, D. Steinmeier)

150 Weitere Baudetails in der *pars urbana* von Heitersheim, Kreis Breisgau-Hochschwarzwald (H. U. Nuber, G. Seitz)

153 Ein römischer Steinbau und spätkeltische Siedlungsreste im „Brunnenrain" bei Owingen, Stadt Haigerloch, Zollernalbkreis (H. Reim, H. von der Osten-Woldenburg)

157 Archäologische Untersuchungen im geplanten Neubaugebiet Pattonville, Gde. Remseck, Kreis Ludwigsburg (I. Stork, J. Bofinger)

160 Ein Fauengrab des 6. Jahrhunderts aus Leimen, Rhein-Neckar-Kreis (L. H. Hildebrandt)

163 Neue Gräber aus dem alamannischen Gräberfeld von Oberflacht, Gde. Seitingen, Kreis Tuttlingen (A. Bräuning)

165 Archäologische Untersuchungen im frühmittelalterlichen Gräberfeld „Behans" in Sasbach am Kaiserstuhl, Kreis Emmendingen (J. Klug-Treppe, J. Wahl)

170 Ein bedeutendes alamannisch-fränkisches Ortsgräberfeld in Hessigheim, Kreis Ludwigsburg (I. Stork)

174 Eine birituelle Doppelbestattung aus dem Gräberfeld von Hessigheim, Kreis Ludwigsburg (I. Stork, J. Wahl)

177 Zum Fortgang der Grabungen in der frühalamannischen Siedlung von Heidenheim-Schnaitheim, „Fürsamen" (Ch. Dreier)

181 Zur Fortsetzung der Ausgrabungen in einer früh- bis hochmittelalterlichen Wüstung in Mannheim-Vogelstang (F. Damminger, U. Gross)

186 Kelten und Alamannen auf dem Kügeleskopf bei Ortenberg, Ortenaukreis (A. Bräuning, M. Hoeper)

190 Handwerk, Keller und Gruben. Archäologische Ausgrabungen in Offenburg, Ortenaukreis (Th. Jordan, M. Reinauer, J. Schrempp)

194 Von der Jungsteinzeit bis ins hohe Mittelalter – Neue Ausgrabungen in der Siedlung Sülchen bei Rottenburg am Neckar, Kreis Tübingen (H. Reim)

198 Die Innere Brücke in Esslingen (M. Weihs)

201 Von Dynamit und Baggerschaufeln – Spuren der Stadtbefestigung im „Roth-Carré" und im „Oetingerhaus-Areal" in Göppingen (R. Rademacher)

204 Denkmalpflegerischer „worst case" in Rauenberg-Rotenberg, Rhein-Neckar-Kreis: Die undokumentierte Teilzerstörung der Stadtmauer einer der kleinsten mittelalterlichen Städte Deutschlands (L. H. Hildebrandt, U. Gross)

207 Neues aus Heidelberg „vor dem großen Brand" – Archäologische Untersuchungen im und um das Palais Nebel (F. Damminger)

212 Dem Nichts ein Stückchen näher – eine Kultur löst sich in Luft auf (K. Wirth, F. Teutsch)

215 Die Baugeschichte der evangelischen Kirche in Kleinkems, Gde. Efringen-Kirchen, Kreis Lörrach (Th. Jordan, St. King)

219 Bauarchäologische Untersuchungen im Freiburger Münster (F. Löbbecke)

223 *„inter duas ripas"* – Archäologie rund um das ehemalige Predigerkloster in Freiburg (M. Rauschkolb, M. Strotz)

227 Ausgrabung im ehemaligen Mönchsfriedhof des Klosters Reichenau-Mittelzell, Kreis Konstanz (P. Schmidt- Thomé)

230 Gut genährt und hoch gewachsen – Die Mönche von der „Gemüseinsel" Reichenau, Kreis Konstanz (J. Wahl)

232 Ein Schiff am Ufer der Klosterinsel Reichenau, Kreis Konstanz (M. Mainberger, H. Schlichtherle)

234 Archäologische und baugeschichtliche Beobachtungen im Umfeld des Schlosses Gondelsheim, Kreis Karlsruhe (F. Damminger)

240 Ausgrabung auf dem Veitsberg, Stadt Ravensburg (F. Klein)

243 Fortsetzung der Grabungen in der frühschwäbischen Hochadelsburg in Wolfsölden, Gde. Affalterbach, Kreis Ludwigsburg (S. Arnold)

248 Archäologisches zur mittelalterlichen Wasserburg in Wurmlingen, Stadt Rottenburg am Neckar, Kreis Tübingen (H. Reim)

250 Zum Fortgang der Grabungen in der Burgruine Löffelstelz in Dürrmenz, Stadt Mühlacker, Enzkreis (T. Marstaller)

255 Mittelalterliche Pflanzenfunde aus der Burgruine Löffelstelz in Dürrmenz, Stadt Mühlacker, Enzkreis (W. Rösch)

258 Archäologische Beobachtungen während der Sanierung der Ruine Hiltenburg bei Bad Ditzenbach, Kreis Göppingen (R. Rademacher)

261 Archäologische Untersuchungen in der befestigten Höhensiedlung auf dem Rinkenkopf bei Baiersbronn, Kreis Freudenstadt (F. Damminger, G. Gassmann)

265 Steinhügel auf der „Buchhalde" bei Westerstetten, Alb-Donau-Kreis (F. Klein)

268 Fundmünzen aus Württemberg (U. Klein)

278 Ortsregister

279 Grabungstechnik, Grafik, Zeichnungen, Fotografie, Restaurierung

279 Bildnachweis

Verzeichnis der Autoren

Dr. Dorothee Ade-Rademacher, Rottenburg – IKU-Dor.Ade@t-online.de

Dr. Susanne Arnold, Regierungspräsidium Stuttgart, Ref. 25 Denkmalpflege, Esslingen – susanne.arnold@rps.bwl.de

Dr. Jörg Bofinger, Regierungspräsidium Stuttgart, Landesamt für Denkmalpflege, Esslingen – joerg.bofinger@rps.bwl.de

Dipl.-Ing. Verena Bohnert, Karlsruhe – verena.bohnert@web.de

Dr. Christian Bollacher, Bayerisches Landesamt für Denkmalpflege, Thierhaupten – christian.bollacher@blfd.bayern.de

Dr. Andrea Bräuning, Regierungspräsidium Freiburg, Ref. 25 Denkmalpflege – andrea.braeuning@rpf.bwl.de

Prof. Dr. Nicholas J. Conard, Institut für Ur- und Frühgeschichte und Archäologie des Mittelalters der Universität Tübingen – nicholas.conard@uni-tuebingen.de

Dr. Folke Damminger, Regierungspräsidium Karlsruhe, Ref. 25 Denkmalpflege – folke.damminger@rpk.bwl.de

Dr. Christian Dreier, Stadt Heidenheim, Geschäftsbereich Liegenschaften/Stadtarchäologie – Christian.Dreier@gmx.de

Daniela Euler M.A., Institut für Archäologische Wissenschaften – Vor- und Frühgeschichte der Universität Frankfurt am Main

Prof. Dr. Lynn Fisher, Sociology/Anthropology Program, University of Illinois at Springfield, USA – lfish1@uis.edu

Dipl.-Ing. Wieland Förstner, Böblingen – w.foe@web.de

Dr. Guntram Gassmann, Tübingen – argus.gassmann@t-online.de

Dr. Uwe Gross, Regierungspräsidium Stuttgart, Landesamt für Denkmalpflege, Esslingen – uwe.gross@rps.bwl.de

Jürgen Hald M.A., Kreisarchäologe für den Landkreis Konstanz, Singen – kreisarchaeologe_hald@t-online.de

Dr. Susan Harris, Department of Anthropology, University of California Santa Barbara, USA – skharris@gmail.com

Dr. Ludwig H. Hildebrandt, Wiesloch – ludwig.hildebrandt@online.de

Dr. Michael Hoeper, Freiburg – archaeologie-werkstatt@t-online.de

Wolfgang Hohl, Regierungspräsidium Stuttgart, Landesamt für Denkmalpflege, Arbeitsstelle Hemmenhofen – wolfgang.hohl@rps.bwl.de

Walter Joachim, Stuttgart

Prof. Dr. Michael Jochim, Department of Anthropology, University of California Santa Barbara, USA – jochim@anth.ucsb.edu

Thilo Jordan M.A., Freiburg – jordan@archaeomedia.de

Ralf Keller M.A., Regierungspräsidium Stuttgart, Landesamt für Denkmalpflege, Esslingen – ralf.keller@rps.bwl.de

Prof. Dr. Claus-Joachim Kind, Regierungspräsidium Stuttgart, Landesamt für Denkmalpflege, Esslingen – claus-joachim.kind@rps.bwl.de

Dipl.-Ing. Stefan King, Freiburg – king.s@web.de

Dr. Friedrich Klein, Regierungspräsidium Tübingen, Ref. 25 Denkmalpflege – frieder.klein@rpt.bwl.de

Dr. Ulrich Klein, Württembergisches Landesmuseum Stuttgart, Münzkabinett – muenzkabinett@wlm-stuttgart.de

Dr. Jutta Klug-Treppe, Regierungspräsidium Freiburg, Ref. 25 Denkmalpflege – jutta.klug-treppe@rps.bwl.de

Corina Knipper M.A., Institut für Ur- und Frühgeschichte und Archäologie des Mittelalters der Universität Tübingen – corina.knipper@uni-tuebingen.de

Dr. Peter Knoetzele, Karlsruhe – peter.knoetzele@t-online.de

Dr. Joachim Köninger, Freiburg – ekkim@jkoeninger.de

Dr. Klaus Kortüm, Regierungspräsidium Stuttgart, Landesamt für Denkmalpflege, Esslingen – klaus.kortuem@rps.bwl.de

Dr. Hans-Peter Kraft, Mannheim – krafthanspeter@aol.com

Prof. Dr. Rüdiger Krause, Institut für Archäologische Wissenschaften – Vor- und Frühgeschichte der Universität Frankfurt am Main – r.krause@em.uni-frankfurt.de

Priv.-Doz. Dr. Dirk L. Krausse, Regierungspräsidium Stuttgart, Landesamt für Denkmalpflege, Esslingen – Dirk.Krausse@rps.bwl.de

Dr. Gabriele Kurz, Regierungspräsidium Stuttgart, Landesamt für Denkmalpflege, Esslingen – gabriele.kurz@rps.bwl.de

Dr. Siegfried Kurz, Institut für Ur- und Frühgeschichte und Archäologie des Mittelalters der Universität Tübingen – siegfried.kurz@gmx.net

Michael Lingnau, Institut für Ur- und Frühgeschichte und Archäologie des Mittelalters der Universität Tübingen

Frank Löbbecke M.A., Freiburg – loebbecke@baukern.de

Dipl.-Ing. Hans Ludwig, Herbrechtingen – hacaludwig@t-online.de

Dr. Martin Mainberger, Staufen – Martin.Mainberger@unterwasserarchäologie.de

Maria Malina, Institut für Ur- und Frühgeschichte und Archäologie des Mittelalters der Universität Tübingen – maria.malina@uni-tuebingen.de

Tilmann Marstaller M.A., Rottenburg – tillima@t-online.de

Barbara Matthes, Geographisches Institut der Universität Heidelberg – B.Matthes@stud.uni-heidelberg.de

Dr. Andrea Neth, Kreisarchäologin für den Kreis Heilbronn, Regierungspräsidium Stuttgart, Ref. 25 Denkmalpflege, Arbeitsstelle Lauffen a. N. – LDA_Lauffen@t-online.de

Prof. Dr. Hans Ulrich Nuber, Abt. für Provinzialrömische Archäologie der Universität Freiburg

Dr. Harald von der Osten-Woldenburg, Regierungspräsidium Stuttgart, Landesamt für Denkmalpflege, Esslingen – harald.vonderOsten@rps.bwl.de

Dr. Britta Rabold, Regierungspräsidium Karlsruhe, Ref. 25 Denkmalpflege – britta.rabold@rpk.bwl.de

Dr. Reinhard Rademacher, Kreisarchäologe für den Landkreis Göppingen – r.rademacher@landkreis-goeppingen.de

Mark Rauschkolb, Regierungspräsidium Freiburg, Ref. 25 Denkmalpflege – mark.rauschkolb@pluto.uni-freiburg.de

Prof. Dr. Hartmann Reim, Regierungspräsidium Tübingen, Ref. 25 Denkmalpflege – hartmann.reim@rpt.bwl.de

Matthias Reinauer M.A., Efringen-Kirchen – matthiasreinauer@web.de

Prof. Dr. Manfred Rösch, Regierungspräsidium Stuttgart, Landesamt für Denkmalpflege, Arbeitsstelle Hemmenhofen – manfred.roesch@rps.bwl.de

Dr. Helmut Schlichtherle, Regierungspräsidium Stuttgart, Landesamt für Denkmalpflege, Arbeitsstelle Hemmenhofen – helmut.schlichtherle@rps.bwl.de

Dr. Stefan Schmidt-Lawrenz, Römisches Freilichtmuseum Hechingen-Stein

Dr. Peter Schmidt-Thomé, Regierungspräsidium Freiburg, Ref. 25 Denkmalpflege – peter.schmidt-thome@rpf.bwl.de

Dr. Rainer Schreg, Römisch-Germanisches-Zentralmuseum Mainz – schreg@rgzm.de

Johann Schrempp, Abt. für Provinzialrömische Archäologie der Universität Freiburg – melihippos@gmx.net

Dr. Gabriele Seitz, Abt. für Provinzialrömische Archäologie der Universität Freiburg

Przemyslaw Sikora M.A., Tübingen – przsikora@yahoo.de

Benedikt Stadler M.A., Reiss-Engelhorn-Museen Mannheim, Abt. Archäologische Denkmalpflege und Sammlungen – benedikt.stadler@mannheim.de

Gerd Stegmaier M.A., Institut für Ur- und Frühgeschichte und Archäologie des Mittelalters der Universität Tübingen – gerd.stegmaier@gmx.de

Dorothea Steinmaier M.A., Römisches Freilichtmuseum Hechingen-Stein

Dr. Ingo Stork, Regierungspräsidium Stuttgart, Ref. 25 Denkmalpflege, Esslingen – ingo.stork@rps.bwl.de

Martin Strotz M.A., Regierungspräsidium Freiburg, Ref. 25 Denkmalpflege – martin.strotz@geschichte.uni-freiburg.de

Friedrich Teutsch, Mannheim

Priv.-Doz. Dr. Joachim Wahl, Regierungspräsidium Stuttgart, Landesamt für Denkmalpflege, Arbeitsstelle Konstanz, Osteologie – jwahl@fh-konstanz.de

Dr. Susanne Walter, Regierungspräsidium Stuttgart, Landesamt für Denkmalpflege, Esslingen – susanne.walter@rps.bwl.de

Frank Wedekind M.A., Göttingen – frank.wedekind@web.de

Michael Weihs M.A., Altenriet – WeihsBW@aol.com

Dr. Günther Wieland, Regierungspräsidium Karlsruhe, Ref. 25 Denkmalpflege – guenther.wieland@rpk.bwl.de

Dr. Klaus Wirth, Reiss-Engelhorn-Museen Mannheim, Abt. Archäologische Denkmalpflege und Sammlungen – klaus.wirth@mannheim.de

Marcus Zagermann M. A., Abt. für Provinzialrömische Archäologie der Universität Freiburg – MarcusZagermann@gmx.de

Die Ausgrabungen am Hohle Fels bei Schelklingen, Alb-Donau-Kreis

2006 wurde zum zehnten Mal in Folge die Ausgrabung am Hohle Fels unter der jetzigen Leitung fortgesetzt. Zuvor waren zwischen 1977 und 1996, mit einigen Unterbrechungen, die Ausgrabungen durch die Forschungsmannschaft von Joachim Hahn (†), ebenfalls von der Universität Tübingen, durchgeführt worden. Die Ergebnisse der Ausgrabungen am Hohle Fels zeigen, wie wichtig es ist, dass Forschungsgrabungen und Forschungsprojekte über lange Zeiträume finanziert werden, um ein kontinuierliches Arbeiten gewährleisten zu können. Neben zahlreichen kleinen und großen Publikationen dienten die Ergebnisse der Grabungen am Hohle Fels als Grundlage für mehrere Abschlussarbeiten an der Universität Tübingen. Darüber hinaus bieten die jährlichen Ausgrabungskampagnen eine Möglichkeit für etwa zwei Dutzend Studierende aus aller Welt, berufsrelevante Erfahrung auf einer paläolithischen Forschungsgrabung zu sammeln.

Erschwerte Grabungsbedingungen in großer Tiefe

Ziel der zehnwöchigen, von Ende Mai bis Anfang August durchgeführten Kampagne war es, die Grabungsfläche in der Nische hinter dem Eingangsbereich nach Westen zu erweitern und damit eine größere Fläche für die Grabungen in den gravettien- und aurignacienzeitlichen Schichten zu gewinnen. Darüber hinaus wollten wir die Grabung in den mittelpaläolithischen Schichten weiter in die Tiefe fortsetzen, um festzustellen, wie weit zurück die Besiedlung der Höhle dokumentiert werden kann (Abb. 1).

Die Durchführung der Untersuchungen in den älteren Schichten wird mit zunehmender Tiefe immer schwieriger. Wir haben jetzt eine Tiefe von etwa vier Metern unter der ursprünglichen Oberfläche erreicht und lagen mit der Grabung immer noch in Funde führenden Schichten aus dem Mittelpaläolithikum. Da die Profilwände aus feuchtem Höhlenlehm und Kalkschutt oft instabil sind, müssen wir aus Sicherheitsgründen die Grabungsfläche nach unten hin stufenartig anlegen, um Sedimentverstürze weitestgehend zu vermeiden. Das hat zur Folge, dass vor allem die tiefen Schichten nur auf begrenztem Raum freigelegt werden können. Zurzeit entspricht die gesamte Grabungsfläche etwa 35 m^2, während wir bislang die tiefsten Schichten mit den archäologischen Horizonten VIII und IX nur auf einer Fläche von vier Quadratmetern freilegen konnten.

Abb. 1
Hohle Fels. Grabungssituation im westlichen Bereich der Grabungsfläche.

Funde und Befunde des Mittelpaläolithikums

Die neuesten Ergebnisse helfen uns, die mittelpaläolithischen Fundschichten zu charakterisieren, von denen inzwischen vier identifiziert wurden. Diese Schichten entsprechen den archäologischen Horizonten VI bis IX. Sie beinhalten Levallois-Abschläge und -Kerne sowie Schaber. In allen Fundschichten dominieren Funde aus lokalem Hornstein. Eindeutige Keilmesser, Blattspitzen und Faustkeile fehlen gänzlich. Stattdessen haben wir es hier mit einem relativ undifferenzierten schwäbischen Moustérien zu tun, worin diverse, meist unstandardisierte Schaber häufig vorkommen (Abb. 2,5.6). Diese Inventarausprägung ist am Geißenklösterle, am Kogelstein und an der Großen Grotte bereits bekannt und für die Region charakteristisch. Nach wie vor sind weder organische Artefakte noch Befunde in den mittelpaläolithischen Schichten belegt. Nur die etwa 57 breit gestreuten Fragmente von Knochenkohlen zeugen von der Nutzung des Feuers in der Höhle während der Zeit der Neandertaler. Intakte Feuerstellen oder Brandhorizonte konnten bisher nicht dokumentiert werden.

Bislang verfügt der archäologische Horizont (AH) VIII mit 181 Steinartefakten, die über eine Schichtmächtigkeit von etwa 12 cm und eine Fläche von vier Quadratmetern streuen, über die höchste Funddichte. Grob gerechnet kann man festhalten, dass die Funddichte im Gravettien und im Aurignacien im Durchschnitt ungefähr um ein Zehnfaches höher liegt. Zumindest bezogen auf die Grabungsergebnisse vom Geißenklösterle und vom Hohle Fels könnte man argumentieren, dass im Jungpaläolithikum die Nutzungsintensität und möglicherweise auch die Bevölkerungsdichte etwa zehnmal höher waren als im Mittelpaläolithikum.

Wie in vergangenen Grabungsjahren konnte bestätigt werden, dass Knochen von Höhlenbären die am häufigsten vertretenen Faunenreste aus den mittelpaläolithischen Schichten sind. Wenn die gesamte mittelpaläolithische Fauna zusammengezählt wird, zeigen die vorläufigen Daten, dass auf Höhlenbären etwa 80 % der bereits bestimmten Knochen entfallen. Knochen von Rentieren kommen ebenfalls relativ häufig in den mittelpaläolithischen Schichten vor. Diese Funde belegen, dass ähnliche klimatische Verhältnisse im Mittel- und Jungpaläolithikum geherrscht haben, weil die gleichen Tiere in beiden Perioden vertreten sind.

Abb. 2 Hohle Fels. Steinartefakte aus dem AH IV des Aurignaciens (1–3, 8) und aus den AH VII (4) und VIII (5–7) des Mittelpaläolithikums. 1 Nasenkratzer-Stichel; 2 Kostenki-Ende; 3 Bogenstichel; 4 Bogenspitze; 5, 6 einfache Schaber; 7 Levalloiskern; 8 Klingenkern. Alle aus Jurahornstein.

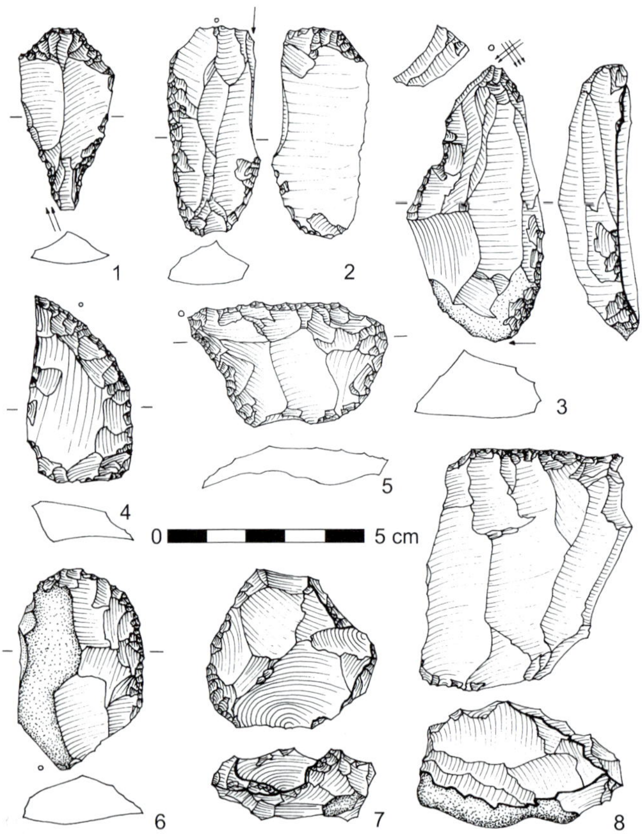

Funde aus dem Jungpaläolithikum

Die aurignacienzeitlichen Schichten am Hohle Fels haben erneut viele und teilweise noch unbekannte organische Artefaktformen geliefert. Neben Standardformen wie doppelt durchlochten Elfenbeinperlen, die aus fast allen Schichten des Aurignacien bekannt sind, und einem durchlochten Schneidezahn eines Pferdes aus dem Gravettien gab es zahlreiche seltene und auch einmalige Funde. Zu den interessanteren Funden zählen unter anderem eine 23 cm lange Elfenbeinspitze mit abgeschrägter und mit Linien versehener Basis aus dem Befund 6 des AH IV (Abb. 3,12) und ein fein bearbeitetes, dreifach durchlochtes Stück, ebenfalls aus Elfenbein, aus dem AH V, welches zwei tiefe umlaufende Rillen zwischen den Durchlochungen trägt (Abb. 3,6). Beim zweiten Fund ist zurzeit unklar, ob es sich hier um einen Gebrauchsgegenstand oder um ein Schmuckstück handelt. Andere bemerkenswerte Funde sind eine mittelgroße Geweihspitze mit gebrochener Spitzenpartie und nicht erhaltener Basis aus dem Befund 6 des AH IV (Abb. 3,11) sowie eine kleine Elfenbeinplatte mit zahlreichen parallelen bis subparallelen Linienbündeln, die sicherlich mit Absicht eingraviert wurden (Abb. 3,10). Dieser Fund ist an drei Seiten durch Brüche gekappt und gehörte ursprünglich zu einem größeren Stück. Aus dem Gravettien stammen unter anderem ein achtförmiges Stück aus Elfenbein aus dem AH IIcf (Abb. 3,5) und ein kleines, spitzovales, mit feinen Linien verziertes Stück bearbeitetes Elfenbein aus dem AH IIc (Abb. 3,8). Die meisten dieser Artefakte kommen in so kleinen Stückzahlen vor, dass man schwer feststellen kann, ob sie für die kulturelle Gliederung des Jungpaläolithikums von Bedeutung sind. Es kann aber festgehalten werden, dass wir durch die Ausgrabung am Hohle Fels viele neue Artefakttypen überhaupt erst kennengelernt haben. Ebenfalls von Interesse ist, dass die einzelnen Befunde und Fundschichten oft unterschiedliche archäologische Merkmale zeigen. Zurzeit werden die Inventare aus dem Aurignacien bearbeitet, um festzustellen, ob diese Variabilität sich überwiegend durch unterschiedliche Funktionen oder andere Ursachen erklären lässt. Das Gleiche gilt für die zahlreichen und oft stark differenzierten Steinartefakte aus den aurignacienzeitlichen Befunden und Fundschichten (Abb. 2,1–3,8).

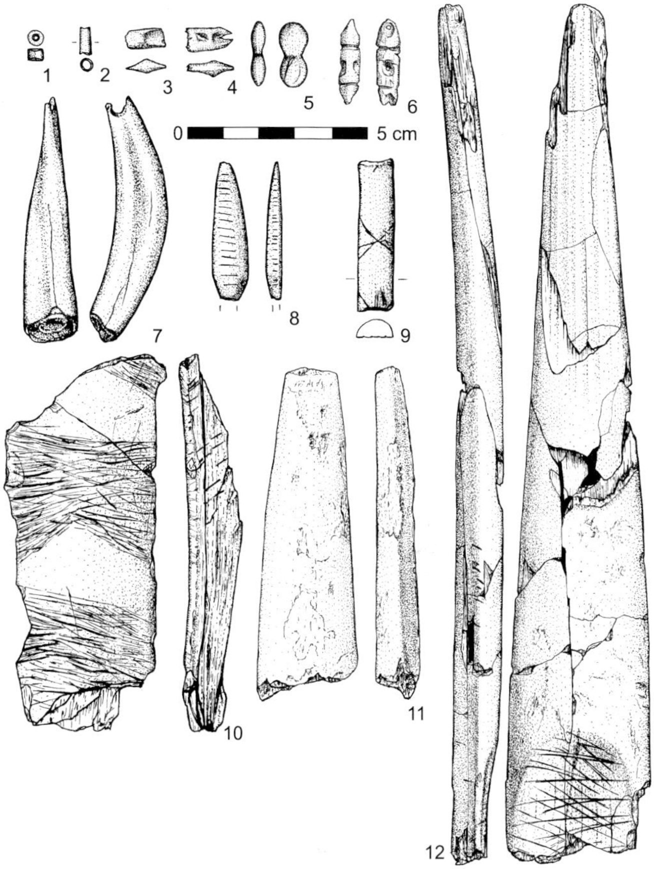

Abb. 3
Hohle Fels. Organische Artefakte aus den AH IIb (2), IIc (8), IIcf (5, 7) und IId (1) des Gravettiens und den AH IV (3, 4, 9–12) und V (6) des Aurignaciens. 1 Anhänger aus Elfenbein; 2 Dentalium; 3, 4 Halbfabrikate doppelt durchlochter Anhänger aus Elfenbein; 5 achtförmiges Objekt aus Elfenbein; 6 Objekt mit dreifacher Durchlochung aus Elfenbein; 7 Anhänger aus einem Pferdeschneidezahn; 8 spitzovales, gekerbtes Objekt aus Elfenbein; 9 Rundstabfragment mit Ritzungen aus Elfenbein; 10 gekerbtes Elfenbeinfragment; 11 Geschossspitze aus Geweih; 12 Geschossspitze mit schräger, geritzter Basis aus Elfenbein.

Ungeachtet dessen, wie die unterschiedlichen Inventare am besten erklärt werden können, ist es inzwischen klar, dass es zurzeit keinen anderen Fundplatz auf der Schwäbischen Alb oder gar in Mitteleuropa gibt, an dem das Aurignacien so gut gegliedert ist wie am Hohle Fels.

Fazit

Es ist unklar, wie lange wir noch am Hohle Fels graben werden, aber die Ergebnisse der diesjährigen Ausgrabung zeigen, dass die Geländearbeit noch viele wichtige Einblicke in die Technologie und das Alltagsleben der paläolithischen Bewohner der Schwäbischen Alb ergeben kann und damit eine Fortsetzung der Grabung rechtfertigt. Selbst nach mehr als zwei Dutzend Grabungskampagnen der Universität Tübingen seit 1977 gibt es keinen Grund daran zu denken, dass die Geländearbeit am Hohle Fels beendet werden sollte. Im Gegenteil, mit jedem Jahr werden unsere Arbeiten spannender, weil das Bild der eiszeitlichen Archäologie der Region vielseitiger und daher faszinierender wird.

2006 wurde die Ausgrabung am Hohle Fels unterstützt durch das Landesamt für Denkmalpflege Baden-Württemberg, die Firma Heidelberg Cement AG, die Museumsgesellschaft Schelklingen und die Gesellschaft für Urgeschichte. An dieser Stelle möchten wir Georg Kraut und unseren Partnern der Heidelberg Cement AG für ihre zuverlässige und großzügige Unterstützung über die letzten zehn Jahre besonders herzlich danken. Michael Bolus, Susanne Feine, Teresa Verrept und Ralf Ehmann danken wir für ihre Hilfe bei der Fertigstellung dieses Aufsatzes.

Nicholas J. Conard, Maria Malina

Literaturhinweise

N. J. Conard/M. Bolus, The Swabian Aurignacian and its place in European Prehistory (Lisboa 2006); N. J. Conard/M. Bolus/P. Goldberg/S. C. Münzel, The Last Neanderthals and First Modern Humans in the Swabian Jura. In: When Neanderthals and Modern Humans Met (Tübingen 2006) 305–341.

Einmalige Funde durch die Nachgrabung am Vogelherd bei Niederstotzingen-Stetten ob Lontal, Kreis Heidenheim

Nach der erfolgreichen Nachgrabung im Abraum der Vogelherd-Höhle im Jahr 2005 wurde die Geländearbeit auch 2006 fortgesetzt. Die Grabungsfläche am Südwesteingang wurde weiter nach Westen ausgedehnt, und auf der Terrasse südlich der Höhle wurde eine weitere Grabungsfläche angelegt. Die Ausgrabung begann am 15. Mai und dauerte bis zum 13. Juli. In dieser Zeit nahmen etwa 20 Ausgräber aus Europa und aus Übersee an den Arbeiten teil.

Zielsetzung und Vorgehensweise

Da die Sedimente weitgehend durch die Ausgrabung von Gustav Riek und durch mehrere, meist ungenehmigte Ausgrabungen in den Jahrzehnten danach stark umgelagert worden waren, ging es vor allem darum, ein möglichst großes Sedimentvolumen zu bergen und zu schlämmen. Dennoch wurden zahlreiche Funde während der Ausgrabung als Einzelfunde dreidimensional eingemessen. Bis zum Ende der Grabungskampagne konnten 38 m^2 untersucht werden. Insgesamt wurden bislang etwas mehr als 80 m^3 Sediment ausgegraben, die etwa 20% des 1931 bewegten Sedimentvolumens entsprechen (Abb. 4). Die freigelegten Profile wurden gründlich dokumentiert in der Annahme, diese zu einem späteren Zeitpunkt eventuell mit den von Riek beschriebenen Schichten in Verbindung bringen zu können.
Bis zum Ende der Grabung war es möglich, 3837 Sedimentsäcke mit jeweils etwa 16 Litern Sediment zu bergen und nach Gerhausen bei Blaubeuren zu transportieren. Dort

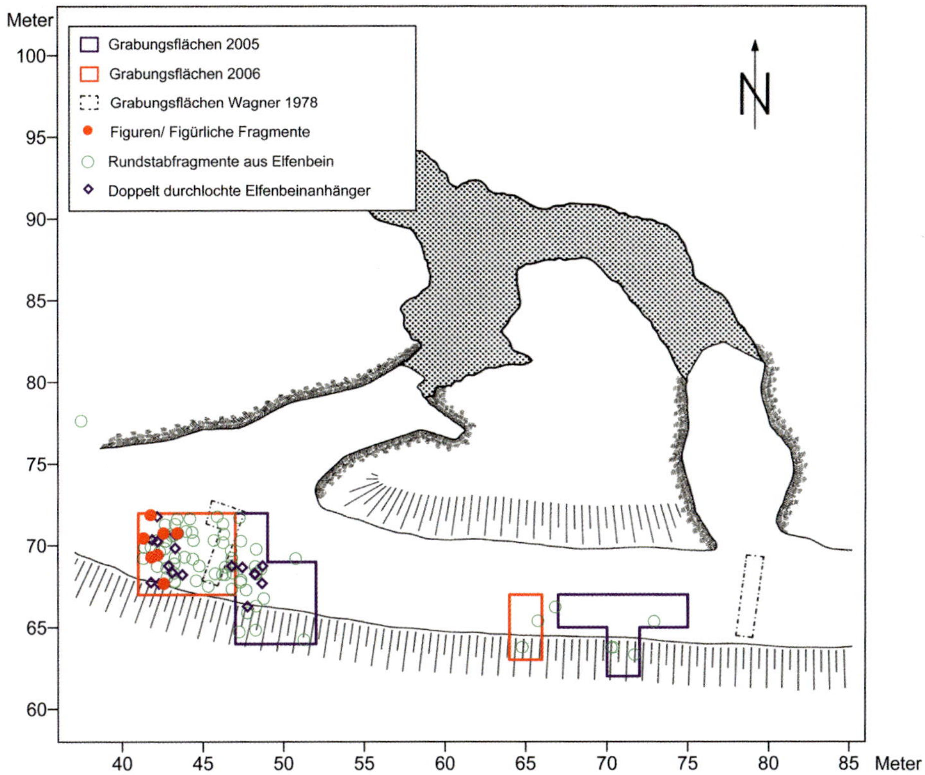

Abb. 4
Vogelherd. Plan mit den Grabungsflächen der Nachgrabungen.

haben Studierende der Universität Tübingen in den Monaten nach der Grabung alle Sedimenteinheiten geschlämmt und mit den Auslesearbeiten begonnen.
Wie unsere langjährige Erfahrung zeigt, ist das Schlämmen und Auslesen meistens wesentlich aufwendiger als das Ausgraben. So gelang es der Grabungsmannschaft trotz großer Anstrengungen vor Semesterbeginn im Oktober nur, knapp mehr als die Hälfte der Sedimenteinheiten auszulesen. Daher beruhen die hier diskutierten Ergebnisse nur auf einem Teil der zu erwartenden Funde aus der Nachgrabung 2006.

Artefakte und Knochenfunde

Die Ausgrabung erbrachte auch dieses Mal wieder zahlreiche Funde. Hierzu gehören hunderte Steinartefakte und Reste eiszeitlicher Tiere. Dazu kommen viele Artefakte aus organischem Material. Unter den Steinartefakten kommen neben einigen mittelpaläolithischen Schabern und Levallois-Abschlägen viele Aurignacien-Artefaktformen wie Kielkratzer, große Klingen mit Aurignacien-Retusche und Spitzklingen vor (Abb. 5,13–17).
Die Arbeiten im Jahr 2006 haben auch die Anzahl der Artefakte aus organischem Material deutlich erhöht. Inzwischen hat die Nachgrabung acht Geweihspitzen mit gespaltener Basis, eine der Hauptleitformen des frühen Aurignaciens, ergeben (Abb. 5,6). Dazu kommen knapp 70 Fragmente von Rundstäben aus Elfenbein und 17 doppelt durchlochte Anhänger aus Elfenbein (Abb. 5,1–2). Darüber hinaus wurden viele Dutzend Fragmente von bearbeitetem Elfenbein und Geweih und bearbeiteten Knochen geborgen.
Neben den vielen Resten eiszeitlicher Tiere wie Mammut, Pferd und Rentier wurden drei

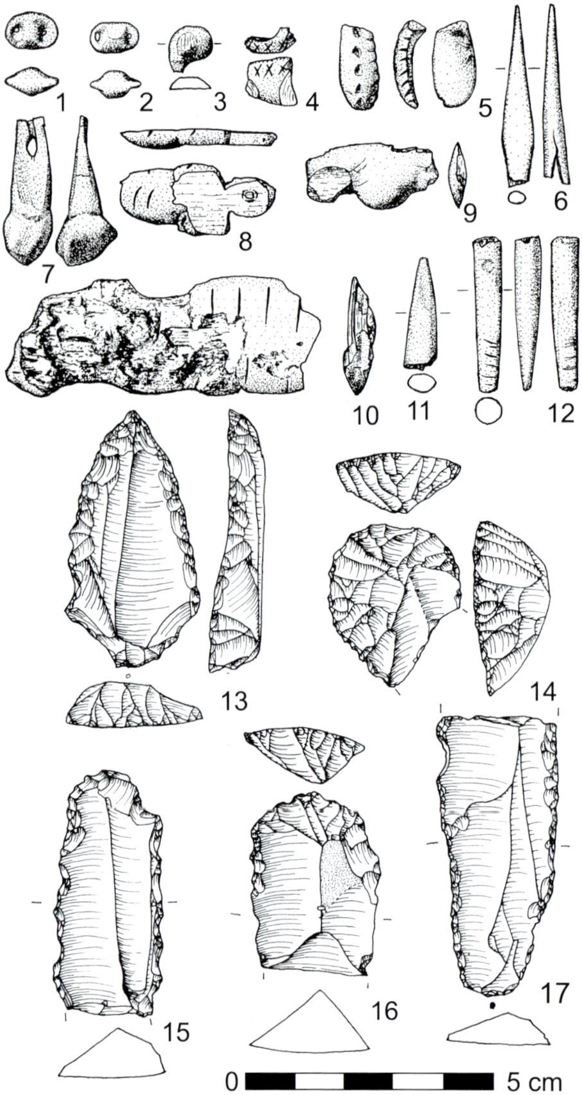

Abb. 5
Vogelherd. Organische Artefakte (1–12) und Steinartefakte (13–17). 1, 2 doppelt durchlochte Elfenbeinanhänger; 3 Schmuck- oder Kunstfragment aus Elfenbein; 4, 5, 8–10 figürliche Fragmente aus Elfenbein; 6 Geschossspitze mit gespaltener Basis aus Geweih; 11 Geschossspitze aus Geweih; 12 Basis einer Geschossspitze; 13 Spitzklinge-Kratzer aus Bohnerzhornstein; 14 Kielkratzer aus Bohnerzhornstein; 15 einfacher Kratzer aus Jurahornstein; 16 Kielkratzer aus Bohnerzhornstein; 17 doppelte Lateralretusche aus sonstigem Jurahornstein.

Menschenknochen geborgen. Hierbei handelt sich ausnahmslos um Fußknochen. Diese Knochen bieten uns die Möglichkeit, neue Radiokohlenstoffdaten zu gewinnen, um zu prüfen, ob sie, wie die anderen Menschenknochen vom Vogelherd, aus dem Neolithikum stammen.

Neue Tierfiguren aus Elfenbein

Der Höhepunkt der Ausgrabung 2006 ist ohne Zweifel die Entdeckung weiterer figürlicher Kunst in Form von Tierdarstellungen, die aus Elfenbein geschnitzt wurden. Inzwischen haben die Nachgrabungen am Vogelherd eine vollständige Elfenbeinfigur und sechs Fragmente von Elfenbeinfiguren ergeben. Die meisten der Fragmente lassen keine definitive Deutung zu. Hierzu gehören kleine Fragmente von geschnitzten, polierten und mit Linien oder Kreuzmuster verzierten Stücken (Abb. 5,4.5.10). Ein weiteres Stück scheint ein Teil vom Bauch eines Tieres zu sein (Abb. 5,9). Bei einem anderen Stück könnte es sich um ein Fragment aus dem mittleren Bereich einer Mammutfigurine mit Teilen vom Kopf und dem Torso handeln (Abb. 5,8). In diesen Fällen sind weitere Teile dringend nötig, um eine sichere Deutung zu ermöglichen.
Besonders spannend waren die Entdeckungen einer ziemlich vollständig erhaltenen Figurine, die einen löwenartigen Feliden darstellt, und einer komplett vollständigen Figurine eines Mammuts, die bereits beim Ausgraben entdeckt wurde (Abb. 6). Beide Funde wurden aus Elfenbein hergestellt und gehören, wie die anderen Fragmente, mit sehr hoher Sicherheit in das Aurignacien.
Der Felide ist etwas weniger als zur Hälfte vollständig. Er ist jedoch in einer günstigen Weise entlang der Längsachse des Körpers, an einer natürlichen Schichtgrenze im Elfenbein, abgeplatzt (Abb. 6,2). Der erhaltene Teil des Feliden besitzt eine Länge von 56 mm. Das Tier hat einen weit nach vorne gestreckten Hals und Kopf mit gut erkennbaren Au-

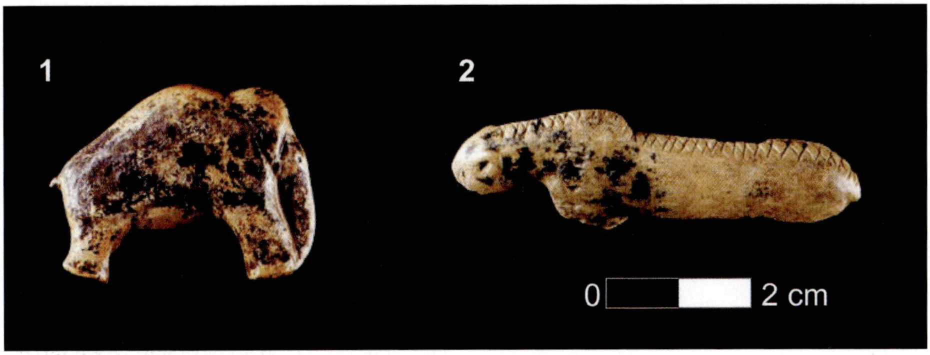

Abb. 6
Vogelherd.
Tierfigurinen aus Elfenbein.
1 Mammut; 2 Felide.

gen und Ohren. Ein feines, aber deutliches Kreuzmuster aus etwa 30 kleinen Kreuzen wurde entlang der gesamten Rückenlinie des Tieres angebracht. Auf der Schulter sind elf grübchenförmige Kerbungen gut sichtbar. An der hinteren Rumpfpartie ist ein Teil des sorgfältig ausgearbeiteten Schwanzes erhalten. Die Gesamtform des Tieres erinnert stark an die lang gestreckte Feliden-Vollplastik aus der Grabung Riek von 1931.

Das neu entdeckte Mammut ist die einzige vollständige Plastik unter den etwa zwanzig Elfenbeinfiguren aus dem Aurignacien der Schwäbischen Alb (Abb. 6,1). Die Darstellung besitzt stimmige Proportionen und zahlreiche korrekt wiedergegebene anatomische Merkmale. Das Mammut ist vergleichsweise schlank mit starken, etwas lang gestreckten Vorderbeinen. Die Hinterbeine sind deutlich kürzer und etwas graziler. Die vier sorgfältig ausgearbeiteten Fußsohlen sind nicht waagerecht orientiert, sondern zeigen einen dynamischen Schwung nach vorne und hinten. Die Fußsohlen sind mit sich überkreuzenden Linien verziert und erinnern an die mit tiefen X-Zeichen eingeschnittenen Fußsohlen des Fragments der großen Mammut-Vollplastik aus der Grabung Riek. Der Rumpf ist schlank mit einem sehr sorgfältig geschnitzten kleinen, spitzen Schwanz. Das Mammut ist gekennzeichnet durch einen hohen Kopf- und Rückenhöcker. Der Rücken und die Schulter sind ebenfalls hoch und kräftig. Die Rückenlinie fällt steil nach hinten ab. Der Kopf zeigt kleine, aber deutlich erkennbare Augen und Ohren. Der Rüssel hat eine gebogene, fast S-förmige Haltung und gibt, wie die bereits beschriebenen Füße, der Figurine eine dynamische Gestalt. Rechts und links vom Rüssel sind kleine Einschnitte sichtbar, die möglicherweise kleine Stoßzähne darstellen. Oben auf dem Kopf sind sechs kleine Schnitte quer zur Längsachse des Tiers angelegt. Der Bauch ist weniger stark ausgeprägt als bei den anderen Mammutdarstellungen vom Vogelherd und auch vom Geißenklösterle. Das neue Mammut vom Vogelherd gehört zu den ästhetisch ansprechendsten Kleinkunstwerken aus dem Aurignacien der Schwäbischen Alb.

Die neuen Funde vom Vogelherd zeigen, dass die Nachgrabung am Vogelherd sinnvoll ist. Wir hoffen nach diesen Erfolgen, dass wir das bislang unterfinanzierte Projekt in den kommenden Jahren auf einer gesicherten finanziellen Grundlage durchführen können. Die neuen Kunstwerke sind schon allein für unser Verständnis zur Entstehung der Kunst von unermesslicher Bedeutung und dokumentieren erneut, dass die Höhlen der Schwäbischen Alb eine einmalige Rolle für die Erforschung der Menschheitsgeschichte spielen.

Die hier beschriebene Ausgrabung am Vogelherd wurde mit finanzieller und logistischer Unterstützung der Firma ratiopharm in Ulm, der Firma Heidelberg Cement AG in Schelklingen, der Firma Adolf Würth GmbH & Co. KG in Künzelsau und des Landkreises Heidenheim durchgeführt. Michael Bolus, Elham Ghasidian, Recha Seitz und Ralf Ehmann danken wir für ihre Hilfe bei der Fertigstellung dieses Aufsatzes.

Nicholas J. Conard, Michael Lingnau, Maria Malina

Literaturhinweise

G. Riek, Die Eiszeitjägerstation am Vogelherd im Lonetal 1 (Tübingen 1934); N. J. Conard/M. Bolus, Radiocarbon dating the appearance of modern humans and timing of cultural innovations in Europe: new results and new challenges. Journal Human Evolution 44, 2003, 331–371; N. J. Conard/M. Bolus, The Swabian Aurignacian and its place in European Prehistory (Lisboa 2006) 211–239; N. J. Conard/M. Malina, Schmuck und vielleicht auch Musik am Vogelherd bei Niederstotzingen-Stetten ob Lontal, Kreis Heidenheim. Arch. Ausgr. Baden-Württemberg 2005, 21–25; J. Hahn, Kraft und Aggression. Die Botschaft der Eiszeitkunst im Aurignacien Süddeutschlands (Tübingen 1986).

Die Ausgrabungen 2006 an dem spätpaläolithischen Fundplatz von Kappel am Federsee, Stadt Bad Buchau, Kreis Biberach

Fundstellen des ausgehenden Paläolithikums sind in Südwestdeutschland nicht selten. So gibt es einige Höhlen und Felsdächer, hauptsächlich im Tal der oberen Donau, die Fundschichten des Spätpaläolithikums integriert in längere Stratigrafien des Übergangs vom Pleistozän zum Holozän erbracht haben. Hierzu zählen z. B. die Jägerhaushöhle, die Burghöhle in Dietfurt sowie der Zigeunerfels. Daneben sind auch einige Dutzend Freilandstationen bekannt, an denen spätpaläolithische Fundstücke von der Oberfläche von Äckern aufgesammelt werden können. Eine besondere Konzentration derartiger Freilandfundstellen existiert in der Umgebung des Federsees in Oberschwaben.

Abb. 7 Bad Buchau-Kappel. Blick auf einen der Grabungsschnitte.

An den meisten Plätzen am Federsee, an denen spätpaläolithische Artefakte vorkommen, liegen diese zusammen mit mesolithischen, teilweise auch mit neolithischen Objekten, auf mineralischen Kuppen am Ufer des ehemaligen Sees. Hier hat seit dem Ende der letzten Eiszeit keine Sedimentation mehr stattgefunden, und die heutige Oberfläche entspricht oft weitgehend der spätpaläolithischen, mesolithischen bzw. neolithischen. Eine Trennung von Fundschichten unterschiedlichen Alters ist an diesen Plätzen meist nicht mehr möglich.

Frühere Untersuchungen und Zielsetzung der Grabung 2006

Umso wichtiger war es, als im Gewann „Gemeindebeunden" in Bad Buchau-Kappel im Sommer 2002 eine Fundstelle des Spätpaläolithikums entdeckt wurde, die nur wenige Anzeichen für eine Vermischung mit jüngeren Funden zeigte. Erste Ausgrabungen in

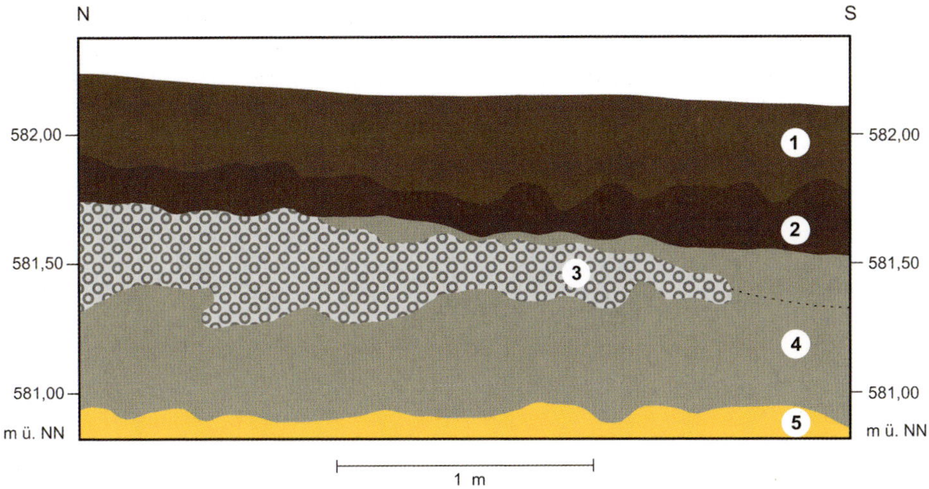

den Jahren 2003 und 2004 durch die University of California, Santa Barbara, erbrachten eine relativ dichte Streuung von Artefakten. Sie lagen auf einem Kiesrücken, der in Form eines Hufeisens in das Becken des ehemaligen Federsees hineinragte. Hierbei ist die Öffnung des Hufeisens landwärts nach Süden orientiert. Die meisten Funde wurden an den Stellen entdeckt, an denen der Kies unmittelbar unter der heutigen Geländeoberfläche lag.

Um die Situation im Bereich der spätpaläolithischen Fundstelle in Bad Buchau-Kappel weiter zu klären, setzen die University of California, Santa Barbara, und das Landesamt für Denkmalpflege in Esslingen im Sommer 2006 die archäologischen Untersuchungen fort. An verschiedenen Stellen des Geländes wurden in einer sechswöchigen Kampagne Sondagegrabungen angelegt (Abb. 7). Ziel der Untersuchungen war es, die Schichtenfolge zu klären und gegebenenfalls Bereiche zu finden, an denen die spätpaläolithische Fundschicht in anmoorige Sedimente integriert war.

Bei den Ausgrabungen 2006 wurde eine sehr komplexe stratigrafische Situation angetroffen. Nur die Untersuchungsergebnisse der Pollenanalyse (Frau Dr. Lagies, Berlin) und der Limnologie (Herr Dr. Merkt, Herbertingen) ermöglichten eine zumindest in Ansätzen erfolgreiche Ansprache der Schichtenfolge.

Stratigrafische Abfolge und Datierung der Ablagerungen

Die Oberkante des Kiesrückens lag an seinen höchsten Stellen direkt unter der heutigen Oberfläche. Von dort fiel der Kies flach nach Süden wie nach Norden in Seesedimente ab. Dies bedeutet, dass der Rücken in Form einer Landzunge in die ehemalige Wasserfläche des Sees hineinragte. Die Klärung der Frage, ob es sich bei den Kiesen um eine originäre Ablagerung des Federsees in Form eine Strandwalles handelt oder ob terrestrische Ablagerungen eines kleinen Baches vom Federsee überprägt und umgeformt wurden, muss zukünftigen Untersuchungen vorbehalten bleiben.

Die aufgeschlossene Abfolge ist deutlich gegliedert (Abb. 8). Die Basis bilden Mudden des Federsees, darüber folgen Torfe als Zeugnis der fortschreitenden Verlandung des Sees. Wahrscheinlich gehört die unterste Ablagerung (im abgebildeten Profil Abb. 8 nicht dargestellt) noch in den Zeitraum des Bölling- bzw. Meiendorf-Interstadials. Darüber folgt eine sehr markant ausgeprägte gelblichbraune Mudde (Abb. 8, Sedimentzone 5) mit hohem organischem Anteil. In ihr lagen zahlreiche kleine Astfragmente, die den Schluss zulassen, dass hier ein Spülsaum des spätglazialen Federsees erfasst werden konnte.

Abb. 8
Bad Buchau-Kappel. Profil eines Grabungsschnittes mit der Abfolge der verschiedenen Ablagerungen. Sedimentzonen: 1 torfiger Humus; 2 Niedermoortorf; 3 Kiesrücken; 4 Mudde der Jüngeren Tundrenzeit; 5 Mudde der Alleröd-Zeit.

Zudem fanden sich bei mikroskopischen Untersuchungen eingelagert in diese Mudde kleinste Partikel vulkanischen Glases. Dieses Glas stammt vom Fallout eines Vulkanausbruchs, bei dem es sich wahrscheinlich um die Eruption des Laacher-See-Vulkans um 10966 v. Chr. handelt.
Über dieser Ablagerung lag eine graubraungrünliche Mudde mit Sandlinsen (Abb. 8, Sedimentzone 4). In einem Grabungsschnitt fanden sich an der Basis der Mudde Kieferzapfen, während in den obersten Zentimetern immer wieder Haselnuss-Schalen entdeckt wurden. Dies deutet darauf hin, dass diese Mudde – ohne dass eine klare Grenze zu erkennen war – Ablagerungen der Spätphase des letzten Glazials, der Jüngeren Tundrenzeit, sowie des Holozäns enthält. Eingeschlossen in diese Mudde zog von Norden eine Packung von sandigem Kies (Abb. 8, Sedimentzone 3). Diese Kiesablagerung ist Bestandteil des markanten hufeisenförmigen Rückens. Auf die Mudde folgen holozäne Niedermoortorfe (Abb. 8, Sedimentzone 2). Diese sind nach oben immer stärker zersetzt und gehen schließlich in den torfigen Humus (Abb. 8, Sedimentzone 1) über.
Die Fundobjekte fanden sich auch 2006 wieder im obersten Drittel des Kieses, einige wenige Artefakte wurden auch in der zeitgleichen graubraunen Mudde entdeckt. Die stratigrafische Abfolge macht eine relative Datierung der Fundschicht möglich. Die Mudde mit den Rückständen des Laacher-See-Vulkanausbruchs unterlagert eine Mudde, welche in die Jüngere Tundrenzeit datiert. In diese jüngere Mudde integriert fand sich der Kiesrücken mit den Artefakten. Der Kiesrücken scheint demnach in einem sehr begrenzten Zeitraum in der zweiten Hälfte der Jüngeren Tundrenzeit entstanden zu sein. Die Besiedlung des Seeufers datiert somit ganz an das Ende der Jüngeren Tundrenzeit bzw. des letzten Glazials.

Abb. 9
Bad Buchau-Kappel. Artefakte vom mineralischen Rücken: A Rückenspitzen, B Stichel; Fundobjekte von der westlichen Flanke des Rückens: C, D Scherben der Schussenrieder Kultur.

Funde vom Kiesrücken

Auf dem Rücken selbst wurden 2006 einige zusätzliche Grabungsschnitte angelegt. Zusammengenommen wurden hier bisher 110 Quadratmeter untersucht. Die Menge der Funde beläuft sich inzwischen auf mehr als 2000 Artefakte, die hauptsächlich aus ortsüblichem braunem Hornstein hergestellt sind. Daneben gibt es Artefakte aus Radiolarit, der ebenfalls in der näheren Umgebung vorkam. Die allermeisten Steinartefakte stammen aus dem Spätpaläolithikum. Das Inventar zeigt viele Ähnlichkeiten mit dem Fundplatz Sattenbeuren Kieswerk. Einige wenige geometrische Mikrolithen und Keramikscherben repräsentieren jüngere Perioden und zeigen zum wiederholten Mal die Problematik von Fundplätzen, an denen seit dem Ende des Glazials keine Sedimentation mehr stattfand. Einige Knochenfragmente wurden entdeckt, darunter Reste vom Pferd, Rind, Rothirsch und von Fischen. Zu erwähnen ist zudem ein menschlicher Schneidezahn. Insgesamt streuen die Funde auf dem Rücken relativ gleichmäßig, ohne dass in der Fläche besonders ausgeprägte Konzentrationen zu erkennen sind. Dies lässt ebenso wie das Fehlen von klaren Befunden wie z. B. Feuerstellen den Schluss zu, dass auf dem Rücken mehrere Besiedlungsphasen stattfanden.
In Grabungsschnitten an der westlichen Flanke des hufeisenförmigen Rückens zeigte sich eine unerwartete Situation. Hier war 2004

eine Stratigrafie entdeckt worden, die als Abfolge intakter holozäner Schichten interpretiert wurde. Die Untersuchungen von 2006 zeigten jedoch, dass diese Deutung verworfen werden muss. Auf Mudden, die den Ablagerungen der Sedimentzone 4 (siehe Abb. 8) entsprechen, fand sich eine aus neun Horizonten bestehende Abfolge von sandigen Kiesen und Torfen. Eine stratigrafische Trennung von Funden war in diesen neun Schichten nicht mehr möglich. Alle Schichten erbrachten Funde, aus 30 Quadratmetern insgesamt 787 Steinartefakte, 17 Keramikscherben und 33 Knochenfragmente. Unter den Funden lassen sich in allen Schichten wiederum hauptsächlich Artefakte identifizieren, wie sie charakteristisch sind für das Spätpaläolithikum, darunter Rückenspitzen, Stichel an Endretusche und kurze Kratzer (Abb. 9A, B). Es gibt aber auch Mikrolithen des Früh- und Spätmesolithikums. Hinzu kommt Keramik der Schussenrieder Kultur (Abb. 9C, D), die sich stratigrafisch auf einen etwas begrenzteren Bereich konzentriert. Einige der Scherben wurden durch Einkerbungen zu Netzsenkern umgearbeitet. Knochen sind insgesamt besser erhalten als auf dem mineralischen Rücken selbst. Bisher wurden Reste von großen und kleinen Säugetieren sowie von Vögeln identifiziert.

Nach Aussagen der Pollenanalyse ist die gesamte Abfolge jünger als 5000 v. Chr. und gehört in das spätere Atlantikum bzw. sogar in das Subatlantikum. Dies wird durch absolute Datierungen bestätigt. Aus einer torfigen Schicht, die unmittelbar auf der Mudde der Sedimentzone 4 aufliegt, stammen zwei ^{14}C-Daten. Ein Holzstück erbrachte ein Alter von 8490 ±60 Jahren vor heute (BETA-222169). Dies entspricht einem kalibrierten Alter von 7547 ±31 Jahren v. Chr. Ein Stück Holzkohle aus derselben Schicht wurde dagegen auf nur 4480 ±50 Jahre vor heute (kalibriert: 3196 ±108 Jahre v. Chr.) datiert (BETA-222168). Ein weiteres Stück Holzkohle aus einer etwas höheren Schicht ergab schließlich ein Alter von 5650 ±60 Jahren vor heute (BETA-222167), was einem kalibrierten Alter von 4483 ±71 Jahren v. Chr. entspricht. Durch Aktivitäten des Federsees wurden hier Sedimente abgelagert, die an anderer Stelle ausgeräumt worden sind. Hierbei wurden Teile des Kiesrückens landwärts transportiert und formen heute die westliche Flanke des hufeisenförmigen Rückens. Zumindest ein Teil der unterschiedlich alten Sedimente enthielt auch archäologische Objekte verschiedener Zeitstellung. Bei den Ausräumungsvorgängen gelangten sie dann in dieselben Ablagerungshorizonte. Die Untersuchungen von 2006 zeigen, wie kompliziert die Ablagerungsverhältnisse am Ufer des Federsees waren und wie schwierig es ist, mit Hilfe kleiner begrenzter Grabungsschnitte die archäologische Situation richtig zu interpretieren. Trotzdem ist es gelungen, die Entstehung des spätpaläolithischen Fundplatzes in der Flur „Gemeindebeunden" besser zu verstehen.

Michael A. Jochim, Claus-Joachim Kind

Literaturhinweise

F. J. Gietz, Spätes Jungpaläolithikum und Mesolithikum in der Burghöhle Dietfurt an der oberen Donau. Materialh. Arch. Baden-Württemberg 60 (Stuttgart 2001); M. Jochim, Arch. Ausgr. Baden-Württemberg 2003, 22–23; ders., Arch. Ausgr. Baden-Württemberg 2004, 22; C.-J. Kind, Sattenbeuren-Kieswerk, ein spätpaläolithischer Uferrandlagerplatz am Federsee. Fundber. Baden-Württemberg 20, 1995, 159–194; W. Taute, Die spätpaläolithisch-frühmesolithische Schichtenfolge im Zigeunerfels bei Sigmaringen (Vorbericht). Arch. Inf. 1, 1972, 29–40; ders., Neue Forschungen zur Chronologie von Spätpaläolithikum und Mesolithikum in Süddeutschland. Arch. Inf. 2/3, 1973/74, 59–66.

Eine Siedlung mit ältester Bandkeramik bei Oedheim, Kreis Heilbronn

Abb. 10
Oedheim. Luftaufnahme der abgebaggerten Straßentrassen von Süden. Im Vordergrund die Flächen mit bandkeramischen Befunden. Die kolluvialen Ablagerungen erscheinen als dunkler braune Abschnitte.

Im Frühjahr 2006 wurde mit der Erschließung eines ca. 6 ha großen Wohngebietes im Gewann „Quittenbusch" am südöstlichen Ortsrand von Oedheim begonnen. Das Areal nimmt den Randbereich einer lössbedeckten, ehemals landwirtschaftlich genutzten Hochfläche ein, die nach Norden und Westen zum Kochertal abfällt. Durch Fundaufsammlungen von H. H. Hartmann und A. Schwarzkopf waren ausgedehnte jungsteinzeitliche Siedlungsreste der Bandkeramik, der Hinkelsteingruppe und der Rössener Kultur bekannt geworden.

Um die Ausdehnung und Erhaltung der Fundstellen abzuklären, wurde zunächst der Humus im Bereich der zukünftigen Straßentrassen und eines Lärmschutzwalles abgetragen. Diese summierten sich zu einer Fläche von insgesamt knapp 2 ha und boten einen guten Einblick in das Terrain (Abb. 10). In einer gut zweimonatigen Notbergung wurden die Siedlungsspuren untersucht.

Die Verteilung der Befunde zeigt einen deutlichen Bezug zum Geländerelief. So beschränkt sich die Ausdehnung der jungsteinzeitlichen Siedlung auf den topografisch am höchsten gelegenen Teil im Südosten, wo über dem anstehenden Löss noch eine ca. 0,2 m mächtige Lösslehmauflage vorhanden war. Zwischen den hier sehr dicht liegenden neolithischen Gruben fanden sich vereinzelt Befunde der Urnenfelderzeit.

Hangabwärts konnten im hellen Löss nur noch wenige Befunde beobachtet werden. Nur in einer der nördlichen Straßentrassen wurde eine kleine Gruppe von Gruben mit Keramik der frühen Latènezeit dokumentiert. Die tiefer liegenden Bereiche waren zum Teil von kolluvialen Ablagerungen überdeckt, in denen sich keine archäologischen Spuren abzeichneten. Im Nordwesten traten schließlich Dolomitbänke und graugrüne Mergel des Lettenkeupers zutage.

Die bandkeramische Siedlung

Der bandkeramische Siedlungsplatz wurde in dem Baugebiet nur randlich angeschnitten. Seine Fortsetzung nach Osten und Süden ist aus dem Grabungsplan (Abb. 11) zu erschließen und in Form zahlreicher dunkler Stellen in den angrenzenden Feldern bereits erkennbar.

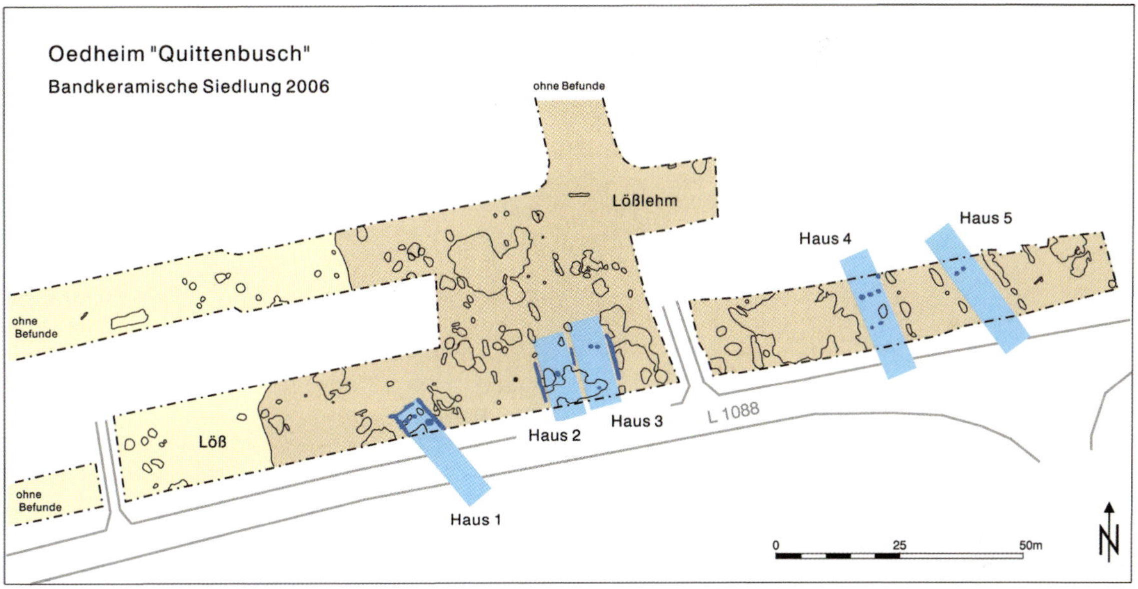

Abb. 11
Oedheim.
Südöstlicher Teil der Grabungsfläche mit den bandkeramischen Siedlungsbefunden.

In der Fläche zeichnen sich die charakteristischen schwarzbraunen bis fast schwarzen Einzelgruben und großen Grubenkomplexe deutlich ab. Schmale Fundamentgräbchen und Pfostengruben belegen einige, leider nur sehr unvollständig überlieferte Hausgrundrisse.

Die fünf Gebäude weisen unterschiedliche Ausrichtungen der Längsachsen auf. Während die Häuser 1, 4 und 5 in Nordwest-Südost-Richtung orientiert sind und damit dem während der Bandkeramik üblichen Bild entsprechen, weichen die Gräbchen von Haus 2 und Haus 3 nur wenig von der Nord-Süd-Achse ab.

Lediglich bei dem 5,8 m breiten Haus 1 liegt der nordwestliche Hausabschluss als dreiseitig umlaufender Fundamentgraben zur Aufnahme einer Spaltbohlenwand vor. Die Pfostengruben im Inneren gehören zu Dreipfostenreihen, die das Dach trugen. Zwei Reihen dieser in der Regel tiefer als die Wandpfosten eingegrabenen Innenpfosten zeigen die Lage von Haus 4 an. Den mutmaßlichen Verlauf der östlichen Außenwand flankiert eine Reihe kleiner Gruben. Haus 5 ist nur anhand zweier Pfostengruben sowie der länglichen hausbegleitenden Gruben und des grubenfreien Innenraumes zu erschließen. Die beiden im Grabungsplan (Abb. 11) als Haus 2 und 3 bezeichneten Gebäudespuren unterscheiden sich außer in der Orientierung auch durch die länglichen Außengräbchen von den anderen und können anhand dieser Merkmale der ältesten Bandkeramik zugewiesen werden. Die häufig schwach trapezförmig geführten Gräben, in denen sich keine Standspuren von Pfosten abzeichnen, verlaufen im Bereich des mittleren und manchmal auch des südöstlichen Hausteiles neben den eigentlichen Hauswänden. In Oedheim messen die Abstände zwischen ihnen 7–8 m, das mittig gelegene, kurze Gräbchen lässt sich keinem der beiden Grundrisse eindeutig zuordnen. Angesichts der rudimentären Überlieferung sind die Gebäude hinsichtlich ihrer Maße und Bautypen nicht bestimmbar.

In dem untersuchten Siedlungsausschnitt ist die Befunderhaltung schlecht, was sicherlich zum Teil in seiner Lage an der erosionsanfälligen Hangkante begründet ist. Die erhaltene Tiefe der Baubefunde und vieler Gruben liegt nur noch bei 0,1–0,3 m, zuweilen konnte nur noch die Verlehmungszone unter der Befundsohle dokumentiert werden.

Abb. 12
Oedheim. Gefäße der ältesten Bandkeramik.

Das Fundmaterial

Das Fundaufkommen ist insgesamt recht bescheiden. Im Bestand dominiert die Keramik, in geringerer Anzahl liegen Tierknochen, Mahlsteinfragmente sowie Artefakte aus Silex und Felsgestein vor.
Das Gros der Scherben datiert in einen frühen Abschnitt der Bandkeramik (Stufe Flomborn), deren rundbodige Kumpfformen mit einfachen bandförmigen Verzierungen versehen sind. Ebenfalls überraschend zahlreich vertreten sind Gefäßbruchstücke der ältesten Bandkeramik.
Diese Keramik ist durch Beimischungen organischen Materials in der Magerung des Töpfertones gekennzeichnet. Durch die beim Brand ausgeglühten Pflanzenfasern erhält die Oberfläche eine narbige und poröse Struktur. Da die Oedheimer Keramik immer auch mineralische Anteile enthält, ist sie einem entwickelten Stadium der ältesten Bandkeramik zuzuordnen. Die dickwandigen, flachbodigen Gefäße sind mit breiten, U-förmigen Rillen ohne Füllelemente verziert (Abb. 12). Neben den klassischen Kümpfen gibt es häufig konische Schalen. Als keramische Sonderform ist das Bruchstück eines Tüllengefäßes zu nennen.
Während die mittlere Phase der Bandkeramik in einigen Fundkomplexen vertreten ist, fehlen Formen und Verzierungen der jüngeren Entwicklungsstufen im untersuchten Siedlungsausschnitt.
In den bandkeramischen Grubeninventaren fanden sich immer wieder Scherben des Mittelneolithikums, die – soweit sie bestimmbar sind – der Hinkelstein- und der Großgartacher Gruppe angehören. Nach Ausweis der Lesefunde setzt sich die mittelneolithische Siedlung auf dem östlich angrenzenden Feld fort.
Da die meisten Funde aus den großen amorphen Grubenkomplexen, deren Einzelgruben fließend ineinander übergehen, stammen, macht das Fundgut einen stark vermischten Eindruck. Sowohl die ältestbandkeramische wie auch die mittelneolithische Keramik ist mit Scherben verschiedener bandkeramischer Stilphasen vergesellschaftet.

Älteste Bandkeramik im Kreis Heilbronn

Trotz des kleinen, für die Struktur der neolithischen, der urnenfelderzeitlichen und der frühkeltischen Siedlung wenig aussagekräftigen Ausschnittes wie auch der nur mäßig guten Befunderhaltung ist die Entdeckung einer Niederlassung der ältesten Bandkeramik mit Hausgrundrissen ein interessantes Ergebnis für den Heilbronner Raum. Angesichts der überaus großen Zahl von Fundstellen der Bandkeramik in den Lössgebieten des Kreises ist es erstaunlich, dass bisher kaum einmal Belege für Siedlungsplätze der Anfangsphase der bäuerlichen Besiedlung aus dem 6. Jahrtausend v. Chr. bekannt geworden sind. Die wenigen organisch gemagerten Scherben, die A. Schwarzkopf auf Feldern aufsammeln konnte, stammen von Gemarkungen am südlichen Rand des Land-

kreises Heilbronn. Aus dem angrenzenden Kreis Ludwigsburg sind dagegen deutlich mehr Fundstellen der ältesten Bandkeramik bekannt.
Ein Einblick in die räumliche und zeitliche Entwicklung der jungsteinzeitlichen Siedlungen ist erst durch großflächige Untersuchungen zu gewinnen. Nur drei Kilometer südwestlich der Oedheimer Fundstelle wurde 1990/1991 bei Bad Friedrichshall-Kochendorf eine Großgrabung durchgeführt, die neben Hausgrundrissen der älteren Bandkeramik ein mittelneolithisches Dorf mit Befestigung erbrachte.

Die Gemeinde Oedheim hat die Ausgrabungen tatkräftig und mit großem Interesse unterstützt. Hierfür danken wir Herrn Bürgermeister Ruoff und dem Leiter des Bauhofs, Herrn Keichert, der zeitweise einen Arbeiter abstellte. Die Grabungsarbeiten wurden ausschließlich mit freiwilligen Helfern durchgeführt. Wir möchten uns daher ein weiteres Mal ganz herzlich bei Herrn Dr. H. H. Hartmann, Frau G. Bausch und Herrn J. Engewald bedanken, die unterstützt von Herrn P. Vittorio und einigen anderen Mitstreitern aus Oedheim hervorragende Arbeit geleistet haben.

Andrea Neth

Literaturhinweise

A. Neth, Eine Siedlung der frühen Bandkeramik in Gerlingen. Forsch. u. Ber. Vor- u. Frühgesch. Baden-Württemberg 79 (Stuttgart 1999); J. Biel, Siedlungsgrabungen in Bad Friedrichshall, Landkreis Heilbronn. Arch. Ausgr. Baden-Württemberg 1991, 60 ff.

Edingen-Neckarhausen, Rhein-Neckar-Kreis – eine archäologische Fundgrube am Neckar

Der Ortsteil Edingen der Gemeinde Edingen-Neckarhausen liegt ca. 7 km nach Austritt des Neckars aus dem Odenwald leicht erhöht auf einer eiszeitlichen Auelehmterrasse. Die vor- und frühgeschichtliche Nutzung dieses Auelehmrückens ist schon seit langem durch Einzelfunde vom Neolithikum bis in das Mittelalter bekannt. Die Beendigung von baubegleitenden Grabungen im Zeitraum 2004 bis 2006 auf einer Gesamtfläche von ca. 12 500 m^2 im Ortskern von Edingen soll hier zum Anlass genommen werden, ein Resümee der vor- und frühgeschichtlichen Besiedlung zu geben.
Der alte Ortskern von Edingen wurde schon sehr früh als Siedlungsplatz bevorzugt, wie viele der freigelegten Baustrukturen aus dem frühen Neolithikum zeigen. So wurde auf dem Gelände der ehemaligen Brotfabrik in einer mittelneolithischen Grube Keramik der La-Hoguette-Kultur geborgen, die oft mit Funden der ältesten Bandkeramik (ca. 5600/5500 v. Chr.) vergesellschaftet ist. Die Reste einer Siedlung der mittleren Bandkeramik wurden im Jahr 2006 auf dem Gelände der Fa. LIPOWA, Lieberknechts Polster Waren, entdeckt. Unter modernem Bauschutt zeichnete sich durch die Verteilung von Lehmentnahme- und Pfostengruben der Standort eines Langhauses ab. Eine Besonderheit stellte die Bestattung am Südrand der Ausgrabungsfläche dar. Es handelte sich hier um ein von Südost nach Nordwest orientiertes Skelett eines etwa 5- bis 6-jährigen Kindes, das auf der Seite liegend mit angezogenen Beinen (Hockerstellung) begraben war. Gelegentlich werden Siedlungsgräber auch im weiteren Umkreis von Edingen freigelegt, so bei den Großbauvorhaben der 1960er Jahre in Mannheim-Vogelstang und Mannheim-Käfertal. Der Nachweis von größeren Nekropolen, teils mit birituellen Bestattungssitten, gelang in Ilvesheim (östlich des Atzelbuckels),

Abb. 13 Edingen-Neckarhausen. Ehemalige Brotfabrik. Blick auf die mit Steinen und Geweihresten verfüllte Grube des frühen 5. Jahrtausends.

aber auch in Mannheim-Suebenheim und Mannheim-Friedrichsfeld.

Befunde der späten Linearbandkeramik fanden sich auf dem Areal Hauptstraße 70/72 mit zwei 1,2 m und 1,5 m breiten Gruben und mit für diese Zeit typischer Verzierung auf den Gefäßresten.

Siedlungstrukturen des 5. vorchristlichen Jahrtausends, die der Kulturgruppe Hinkelstein zuzuordnen sind, wurden auf dem Areal der ehemaligen Brotfabrik freigelegt.

Der 2006 aufgedeckte, nur in Teilen erhaltene Grundriss eines Wohnhauses stellte ein Novum im Neckarmündungsgebiet dar. Zum Hausgrundriss gehörten drei Reihen dachtragender Pfosten, Wandpfosten sowie große Lehmentnahmegruben im unmittelbaren Hausbereich. Die Längsachse des Hauses war Südost–Nordwest orientiert. Beim Versuch, etwa 10 m nördlich des Hauses ein vermeintliches Pfostenloch zu schneiden, stieß man auf der Grubensohle auf flächig ausgelegte Geweihstücke und Sandsteingerölle (Abb. 13). Die Funktion der Grube bleibt unklar. Sie als reine Abfallgrube für nicht mehr verwertbares Rohmaterial zu interpretieren, fällt angesichts der sorgsamen Positionierung der Stücke und des Grades ihrer Vollständigkeit schwer. Die Altersbestimmung ergab für ein Stück Geweih 4918 ± 70 cal. BC, für einen Tierknochen aus derselben Grube 4892 ± 72 cal. BC. Die keramischen Funde bestanden aus wenigen verzierten Wandscherben, teilweise mit Schulteransatz, von schüsselartigen Gefäßen mit Schnurösen. Zierelemente waren Rillen am Hals sowie hängende, schraffierte Karos auf Schulter- und Oberteilen (Abb. 14).

Bereits der Bronze- bzw. der Spätbronzezeit gehörten Gruben auf den Arealen Brotfabrik und Hauptstraße 70/72 an.

Das Siedlungsareal weist im Zeitraum von der älteren Eisenzeit bis zum frühen Mittelalter anscheinend eine Siedlungslücke auf, obwohl Fundstellen dieser Zeitstellung aus der Schulstraße in Edingen bekannt sind. Auf den hier behandelten Bauarealen setzen die Fundstellen erst wieder im frühen Mittelalter ein.

Im Nordostbereich der Hauptstraße 70/72 bildeten acht Pfosten das tragende Gerüst eines ca. 10 m langen und 4 m breiten Hauses, dessen Firstlinie parallel zur heutigen und wohl auch alten Hauptstraße ausgerichtet war. Nach keramischen Funden ist der Bau in das 7./8. Jahrhundert zu datieren.

Bisher in keinen Bezug zum Siedlungsbefund war eine ungewöhnliche Bestattung zu bringen, die nur wenige Meter südlich des frühmittelalterlichen Hausgrundrisses entdeckt

Abb. 14 Edingen-Neckarhausen. Ehemalige Brotfabrik. Scherbe der mittelneolithischen Hinkelsteingruppe mit typischer Verzierung.

wurde. Es handelte sich dabei um das beigabenlose Körpergrab eines ca. 40- bis 50-jährigen Mannes in ungewöhnlicher Körperhaltung (Abb. 15). Der leicht verdrehte Körper lag auf dem linken Arm, der vordere Bereich der Schädelkalotte zeigte Brandflecken, die postmortal entstanden waren. Zudem zeigte der linke Oberschenkelknochen Abnutzungserscheinungen, die als Reiterfacette bezeichnet werden. Eine derartige Veränderung am Knochen kann durch eine häufig eingenommene sitzende oder hockende Haltung entstanden sein. Es könnte sich demnach um einen Handwerker gehandelt haben oder um einen Reiter. Den Sterbezeitraum des Mannes bestimmte man durch eine ^{14}C-Datierung des Knochenkollagens auf 900 ± 58 n. Chr.
Durch rechtzeitige Mitteilungen der Gemeinde Edingen-Neckarhausen werden die geplanten Baustellen auch zukünftig regelmäßig archäologisch betreut. Mit interessanten Neufunden ist also auch weiterhin zu rechnen.

Ein besonderer Dank für die Zusammenarbeit der letzten drei Jahre geht an die archäologisch interessierten Vertreter der Gemeinde Edingen-Neckarhausen sowie an die Firma Diringer & Scheidel, vertreten durch Herrn E. Klass (Areal ehemalige Brotfabrik).

Benedikt Stadler, Klaus Wirth

Abb. 15
Edingen-Neckarhausen. Hauptstraße 70/72. Das Skelett in Fundlage. Unterschenkel und Füße mussten aus bautechnischen Gründen im Profil verbleiben.

Literaturhinweise

S. Lindig, Das Früh- und Mittelneolithikum im Neckarmündungsgebiet. Universitätsforsch. prähist. Arch. 85 (Bonn 2002); A. Dauber u. a., Archäologische Karte der Stadt- und der Landkreise Heidelberg und Mannheim. Badische Fundber. Sonderh. 10 (Karlruhe 1967); W. Rosendahl/K. Wirth, Der einsame Reiter. Arch. Deutschland H. 3/2006, 40.

Sondagegrabungen zur neolithischen Hornsteinnutzung in Blaubeuren-Sonderbuch, Alb-Donau-Kreis

Auf der Blaubeurener Alb sind seit Jahren sehr reiche Oberflächenfundstreuungen bekannt, die mit neolithischer Siedlungstätigkeit oder Abbau und Verarbeitung von Jurahornsteinen als Rohmaterial für die Steingeräteherstellung in Verbindung gebracht werden. Ein von der National Science Foundation der USA (Award BCS-0316125) unterstütztes Forschungsprojekt, das an den Universitäten Illinois at Springfield und Tübingen verankert ist, hat zum Ziel, Abbau- und Verarbeitungsstellen von Jurahornstein als wichtige Ressource einer Mittelgebirgslandschaft zu untersuchen. Nach der Aufarbeitung umfangreicher Sammlungsbestände und Geländebegehungen in den letzten Jahren wurden zwischen August und Oktober 2006 an zwei Fundstellen auf der Gemarkung Sonderbuch, Stadt Blaubeuren, kleinere Sondagen angelegt sowie die Feldbegehungen und geomagnetischen Prospektionen auf der Blaubeurener Alb fortgeführt. Die Arbeiten wurden zumeist mit Studierenden der Ur- und Frühgeschichte und Archäologie des Mittelalters der Universität Tübingen durchgeführt.

Sonderbuch 8

Östlich des Ortes Sonderbuch liegt auf einer leichten Kuppe eine reiche Oberflächenfundstreuung von Tausenden Steinartefakten aus zumeist weißem Jurahornstein. In einer Stichprobe des Inventars aus der Sammlung des ehrenamtlichen Mitarbeiters der Denkmalpflege Helmut Mollenkopf (Treffensbuch) konnten alle Stadien der Grundproduktion sowie ein breites Spektrum an modifizierten Geräten, darunter einige mit Sichelglanz, nachgewiesen werden. Eine verzierte Scherbe weist auf eine bandkeramische Komponente der Fundstelle hin. Eine durch Dr. Arno Patzelt (Terrana Geophysik, Mössingen) auf einer Testfläche durchgeführte geomagnetische Prospektion zeigte einige Anomalien, deren Untersuchung jedoch keinen zweifelsfreien Grubenbefund erbrachte. Eine weitere bandkeramische Scherbe bestätigte aber die altneolithische Komponente der Fundstelle. Die Keramik und Steinartefakte mit Sichelglanz weisen auf eine Siedlungsfundstelle hin, was bemerkenswert ist, weil der Platz auf der Albhochfläche, auf tertiären Schottern der Urdonau liegt und es in unmittelbarer Nähe kein Oberflächenwasser oder Quellaustritte gibt, wenngleich die Möglichkeit besteht, dass in wenigen hundert Metern Entfernung liegende Erdfälle im Neolithikum wasserführend waren.

Sonderbuch 1a

Den Schwerpunkt der diesjährigen Geländekampagne bildeten die Arbeiten in „Sonderbuch 1a" nördlich von Sonderbuch. Die Fundstelle liegt im heutigen Ackergelände an einem leichten Hang, der in östlicher Richtung zu einer Doline hin einfällt.
Auch hier werden seit Jahren durch die landwirtschaftliche Bearbeitung Tausende Steinartefakte an die Oberfläche befördert. Als Vorarbeit zu den Geländearbeiten wurden über 6800 Artefakte aus der Sammlung von

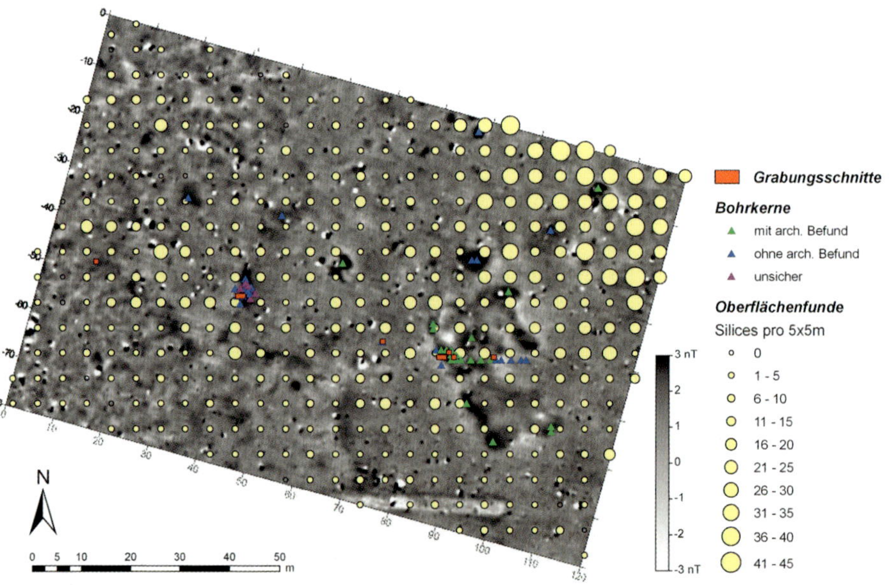

Abb. 16 Blaubeuren-Sonderbuch. Magnetogramm der Fundstelle Sonderbuch 1a mit der Verteilung der Oberflächenfunde, Bohrkernuntersuchungen und den Grabungsschnitten.

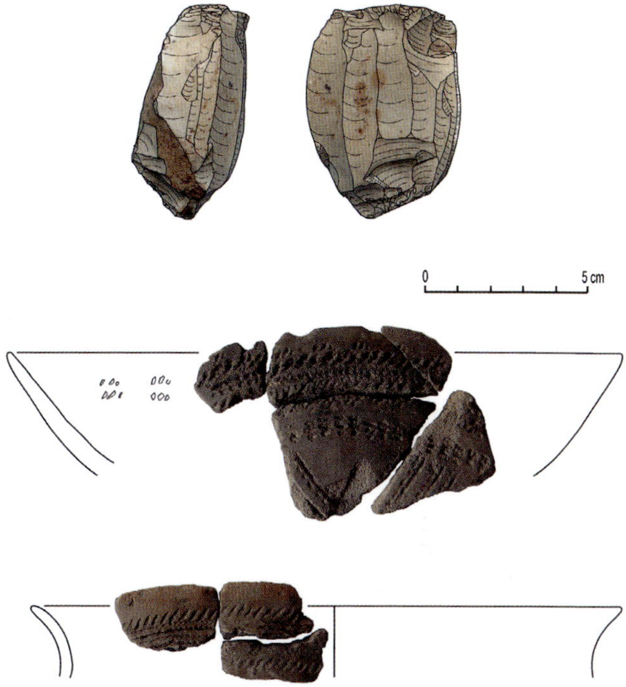

Abb. 17 Blaubeuren-Sonderbuch. Kern aus Jurahornstein und mittelneolithische Keramik aus Sonderbuch 1a.

Helmut Mollenkopf aufgenommen und ausgewertet. Eine flächendeckende Begehung einer 80 m × 120 m großen Fläche mit Einzeleinmessung mittels GPS-Handgerät im Herbst 2005 erbrachte weitere ca. 3800 Artefakte (Abb. 16), und auch Robert Bollow (Sonderbuch) trug in den vergangenen Jahren schätzungsweise über 10 000 Steinartefakte von der Fundstelle zusammen.

Der Reichtum an Kernen, das nahezu vollständige Fehlen von Geräten mit Sichelglanz, sehr zahlreiche Artefakte der Grundproduktion, darunter vergleichsweise viele regelmäßige Klingen, aber auch modifizierte Werkzeuge wie Bohrer, Endretuschen und Kratzer warfen die Frage nach dem funktionalen Charakter der Fundstelle auf. Handelte es sich um eine Siedlung, lagen die Reste einer Werkstätte der Erstverarbeitung von frisch gewonnenem Jurahornstein vor oder waren in dem Areal sogar Spuren der Rohmaterialgewinnung selbst zu finden?

Bei einer im Herbst 2005 durchgeführten geomagnetischen Prospektion zeichneten sich mehrere positive Anomalien ab. Außerdem erschien das westliche Drittel des untersuchten Bereiches recht inhomogen, während das Magnetogramm im östlichen Bereich deutlich gleichmäßiger ausfiel.

Um zu überprüfen, ob es sich bei den positiven Anomalien um archäologische Befunde handelt und um die geologische Situation besser zu verstehen, wurden in der Geländekampagne 2006 insgesamt sieben 1 m × 1 m oder 1 m × 2 m große Sondageschnitte geöffnet. Dabei wurde in den Schnitten 2 bis 6 eine große, mit dunklen Sedimenten verfüllte Siedlungsgrube erfasst. Schnitt 7 erbrachte einen weiteren Grubenrest.

Die die Grubenbefunde überlagernden kolluvialen Sedimente und Verwitterungslehme scheinen sich auch im Magnetogramm widerzuspiegeln. Im Westen der Untersuchungsfläche wurden in dem im geomagnetisch inhomogenen Bereich gelegenen Schnitt 3 bereits unter 40 cm Überdeckung anstehende Kalksteine angetroffen. Alle anderen bis zu 1,60 m Tiefe ausgehobenen Schnitte liegen im geomagnetisch homogenen Bereich, und in keinem Fall wurde der anstehende Kalkstein erreicht.

Vor allem aus den Grubenbefunden, aber auch aus der kolluvialen Überdeckung wurde ein sehr reichhaltiges Fundmaterial geborgen, das Keramik, Steinartefakte sowie zwei Mahlsteine und einen Schleifstein umfasst (Abb. 17). Die Gefäßformen und das Verzierungsspektrum der Keramik datieren das Material in das Früh- und Mittelneolithikum, wobei beim bisherigen Stand der Auswertung der größte Teil der Stichbandkeramik zuzuweisen ist.

Hinweise auf Hornsteinverarbeitung

Das Steingeräteinventar umfasst insgesamt über 7300 Artefakte. Obwohl die ergrabene Fläche ausgesprochen klein ist, zählt es damit zu den umfangreichsten Steinartefaktinventaren neolithischer Grabungen Deutschlands. Dies mag in der unmittelbaren Nähe zu natürlichen Vorkommen von weißem Jurahornstein begründet sein. Wenngleich bislang eindeutige Nachweise für Abbaubefunde fehlen, konnte an mehreren Stellen in wenigen hundert Metern Entfernung von der Grabungsfläche das natürliche Vorkommen von Jurahornsteinen an der Oberfläche festgestellt werden.

Das Inventar von „Sonderbuch 1a" besteht zumeist aus unmodifizierten Abschlägen (5012; 68,3%) und Klingen (1139; 15,5%). Zahlreiche sehr große Kortexabschläge und Trümmer weisen auf eine Erstverarbeitung von Jurahornstein nach dessen Gewinnung hin. Der Rohmaterialreichtum spiegelt sich auch in den insgesamt 60 größtenteils aus den Grubenverfüllungen stammenden Kernen, darunter einige sehr große mit einem Gewicht von bis zu 834 g. Unter den 107 (1,5 %) modifizierten Artefakten überwiegen die Bohrer (62 Stück; 57,9 %) gefolgt von lateral retuschierten Stücken (19; 17,8 %) und Kratzern (5; 5 %). An insgesamt vier Stücken konnte Sichelglanz nachgewiesen werden.

Bei der Fundstelle handelt es sich nicht um ein unmittelbares Rohmaterialvorkommen, die archäologischen Befunde und die geomagnetischen Anomalien sind nicht als Abbauspuren zu werten. Die Steingeräteherstellung spielte dennoch eine entscheidende Rolle, wenngleich die modifizierten Geräte, vor allem die Bohrer, auch auf die Ausübung anderer Tätigkeiten hinweisen. Rotlehmreste sowie die Reibsteine, Geräte mit Sichelglanz und die Keramik können als Hinweise auf eine Siedlung und dauerhafte Anwesenheit des Menschen und das Betreiben von Ackerbau gewertet werden. Sie widersprechen der Annahme, dass es sich um eine nur zeitweise genutzte Werkstätte für die Erstverarbeitung von in der unmittelbaren Nähe gewonnenen Jurahornsteinen handelt.

„Sonderbuch 1a" ist die erste durch Grabungsbefunde belegte mittelneolithische Fundstelle auf der südöstlichen Schwäbischen Alb. Oberflächeninventare dieser Zeit sind aus Ulm-Lehr (13 km östlich) und Hörvelsingen (18 km nordöstlich) bekannt, während Grabungsbefunde aus dem Neckarland im Westen und aus der Regensburger Gegend in Bayern vorliegen.

Von tiefgreifenden Landschaftsveränderungen und Reliefausgleich nach Aufgabe der Siedlung zeugt die mächtige Überdeckung mit verschwemmtem Material. Das Vorkommen kolluvialer Sedimente ist nicht nur in methodischer Hinsicht für die Bewertung von Oberflächenfundstellen von Bedeutung, sondern zeigt vor allem auch, dass auch auf der vergleichsweise reliefarmen Flächenalb unter menschlichem Einfluss mit deutlichen Geländeveränderungen innerhalb weniger Jahrtausende zu rechnen ist.

Geländebegehungen und weitere geomagnetische Prospektionen

Bei weiteren Geländearbeiten 2006 wurden insbesondere bereits bekannte Oberflächenfundstellen aufgesucht. Durch Einzeleinmessung der oft sehr zahlreichen Funde mit einem GPS-Handgerät wurden umfangreiche Fundstreuungen dokumentiert. Damit sind nun insgesamt über 300 Felder auf der Ulmer und Blaubeurener Alb begangen und bieten einen reichen Fundus für die Auswertung von Artefaktverteilungen in Bezug auf Rohmaterialvorkommen und andere naturräumliche Gegebenheiten.

An drei sehr reichen Oberflächenfundstreuungen wurden im Herbst 2006 geomagnetische Prospektionen durchgeführt. Besonders für die bereits in die Literatur eingegangene Fundstelle Blaubeuren „Blauberg" und eine außergewöhnlich große und dichte Fundstreuung mit einem hohen Anteil angeschlagener Rohknollen auf der Gemarkung Blaustein-Wippingen gilt es in zukünftigen Kampagnen zu prüfen, ob sich Hinweise auf urgeschichtlichen Hornsteinabbau finden lassen.

Die vielseitigen Geländearbeiten wären ohne die Unterstützung zahlreicher Personen und Institutionen nicht möglich gewesen, denen dafür an dieser Stelle herzlich gedankt sei.

Herr H. Mollenkopf, dessen umfangreiche Sammlungsbestände eine wesentliche Grundlage der Forschungen sind, unterstützt uns auch seit langem im Gelände. Das Institut für Ur- und Frühgeschichte und Archäologie des Mittelalters, das Regierungspräsidium Tübingen und das Museum für Urgeschichte Blaubeuren stellten Werkzeuge, Unterkunft und Arbeitsplätze zur Verfügung. Die Familien G. und A. Bohnacker (Sonderbuch) erlaubten unsere Grabungsarbeiten auf den von ihnen bewirtschafteten Flächen und unterstützten uns ebenso wie Herr R. Bollow (Sonderbuch) mit Werkzeugen und zahlreichen Hinweisen zu den Fundstellen und ihrem Umland. Dr. Arno Patzelt und sein Team der Firma Terrana Geophysik Mössingen führten die geomagnetischen Prospektionen durch. Prof. Th. Scholten und Dr. P. Kühn (Universität Tübingen) verdanken wir wichtige Zuarbeiten auf dem Gebiet der Bodenkunde. Besonderer Dank gilt den mitwirkenden Studierenden der Universitäten Tübingen und Stuttgart sowie der National Science Foundation für die finanzielle Unterstützung.

Corina Knipper, Lynn Fisher, Susan Harris, Rainer Schreg

Literaturhinweise

L. Fisher/C. Knipper, Zur Untersuchung steinzeitlicher Landschaften: Die Besiedlung und Nutzung der Blaubeurer und Ulmer Alb im Paläolithikum, Mesolithikum und Neolithikum. Mitt. Ges. Urgesch. Blaubeuren 12, 2003, 113–139; C. Knipper/S. Harris/L. Fisher/R. Schreg/J. Giesler/E. Nocerino, The Neolithic Settlement Landscape of the Southeastern Swabian Alb (Germany). www.jungsteinsite.de (25. Mai 2005); G. Weisgerber (Bearb.), 5000 Jahre Feuersteinbergbau. Die Suche nach dem Stahl der Steinzeit. Veröff. Deutsches Bergbau-Museum Bochum 222 (Bochum 1981).

Mittelneolithische Funde von Ilvesheim, Rhein-Neckar-Kreis

Die Osterweiterung der Bundesautobahn A6 zwischen Viernheimer Kreuz und Hockenheim führt durch ein Gebiet des Altsiedellandes des Neckarmündungsgebietes, das von zahlreichen Altläufen des Neckars durchzogen ist und durch Biotopvielfalt auf engem Raum, sehr gute Böden und mildes Klima vom Mesolithikum an für Besiedlung attraktiv war. Kies- und Sandgruben, rege Bautätigkeit und zahlreiche Infrastrukturmaßnahmen brachten folgerichtig umfangreiche Zeugnisse vor- und frühgeschichtlicher Anwesenheit von Menschen zutage. Dies gilt insbesondere für den Bau der A6, bei Baubeginn 1934 noch die „Reichsautobahn". Wie auf einer Perlenschnur liegen auf der Trasse die Fundstellen, wobei sich zwei Schwerpunkte in den Gewannen „Atzelbuckel" und „Apfelkammer" abzeichnen. In diesem und im letzten Jahr

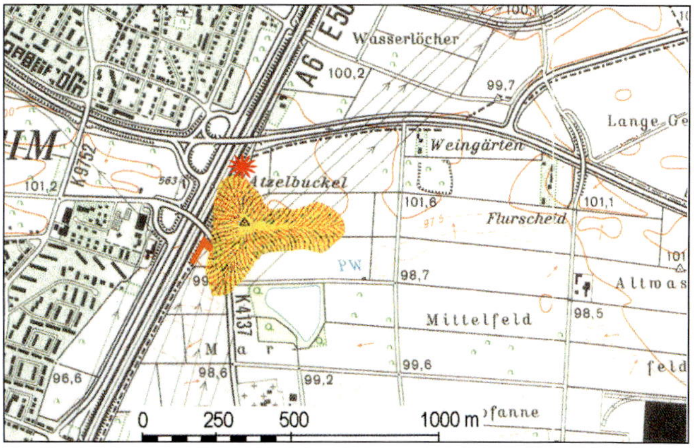

Abb. 18
Lage des ursprünglichen „Atzelbuckels" bei Ilvesheim, der Grabung Maran von 2002 (rote Fläche) und der neuen mittelneolithischen Fundstelle (roter Stern).

Abb. 19 Ilvesheim. Auswahl verzierter Scherben der Rössener Kultur von der Fundstelle an der BAB 6 nördlich des „Atzelbuckels".

kamen bei verschiedenen Gelegenheiten neue Funde hinzu.

Vor allem die Fundkonzentration beim „Atzelbuckel" (Gemarkung Ilvesheim, Rhein-Neckar-Kreis) wurde durch immer neue Baumaßnahmen verdichtet, wobei die ursprünglich imponierende Sanddüne, die schon 1934 die Masse ihrer Substanz verloren hatte, weiter abgebaut wurde (Abb. 18).

Bei der Planung der Osterweiterung der A6, d. h. bei deren Verbreiterung von vier auf sechs Spuren, wurde der Archäologischen Denkmalpflege eingeräumt, ein halbes Jahr (!) vor Baubeginn Untersuchungen durchzuführen. Gleichzeitig stellte das zuständige staatliche Bauamt Finanzmittel für Baggerarbeiten in begrenztem Umfang zur Verfügung, um an den oben genannten Fundkonzentrationen zu sondieren. Wie zu erwarten war, kamen an beiden Stellen reiche Funde zutage, über die in den vergangenen Jahrgängen der Archäologischen Ausgrabungen in Baden-Württemberg berichtet wurde.

Nach einigen Verzögerungen kamen die Arbeiten der Straßenbauer im Herbst 2006 dann in der gewohnten Zügigkeit erneut in Gang. Mitte Dezember 2006 erschien in einer frisch abgeschrägten Böschung nördlich des „Atzelbuckels" eine tiefschwarze Verfärbung. Wie sich herausstellte, handelte es sich um eine Mulde von bis zu 15 m Breite, die von einem Seitenarm des Neckars gebildet worden war. Die Mulde war längere Zeit mit Neckarlehm aufgefüllt worden, diente aber im Mittelneolithikum offenbar als Deponie für Kulturreste, möglicherweise auch als Schweinesuhle. Tierknochen, zahlreiche Sandsteinbruchstücke und meist unverzierte Keramik zusammen mit wenigen Bruchstücken von Dechseln und Hämatit bildeten das Fundspektrum. Die verzierten Scherben erlauben eine Zuweisung in die Endphase der Rössener Kultur, wie sie z. B. aus Weinstadt-Endersbach bekannt ist (Abb. 19). Schon 1934 beim Bau der Reichsautobahn und bei einer Verbreiterung 1964 wurde 200 m weiter nördlich ein Befund derselben Kultur angeschnitten (Abb. 20). Entsprechende Funde sind auch aus der Umgebung bekannt, 2004 wurden solche bei einer Lehrgrabung des Institutes für Ur- und Frühgeschichte der Universität Heidelberg geborgen. Offenbar gehört der Neufund in den Randbereich einer größeren mittelneolithischen Siedlung; auf einem 150 m entfernten Acker östlich sind passende Keramikteile hochgepflügt worden, so dass wie an vielen Orten auch diese Befunde durch die Landwirtschaft bedroht sind.

Hans-Peter Kraft

Abb. 20 Ilvesheim. Foto des Befundes von 1934.

Literaturhinweise

A. Dauber u. a., Archäologische Karte der Stadt und der Landkreise Heidelberg und Mannheim. Badische Fundber. Sonderheft 10 (Freiburg 1967); G. Antoni/U. Koch, Arch. Ausgr. Baden-

Württemberg 2002, 39–41; J. Maran/ C. Casselmann/F. Falkenstein, ebd. 58–61; dies., Arch. Ausgr. Baden-Württemberg 2004, 52–55; F. Damminger, Arch. Ausgr. Baden-Württemberg 2005, 177–181. – H. Spatz, Beiträge zum Kulturenkomplex Hinkelstein – Großgartach – Rössen. Materialh. Arch. Baden-Württemberg 37 (Stuttgart 1996); S. Lindig, Das Früh- und Mittelneolithikum im Neckarmündungsgebiet. Universitätsforsch. prähist. Arch. 85 (Bonn 2002).

Wege über das Moor zwischen Kappel und der Insel Buchau am Federsee, Kreis Biberach

Die Insel Buchau, ein 1,4 km langer und etwa 400–500 m breiter Moränenrücken im Südwesten des Federseebeckens, bildete die einzige große Insel des nacheiszeitlichen Sees. Bis zu den künstlichen Wasserspiegelabsenkungen am Ende des 18. Jahrhunderts war die auf der Insel liegende Stadt Buchau noch weitgehend von Wasser umgeben. Heute wird das Gelände von bewirtschafteten Riedwiesen eingenommen und die Baugebiete der modernen Stadt Bad Buchau greifen bereits über die Inselränder hinaus und verbreitern sich vor allem auch entlang der Fahrstraße zwischen Buchau und Kappel. Diese Straße hatte man im Mittelalter auf einem Damm, der sogenannten „Wuhr“, angelegt, und sie trägt deshalb bis heute den Namen „Wuhrstraße“. Die Straße verband die Insel mit dem Festland an der engsten Stelle und überbrückte etwa 500–600 m Feuchtgebiet und offene Wasserfläche, die zuletzt von dem hier beidseits der Wuhr aufgestauten „Stadtweiher“ gebildet wurde.

Baumaßnahmen und archäologische Untersuchungen im Bauerwartungsland des Moorheilbades Bad Buchau brachten ab 1994 mehrere jungsteinzeitliche und metallzeitliche Bohlenwege zum Vorschein, die in etwa parallel zur Wuhrstraße verliefen und wie diese die Engstelle zwischen Insel und Festland nutzten. Die Erkenntnisse zu diesen Bohlenwegen blieben indessen lückenhaft und konnten sich nur auf zumeist kurze, in Baugruben und Grabungsflächen angetroffene Ausschnitte stützen. Im Zuge von Kanal- und Straßenbaumaßnahmen ergaben sich von Februar bis September 2006 nun weitere Beobachtungsmöglichkeiten. Die Bauarbeiten erfolgten in drei etwa parallel laufenden Strängen (Abb. 21): Ein etwa 30 m nördlich der Wuhrstraße verlaufender Kanalgraben gewährte Einblick in die „Torwiesen“, ein weiterer Kanalgraben verlief 45 m südlich der Wuhrstraße etwa entlang des „Alten Bahndamms“. Diese linearen Aufschlüsse reichten bis in 4 m Tiefe und durchschnitten überall den Moorkörper bis in die eiszeitlichen Ablagerungen. In der Wuhrstraße selbst kam es hingegen im Zuge der Verlegung eines Regenwasserkanals zu weniger tiefen Eingriffen, die das Moor unter dem mittelalterlichen Straßendamm über weite Strecken nicht erreichten.

Neue Erkenntnisse zur Siedlung Torwiesen II

Die nördliche Kanaltrasse schnitt das Gelände der endneolithischen, dendrochronologisch auf 3283–3281 v. Chr. datierten Siedlung Torwiesen II. Es wurde der aus zahlreichen Schwemmhölzern gebildete Spülsaum erfasst (Abb. 21 Nr. 1), der die Siedlung umgibt. Neu war dabei die Erkenntnis, dass dieser Spülsaum auch im Süden der Siedlung verläuft und das bebaute Areal kreisförmig umschließt. Somit liegt die Siedlung nach den neuesten Erkenntnissen nicht auf einer Landzunge, sondern auf einer kleinen Insel.

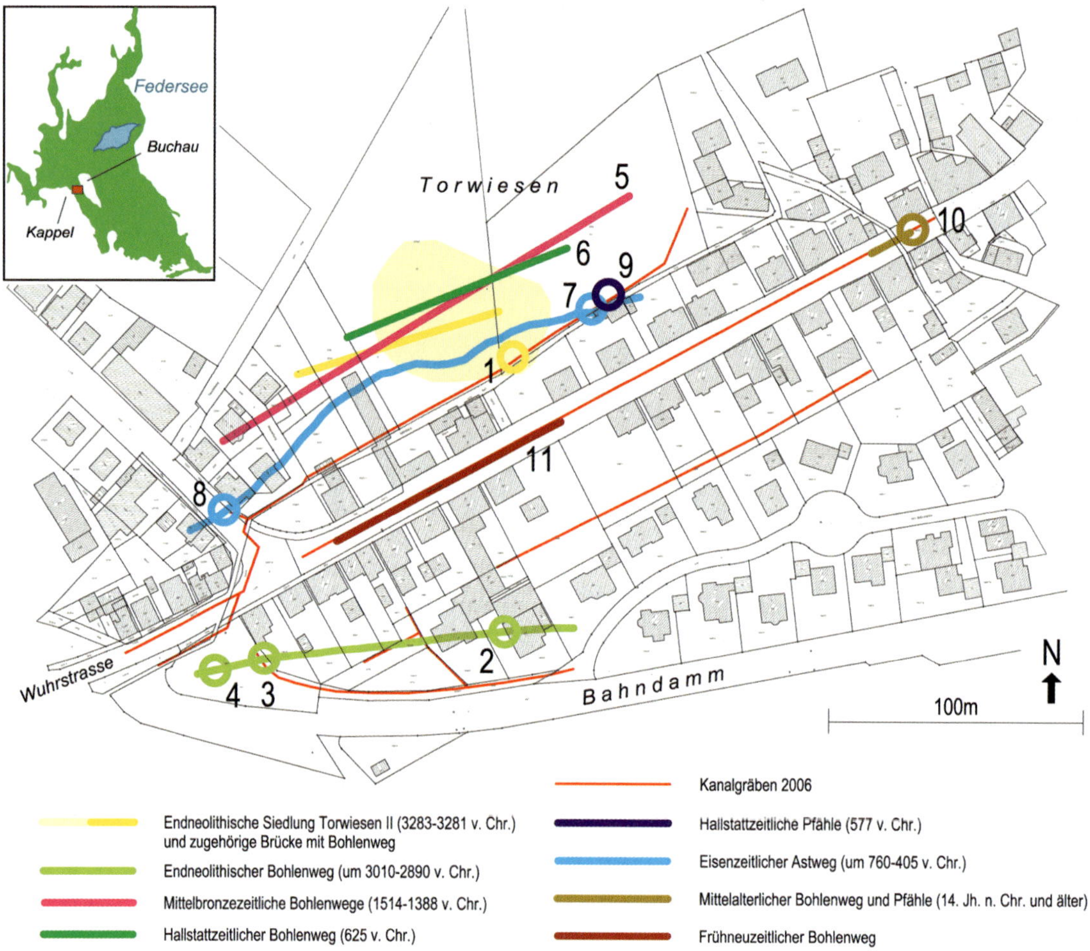

Abb. 21 Bad Buchau. Übersichtsplan der Tiefbaumaßnahmen im Bereich der Wuhrstraße und dabei gewonnene Aufschlüsse zu prähistorischen bis neuzeitlichen Wegen durch das Federseemoor.

Die Frage, wie weit dies bereits die Situation zur Besiedlungszeit war oder ob die insuläre Lage erst im Zuge späterer Transgressionen entstand, ist noch Gegenstand der interdisziplinären Auswertungsarbeiten, die zurzeit im Rahmen eines von der Deutschen Forschungsgemeinschaft geförderten Projektes zur Auswertung der 2005 abgeschlossenen Ausgrabungen in der Siedlung Torwiesen II durchgeführt werden. Die Siedlung war mit dem Festland nachweislich über einen hölzernen Weg verbunden, der als Brückenkonstruktion über das freie Wasser führte und im Siedlungsinneren, wie vermutlich auch am Verlandungsufer von Kappel, in einen Bohlenweg überging. Dieses endneolithische Straßenbauwerk ist in den Kanalaufschlüssen nicht angeschnitten worden, dürfte aber bei deren Fortsetzung 2007 im Bereich der Moosburger Straße wieder zum Vorschein kommen.

Ein endneolithischer Bohlenweg „Am Bahndamm"

Einen anderen Bohlenweg trafen wir im südlichen Kanalgraben und anlässlich der Setzung einer benachbarten Wasserfassung (Abb. 21 Nr. 3; 4; Abb. 22). Diese unter der

Bezeichnung „Am Bahndamm" registrierte Wegtrasse war bereits 1997 in einer Baugrube aufgeschlossen (Abb. 21 Nr. 2) und kann nun über eine Länge von 110 m weiterverfolgt werden. Die Konstruktion des Bohlenweges scheint über die Strecke variabel zu sein. Im Osten war der etwa 3 m breite Bohlenbelag zweilagig ausgeprägt und mit seitlichen Begleitpfählchen versehen. Im Westen ergab sich nun eine Substruktion in Form von vier längs liegenden Unterzügen, auf denen die Querhölzer des Wegbelages aufsaßen. Auch hier war die Konstruktion verdoppelt, aber in der Weise, dass dem zweiten Wegbelag wiederum längs verlaufende Hölzer untergeschoben waren. Seitlich konnte, wie schon 1997, ein Begleitpfahl beobachtet werden. Die Begleitpfähle bestehen aus Hasel und Linde, die Unterzug- und Belaghözer aus Ahorn, Birke, Buche, Erle, Esche und Linde. Das Ausbleiben von Eichenholz erschwert, wie in den endneolithischen Siedlungen des nördlichen Federsees, das Gelingen einer Dendrodatierung, und die Synchronisierungsarbeiten anderer Holzarten sind noch im Gange. Eine Zeitstellung im Endneolithikum ist bereits aufgrund einer kalibrierten Radiokarbondatierung mit einem Datierungsspielraum zwischen 3010 und 2890 v. Chr. gesichert. Dieser Bohlenweg steht keinesfalls mit der Siedlung Torwiesen II in Verbindung, sondern dürfte zu einer weiteren noch unbekannten Siedlung geführt haben, die sich am Rande oder im Inneren der Insel Buchau befunden haben muss. Zusammen mit den Siedlungen Torwiesen I und Dullenried erschließt sich somit eine auffällige Konzentration von endneolithischen Siedlungen um die Insel Buchau, die aufgrund ihrer Datierung alle in die Horgener Kultur zu stellen sind.

Ein eisenzeitlicher Astweg

Die parallel, in mehreren Bauetappen verlegten mittelbronzezeitlichen Wegführungen in den Torwiesen mit Dendrodaten zwischen 1514 und 1388 v. Chr. (Abb. 21 Nr. 5) und der sich damit überschneidende Bohlenweg der Hallstattzeit mit Dendrodaten von 625 v. Chr. (Abb. 21 Nr. 6) lagen nicht im Bereich der Kanaltrassen. Wir dürfen sie jedoch 2007 im Kanalgraben der Moosburger Straße erwarten. Einen weiteren, aus den bisherigen Grabungen bereits bekannten Überweg fanden wir indessen an zwei Stellen des nördlichen Kanalgrabens angeschnitten (Abb. 21 Nr. 7; 8). Es handelt sich um einen aus Reisig aufgeschichteten Astweg, der sich – offenbar feuchteren Stellen ausweichend – in Schlangenlinien durch das Gelände zieht. Diesen Weg können wir nun über 170 m verfolgen. Ganz im Osten fanden wir zum ersten Mal eine konstruktive Verstärkung in Form einer Lage dickerer, quer liegender Rundhölzer von etwa 10 cm Durchmesser. Für diesen Astweg gibt es bislang nur Radiokarbondatierungen, die kalibriert in den Zeitraum 760–405 v. Chr. verweisen, also eine hallstattzeitliche oder latènezeitliche Anlage nahelegen. In Begleitung des Weges zeigten sich im Osten mehrere tief gegründete, massive Buchen- und Erlenpfähle von etwa 25 cm Durchmesser (Abb. 21 Nr. 9; Abb. 23). Sie standen in lockeren Abständen von etwa 5 m und folgen scheinbar der Wegtrasse. Die Spitzen der Pfähle sind in langen Bahnen

Abb. 22
Bad Buchau, Bahndamm. Endneolithischer Bohlenweg (um 2900 v. Chr.). Provisorisch freigelegte oberste Bohlenlage während der laufenden Bauarbeiten.

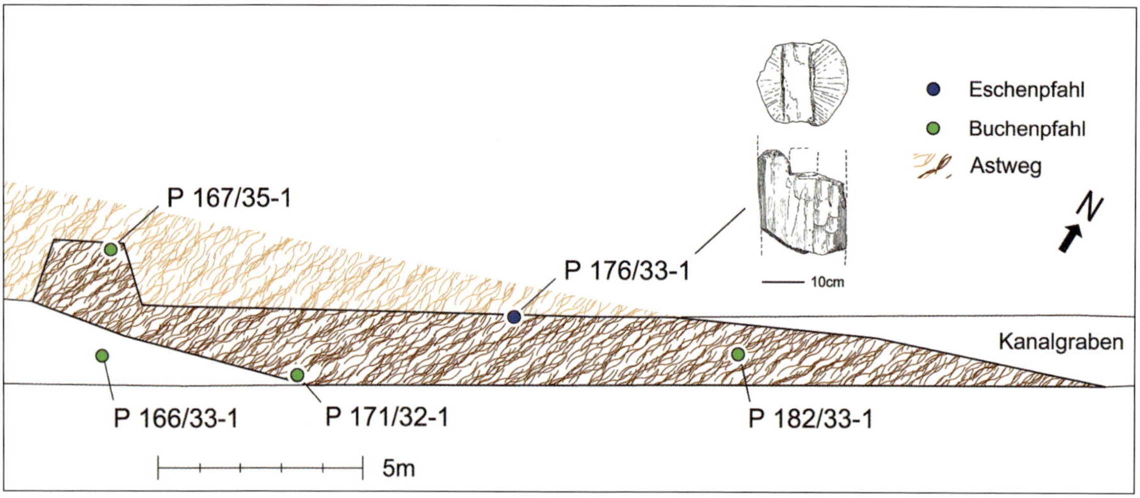

Abb. 23 Bad Buchau. Planausschnitt des Kanalgrabens mit hallstattzeitlichen Pfahlreihen im Überschneidungsbereich mit einem noch nicht präzise datierbaren, eisenzeitlichen Astweg.

rundum aufwendig bebeilt und reichen bis in den glazialen Untergrund. Die Köpfe der Pfähle boten einen erstaunlichen Befund: Sie sind flach abgebeilt, an einem Pfahl ließ sich eine quer verlaufende Lochung beobachten. Die Pfähle dienten somit als Lager einer unbekannten, massiven Konstruktion. Die Synchronisierung der Jahrringmuster von vier Buchenpfählen mit einer bereits datierten Buchensequenz der Heuneburg-Vorburg ergibt eine Waldkantendatierung auf 577 v. Chr. Hinzu kommen kleinere, wenig tief greifende Pföstchen, wie wir sie ähnlich bereits im Umfeld der hallstattzeitlichen Bohlenstraße beobachteten. Da der Ausschnitt des Kanalgrabens sehr schmal ist, kann ein Zusammenhang von Astweg und Pfostenstellungen nicht schlüssig gefolgert werden. In früheren Jahren hatten wir den Astweg im Zuge der Ausgrabung des jungsteinzeitlichen Siedlungsareals bereits über längere Strecken verfolgt, jedoch nirgends entsprechende Begleitpfähle gefunden. Das Zusammentreffen von Astweg und Pfahlreihen im nun angeschnittenen Bereich scheint also eher zufällig. Die Pfosten dürften somit zu völlig anderen Baubefunden gehören, die sich mit dem Astweg überkreuzen. Handelte es sich hierbei um einen weiteren, vielleicht als Brücke gebauten Überweg der Hallstattzeit?

Mittelalterlicher Straßendamm und Sperrwerke

Im Bereich der Wuhrstraße ergaben sich mehrere Aufschlüsse zum Aufbau des mittelalterlichen bis neuzeitlichen Straßendamms. Im Osten, auf Höhe der Häuser Wuhrstraße 1 und 2 zeigte sich der unmittelbare Moorrand. Auf der Oberkante des Moores lag in ca. 3 m Tiefe ein Bohlenweg aus dicht gelegten, durchweg mit der Spaltfläche nach unten verlegten Spältlingen (Abb. 21 Nr. 10). Die Konstruktion ist zweilagig. Die untere Lage besteht aus großen Erlenhälblingen von ca. 20 cm Durchmesser, die auf längs verlaufenden Unterzügen ruhen. Die obere Lage aus durchweg kleineren Erlenhälblingen von ca. 10 cm Durchmesser ist einfach aufgedoppelt. Für diese Holzstraße gibt es bislang leider noch keine dendrochronologische Datierung. Es kann jedoch vermutet werden, dass es sich hier um eine der frühen mittelalterlichen Straßenverbindungen zur Insel handelt. Etwa 30 cm höher, in Kiesbändern und organischen Abfallschichten liegende lose Eichenhölzer ergaben dendrochronologische Kernholzdatierungen nach 1281 und mit geringerer Datierungsgüte eine Waldkantendatierung auf 1353 n. Chr. (Güte C). Im Bereich des Übergangs auf den mineralischen Insel-

sockel ließen sich mehrere Pfosten beobachten, die in den Kiesgrund eingegraben waren. Besonders hervorzuheben ist ein gewaltiger Eichenpfosten von 46 cm Durchmesser. Ein Pfosten ergab wiederum ein Dendrodatum auf 1353 n. Chr. (Güte C). Diese Pfostenbefunde liegen unmittelbar vor dem zu Beginn des 19. Jahrhunderts abgebrochenen Stadttor von Buchau, gehören jedoch sicherlich nicht zu dessen Konstruktion. Vielmehr dürfte es sich hier um hölzerne, quer zur Straße errichtete Sperrwerke handeln, wie sie im Vorfeld des Tores auf dem Merianstich von 1643 zu sehen sind.
Im mittleren Bereich der Wuhrstraße, etwa in Höhe der Hausnummern 18 bis 33 wurde der Torf im Liegenden nicht erreicht. Hier lag in den kiesig-lehmigen Auffüllschichten des Straßendammes in etwa 1,5 m Tiefe ein einphasiger Bohlenweg aus Rund- und Spalthölzern sehr unterschiedlicher Durchmesser (Abb. 21 Nr. 11). Unmittelbar darunter war eine Astlage in dunkler organischer Schicht zu beobachten. In ca. 1,20 und 0,70 m Tiefe fanden sich hier zwischen dicken Kiespackungen jüngere Holzeinbauten aus dünneren Prügeln und Koniferenästen, die als Stabilisatoren weiterer Aufschüttungen zu deuten sind. Auch dafür gibt es noch keine Datierungen.

Zusammenfassung

Die Kanalgräben in der Wuhrstraße haben erstmals archäologische Einblicke in den Aufbau der „Wuhr“ gewährt, die sich im Zuge zahlreicher Aufhöhungen zum heutigen Straßendamm entwickelte. An keiner Stelle, vom Inselrand einmal abgesehen, sahen wir jedoch ein komplettes Profil. Vor allem die älteren, in Feuchtsedimente eingebetteten Straßenlagen blieben unter der Sohle des Regenwasserkanals unangetastet. Die Befunde reichen jedoch aus, um zu erkennen, dass die Wuhrstraße hervorragend erhaltene Holzstraßen enthält, die – vermutlich von der karolingischen Gründung Buchaus an – in zahlreichen Bauphasen übereinander geschichtet wurden. Zusammen mit den parallel laufenden Bohlenwegen der Jungsteinzeit, Bronzezeit und Eisenzeit bildet die Engstelle zwischen Bad Buchau und Kappel den bislang interessantesten und umfangreichsten Denkmalkomplex zur Geschichte des Straßenbaus in Baden-Württemberg.

Die Beobachtungen der Bauaufschlüsse waren langwierig und nur deshalb erfolgreich, weil sie in enger Abstimmung mit der Bauplanung und Bauleitung erfolgen konnten. Bürgermeister Peter Diesch und der örtliche Bauamtsleiter Norbert Moll hatten uns rechtzeitig in das Verfahren eingebunden. Die Zusammenarbeit mit dem Ingenieurbüro Schwörer und den Baufirmen Schützbach und Beller war konstruktiv, die Eingriffe der Denkmalpflege ließen sich so gut koordinieren, dass es zu keinen Bauverzögerungen kam. Wir danken vor allem Bauingenieur Zimmermann und Bauleiter Paul Brändle für die gute Kooperation. Die Untersuchung der entnommenen Holzproben erfolgte im Dendrochronologischen Labor der Arbeitsstelle Hemmenhofen.

Helmut Schlichtherle, Wolfgang Hohl

Literaturhinweise

M. Heumüller/H. Schlichtherle, Arch. Ausgr. Baden-Württemberg 1999, 48 ff.; M. Heumüller, Die Bohlenwege des Federseemoores. Nachrichtenbl. Arbeitskr. Unterwasserarch. NAU 7, 2000, 75–80; dies., Die Bohlenwege des Alpenvorlandes. In: J. Köninger/M. Mainberger/H. Schlichtherle/M. Vosteen, Schleife, Schlitten, Rad und Wagen. Zur Frage früher Transportmittel nördlich der Alpen. Hemmenhofener Skripte 3 (Freiburg i. Br. 2002) 133–138.

Unterwasserarchäologie am Überlinger See – Extreme Niedrigwasserstände und die Folgen

Einführung

Im Winter 2005/2006 erreichte der Bodenseepegel historische Tiefstände. Die im Februar am Pegel Konstanz gemessenen Werte von 2,31 m lagen nur noch 5–6 cm über dem tiefsten seit 1814 gemessenen Wert von 2,26 m. Am Überlinger See gerieten dadurch Pfahlfelder mit Tausenden von Pfählen in wasserfreie Zonen. Durch Frost wurden in der Folge die Pfähle aus dem Boden gehoben, und bis dato unbekannte Pfahlfelder wurden sichtbar. Überdies ließen sich bestehende Messnetze mit einfachen Mitteln in besonders tief im Wasser liegende Pfahlfeldbereiche ausdehnen. So weit die guten Nachrichten, die mit den niedrigen Wasserständen zu verbinden sind. Sie stehen allerdings in keinem Verhältnis zu den damit einhergehenden negativen Auswirkungen, die tiefgreifend und verheerend waren. Die aus dem Boden gertriebenen Pfähle zerplatzten im Dauerfrost und zerfielen rasch beim Einsetzen der ersten Tauperiode. Der Wellenschlag des rasch ansteigenden Sees räumte die vom Frost gesprengten Pfähle in wenigen Tagen ab. Landseitige Pfahlfeldbereiche, in denen die Erosion bereits im Spitzenbereich der Pfähle angekommen war, wurden substanziell beseitigt. In besonders prekären Abschnitten versuchten wir mit dem Einsetzen des ersten Tauperiode Pfähle zu bergen, wobei das zur Verfügung stehende Zeitfenster denkbar knapp bemessen war. Zwischen dem Auftauen und der Überflutung der Uferzone blieben nur wenige Tage. Durch den lang anhaltenden Frost war der Seegrund jedoch tief durchgefroren, und die Pfähle mussten selbst noch unter leichter Wasserbedeckung mit dem Pickel freigehackt werden. Das Bergen und Beproben der Pfähle waren dementsprechend zeitraubend und mühsam. Wir mussten uns deshalb überwiegend auf die Kartierung der nun sichtbaren landseitigen Pfahlfeldgrenzen beschränken. Das ursprüngliche Vorhaben der diesjährigen Tauchkampagne am Überlinger See, die flächendeckende Bergung von Pfählen im erosionsgefährdeten spätbronzezeitlichen Pfahlfeld von Unteruhldingen, wurde infolge der extremen Pegelverhältnisse auf den Konstanzer Trichter und die Mauracher Bucht ausgedehnt (Abb. 24).

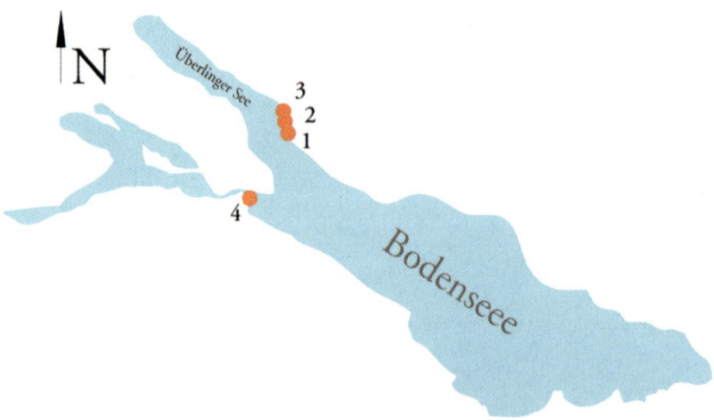

Abb. 24 Lage der im Text erwähnten Ufersiedlungen am Überlinger See und im Konstanzer Trichter. 1 Unteruhldingen-Stollenwiesen; 2 Seefelden-Nachtweid; 3 Maurach-Ziegelhütte; 4 Konstanz-Frauenpfahl.

Pfahlfeld und Seemühle vor Konstanz

Im Konstanzer Trichter nutzten wir die Pegelverhältnisse zu Vermessungsarbeiten im spätbronzezeitlichen Pfahlfeld am Frauenpfahl. Das Pfahlfeld ist an seinen Rändern bereits stark ausgedünnt und offensichtlich im Abgehen begriffen. Am Nordwestrand der Anlage ließen sich Reste einer bis jetzt unbekannt gebliebenen Palisade dokumentieren. Die Siedlung war demnach zumindest auf ihrer leichter zugänglichen Seite zur Rheininsel hin durch Pfahlreihen geschützt. Auf der Rheininsel selbst konnte zudem eine auf Luftbildern der 1990er Jahre erkennbare Struktur vermessen werden. Bei den beiden Schwellbalkengrundrissen von 3,5 m × 20 m und trichterförmig darauf zulaufenden Pfahlreihen dürfte es sich um die Reste einer Seemühle handeln. Am dendrochronologischen Labor in Hemmenhofen (W. Tegel) durchgeführte Jahrringanalysen lieferten Datierungsansätze um 1500 AD.

Neuentdeckung vor Seefelden

Die Flachwasserzone in der Mauracher Bucht verwandelte sich durch das Niedrigwasser in eine mehrere hundert Meter breite Wattlandschaft. Bei der Begehung des gefrorenen Seegrundes stießen wir gut hundert Meter östlich der bekannten Station Maurach-Ziegelhütte auf ein noch unbekanntes Pfahlfeld. Der Frost hatte hier Pfähle und vereinzelte Fundstücke knapp über den Sandschlick an die Oberfläche gehoben. Unter anderem gab der Sandschlick Geweihstangenbruchstücke und ein gegabeltes Zwischenfutter frei. Die Kartierung der beprobten Eichen- und Eschenrundlinge lieferte einen zweischiffigen Grundriss von 4,2 m Breite und mindestens 7,5 m Länge. Pfähle mit brettartigen und polygonalen Querschnitten lassen auf bronzezeitliche Siedlungsreste schließen, während das gegabelte Zwischenfutter die endneolithische Besiedlung des Platzes belegt.

Pfahlfelder in Unteruhldingen

Spätbronzezeit

Die Arbeiten konzentrierten sich zunächst auf die Beprobung des spätbronzezeitlichen Pfahlfeldes vor Unteruhldingen. Nach den im Vorfeld in den vergangenen Jahren kleinflächig angelegten Sondierschnitten ging es in diesem Jahr nun um die flächige Beprobung des durch harte Erosion gezeichneten Pfahlfeldes. Insgesamt konnten knapp 700 m² dokumentiert und etwa 1400 Pfähle beprobt werden. Die aufgenommene Fläche erfasste den bis dato unklar gebliebenen Westrand der Anlage (Abb. 25), wobei auch hier zahlreiche Pfahlspitzen die fortgeschrittene Erosion des Pfahlfeldes anzeigen.

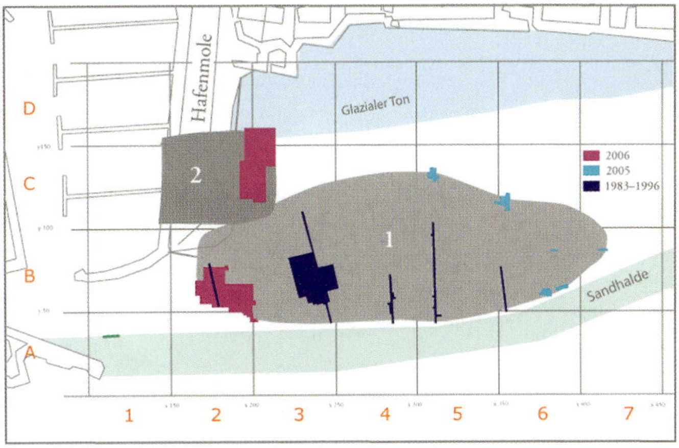

Abb. 25
Unteruhldingen-Stollenwiesen. Lage der Sondierschnitte und dokumentierten Flächen im Bereich der bronzezeitlichen Pfahlfelder.
1 Spätbronzezeit;
2 Frühbronzezeit.

Die weiter östlich mit Schlagphasen auf 975–954 v. Chr. der Siedlungsphase Uu1 in Verbindung gebrachten äußeren Palisadenzüge fächern hier in ein mehrgliedriges Palisadensystem auf, welches die Anlage im Westen umschließt. (Abb. 26). Welche zeitliche Tiefe das Palisadensystem besitzt und wie es sich in das Gesamtbild der Anlage wird einfügen lassen, ist vorderhand noch ungewiss. Dies zu klären wird Aufgabe der Untersuchung der Pfahlproben sein, die derzeit unter Leitung von André Billamboz am dendrochronologischen Labor der Arbeitsstelle Hemmenhofen im Gange ist.

Frühbronzezeit

Im Laufe des Januars wurde am Fuße der Hafenmole ganz im Westen der Station sukzessive ein Eichenpfahlfeld sichtbar, welches bislang weitgehend unter der von Kies und Sand bedeckten Oberfläche des Seegrundes verborgen geblieben war. Das Pfahlfeld liegt deutlich landwärts der spätbronzezeitlichen Anlage (Abb. 25) und geriet im Zuge sinkender Pegelstände auf einem 10–15 m breiten Streifen in die wasserfreie Uferzone. Durch Frosthebung wurden sukzessive zahlreiche nichteichene Pfähle an der Oberfläche sichtbar, die, in Reihen angeordnet, bereits vor der Pfahlfeldaufnahme ein Palisadensystem erkennen ließen, welches eine mit Eichenpfählen bestückte Fläche umschloss.

Bei der Mehrzahl der Pfähle im landseitigen Bereich hatte die Erosion bereits den Spitzenbereich erreicht, es war also absehbar, dass die meisten der gefrorenen Pfahlspitzen mit der nächsten Tauperiode verschwinden würden. Wir entschlossen uns daher mit dem Einsetzen des Tauwetters, das aufgefrorene Pfahlfeld in einer konzertierten Aktion komplett zu bergen. Dies musste in nur zwei Tagen – mit dem einsetzenden Tauwetter und vor der Überflutung durch den ansteigenden See – durchgeführt werden. Es gelang die Bergung von etwa 400 Pfählen, wobei aufgrund des enormen Zeitdruckes auf ein Abschaufeln der an der Oberfläche liegenden und teilweise noch angefrorenen Kieslage verzichtet werden musste. Nicht auszuschließen ist deshalb, dass dadurch einzelne Pfahlreste der Dokumentation entgingen. Wir denken aber, dass deren Anzahl begrenzt ist, und gehen aufgrund der kartierten Pfähle davon aus, dass das Pfahlfeld in seinen wesentlichen Zügen erfasst werden konnte.

Die dendrochronologische Untersuchung der Pfahlproben ist noch in den Anfängen begriffen. Erste Kernholzdaten weisen in die erste

Abb. 26 Unteruhldingen-Stollenwiesen. Pfahlplan der im Westen dokumentierten Fläche.

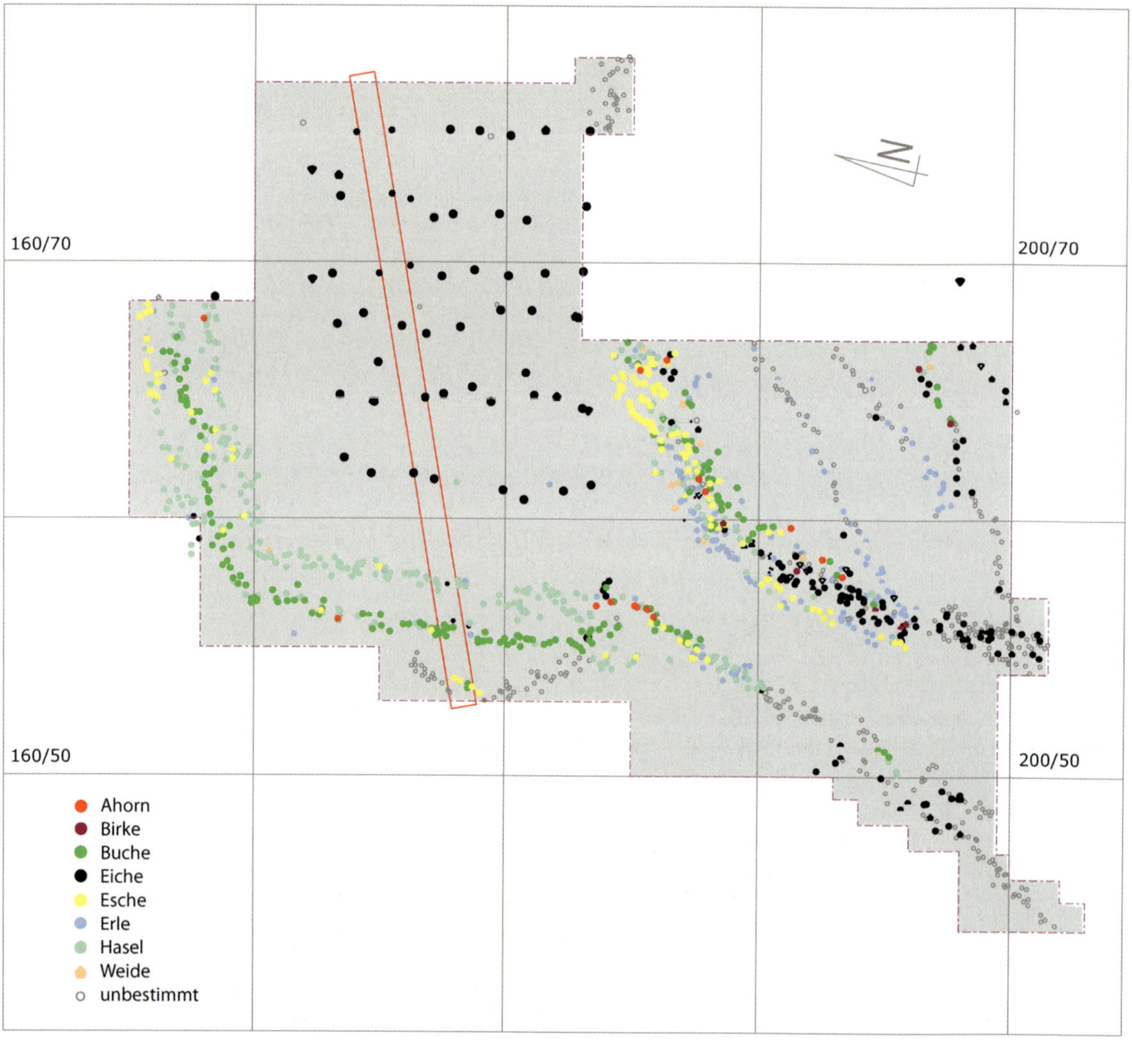

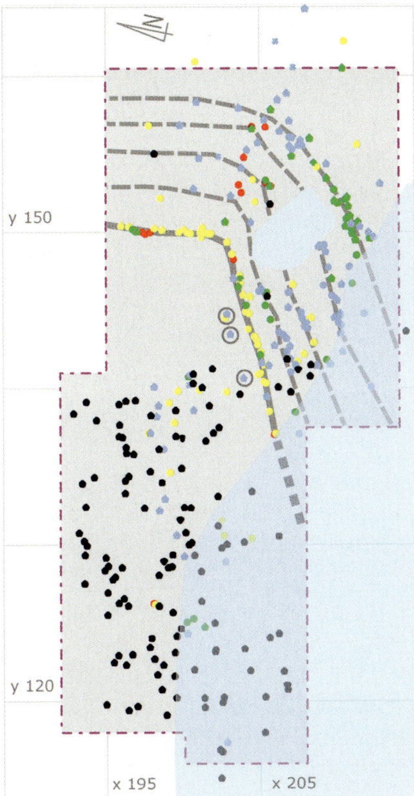

Abb. 27 Unteruhldingen-Stollenwiesen. Pfahlplan der im frühbronzezeitlichen Pfahlfeld dokumentierten Fläche. Die abschnittsweise rudimentär erhaltenen Pfahlreihen der Palisaden sind grau unterlegt, mutmaßliche Ankerpfosten durch Kreise hervorgehoben. Blau signiert ist die wasser- und eisbedeckte Fläche zu Beginn der Pfahlfeldaufnahme. Signatur der Holzarten s. Abb. 26.

Hälfte des 17. Jahrhunderts v. Chr. (freundl. Mitt. André Billamboz, dendrochronologisches Labor Hemmenhofen). Passend zur dendrochronologischen Datierung sind die wenigen leistenverzierten und flächig kornstichverzierten Scherben, die an der Oberfläche aufgelesen werden konnten und die aus Pfostenverzügen stammen dürften.

In der 950 m^2 großen Fläche wurde offenbar der landseitige Bereich einer befestigten Anlage erfasst, die von fünf Palisadenzügen umgeben ist (Abb. 27). Während die äußeren vier Pfahlreihen überwiegend aus Erlen bestehen und kurvolinear um die Siedlungsinnenfläche führen, verläuft die innere Eschenpalisade gewinkelt. Der gewinkelte Verlauf lässt auf eine Holzmauer schließen, in der ehemals stabile, vertikal eingebrachte Konstruktionselemente verbaut gewesen sein müssen. Auf der Innenseite befindliche Ankerpfosten aus Erlenholz dienten vermutlich, wie im Falle der bei der Insel Mainau gelegenen Ufersiedlung Egg-Obere Güll, zur vertikalen Stabilisierung der Mauerkonstruktion. Die Anlage ist damit den stark befestigen frühbronzezeitlichen Anlagen Südwestdeutschlands und der Schweiz anzuschließen, die gleichfalls von gewinkelt verlaufenden Pfahlreihen umgeben sind.

Maurach-Ziegelhütte

Beim diesjährigen Extremniedrigwasser gerieten auch große Teile des Mauracher Pfahlfeldes in die wasserfreie Uferzone. Wie auch in anderen Stationen am Überlinger See hob der Frost Pfähle zu Tausenden über den Seegrund (Abb. 28). Der sich bietende Anblick war spektakulär. In gleicher Weise aber bedrückend ist das Wissen darum, dass die Pfahlfelder nicht nur am Überlinger See infolge dieser Kryoturbationsprozesse in ihren landseitigen Bereichen großflächig im Verschwinden begriffen sind.

Schlussbemerkung

Die in den vergangenen Jahren sich wiederholenden extremen niedrigen Winterwasserstände stellen die Unterwasserarchäologie am Bodensee vor große Probleme. Damit einhergehende Frostperioden und vermehrt auftretende Winterstürme setzen vor allem den Pfahlfeldern zusehends zu. Im Falle von Maurach und Unteruhldingen konnten wir detailliert nachweisen, dass bereits erhebliche substanzielle Verluste eingetreten sind. Die Pfähle der landseitigen Siedlungsbereiche werden durch Frosthebung und -sprengung sukzessive dezimiert. Wiederholen sich Extremniedrigwasserstände mit der Frequenz der letzten Jahre, so ist der Totalverlust ausgedehnter Pfahlfeldbereiche mit Tausenden von Pfählen bereits kurzfristig absehbar. Dies käme aber einer Katastrophe gleich, denn in den Pfahlfeldern des Bodenseegebietes steckt

Abb. 28 Maurach-Ziegelhütte. Durch Frosthebung an die Oberfläche gebrachtes Pfahlfeld vor Obermaurach.

ein immenses Potenzial zur Erforschung der Besiedlungs-, Wirtschafts- und Klimageschichte des nördlichen Alpenvorlandes. Sie sind in vielen Ufersiedlungen oft die einzigen Relikte. In vielen Pfahlbaufundstellen wird mit ihnen die letzte Chance verschwinden, die kulturelle Entwicklung und die damit verbundene Landschaftsgeschichte des Siedelraumes vor dem Hintergrund präziser dendrochronologischer Datierung zu erforschen und begreifbar zu machen.

Es sind daher strategische Vorkehrungen zu treffen, die im Bedarfsfalle auch ein kurzfristiges Eingreifen sicherstellen, will man nicht Gefahr laufen, dass mit den Pfahlfeldern eine der wichtigsten Quellen der südwestdeutschen Vorgeschichtsforschung vom 4. bis ins 1. Jahrtausend v. Chr. versiegt.

Die Arbeiten im Gelände erforderten ein hohes Maß an Einsatz und Engagement. Hierfür danke ich Caroline Crivelli, Wolfgang Heuschen, Conni Lübke und Kathrin Wüst. Dorothea Braschoss verdanken wir die holzanatomische Untersuchung der Pfähle. Der Gemeinde Uhldingen-Mühlhofen, in persona Herrn Spießmacher, danken wir für Verständnis und unbürokratische Hilfe bei unseren winterlichen Unternehmungen. Last but not least sei dem Leiter des Pfahlbaumuseums Dr. Gunter Schöbel und Peter Walter M.A., wissenschaftlicher Assistent, für zuvorkommende und kollegiale Zusammenarbeit gedankt.

Joachim Köninger

Literaturhinweise

Arch. Ausgr. Baden-Württemberg 2004, 39 ff.; 2005, 57 ff.; A. Hafner, Sutz-Lattrigen, Buchtstation. Rettungsgrabung 2004/05: frühbronzezeitliche Ufersiedlungen. Arch. Kanton Bern 6A. Fundberichte 2005, 110–113; U. Hügi, Prähistorische Dörfer, alte Brücken: gut erhalten, beinahe verschwunden … Die Arbeiten der Zürcher Tauchequipe in den Jahren 2005/2006, Bericht VIII. Nachrichtenbl. Arbeitskr. Unterwasserarch. NAU 13, 2006, 53–57; J. Köninger, Unterwasserarchäologie am Überlinger See im Zeichen extremer Niedrigwasserstände. Ebd. 64–73; G. Schöbel, Die Spätbronzezeit am nordwestlichen Bodensee. Taucharchäologische Untersuchungen in Hagnau und Unteruhldingen. Siedlungsarchäologie im Alpenvorland IV. Forsch. u. Ber. Vor- u. Frühgesch. Baden-Württemberg 47 (Stuttgart 1996).

Erste Siedlungsspuren der Urnenfelderzeit in Schriesheim, Rhein-Neckar-Kreis

Der Ort Schriesheim liegt auf dem Schwemmkegel des Kanzelbaches am Fuße des Odenwaldes. Obwohl die sich westlich anschließende Rheinebene sehr reich an vor- und frühgeschichtlichen Hinterlassenschaften ist, mangelt es an Kenntnissen zur vormittelalterlichen Besiedlung.

Im Bereich des ehemaligen Dorfes und der mittelalterlichen Stadt konnten im Jahr 1993 Funde aus der jüngeren Eisenzeit geborgen werden. Dagegen weisen auf dem nördlichen Schwemmkegelbereich lediglich unstratifizierte Einzelfunde aus älterer Zeit und die bei jüngst durchgeführten baubegleitenden Untersuchungen festgestellten Befunde auf vorgeschichtliche Siedelepochen hin.

Im Sommer 2006 wurden im Bereich Ruhweg/Schanzgasse erstmals Reste einer spätbronzezeitlichen Siedlung im Gemeindegebiet von Schriesheim entdeckt. In einem seit 1960 kontinuierlich baulich verdichteten Areal fanden sich beim Baggeraushub auf einem der wenigen nicht bebauten Grundstücke vorgeschichtliche Hinterlassenschaften. Diese konnten in Absprache mit dem Bauherrn von haupt- und ehrenamtlichen Mitarbeitern der Reiss-Engelhorn-Museen näher untersucht werden.

Bei den ergrabenen Strukturen handelte es sich um einen Grubenkomplex von ca. 4 m Breite und 6 m Länge, der nach weiterem Abtrag in ca. sechs kleinere Siedlungs- bzw. Abfallgruben zerfiel (Abb. 29). Eine über 4 m breite Grube war in der Nordostwandung der Baugrube im Profil zu erkennen. Es ist davon auszugehen, dass auf dem Nachbargrundstück weitere Siedlungsstrukturen unbeobachtet zerstört wurden.

Interpretieren lassen sich die Gruben als Lehmentnahmegruben, die sekundär der Abfallentsorgung dienten. Die Verfüllung enthielt Grob- und Feinkeramik sowie Fragmente von Lehmbewurf, wie er beim Herstellen von Hauswänden verwendet wurde. Offensichtlich war das dazugehörige Haus verbrannt, so dass der Wandverputz verziegelte und

Abb. 29 Schriesheim, Ruhweg 13a. Im Löss zeichneten sich die mit braunem Lehm verfüllten Gruben hervorragend ab.

sich erhalten konnte. Die Keramik stammt vorwiegend von größeren Vorratsgefäßen. Sie ist z. T. oxidierend gebrannt und grob gemagert. Die wenigen Randstücke weisen Fingerkuppenverzierung auf.
Eine differenzierte Datierung ist aufgrund der begrenzt aussagefähigen Keramikfunde kaum möglich. Der Herstellungszeitraum der Keramik ist in die Urnenfelderzeit zu setzen.
Die nähere Umgebung des Fundorts wird seit Jahrzehnten großflächig überbaut, die Entdeckung archäologischer Relikte unterlag daher stark dem Zufall sowie dem Engagement und Beobachtungsvermögen Einzelner. So wurden von einem vermutlich großen merowingerzeitlichen Gräberfeld, das sich im Umfeld der Hans-Pfitzner-Straße befunden hatte, lediglich wenige Bestattungen geborgen. Auch urnenfelderzeitliche Funde aus der weiteren Umgebung Schriesheims sind weitgehend unbekannt. Aus Schriesheim selbst ist der unstratifizierte Einzelfund einer Nadel belegt. Ein reicher Hortfund, der Lappen- und Tüllenbeile, Sicheln und andere Gegenstände aus Bronze enthielt, wurde nur wenig unterhalb der Schauenburg entdeckt, die sich bereits außerhalb des Gemeindegebiets befindet. Die spärlichen Funde aus dem Ruhweg stellen daher den bisher einzigen Siedlungsnachweis der Urnenfelderzeit in Schriesheim dar. Da die Baustellen in Schriesheim kontinuierlich beobachtet werden, können in naher Zukunft sicherlich weitere Einblicke in die Vorgeschichte von Schriesheim gewonnen werden.

Wir möchten an dieser Stelle die gute Kooperation mit dem Bauherrn und der Gemeinde Schriesheim herausstellen und uns bei unserer Eingreiftruppe um U. Gerlach, P. Gidius, Z. Perhoc und H. Unser für den Einsatz unter sengender Sonne bedanken.

Benedikt Stadler

Literaturhinweise

A. Dauber u. a., Archäologische Karte der Stadt- und der Landkreise Heidelberg und Mannheim. Badische Fundber. Sonderh. 10 (Stuttgart 1967); D. Lutz/U. Gross, Ein Beitrag zur Frühgeschichte von Schriesheim, Rhein-Neckar-Kreis. Arch. Ausgr. Baden-Württemberg 1993, 248–252; T. Städtler, Urgeschichte von Schriesheim. Schriesheimer Jahrb. 2003, 146–162.

Zu einer Kinderbestattung der Urnenfelderkultur aus dem Gräberfeld beim Burrenhof, Gde. Grabenstetten, Kreis Reutlingen

Die spätbronze- und früheisenzeitliche Nekropole beim Burrenhof liegt etwa 3,5 km westlich von Grabenstetten auf einer der Schwäbischen Alb vorgelagerten Hochfläche. Erste Funde aus dem Grabhügelfeld erweckten bereits Ende des 19. Jahrhunderts das altertumskundliche Interesse an diesem Bestattungsplatz. Eine umfassende Untersuchung aller oberirdisch noch erkennbaren Grabhügel erfolgte aber erst zwischen 1983 und 1990.
Nach einer mehrjährigen Unterbrechung der archäologischen Feldarbeit führten intensive Begehungen in den Jahren 2004 und 2005 erneut zur Entdeckung umfangreicher Grabfunde. Die dabei geborgenen Objekte gaben den Anlass, auch im Sommer 2006 die landwirtschaftlich genutzten Flächen im Umfeld des Fundplatzes zu prospektieren.

Scherben im Acker

Durch die aufmerksame Beobachtung der frisch gepflügten Ackerflächen gelang es, ein weiteres Grab der ausgehenden Bronze-

zeit zu bergen. Bei dieser Bestattung handelt es sich um ein kleines Brandgrubengrab der Urnenfelderkultur, das aufgrund seiner Beigaben in die Zeit um 1000 v. Chr. datiert werden kann.

Das Grabinventar umfasst neben mehreren Gefäßen aus Ton einen Armring und eine stark fragmentierte Nadel aus Bronze. Als Leichenbrandbehälter diente eine große tönerne Urne, in der sich sowohl die sterblichen Überreste als auch die weiteren Keramik- und Bronzebeigaben befanden. Vor allem das Großgefäß war bereits erheblich vom Pflug in Mitleidenschaft gezogen worden, so dass eine ganze Reihe von Keramikbruchstücken an der Ackeroberfläche zu liegen kamen.

Eine Besonderheit unter den Grabbeigaben bildet ein nur ca. 8 cm hohes Zylinderhalsgefäß mit filigraner Riefen- und Buckelverzierung (Abb. 30). Erfreulicherweise hat das außerordentlich fein gearbeitete und qualitätvolle Miniaturobjekt die vergangenen drei Jahrtausende weitgehend unbeschadet überstanden.

Nach einer anthropologischen Bestimmung der verbrannten Knochenreste durch J. Wahl (Regierungspräsidium Stuttgart, Landesamt für Denkmalpflege) handelt es sich bei dem bestatteten Individuum um ein etwa sieben bis neun Jahre altes Kind. Insgesamt sind damit nun drei Grablegen der Urnenfelderzeit vom Burrenhof bekannt. Sie bilden den Beginn der Bestattungstätigkeit, aus der sich im Lauf der frühen Eisenzeit ein ausgedehntes Grabhügelfeld entwickelte.

Abb. 30 Grabenstetten, Burrenhof. Ausgewählte Beigaben einer Brandbestattung der Urnenfelderzeit.

Kleine Gräber – großer Schaden

Die im Spätsommer des Jahres 2006 entdeckte Bestattung wurde im Rahmen einer kurzfristig anberaumten Notgrabung durch Mitarbeiter der Archäologischen Denkmalpflege des Regierungspräsidiums Tübingen freigelegt und en bloc geborgen (Abb. 31). Leider zeigte sich dabei ein weiteres Mal, in welch dramatischer Art und Weise die noch im Boden erhaltenen Funde und Befunde von einer endgültigen Zerstörung bedroht sind.

Um so größer ist daher der Dank an all die freiwilligen Helfer, die auch im vergangenen

Abb. 31 Grabenstetten, Burrenhof. Anfertigen einer Gipsmanschette zur Blockbergung.

Jahr durch ihr unermüdliches Engagement zur Rettung der gefährdeten Bodendenkmäler mit beigetragen haben. Für die Arbeiten im Bereich der Nekropole beim Burrenhof ist hier an erster Stelle dem ehrenamtlichen Beauftragten der Archäologischen Denkmalpflege in Baden-Württemberg, Herrn A. Lehmkuhl, Bempflingen, zu danken. Seine Begehungstätigkeit führte unter anderem zur Entdeckung des oben genannten Kindergrabes. Ein großer Dank gilt darüber hinaus Herrn G. Kalmbach, Landwirt aus Grabenstetten, der durch seine Hilfsbereitschaft die denkmalpflegerischen Tätigkeiten maßgeblich unterstützte.

Gerd Stegmaier

Literaturhinweis

G. Stegmaier, Arch. Ausgr. Baden-Württemberg 2005, 85 ff. (mit weiterer Literatur).

Die „Eremitage" im Donautal bei Inzigkofen, Kreis Sigmaringen, in vor- und frühgeschichtlicher Zeit

Die archäologische Erforschung der „Eremitage", einer etwa 500 m nördlich der Klosterkirche von Inzigkofen gelegenen Felskuppe über der Donau, ist nach drei Grabungskampagnen zu einem vorläufigen Abschluss gelangt. Untersucht wurde eine Fläche von etwa 90 Quadratmetern am Nordrand des Felsplateaus (Abb. 32). Die sich bislang abzeichnenden, selbstredend vorläufigen Ergebnisse zur Vor- und Frühgeschichte dieses naturheiligen Platzes sollen im Folgenden, quasi als Zwischenbilanz, vorgestellt werden.

Jungsteinzeitliche Siedlungsreste

Die ältesten Funde gehören ins Mittelneolithikum beziehungsweise an den Übergang zum Jungneolithikum, das heißt in eine Zeit um oder nach der Mitte des 5. Jahrtausends v. Chr. Kennzeichnend sind Scherben mit Einstichverzierungen, gekerbte Kelchränder oder Gefäßböden mit Standringen. Voll ins Jungneolithikum zu stellen sind stichverzierte Scherben, die der sogenannten Wauwiler Kultur zuzurechnen sind (Abb. 35, oben links). Vergleichbare Stücke sollen vom Amalienfelsen, einer der Eremitage gegenüber liegenden, steil zur Donau abfallenden Felsbastion stammen. Die neolithischen Funde lagen in einer 30–40 cm mächtigen humosen, von kleinen Kalksteinen durchsetzten Schicht, unmittelbar über dem anstehenden Fels (Abb. 33; 34).

Zwei Tierknochenstücke, Metapodienfragmente vom Rothirsch aus der neolithischen Schicht, die am Institut für Teilchenphysik der Eidgenössischen Technischen Hochschule Zürich (Dr. G. Bonani, Dr. I. Hajdas) einer ^{14}C-AMS-Datierung unterzogen wurden, erbrachten überraschende Ergebnisse. Die absoluten Daten der ersten Probe umspannen einen Zeitraum von 2870 bis 2490 v. Chr., die der zweiten Probe reichen von 3340 bis 2880 v. Chr. Dies bedeutet, dass die neolithische Besiedlung der Eremitage bis in das Spät- beziehungsweise Endneolithikum hineinreicht. Scherben mit Leistenverzierung sowie das Fragment einer Hammeraxt bezeugen die Anwesenheit von Menschen für das 4. und 3. Jahrtausend v. Chr. In der „neolithischen" Schicht fanden sich ferner Scherben von doppelkonischen Töpfen mit Griffknubben und Fingertupfenleisten, die zeitlich in die frühe beziehungsweise mittlere Bronzezeit (Bz B) zu stellen sind (Abb. 35, unten links). Da bei den Grabungen die meisten Scherben dreidimensional eingemessen

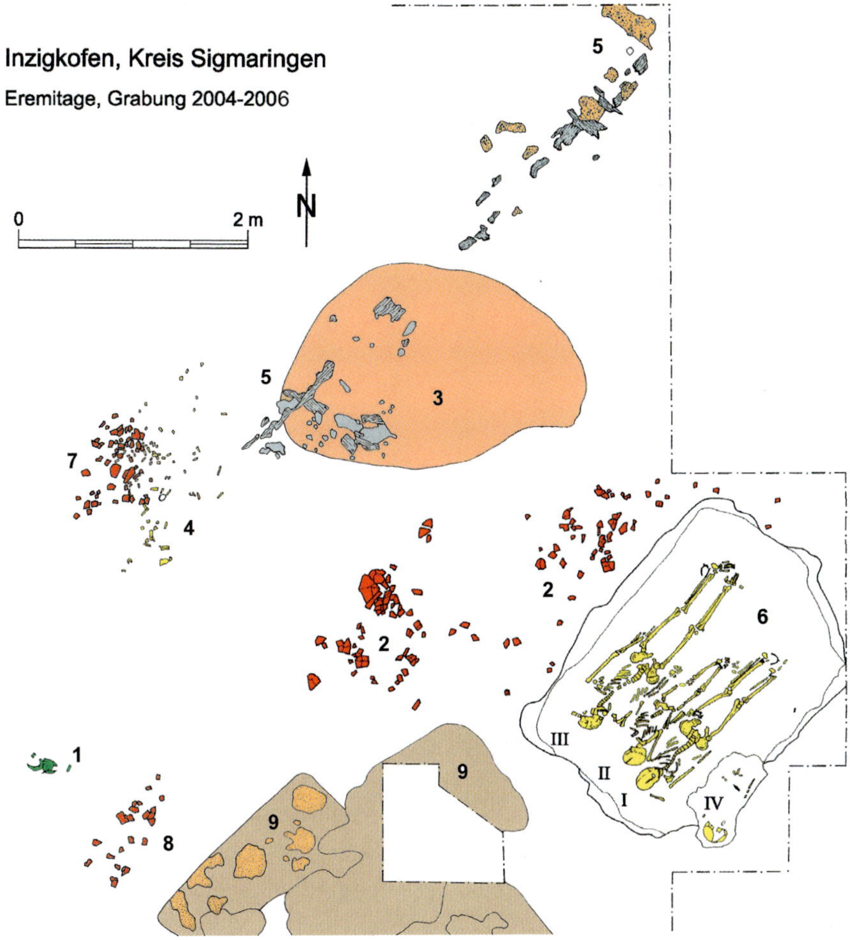

Abb. 32
Inzigkofen. Ausschnitt aus dem Übersichtsplan der Grabungen auf der Eremitage (Stand 2006). 1 spätbronzezeitlicher Depotfund; 2 spätbronzezeitliches Scherbenpflaster; 3 gerötete Lehmfläche; 4 späthallstatt-/frühlatènezeitliche Skelettreste; 5 verbrannte Eichenholzbalken; 6 frühmittelalterliche Bestattungen; 7, 8 jungsteinzeitliche Scherbenkonzentrationen; 9 neuzeitliche Eingriffe.

worden sind, ist im Zuge der Auswertung eine vertikale Differenzierung der „neolithischen" Kulturschicht zu erwarten.

Steinpodium und Opferplatz der Spätbronzezeit

Die neolithische beziehungsweise früh- bis mittelbronzezeitliche Kulturschicht wird von einer mächtigen Steinpackung überdeckt, die zu einem Podium am Nordwestrand der Felskuppe gehört. Verbrannte, hangparallel verlaufende Eichenholzbalken dürften zur Stabilisierung und Aussteifung des Steinpodiums gedient haben (Abb. 32 Nr. 5). Die ^{14}C-AMS-Datierung an der ETH Zürich von zwei verbrannten Eichenholzfragmenten der Holzaussteifung ergab Werte zwischen 1500 und 1210 v. Chr. beziehungsweise zwischen 1410 und 1110 v. Chr. Demnach ist davon auszugehen, dass das Podium im Verlauf der späten Bronzezeit angelegt wurde.

Der Depotfund des 11. Jahrhunderts v. Chr., wohl ein Opfer an eine Erd- oder Fruchtbarkeitsgottheit, und die zeitgleiche Scherbenstreuung (Abb. 32 Nr. 1; 2) liegen an der Oberkante des Steinpodiums und sind Teil eines spätbronzezeitlichen Opferplatzes. Zu hinterfragen ist, ob die gerötete Lehmfläche

Abb. 33
Inzigkofen. Blick von Osten in die Fläche 11 während der Befunddokumentation.

Abb. 34
Inzigkofen. Teilfläche des Westprofils von Fläche 11. Über dem anstehenden Fels liegt eine Schicht mit neolithischen und frühbronzezeitlichen Funden, die von einer mächtigen Steinlage überdeckt wird.

(Abb. 32 Nr. 3), die über den verbrannten Eichenhölzern liegt, nach wie vor als Herd- beziehungsweise Feuerstelle angesprochen werden kann und in direktem Zusammenhang mit dem Opferplatz steht. Zum Opferplatz – oder Höhenheiligtum im weitesten Sinne – gehört wohl auch ein Felstor, das südlich der Kapelle, am Rand des Steilhangs gelegen ist und sich nach Nordosten in Richtung eines alten Donaulaufs öffnet. Vergleiche mit dem sogenannten Heidentor, einem Felstor auf der Oberburg bei Egesheim, Kreis Tuttlingen, drängen sich geradezu auf. Das Heidentor ist Teil eines heiligen Bezirks beziehungsweise Opferplatzes, der von der mittleren Bronzezeit im 15. Jahrhundert v. Chr. bis in die Späthallstatt-/Frühlatènezeit im 5./4. Jahrhundert v. Chr. aufgesucht wurde.

Keltische Kinderbestattung und frühmittelalterliche Reitergräber

Nach Ausweis der Funde scheint die Eremitage nach der späten Bronzezeit nahezu 750 Jahre nicht mehr von Menschen aufgesucht worden zu sein. Die erneute Anwesenheit von Menschen auf der Felskuppe über der Donau belegen mehrere frühlatènezeitliche Scherben des 4. Jahrhunderts v. Chr. (Abb. 35, rechts), und möglicherweise gehört das Grab eines im Alter von acht oder neun Jahren verstorbenen Kindes, das im Westteil der Grabungsfläche nahe der Hangkante aufgedeckt wurde, in diese Zeit (Abb. 32 Nr. 4). Wieder verstrichen über 500 Jahre, bis im 2. nachchristlichen Jahrhundert auf der felsigen Anhöhe eine römische Emailscheibenfi-

bel verloren ging. Die Trägerin des Schmuckstücks könnte in dem römischen Gutshof gelebt haben, der etwa 800 m südöstlich der Eremitage und östlich von Inzigkofen auf einer Geländezunge in der Nähe der römischen Straße lag.
Nach weiteren 500 Jahren, in der Zeit um 700 n. Chr., wurden auf der Eremitage vier Personen bestattet, von denen zumindest drei, ein Vater und seine beiden Söhne, eines gewaltsamen Todes gestorben sind. Sie wurden in einer hölzernen Grabkammer beigesetzt, die 20–30 cm in den Weißjurafelsen eingearbeitet war. Warum die Toten fernab der damaligen Siedlungsplätze auf der einsamen Felshöhe bestattet wurden, wird wohl immer im Dunkeln bleiben, und ob der abgelegene Platz über der Donau noch im Frühmittelalter als naturheilig angesehen wurde – wie in der Spätbronzezeit und vielleicht auch in der Latènezeit – wissen wir nicht.

Abb. 35
Inzigkofen. Scherbenfunde unterschiedlicher Zeitstellung. Oben links: mittel- und jungneolithische Scherben; oben Mitte: Randstück eines endneolithischen Bechers; unten links: Wandstück eines früh- bis mittelbronzezeitlichen Gefäßes mit Fingertupfenleiste; daneben: bronzezeitliche Scherbe mit Fingertupfenleiste; rechts oben: Randstück eines späthallstatt-/frühlatènezeitlichen Gefäßes; unten rechts: Wandstück eines latènezeitlichen Gefäßes.

Für die Erlaubnis, auf der Eremitage Grabungen durchzuführen, möchten wir Herrn Friderichs von der Fürstlich Hohenzollernschen Hofkammer, Büroleitung Forst, aufrichtig danken. Besonderer Dank gebührt Herrn Werner Simon, Inzigkofen, dem Entdecker des Fundplatzes, der die Grabung von Beginn an durch tatkräftige Mithilfe unterstützt hat und alle Beteiligten an seinem profunden Wissen um die Archäologie des Donautals zwischen Sigmaringen und Beuron uneigennützig teilhaben ließ. Wir haben viel von ihm gelernt.

Hartmann Reim

Literaturhinweise

J. Biel, Zur neolithischen Besiedlung der Schwäbischen Alb. Fundber. Baden-Württemberg 1, 1974, 53–64; H. Reim, Arch. Ausgr. Baden-Württemberg 2004, 62–65; 2005, 61–65; J. Wahl, ebd. 66–68.

Frühkeltische Siedlungsspuren am Ostrand von Ladenburg, Rhein-Neckar-Kreis

Bedingt durch den geplanten Neubau der Martinsschule auf einem bislang unbebauten Areal in der Flur „Mittlere Mühlgewann“ am östlichen Stadtrand von Ladenburg wurden vorgreifende archäologische Untersuchungen notwendig, die von Juli bis Dezember 2006 durchgeführt wurden.

Bereits seit längerer Zeit sind auf Ladenburger Gemarkung einige Areale bekannt, in denen sich vorgeschichtliche Funde und Befunde konzentrieren. Hierzu gehören etwa neolithische sowie bronze- und eisenzeitliche Reste, die neben neckarsuebischen Gräbern seit dem 19. Jahrhundert im Bereich der

Abb. 36
Ladenburg, Mittlere Mühlgewann. Verfüllung des hallstattzeitlichen Brunnenschachtes mit Brandschicht (Arbeitsaufnahme).

Kiesgruben am „Erbsenweg“ etwa 2 km nordwestlich der Stadt zum Vorschein kamen. Südlich des Stadtgebietes konnte B. Heukemes in den 1970er und 1980er Jahren Siedlungsreste der Urnenfelder- und Hallstattzeit sowie einen kleinen hallstattzeitlichen Friedhof im Bereich der heutigen Sportanlagen im Gewann „Ziegelscheuer“ feststellen. Dabei wurden auch wichtige Hinweise zur vorgeschichtlichen Topografie des heutigen Stadtgebietes gewonnen: Der heutige Verlauf des Kandelbaches markiert in diesem Bereich einen alten Nebenarm des Neckars, der das Stadtgebiet bogenförmig umzog. Bei der Überwachung der Erdarbeiten in den 1980er Jahren wurden hier weitere Flussrinnen entdeckt, an deren Böschungen sich letzte Reste vorgeschichtlicher Kulturschichten fanden. Einzelne Gruben waren sogar in die verlandeten Flussrinnen eingetieft. Dies zeigt, dass bereits in vorrömischer Zeit durch Neckarhochwässer umfangreiche Veränderungen im Gelände und am Flusslauf stattgefunden haben, die sich heute kaum mehr im Oberflächenrelief erkennen lassen.
Eine dritte Zone, in welcher sich eine Verdichtung vorgeschichtlicher Siedlungsspuren abzeichnet, liegt am östlichen Stadtrand von Ladenburg im Bereich der Fluren „Oberer Kandelbach“, „Wasserbett“ und „Mittlere Mühlgewann“. Sie liegt unmittelbar östlich des oben erwähnten Altarms des Neckars, der die heutige Altstadt bogenförmig umgab. Hier hatte B. Heukemes 1980–84 im Neubaugebiet „Am Wasserbett“ eine spätkeltische Viereckschanze entdeckt und in Teilen untersucht. 1994 konnte ein weiteres Teilstück des Viereckschanzengrabens untersucht werden. Ebenso fanden sich bei diesen Untersuchungen neolithische Siedlungsspuren und Gruben der frühen Hallstattzeit. Im Bereich des Grundstücks „Am Wasserbett 15“ war bei Grabungen 2001 neben weiteren Resten der spätkeltischen Viereckschanze auch ein bis 1,8 m tiefer Schacht untersucht worden, der in seiner Füllung Keramik der späten Urnenfelderzeit enthielt.

Die Ergebnisse der Grabung 2006

Die 2006 untersuchte Fläche in der Flur „Mittlere Mühlgewann“ liegt nur etwa 0,2 km nordwestlich der spätkeltischen Viereckschanze zwischen dem heutigen Verlauf des Kandelbachs im Norden, der Hirschberger Allee im Westen und dem Dossenheimer Weg (K 4138) im Süden.
Auch im unmittelbar westlich angrenzenden Neubaugebiet waren bei Baustellenbeobachtungen in den 1980er und 1990er Jahren schon hallstatt- und frühlatènezeitliche Gruben dokumentiert worden (Bauarbeiten in der Straße „Am Hahnenstück“ und in der Hirschberger Allee, nur etwa 0,3 km nordwestlich der diesjährigen Grabungsfläche).
Eine Ausdehnung der vorgeschichtlichen Siedlungsreste nach Osten erschien deshalb wahrscheinlich. Im Bereich des geplanten Baufensters wurde in Nord-Süd-Richtung eine Fläche von ca. 110 m × 25 m vom Oberboden befreit (Hauptfläche). An diese schloss sich im Süden rechtwinklig (Ost–West) eine weitere Fläche (Süderweiterung) an, die bei 15 m Breite etwa 60 m nach Westen reichte. Es zeigte sich, dass unter dem Pflughorizont eine bis zu 0,6–0,8 m mächtige Schwemmlehmschicht lag, in der sich keine Befunde abgrenzen ließen. Im darunter anstehenden sandigen Lehm und den helleren Bachabla-

gerungen zeichneten sich dagegen verschiedene Befunde ab: Ganz im Norden der Hauptfläche wurden vier rechteckige Gräbchen (Länge 3–4 m, Breite 0,6–1 m) angetroffen. In ihrer Verfüllung fand sich Ziegelbruch und neuzeitliche Keramik. Ihre versetzte Anordnung könnte darauf hinweisen, dass sie möglicherweise zu Geschützstellungen der für hier bezeugten militärischen Auseinandersetzungen im Badischen Revolutionskrieg 1849 gehören. Der mittlere Bereich der Hauptfläche war frei von Befunden, dagegen wurden im südlichen Drittel neben mehreren unklaren – wohl natürlich bedingten – Verfärbungen vier eindeutig vorgeschichtliche Gruben freigelegt.

Drei dieser Befunde (5, 6 und 7) waren rundliche (Dm. 1,0–1,2 m) bis langovale (Länge 2,1 m) Gruben, die muldenförmig oder kastenförmig eingetieft waren. Ihre Tiefe betrug noch 0,4–0,5 m unter Planum 1. Sie wiesen eine relativ einheitliche Verfüllung auf, die durch zahlreiche Holzkohlepartikel, Hüttenlehm und vorgeschichtliche Keramik charakterisiert war. Im Fall von Bef. 7 war etwa in halber Tiefe eine regelrechte Brandschicht aus konzentrierten Hüttenlehm- und Holzkohlepartikeln erkennbar. Form und Verfüllung der Gruben lassen eine Deutung als Erdkeller zu, sie sind in dieser Ausprägung zahlreich aus vorgeschichtlichen Siedlungen bekannt.

Eine vierte Grube (Bef. 9) in der südwestlichen Ecke der Hauptfläche unterschied sich davon bereits im Planum durch ihre deutlich größeren Ausmaße (Dm. 2,4 m) und eine dunkle humose Umrandung, was einen ehemals holzverschalten Brunnen vermuten ließ. Im Profil zeigte sich, dass die Grube in einer Tiefe von 1,6 m noch vor Erreichen der Sand- und Schotterablagerungen des Flusses endete. Sie wies einen unregelmäßigen Wandverlauf auf, der wohl von alten Wandeinbrüchen herrührt. Wie bei den anderen Gruben zeigte sich im oberen Drittel wieder die charakteristische Brandschicht (Abb. 36). In der Füllung fanden sich vorgeschichtliche Keramik, Holzkohle und Hüttenlehm.

Im Bereich der Süderweiterung wurde direkt unter der rezenten Humusschicht ein leicht bogenförmig von Südost nach Nordwest verlaufender Graben angetroffen. Bei einer Breite von 2,2 m war er noch 0,8 m tief. Im Profil zeigte er sich wannenförmig eingetieft mit einer flachen Sohle von etwa 1,2 m Breite. In seiner Füllung fanden sich keinerlei datierende Fundeinschlüsse, doch unterschied diese sich deutlich in Farbe und Konsistenz von den vorgeschichtlichen Gruben. Möglicherweise handelt es sich um einen neuzeitlichen Mühlkanal, der zu der ca. 0,25 km nordwestlich gelegenen ehemaligen Rauthentaler Mühle führte. Denkbar ist auch ein Zusammenhang mit den kriegerischen Ereignissen des badischen Revolutionskrieges. Westlich des Grabens befanden sich auch wieder ähnliche rechteckige Gruben wie im Norden der Hauptfläche, für die ja bereits ein entsprechender militärischer Zweck vermutet wurde (siehe oben.).

Im Bereich der Süderweiterung fand sich lediglich eine vorgeschichtliche Grube (Bef. 13), die in Form und Füllung denjenigen der Hauptfläche entsprach, mit einer Tiefe von 0,3 m aber deutlich flacher erhalten war. Dies ist angesichts der guten Erhaltung der neuzeitlichen Befunde wohl als Resultat sehr alter Geländenivellierungen durch Hochwässer anzusehen.

Abb. 37
Ladenburg, Mittlere Mühlgewann. Keramik der älteren Hallstattzeit (Ha C).

Das Fundmaterial aus den vorgeschichtlichen Gruben gehört in die ältere Hallstattzeit (Ha C, 8./7. Jh. v. Chr.). An Keramikformen finden sich Kegelhalsgefäße, zum Teil mit gekerbten Leisten oder Fingertupfenleisten verziert, Henkelfragmente sowie Schüsseln mit Standboden und Steilrand (Abb. 37). Wenige Scherben weisen Reste von geometrischer Kerbschnittverzierung in Rautenform und weißer Inkrustierung auf.
Mit der Untersuchung des Areals „Mittlere Mühlgewann" wurde dem bislang nur ansatzweise greifbaren vorgeschichtlichen Besiedlungsbild von Ladenburg ein wichtiges Mosaiksteinchen hinzugefügt. Dass der Platz schon lange vor den Römern relativ dichte Siedelstrukturen aufwies, dürfte neben den fruchtbaren Böden des Neckarschwemmkegels auch an der verkehrsgeografischen Schlüsselposition Ladenburgs liegen, welche z. B. auch die Kontrolle der Flussschifffahrt erlaubte.

Günther Wieland

Literaturhinweise

Arch. Nachr. Baden 24, 1980, 53; B. Heukemes, Arch. Ausgr. Baden-Württemberg 1986, 66 ff.; J. Welp/C. S. Sommer, Arch. Ausgr. Baden-Württemberg 1994, 105 ff.; B. Rabold, Arch. Ausgr. Baden-Württemberg 2001, 98 ff.

„... wo früher ein Thor gestanden hatte ..." – Ergebnisse und Fragen zur Untersuchung einer Toranlage bei der Heuneburg, Gde. Herbertingen-Hundersingen, Kreis Sigmaringen

Die seit dem Jahr 2004 durchgeführten Ausgrabungen des Schwerpunktprogramms der Deutschen Forschungsgemeinschaft zu frühkeltischen Fürstensitzen und ihrem territorialen Umland wurden von Mai bis Dezember 2006 im Vorburgareal der Heuneburg fortgesetzt. Die Untersuchungen konzentrierten sich auf das während der Grabungen 2005 angeschnittene „Steintor" (Abb. 38, S9). Die Toranlage musste vollständig aufgedeckt und ihr Verhältnis zum Wall, zu den vom Wall umschlossenen sowie den vom Wall überdeckten Siedlungsspuren geklärt werden.
Bei der Untersuchung des Geländereliefs nördlich des verebneten Walls wurde unter neuzeitlichen Planierungen die lediglich zwischen den Torwangen erfasste Kiestrasse freigelegt. Bereits das umfangreiche Fundmaterial aus dem Bereich der Pflasterungen lässt Zweifel an ihrer neuzeitlichen Entstehung nicht mehr zu. Die beiden befestigten Sträßchen mit ausgeprägten Wagenspuren, die sich vor der Überquerung des verfüllten Befestigungsgrabens vereinen und südlich des Tores wieder teilen, liegen auf und innerhalb des zeitgenössischen A-Horizontes. Die Recherchen Franz Kanzlers im Staatsarchiv Sigmaringen bestätigten nicht nur die neuen Grabungsergebnisse, sie sind für das Wissen um die Vorburg unverzichtbar. So dokumentiert eine bislang unbekannte Flurkarte der Zeit um 1800 (Abb. 39) außer Liegenschaften der Staatsdomäne Talhof das alte Wegesystem sowie den seinerzeit noch intakten Wall. Der Pächter des Talhofs verpflichtete sich zur Einebnung dieses Geländes im Zeitraum von 1804 bis 1813.

Das Kammertor

Die Toranlage stellt ein überaus repräsentatives Bauwerk im äußeren Wall der drei markanten Befestigungen dar, die das Gelände zwischen dem Burgplateau und der Außensiedlung gliedern. In der Beschreibung des Oberamtes Riedlingen von 1827 heißt es dazu: *„Man findet diesen Hügel* [= Heuneburg,

Verf.] *noch mit dreyfachen Verschanzungen umgeben, in welche man durch eine Oeffnung eintritt, wo früher ein Thor gestanden hatte, das erst von dem jetzigen Pächter des Thalhofes ausgegraben worden ist"*.

Das „Steintor" gehört zum weit verbreiteten Typus der Kammertore. Solche Konstruktionen sind bereits von hethitischen Stadttoren (16.–12. Jahrhundert v. Chr.) bekannt. In Mitteleuropa ist dieses Bauprinzip samt seiner Varianten noch weit über das Mittelalter hinaus anzutreffen. Es handelt sich dabei um mindestens zwei hintereinander angeordnete (Holz-)Tore. Diese sind durch eine Mauer verbunden und zwingen zur Durchquerung eines gut kontrollierbaren Raumes. Auch im Falle des Vorburg-Tores verengen jeweils gegenständige Querriegelpaare die rund 7 m breite „Torhalle" (Abb. 40 Nr. 3; 4). Vom südwestlichen, äußeren Querriegel liegen nur noch zwei Quader vor (nicht in situ). An die Außenschale der mehr als 16 m langen Ostwange stößt eine jüngere Mauer ohne Innenschale (Abb. 41 rechts außen; Abb. 40 Nr. 5). Die Treppung bei horizontaler Mauerkrone orientiert sich wohl am Gefälle des Walls. Dort, wo das Tor aus dem Wall herausragt, besteht der „Anbau" aus sorgfältig gesetztem Sichtmauerwerk aus von Natur aus glatten Weißjura-Platten. Im Westen könnte der gestufte Annex ebenso wie ein drittes Querriegelpaar am nördlichen Zugang des Tores erhaltungsbedingt fehlen (wie Abb. 40 Nr. 5). Nördlich der jüngeren Mauer sitzt eine

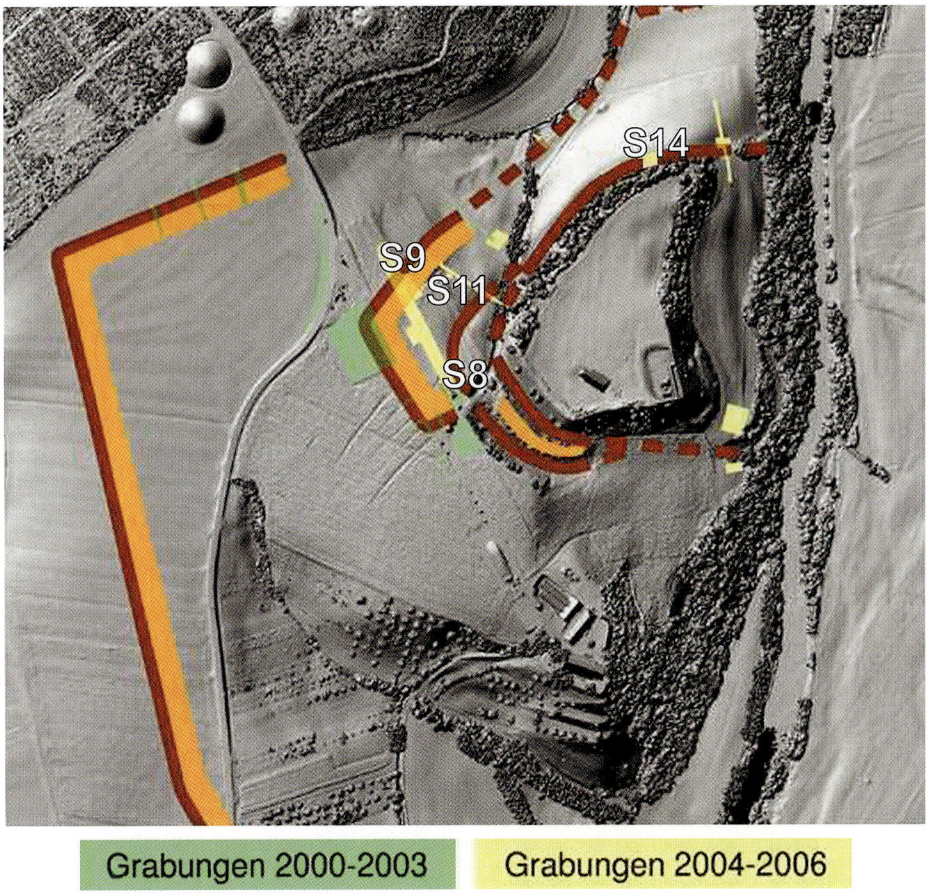

Abb. 38
Heuneburg. Schnitte der Grabungen 2000–2006: Wälle orange, Gräben braun (nach Reim 2003/ Bofinger 2005).

Abb. 39
Heuneburg. Ausschnitt einer bislang unbekannten Flurkarte um 1800. Sie zeigt das Gelände vor der Verebnung des Walls und mit der alten Wegeführung. Zwischen 1804 und 1813 wurden beide Fahrwege aufgegeben und nach Westen verlegt. Nur der mit Bäumen bestandene Abschnitt des Walls ist heute noch ca. 50 m lang und fast 6 m hoch erhalten.

schmale Quermauer (Abb. 40 Nr. 9). Reste einer entsprechenden Mauer stießen anscheinend auch an die Außenschale der Westwange und zeigen, dass mit der Symmetrie der gesamten Anlage durchaus zu rechnen ist. Die Front eines weiteren kleinen Mauer- oder Pfeilerrestes (Abb. 40 Nr. 6) aus zwei Quadern zeigt nach Westen und sitzt am inneren, westlichen Querriegel (Abb. 42). Zwei weitere Quader (Abb. 40 Nr. 7) nördlich davon und im gleichen Abstand zur Westwange

Abb. 40
Heuneburg. Schematischer Grundriss des Kammertores (Stand Dezember 2006). Älteste Torphase: 1 Pfostengruben. – Steintor: 2 Ost- und Westwange; 3 innere Querriegel; 4 äußere, verzahnte Querriegel (im Westen ergänzt); 5 treppenartig gestufte, jüngere Mauer (verläuft über Baugrube 8); 6 Mauerrest aus zwei Quadern; 7 wie Mauerrest 6, liegt auf 1 und gehört vielleicht mit 6 zu einer einzigen Mauer (vgl. Abb. 42); 8 Gräbchen der Baugrube für Ost- und Westwange; 9 östliche und westliche Mauer(reste) jeweils auf/über Baugrube 8. – Jüngere Torphasen: 10 tiefes Gräbchen, schneidet inneren, östlichen Querriegel 3; 11 vier in die Ostwange eingetiefte Pfostengruben; 12 Pfostengruben in der Verfüllung des Torraums, die sich z. T. schneiden; 13 nicht untersuchter Bereich (Profil). – Siedlung: 14 Kuppelofen auf Brandhorizont; 15 Gruben und Pfostengruben außerhalb des Tores.

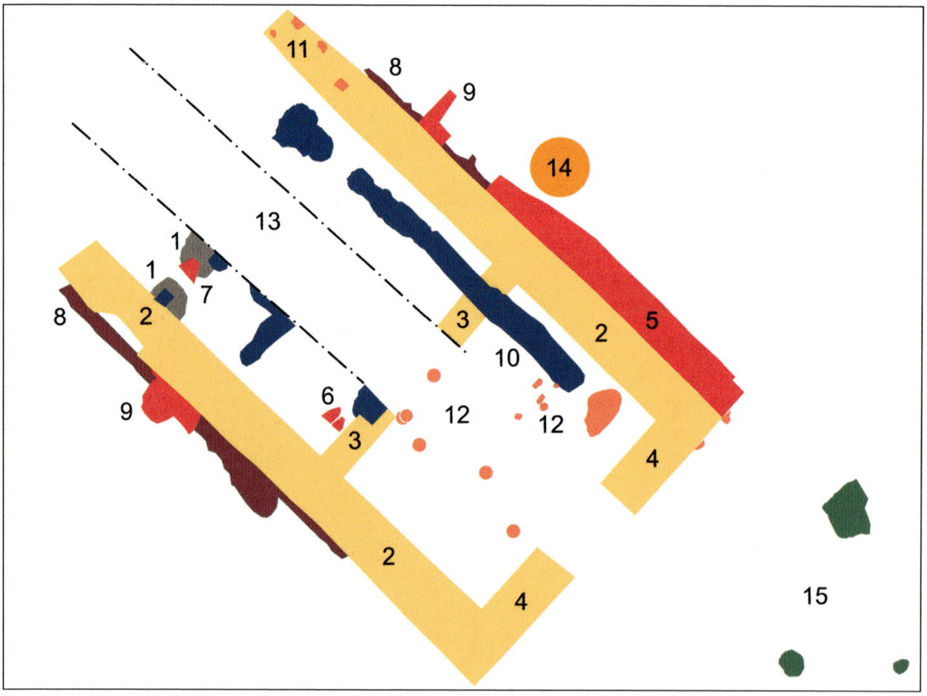

können entweder zur selben Mauer gehören oder aber von einem weiteren, separaten Bauelement stammen (vgl. Abb. 42).
Im Falle der Westwange weisen Hohlräume zwischen den Quadern der Außenschale und vor allem in der Kernmauer auf Störungen jüngeren Datums. Sie könnten durchaus zwischen 1804 und 1813 entstanden sein. Vergleiche der in Lehm gesetzten Zweischalenmauern (keine Trockenmauer) des Vorburg-Tores mit den 3 m breiten Kalksteinsockeln für die Lehmziegelmauer auf der Heuneburg zeigen, dass in beiden Fällen auf Fundamente verzichtet wurde und dass auch die Mauerstärke von etwa 1,3 m mit den Turm- und Tormauern der Heuneburg übereinstimmt.

Die Stratigrafie der Toranlage

Das „Steintor" (Abb. 43f) ersetzte wahrscheinlich ein älteres Holztor: Von zwei großen Pfostengruben (Abb. 40 Nr. 1; 43l) dehnt sich die westliche fast bis an die – allerdings nicht ganz eindeutig begrenzbare – Kernmauer der Westwange aus. Das Verhältnis zwischen jüngerer Mauer und älterer Pfostengrube bekräftigen aber die beiden Quader über der nordöstlichen Pfostengrube (vgl. Abb. 40 Nr. 7).
Von der Baugrube für das Tor sind zwei Gräbchen entlang der Außenschalen fassbar (Abb. 40 Nr. 8; 43i). Das östliche schneidet die drei Brandhorizonte einer unmittelbar vom Wall überdeckten Siedlung (Abb. 43g). Keramik Alb-Hegauer Tradition und ein Bandohrring (Ha D1) datieren den jüngsten dieser Brandhorizonte. Wie ein gut erhaltener Kuppelofen (Abb. 40 Nr. 14) zeigt, waren die Siedlungshinterlassenschaften rasch vom Wall überdeckt worden. Naturgemäß sind nämlich weder die Ofenkuppel noch die Brandschicht langlebig: ungünstige Witterungsverhältnisse, Bewuchs etc. hätten sie ebenso wie natürliche Bodenbildungsprozesse rasch beeinträchtigt. Noch älter als sämtliche Sied-

Abb. 41
Heuneburg. Blick auf die Toranlage mit Querriegeln und treppenartigem Anbau ohne Innenschale, von Südost. In der Mitte Kiestrasse mit Wagenspuren, hinten rechts Kuppelofen.

lungshinterlassenschaften im Torbereich sind aber ein Gräbchen, große Pfostengruben und Staketenzäune, die vom antiken A-Horizont aus eingetieft unter dem Wall knapp 4 m östlich des Tores zutage kamen. Auffallend ist die exakt übereinstimmende Orientierung zwischen den ältesten Siedlungsspuren und dem „Steintor“. Dagegen weichen die vom Wall umschlossenen Siedlungshinterlassenschaften (Ha D3) erheblich (um 20°) von der Nordwest-Südost-Ausrichtung der Mauersockel ab. Außer Gräbchen waren große und kleine Pfostengruben (Abb. 40 Nr. 10–12; 43c) in die Verfüllung des aufgegebenen „Steintores“ (Abb. 43d) – vier davon direkt in den östlichen Mauersockel – eingetieft worden. Diese Eingrabungen lassen sich mindestens drei weiteren Torphasen zuweisen. Es fällt auf, dass jede Spur von der rund 2,4 m breiten, durch die Öffnungen in den Querriegeln begrenzten Fahrbahn fehlt. Sie müsste – wie z. B. die Wagenspuren des „Donautores“ auf der Heuneburg – ungefähr in Höhe der Sockelunterkanten verlaufen. Immerhin liegt auf diesem Niveau einiger Mauerversturz. Nach anderer Auffassung könnte der dem „Steintor“ entsprechende Fahrweg über planierten Untergrund führen und ungefähr das Niveau der neuzeitlichen Pflasterung einnehmen. Der ursprüngliche Verlauf durch die Tormitte muss angesichts der großen und kleinen Pfosten in der Verfüllung, aber auch wegen der Siedlungsreste außerhalb des Tores (Abb. 40 Nr. 15), die „im Weg standen“, mehrfach geändert worden sein. Diesen Umstand belegt auch die ganz unterschiedliche Erhaltung dieser Eingrabungen (0,03–0,9 m). Jedenfalls waren sie von verschiedensten Oberflächen- bzw. Laufhorizonten aus abgetieft worden.

Abb. 42 Heuneburg. Mauerreste am inneren Querriegel und über älterer Pfostengrube.

Bis zur endgültigen chronologischen und kulturellen Einschätzung des „Steintores“ sind noch schwierige Fragen zu klären. Sie sind jedoch ohne Belang für seine hervorragende Bedeutung und historische Dimension als überaus eindrucksvolles und ganz einzigartiges Kulturdenkmal von unschätzbarem Wert.

Der Gemeinde Herbertingen, insbesondere Herrn M. Müller und Frau S. Hagmann M.A. danken wir herzlich für ihre Hilfe. Der Agentur für Arbeit Sigmaringen und der ARGE Kreis Sigmaringen gebührt unser aufrichtiger Dank für hervorragend organisierte Arbeitsbeschaffungsmaßnahmen, die unsere Arbeiten wesentlich förderten.

Gabriele Kurz

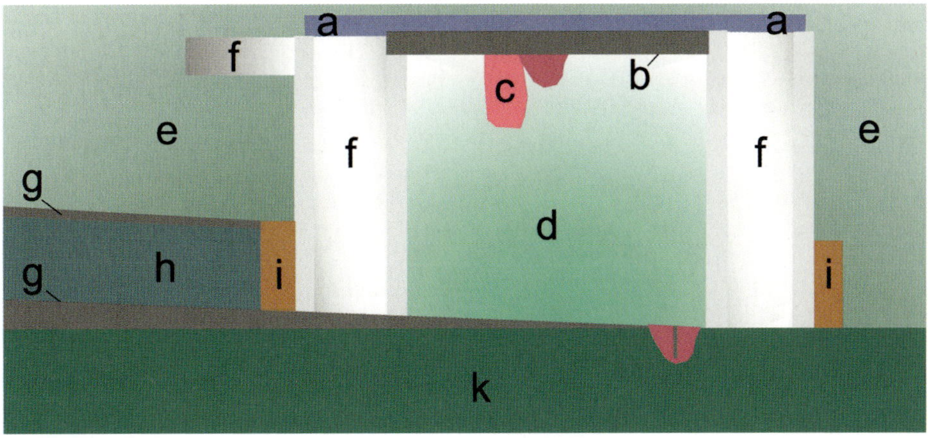

Abb. 43
Vereinfachtes Stratigrafieschema des Tores: a neuzeitlicher Weg; b Brandschicht auf Torverfüllung; c in Verfüllung des Tores eingetiefte Pfostengruben/Gräbchen diverser Phasen; d Torverfüllung; e Wall; f Steinkonstruktion; g Brandschichten der drei Siedlungshorizonte; h Planierung zwischen Brandschichten; i Baugrube; k antiker Humushorizont; l älteste Pfosten/Staketen/Gräbchen (Stand Dezember 2006).

Literaturhinweise

H. Reim, Arch. Ausgr. Baden-Württemberg 2003, 56 ff.; J. Bofinger, Arch. Ausgr. Baden-Württemberg 2004, 82 ff.; 2005, 73 ff.

Die Grabungen 2006 im Umland der Heuneburg bei Herbertingen-Hundersingen, Kreis Sigmaringen

Das Projekt „Heuneburg-Umland" wurde im Rahmen des von der Deutschen Forschungsgemeinschaft eingerichteten Schwerpunktprogramms 1171 „Frühe Zentralisierungs- und Urbanisierungsprozesse: Zur Genese und Entwicklung frühkeltischer Fürstensitze" im Jahre 2006 fortgesetzt.

Zielten die Untersuchungen der letzten Jahre auf die Klärung der Bebauungsstrukturen des 6. Jahrhunderts v. Chr. im Nordteil der Heuneburg-Außensiedlung, lag der Schwerpunkt der Grabungen 2006 wieder südlich des Waldes auf Hundersinger Markung (Abb. 44). Hier, nahe am Waldrand, waren in der Vergangenheit mehrfach Siedlungsspuren der Außensiedlung angetroffen worden, die sich über die gesamte Breite der Hochfläche hinweg ausgedehnt haben muss. Außerdem waren Siedlungsreste von den Gießübel/Talhau-Hügeln durch mehrere Aufschlüsse sogar noch bis in die direkte Nachbarschaft der Heuneburg bezeugt. Der Südrand der Außensiedlung konnte bisher jedoch noch nicht genau lokalisiert werden.

Demgegenüber waren 1995 nur wenige hundert Meter weiter südlich und damit in vergleichsweise geringer Entfernung erneut Siedlungszeugnisse aus der Frühphase der Späthallstattzeit zum Vorschein gekommen, die zunächst auf eine eigenständige und in der Folge deshalb als Südsiedlung bezeichnete Niederlassung schließen ließen. In letzter Konsequenz blieb jedoch offen, ob im Hinterland der Heuneburg mit Außen- und Süd-

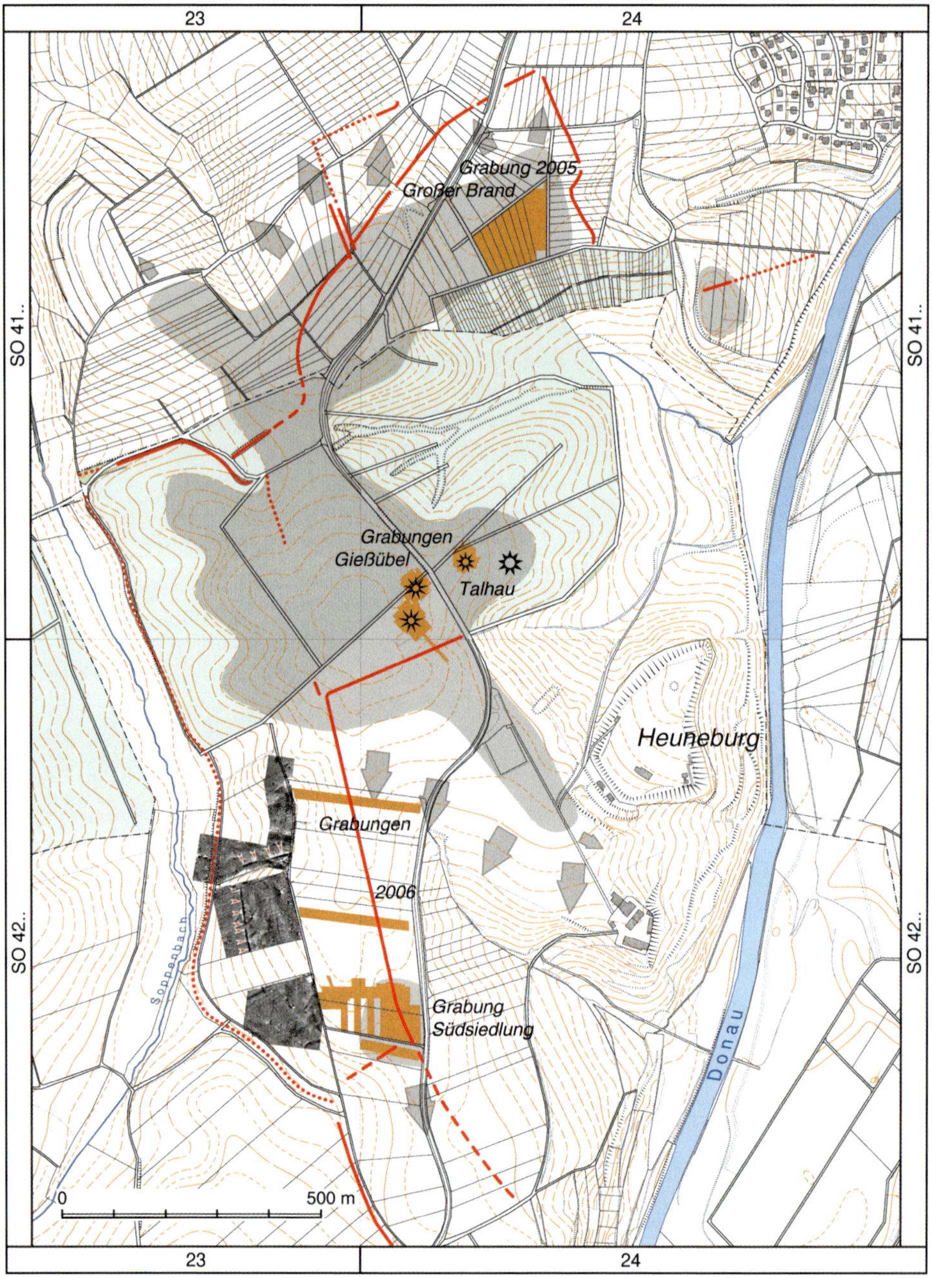

Abb. 44
Westliches Vorfeld der Heuneburg mit hallstattzeitlichen Siedlungsarealen (grau), Grabenanlage (rot), zusammenhängend ausgegrabenen Flächen (orange) und den mit Hilfe der Geomagnetik neu entdeckten Gräben (rote Pfeile) am Abhang zum Soppenbachtal.

siedlung tatsächlich zwei voneinander unabhängige Wohnplätze existierten oder ob in der Phase Ha D1 der Höhenrücken links der Donau gesamthaft von der Außensiedlung eingenommen wurde. Zur Klärung dieser Frage wurde anhand von zwei Flächen (Abb. 44) überprüft, ob sich die Baubefunde von der Außensiedlung im Norden bis in die Südsiedlung fortsetzen und somit von einer zusammenhängenden Besiedlung im direkten Hinterland der Heuneburg ausgegangen werden muss.

Außensiedlung und kein Ende

Die beiden Flächenstreifen verliefen etwa in Ost-West-Richtung quer über den Höhenrücken und erbrachten tatsächlich die gesuchten Baubefunde (Abb. 46). Diese waren zwar ungleichmäßig erhalten – so sind im nördlichen Teil der Ausgrabung die Baubefunde streckenweise längst der Erosion zum Opfer gefallen –, doch kann kein Zweifel mehr daran bestehen, dass der Höhenrücken zwischen dem Donautal im Osten und dem Soppenbachtal im Westen einst durchgängig besiedelt war. Dabei entspricht die in den Grabungsausschnitten erkennbare Baustruktur in ihren wesentlichen Merkmalen dem bereits bekannten Bild.

So finden sich Pfosten oder Fundamentgräben weit ausgreifender Zäune (Abb. 46 Nr. 1–3), die über mehrere Besiedlungsstadien hinweg offenbar mehrfach erneuert wurden. Solche Zäune konnten an anderer Stelle als Einfassung von etwa 1–1,4 ha großen Gehöften bestimmt werden. Darüber hinaus konnten im südlichen Flächenstreifen aufgrund besserer Erhaltungsbedingungen erstmals aber auch die Reste wesentlich schwächer konstruierter Einzäunungen erfasst werden. Es handelt sich um Fundamentgräben, in denen abschnittsweise noch die Standspuren von Brettern oder Bohlen nachzuweisen waren (Abb. 46 Nr. 4; 5). Dabei besteht nun der Verdacht, dass diese schwach fundamentierten und damit wohl niedrigeren Zäune innerhalb der massiven und weit ausgreifenden Hofeinfassungen eine zusätzliche Unterteilung zwischen verschiedenen Wohn,- Arbeits- oder sonstigen Funktionseinheiten darstellen. Für die Untersuchung entsprechender Fragestellungen stünden also auch künftig noch aussagekräftige Quellen zur Verfügung. Neben den umfangreichen Zaunspuren liegen noch zahlreiche Gebäudepfosten vor, wobei sich diese im kleinen Grabungsausschnitt vorerst nur ausnahmsweise einzelnen Häusern zuweisen lassen (Abb. 46 Nr. 6; 7).

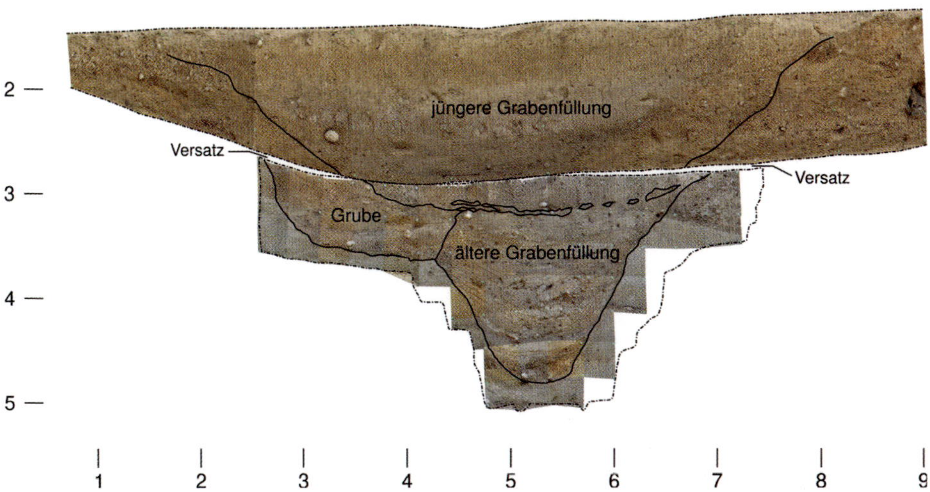

Abb. 45
Heuneburg, Außensiedlung. Nördliches Spitzgrabenprofil: Nachdem der Spitzgraben durch natürliche Einschwemmung etwa zur Hälfte aufgefüllt war, wurde in der westlichen Grabenwandung eine Grube angelegt; danach ist der Graben weiter zugeflossen.

Abb. 46 Heuneburg, Außensiedlung. Gesamtplan der beiden Grabungsstreifen. Die mit massiven Zäunen (1–3) eingefassten Areale werden im Süden durch schwächere Palisaden (4, 5) weiter unterteilt. Der Abstand der Grabungsflächen voneinander ist nicht maßstabsgerecht.

Gräben in der Außensiedlung?

Schließlich wurde neben den Baubefunden auch wieder einer jener Spitzgräben angeschnitten, die im direkten Hinterland der Heuneburg schon mehrfach ausschnitthaft nachgewiesen sind, über die aber noch kein vollständiger Überblick gewonnen werden konnte (Abb. 44). Zum gegenwärtigen Zeitpunkt kann lediglich als gesichert gelten, dass diese Gräben nicht als geschlossenes, nach einheitlichem Bauplan errichtetes Befestigungswerk, aber offenbar im Zusammenhang mit der Außensiedlung entstanden sind.

Das zeigt unter anderem das noch über 4 m weit unter die heutige Oberfläche reichende Grabenprofil, bei dem randlich in den bereits zur Hälfte zugeflossenen Graben eine wohl im Rahmen der Siedlungstätigkeit entstandene Grube eingetieft wurde. Beide zusammen wurden dann durch die jüngeren Sedimentschichten zugedeckt (Abb. 45).

Daneben wurde auch die Prospektion der Grabenzüge mit Hilfe der Geomagnetik fortgeführt. So konnte auf Hundersinger Markung eine Fläche von knapp 20 ha gemessen werden. Auf dem Höhenrücken lieferte der Untergrund zwar meist nur ein sehr schwaches Signal, so dass die Gräben dort recht undeutlich in Erscheinung traten. Am Abhang zum Soppenbachtal im Westen hebt sich auf dem anderen geologischen Untergrund jedoch sehr klar eine hakenförmig verlaufende Struktur, wohl ein weiteres bisher unbekanntes Grabenstück, ab (Abb. 44, Pfeile). Damit stellt sich die gesamte Anlage wesentlich komplexer dar, als es zunächst den Anschein hatte. Berücksichtigt man dann noch, dass die Außensiedlung mehrfach durch die Grabenanlagen in verschiedene Siedlungsareale aufgeteilt wird, dann wird offensichtlich, dass fortifikatorische Gesichtspunkte für die Errichtung der Gräben eine geringe Rolle gespielt haben dürften. Es besteht deshalb der Verdacht, dass sich im Vorfeld der Heuneburg verschiedene Siedlungsverbände niedergelassen und mit Hilfe von Wällen und Gräben gegeneinander abgegrenzt haben.

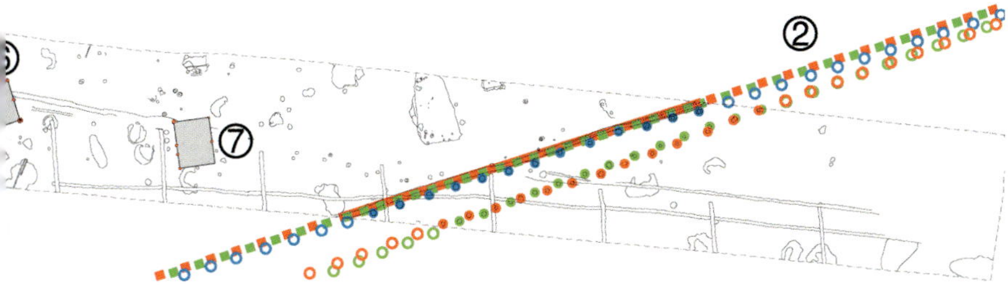

Sondierende Grabung auf der Alten Burg

Neben dem Blick auf das unmittelbare Vorfeld der Heuneburg wird im laufenden Projekt noch eine weitere Fragestellung verfolgt: Im Umkreis von etwa 10–20 km um die Heuneburg sind eine ganze Reihe kleinerer Höhensiedlungen bekannt, die nach dem meist geringen Fundaufkommen in der Hallstattzeit ebenfalls besiedelt waren. Handelte es sich bei diesen Anlagen um kleinere Herrschaftszentren, die aufgrund regional besonders günstiger Bedingungen unabhängig von der Heuneburg entstanden sind, oder wurden diese kleineren Siedlungszentren in Abhängigkeit von der Heuneburg errichtet? Für die Untersuchung dieser Frage wurde die Alte Burg bei Langenenslingen, eine Siedlung in Spornlage am Südrand der Schwäbischen Alb, mitsamt ihrem engeren Umland beispielhaft ausgewählt. In den vorangegangenen Jahren wurde deshalb mit Kleinsondagen und regelmäßigen Feldbegehungen begonnen, so dass inzwischen die siedlungsgünstigen Vorzugslagen durch die Verteilung von Oberflächenfunden deutlich hervortreten. Vor diesem veränderten Hintergrund hob sich nun umgekehrt die Alte Burg wieder dadurch ab, dass von der Siedlung auf dem Geländesporn erst wenige Lesefunde der späten Hallstattzeit vorlagen.

Aus diesem Grund wurde gerade hier mit Studenten der Universität Tübingen eine erste Probegrabung durchgeführt. Dazu bot sich

Abb. 47 Langenenslingen, Alte Burg. Grabung von Nordwest. Der stark zerklüftete Felsgrund wird nur von einer dünnen Humusauflage bedeckt; unter der Aufhügelung reicht ein Kalkblock des Anstehenden bis knapp unter die Oberfläche.

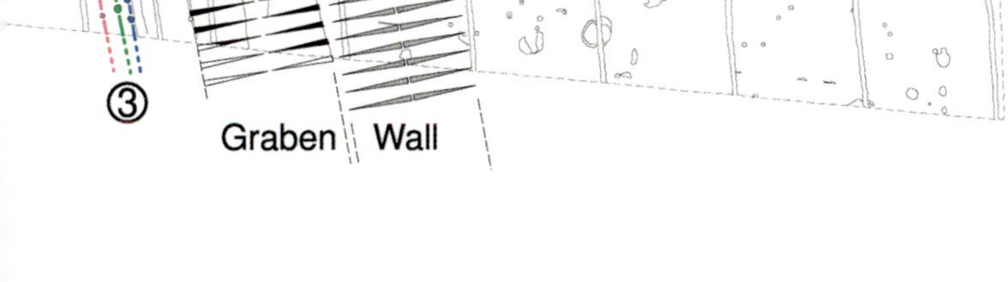

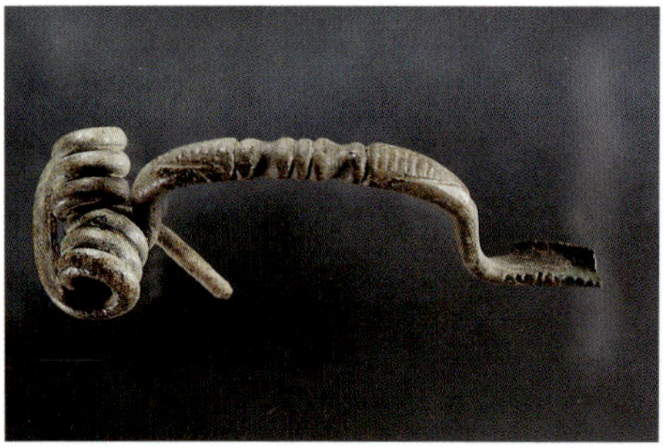

Abb. 48 Langenenslingen, Alte Burg. Das Bruchstück einer Latène-B-Fibel ist unter den übrigen der Hallstattzeit angehörenden Funden nicht näher zu beurteilen.

eine 1894 erstmals angegrabene kleine Geländeaufhöhung im vorderen Teil der Alte Burg an. Der damals angetroffene Befund ist recht unklar und lässt eher an einen Grabhügel als an einen Siedlungsplatz denken. Außerhalb dieser Geländeaufhöhung lag der Waldboden nur sehr dünn auf dem anstehenden Kalkfels auf (Abb. 47). Gegen ihr Zentrum lagen zunehmend plattige, nach außen geneigte Kalke mit humoser oder lehmiger Füllung der Zwischenräume; im Kern bestand die Erhebung jedoch aus bis zu 80 cm hoch anstehenden Kalkblöcken. Die Hauptmasse des Fundmaterials fand sich in den lehmigen und humosen Füllungen der Randzone.

Von einer vereinzelten Fibel der Stufe Lt B (Abb. 48) abgesehen umfasst das relativ umfangreiche Keramikspektrum mehrere ritzverzierte Gefäßscherben, dazu bemalte Keramik der Phase Ha D1. Das Fundspektrum passte also recht gut zu einer Hallstattsiedlung. Allerdings sind neben Tierknochen auch mehrere menschliche Skelettreste zum Vorschein gekommen, so dass für eine genauere Charakterisierung der Fundstelle erst die Ergebnisse der kommenden Grabung abzuwarten sind.

Für die Erlaubnis zur Grabung danken wir den Landwirten Herrn Helmut Sauter, Hundersingen, und Herrn Stefan Münst, Binzwangen.

Siegfried Kurz

Literaturhinweise

S. Kurz, Arch. Ausgr. Baden-Württemberg 2003, 62 ff.; ebd. 2005, 78 ff. mit älterer Lit. – Mitt. Ver. Hohenzollern 27, 1893/94, 18 ff.

Ein Grab im Kornfeld – Untersuchungen im Bereich der frühkeltischen Bettelbühlnekropole nahe der Heuneburg, Gde. Herbertingen, Kreis Sigmaringen

Im Umfeld der Heuneburg an der oberen Donau prägen zahlreiche hallstattzeitliche Grabhügelnekropolen die archäologische Landschaft. Ein beträchtlicher Teil dieser Gräberfelder liegt in seit Jahren landwirtschaftlich mehr oder weniger intensiv genutztem Gelände und ist oft schon weitgehend verebnet und obertägig kaum mehr zu erkennen.

Die Bettelbühlgruppe in der Donautalaue

Auch die Grabhügelgruppe, die sich nördlich und östlich des namengebenden Großgrabhügels „Bettelbühl“ erstreckt, liegt in beackertem Gelände und weist bereits starke Zerstörungen einzelner Hügel infolge von Getreide- und Maisanbau auf. So wurden in den letzten Jahren im Ackerland bei Begehungen immer wieder Scherben aufgesammelt, die bereits auf einen hohen Zerstörungsgrad der Bestattungen hindeuteten.

Die Nekropole liegt ca. 2,5 km südsüdöstlich der Heuneburg inmitten der Donautalaue in ebenem Gelände und wird durch den Bettelbühlbach zweigeteilt (Abb. 49). Insgesamt setzt sich der Bestattungsplatz aus dem bereits erwähnten Haupthügel des „Bettelbühl“ mit einem Durchmesser von etwa 65 m und sechs weiteren, deutlich kleineren Hügeln zusammen, die teilweise nur noch als flache Kuppen im Gelände wahrnehmbar sind und erst in den letzten Jahren bei gezielten Begehungen entdeckt worden waren. Diesen Prospektionen verdanken wir auch erstes datierendes Material für die Grabhügel, da über archäologische Ausgrabungen im Bereich der Nekropole bislang nichts bekannt war.

Sondierungen in zwei kaum mehr sichtbaren Hügeln

Um näheren Einblick in die Befunderhaltung zu bekommen, wurden die beiden nördlichsten Grabhügel, Hügel 6 und 7, die zum einen kaum mehr als solche zu erkennen waren und von denen zum anderen bereits in verstärktem Maße an die Oberfläche gepflügte Keramik aufgesammelt worden war, für zwei kleinere Sondagen ausgewählt. Die Ausgrabungstätigkeiten wurden im Rahmen zweier Grabungskurse der Gesellschaft für Vor- und Frühgeschichte im August 2006 durchgeführt. Im Bereich des nördlichsten Hügels war eine der beiden Hauptfundstreuungen lokalisiert worden. Dort wurde zunächst eine Grabungsfläche von 10 m × 20 m mittig in der länglich verzogenen schwachen Erhebung von Hügel 7, der eine Ausdehnung von etwa 36 m × 42 m bei noch 0,35 m Höhe besitzt, angelegt.

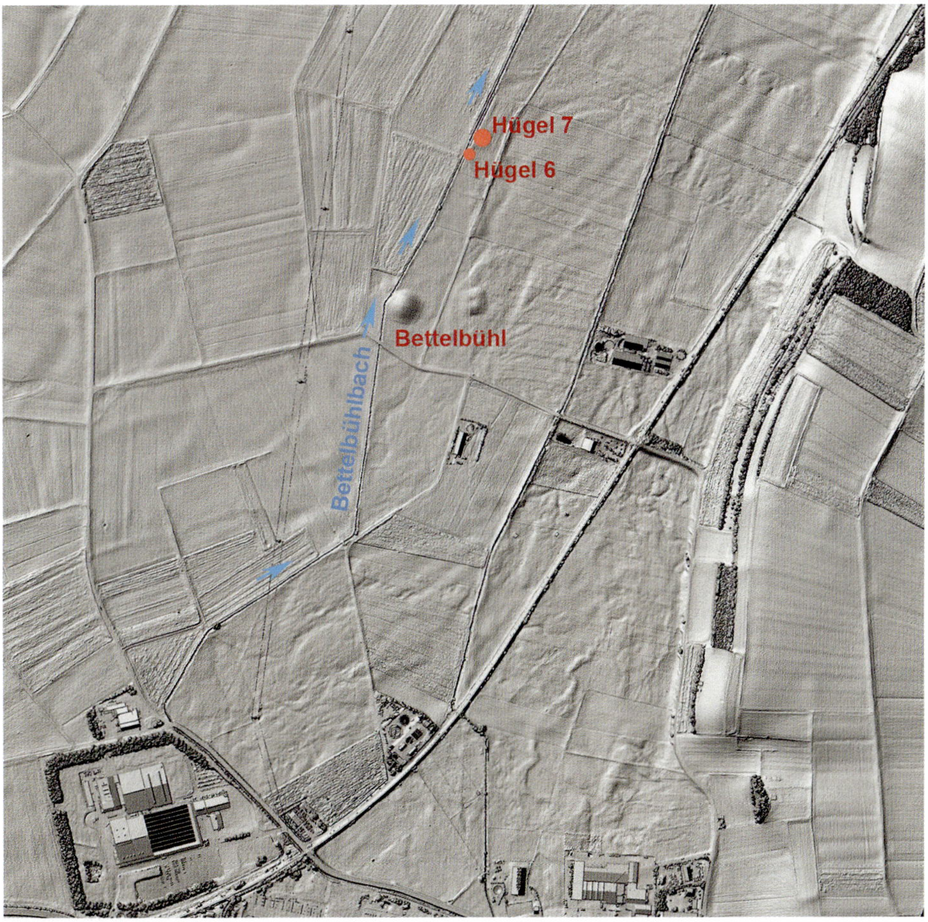

Abb. 49
Herbertingen. Die Bettelbühlnekropole in der Donauniederung. Ausschnitt aus dem LIDAR-Scan des Donautals um die Heuneburg.

Runder Hügel mit Pfosteneinfassung ...

Im Grabungsausschnitt lassen die Spuren von vier mächtigen Pfostenstellungen, die im Randbereich von Hügel 7 erfasst wurden, den einstmaligen Durchmesser des Hügels auf etwa 20 m rekonstruieren und zeigen gleichzeitig den bereits weit fortgeschrittenen Grad der Verschleifung durch die landwirtschaftliche Nutzung. Die Pfosten, deren Ausmaße mit über 0,5 m Breite als Standspuren noch deutlich in den gut 0,8 m breiten Pfostengruben zu ermitteln waren, waren fest in den anstehenden Kiesschotter des Donautals eingegraben und noch rund 0,4 m tief erhalten. In einem Abstand von ca. 1,5 m gesetzt, scheinen sie einst die Hügelbegrenzung markiert zu haben.

Die Reste der eigentlichen Bestattung, die etwas südöstlich der Hügelmitte angetroffen wurde, lagen direkt unter der bereits oberflächig dokumentierten Scherbenkonzentration, nur wenige Zentimeter unter dem Pflughorizont. Während in der fast schwarzen lehmigen Sedimentauflage keinerlei Verfärbungen mehr zu erkennen waren, die auf eine Grabkammer oder Ähnliches hätten schließen lassen, zeigte dagegen ein reichhaltiges Keramikensemble den Platz der Grablege an. Es handelte sich um einen Geschirrsatz (Abb. 50), bestehend aus mindestens acht Gefäßen, darunter ein Stufenteller, der flächige Ritzverzierung aufweist. Reste von Leichenbrand oder Skelettreste hingegen fehlten völlig und dürften bereits dem Pflug zum Opfer gefallen sein. Mehrere Kegelhalsgefäße, z. T. mit zugehörigen Schöpfschälchen, sowie der vollständig erhaltene Stufenteller, der offenbar als Einzelstück ins Grab gelangte, waren nebeneinander als Grabbeigaben niedergelegt und vermutlich an der östlichen Grabkammerwand aufgereiht worden.

Abb. 50 Herbertingen, Bettelbühlnekropole. Hallstattzeitlicher Geschirrsatz aus Hügel 7 während der Freilegung.

... quadratischer Hügel mit Gräbchenbegrenzung

In Bereich des obertägig kaum mehr erkennbaren Hügels 6 wurde eine zweite Sondage mit einer Fläche von 10 m × 10 m angelegt. Auch hier war eine ausgepflügte Fundkonzentration ausschlaggebend für die Wahl des Schnittes. Es zeigte sich recht schnell, dass die archäologische Substanz dieser Grablege bereits weitgehend zerstört war.

Als Besonderheit ist eine annähernd quadratische Grabeinfassung hervorzuheben, die – als Gräbchen in die Donauschotter eingetieft – die Pflugeinwirkungen überdauert hat und die Zentralbestattung von Hügel 6 umgab. Dieses Gräbchen hatte eine nachweisbare Seitenlänge von 9,6 m und war noch 0,4 m tief erhalten. Als letzte Reste einer Bestattung kamen im Zentrum lediglich Fragmente eines ritzverzierten Stufentellers sowie ein einzelner Langknochen des Skelettes zum Vorschein.

Sehr herzlich möchten wir Herrn Manfred Müller von der Gemeinde Herbertingen danken, der wieder einmal durch seine Hilfe die Durchführung der Ausgrabung wesentlich unterstützt hat. Dem Pächter, Herrn Sauter, Herbertingen, gilt ebenfalls unser Dank für sein Verständnis und die Genehmigung, die Ausgrabung auf dem Grundstück durchführen zu können.

Jörg Bofinger, Susanne Walter

Literaturhinweis

S. Kurz/S. Schiek, Bestattungsplätze im Umfeld der Heuneburg. Forsch. u. Ber. Vor- u. Frühgesch. Baden-Württemberg 87 (Stuttgart 2002).

Besiedlungsstrukturen des frühkeltischen Fürstensitzes auf dem Ipf bei Bopfingen, Ostalbkreis

In den vergangenen Jahren haben geophysikalische Prospektionen und archäologische Ausgrabungen ungeahnte Einblicke in die Strukturen der prähistorischen Besiedlung auf dem Ipf ermöglicht, die zusammen mit den neuen Erkenntnissen zur Besiedlung im Außenbereich der Burg beim heutigen Weiler Osterholz die Grundlagen zu einer Rekonstruktion der Geschichte des Berges erheblich erweitert haben. Sowohl auf dessen Gipfelplateau, der sogenannten Oberburg, als auch auf der deutlich davon abgesetzten Unterburg (Abb. 51) wurden erstmals Kulturschichten und Strukturen der Besiedlung der spätbronzezeitlichen Urnenfelderkultur sowie der älteren Eisenzeit aufgedeckt, wobei Letztere im Kontext des frühkeltischen Fürstensitzes der späten Hallstatt- wie auch der frühen Latènezeit gesehen werden. Im Rahmen des Schwerpunktprogramms „Frühe Zentralisierungs- und Urbanisierungsprozesse“ der Deutschen Forschungsgemeinschaft

Abb. 51
Ipf bei Bopfingen. Luftaufnahme der Unterburg und des Gipfelplateaus von Osten. Gut zu erkennen ist die Lindenallee, die auch annähernd den alten Aufgang auf das Gipfelplateau markiert. Südlich (links) der Allee liegt Grabungsschnitt 4, im Vordergrund liegt Wallschnitt 5 in der äußeren Befestigung.

Abb. 52
Ipf bei Bopfingen. Schnitt 4. Der Graben der quadratischen Struktur hebt sich deutlich gegen den hellen Weißjura ab. In der Verfüllung des ehemaligen Palisadengrabens sind an verschiedenen Stellen Steinplatten erkennbar.

(SPP 1171) können nun seit 2004 Ausgrabungen mit gezielten Fragestellungen durchgeführt werden. Diese erfolgen innerhalb des Grabungs- und Naturschutzgebietes in enger Abstimmung mit der Stadt Bopfingen, der Bezirksstelle für Naturschutz sowie dem Landesamt für Denkmalpflege beim Regierungspräsidium Stuttgart.

Abb. 53
Ipf bei Bopfingen. Schnitt 4. Plan der freigelegten Strukturen der quadratischen Grabenanlage.

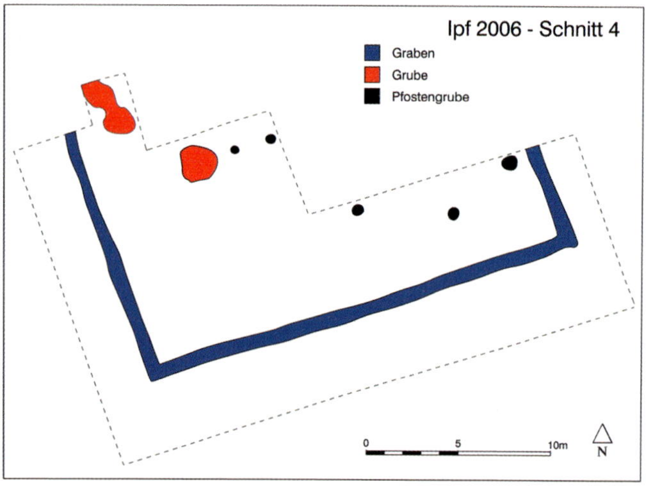

Die Ausgrabungen der Rechteckhöfe bei Osterholz, Gemeinde Kirchheim am Ries, wurden im Gewann Bugfeld mit einer kleinen Nachuntersuchung im Mai 2006 abgeschlossen. Neben den Ausgrabungen auf dem Ipf ist es ein wichtiges Ziel innerhalb des Forschungsschwerpunktes, Untersuchungen zur Ermittlung von Besiedlungsstrukturen im engeren und weiteren Umfeld durchzuführen. Neben dem unmittelbar am Fuße des Ipf gelegenen Außenbereich mit Rechteckhöfen und Großgrabhügeln beim Weiler Osterholz bietet sich ein zweiter Untersuchungsschwerpunkt auf der Hochfläche der nahen Ostalb an, wo im Zuge von Geländebegehungen durch Guntram Gassmann im Bereich von Unterriffingen, Stadt Bopfingen, mehrere bisher unbekannte Fundstellen mit Schlacken und eisenzeitlicher Keramik entdeckt werden konnten. Geomagnetische Untersuchungen durch Arno Patzelt und eine erste Ausgrabung sollen Aufschlüsse zum Alter der vermuteten Eisenerzverarbeitung erbringen (siehe Beitrag D. Euler/R. Krause zu Unterriffingen, S. 75 ff.).

Die Ausgrabungen auf dem Ipf

Auf dem Ipf selbst wurden seit dem Jahr 2004 durch die Grabungsschnitte 1 und 2 Strukturen auf der Oberburg untersucht, Schnitt 3 galt im Jahr 2005 schließlich einer ersten Klärung umfangreicher linearer Gräbchenstrukturen auf der Unterburg. 2006 sind die Ausgrabungen auf der Unterburg auf der Grundlage der Strukturen der großflächigen Magnetprospektion fortgesetzt worden. Sie galten einer quadratischen Struktur, die zunächst deshalb große Aufmerksamkeit erweckt, da sie sich offensichtlich auf das Gräbchensystem bezieht und ebenso wie dieses in die ältere Eisenzeit datieren dürfte. Zum anderen liegt sie unmittelbar vor der Durchgangssituation der Befestigung am Aufgang zur Oberburg und ließ somit eine besondere Funktion vermuten.
Darüber hinaus konnte schließlich ein wichtiges Vorhaben in Angriff genommen wer-

Abb. 54
Ipf bei Bopfingen. Schnitt 5. Wallschnitt durch die äußere Befestigung vom Innenraum aus. Die Delle in der Wallkrone markiert den alten Grabungsschnitt von Friedrich Hertlein aus dem Jahr 1907/1908. Im Vordergrund liegt parallel zum Wall in der Senke eine Steinkonzentration. Im Wall selbst deuten sich durch die beiden Steinkonzentrationen zwei Mauerphasen an.

den, das für das Verständnis der Geschichte des Ipf von grundlegender Bedeutung ist: ein Schnitt durch den Wall der äußeren Befestigung um die Unterburg (Abb. 51) an der Stelle, an der Friedrich Hertlein vor 100 Jahren, 1907 und 1908, einen heute noch in Spuren sichtbaren Schnitt anlegte (siehe Abb. 54) und eine Pfostenschlitzmauer freilegen konnte. Es geht an dieser Stelle um eine zentrale Frage des DFG-Schwerpunktprogramms in Verbindung mit der Frage des Alters und des Aufbaus der äußeren Befestigung. Wurde diese schon in der späten Bronzezeit errichtet oder gar erst im Zuge eines Zentralisationsprozesses während der älteren Eisenzeit im Zusammenhang mit dem Ausbau der Burg als Sitz einer frühkeltischen Elite?

Eine quadratische Grabenanlage – Schnitt 4

Nachdem im Jahr 2005 mit Schnitt 3 eines der Gräbchen des Systems aus 60 m × 60 m großen Quadraten untersucht wurde und dessen Verhältnis zu den Ackerterrassen geklärt werden konnte, folgte nun die Erforschung der oben erwähnten, nur 22 m × 22 m großen, quadratischen Struktur (Abb. 52; 53), die an topografisch prominenter Stelle vor dem Zugang zur Oberburg liegt (Abb. 51). Dieser Befund ist auffallend symmetrisch in das rechtwinklig angeordnete System linearer Gräbchen und Quadratstrukturen eingebunden und steht damit in unmittelbarem Zusammenhang. Mit der Ausgrabung sollten Aufschlüsse zur Funktion und zur Datierung gewonnen werden. Dazu wurde eine 29 m lange und bis zu 20 m breite Fläche aufgedeckt. Die Anlage kann nicht vollständig ausgegraben werden, da sie teilweise unter dem heutigen Weg auf den Ipf und unter einer historischen Lindenallee liegt. Die Wurzeln der großen Linden dürfen nicht beschädigt werden. Dennoch konnten knapp die Hälfte der Anlage sowie einige der geomagnetischen Anomalien freigelegt werden.
Nach dem Abtrag der Grassoden und dem Abräumen der steinig-humosen Oberschicht wurde der anstehende Fels erreicht. Die Be-

Abb. 55
Ipf bei Bopfingen. Schnitt 5. Kleine Entenkopffibel (L. 2,7 cm) nach Frühlatèneschema der Stufe Lt A. Die Fibel wurde in den Kulturschichten hinter dem Wall im Innenraum gefunden.

funde – Gräbchen, Gruben und Pfostenlöcher – sind im hellen, stark verwitterten Weißjura (Oberjura) gut zu erkennen (Abb. 52). Der Graben entspricht in Form und Ausdehnung der in der Geomagnetik erkennbaren Struktur. Auch eine besonders auffällige doppelkreisförmige Anomalie im Nordwesten des Grabeninnenraums sowie eine runde Anomalie konnten als vorgeschichtliche Befunde verifiziert werden.

Im Zuge der Ausgrabung wurde der Graben ausgeschält und zahlreiche Profile angelegt. Seine maximale Tiefe betrug 0,8 m, seine Breite bis zu 0,9 m. In einigen Grabenabschnitten waren noch Standspuren ursprünglicher Hölzer (Pfosten) zu erkennen. In regelmäßigen Abständen kamen jeweils mehrere bis zu kopfgroße Steinplatten aus dem anstehenden Weißjuramaterial in der Grabenverfüllung zutage (Abb. 52). Diese können als Keilsteine für die ehemaligen Holzpfosten interpretiert werden. Der Fundanfall war verhältnismäßig gering und umfasst vor allem Keramikscherben und Tierknochen. Hervorzuheben sind das Fragment einer Schlangenfibel der späten Hallstattzeit sowie Fragmente weiterer Fibeln, die zusammen mit den Erkenntnissen aus Schnitt 3 eine Datierung der Gräbchenstrukturen in die späte Hallstattzeit nahelegen.

Auf der Grundlage der Funde aus dem Graben sowie der im Innenbereich liegenden Befunde kann noch keine Aussage zur Funktion dieser Anlage getroffen werden. Die wenigen Pfostengruben lassen auch keine Grundrisse erkennen. Ihre nur noch geringe Tiefe von 0,12 m bis 0,24 m lässt in diesem Bereich aufgrund der Hanglage jedoch auf eine starke Erosion über dem Felsen schließen.

Ein Wallschnitt in der äußeren Befestigung – Schnitt 5

Im Osten fällt der mächtige kegelstumpfförmige Zeugenberg des Weißen Jura flach nach Osten hin ab (Abb. 51). Hier umfasst der äu-

ßere Wall die Unterburg in einem weiten Bogen. In diesem Bereich hat Friedrich Hertlein in den Jahren 1907/08 einen Schnitt in den Wall angelegt und die Vorderfront einer Pfostenschlitzmauer freigelegt, die auf „älteren Resten" aufgebaut gewesen sein soll. Der alte Schnitt wurde wieder geöffnet und weit in den Innenraum gegraben (Abb. 54), mit dem Ziel, Alter und Konstruktion der äußeren Befestigung zu klären. Im Vordergrund steht die Frage, ob die äußere Befestigung bereits in der späten Bronzezeit oder erst in der älteren Eisenzeit errichtet wurde. Außerdem sollen Anhaltspunkte zum Alter der Pfostenschlitzmauer gewonnen werden, da sie immer wieder mit einer Befestigung des Ipf in der jüngeren Latènezeit in Verbindung gebracht wurde. Der Schnitt wurde mit 5 m Breite breiter als die frühere Grabung angelegt, seine Länge beträgt 26 m. Er reicht vom Wallfuß aus noch etwa 13 m in den Innenbereich der Unterburg hinein (Abb. 54), um den Anschluss an Kulturschichten zu erhalten.

Nach Abtrag der Grassoden kamen unterschiedliche kiesige Sedimente, humose Abschnitte mit wenigen Steinen und Steinanhäufungen aus dem lokalen Weißjura zutage. An zwei Stellen befanden sich innerhalb der Reste der Wallschüttungen oder -konstruktionen Steinsetzungen ehemaliger Pfostenstellungen. Am Fuß der Wallböschung kam in der Senke eine parallel zum Wall verlaufende Steinanhäufung zutage (Abb. 54), die auffällig viele brandgerötete und durchgeglühte Steine enthielt. Deutlich erkennbar wurden bis zum erreichten Grabungsstand zwei „Schüttungen" aus teilweise größeren

Kalksteinen innerhalb des Walles, die wahrscheinlich die Reste von zwei Mauerphasen darstellen. Die Befundsituation wird sich aber erst durch die Fortsetzung der Ausgrabung im Jahr 2007 zuverlässiger klären lassen. Allerdings wird jetzt schon deutlich, dass der Wall mehrschalig aufgebaut war.
Erwähnt sei der bemerkenswerte Fund einer nur 2,7 cm großen Vogelkopffibel der Frühlatènezeit (Abb. 55). Sie stellt einen guten Beleg für eine Besiedlung des Ipf in der Stufe Latène A dar; sie wurde in Schnitt 5 an der Innenseite der äußeren Befestigung in den Kulturschichten gefunden, wobei die Klärung von Fragen der Stratigrafie wie auch der Konstruktion der Befestigung und ihrer Bauphasen der Fortsetzung der Ausgrabungen vorbehalten bleibt.

Neben der Förderung der Deutschen Forschungsgemeinschaft stellte, wie in den vergangenen Jahren, die Arbeitsgemeinschaft zur Beschäftigungsförderung im Ostalbkreis (abo) freundlicherweise wieder acht Grabungsarbeiter zur Verfügung, ohne deren fleißige Mitarbeit die Durchführung der Ausgrabungen auf dem Ipf und in Unterriffingen nicht möglich gewesen wäre. Die Ausgrabungen wurden darüber hinaus von der Stadt Bopfingen überaus zuvorkommend unterstützt. Unser besonderer Dank gilt Herrn Bürgermeister Dr. Gunter Bühler und dem Leiter des Bauhofs, Herrn Böhm. Darüber hinaus danken wir Herrn Bürgermeister Willi Feige, Gemeinde Kirchheim am Ries, sowie Herrn Ludwig Kinzler, Ortsvorsteher von Unterriffingen. Ohne ihr Mitwirken wären die Ausgrabungen und Forschungen zum frühkeltischen Fürstensitz auf dem Ipf in dieser Form nicht möglich.

Daniela Euler, Rüdiger Krause

Literaturhinweise

R. Krause, Arch. Ausgr. Baden-Württemberg 2004, 97–102 mit älterer Literatur; R. Krause/A. Patzelt, Arch. Ausgr. Baden-Württemberg 2005, 87–92.

Prospektionen und Ausgrabungen im Umfeld des frühkeltischen Fürstensitzes auf dem Ipf in Unterriffingen, Stadt Bopfingen, Ostalbkreis

Im Zuge der Ausgrabungen der Rechteckhöfe der älteren Eisenzeit beim Weiler Osterholz, Gde. Kirchheim am Ries, wurden seit der Grabungskampagne 2000 in den Zaunäckern, später auch im Bugfeld, einige Eisenschlacken gefunden. Diese wiesen auf eine frühe Eisenverhüttung hin, und es stellte sich die Frage nach Art und Umfang der Eisenmetallurgie und ihrer wirtschaftlichen Bedeutung für den frühkeltischen Fürstensitz auf dem Ipf. Dank der großzügigen Unterstützung durch die Ostalbstiftung der Kreissparkasse Ostalb in Aalen konnten 2002 bis 2004 durch Guntram Gassmann umfangreiche Prospektionen am Westrand des Nördlinger Rieses in der Umgebung des Ipf durchgeführt werden. Dabei wurden die verschiedenen Vorkommen von Eisenerzen im Braunen und im Weißen Jura kartiert und chemisch sowie mineralogisch im Vergleich zu den Schlacken charakterisiert. Dabei erwies es sich, dass die Bohnerze der reichen Vorkommen auf der Hochfläche der Ostalb im Raum um Ober- und Unterriffingen am ehesten als Ausgangserze für die vorliegenden Schlacken der späten Hallstattzeit gedient haben mögen. Im Zuge seiner Begehungen konnte Gassmann darüber hinaus ein knappes Dutzend bislang unbekannter Fundstellen mit Schlacken und vorgeschichtlicher

Abb. 56 Unterriffingen, Stadt Bopfingen, Gewann Mazenbronn. Blick von der Geländekuppe Gewann Nonnenbühl in das kleine Trockentälchen mit den Ausgrabungen vom Sommer 2006.

Keramik – in einigen Fällen der Eisenzeit – dokumentieren und kartieren.

Die neuen Fundstellen liegen auf der Hochfläche der Ostalb und teilweise in Sichtweite des Ipf in einer Distanz von zwei bis vier Kilometern Luftlinie zum Gipfelplateau, also im unmittelbaren Siedlungsumfeld. Mit den Fragen nach der frühen Eisenmetallurgie im Umfeld der Burg auf dem Ipf wurden diese Fundplätze im Rahmen des von der Deutschen Forschungsgemeinschaft genehmigten Fortsetzungsantrags für die Jahre 2006 und 2007 in das Schwerpunktprogramm „Frühe Zentralisierungs- und Urbanisierungsprozesse“ (SPP 1171) aufgenommen. Dem gingen geomagnetische Prospektionen durch Arno Patzelt von der Firma Terrana Geophysik voraus, die im Winter 2005/2006 fortgesetzt wurden. Auf drei Plätzen wurden Anomalien und deutliche Hinweise auf Siedlungsstrukturen und mögliche Schlackenplätze gewonnen und im Sommer 2006 eine Ausgrabung und eine Sondage durchgeführt, die Aufschlüsse zu der vermuteten Eisenerzverarbeitung erbringen sollten.

Ein erster Erfolg versprechender Platz liegt nordöstlich von Unterriffingen auf einer Kuppe im Gewann Nonnenbühl. Zahlreiche Schlackenfunde und eine geomagnetische Testfläche mit einer Konzentration extrem starker Anomalien an der Ostseite der Kuppe erwiesen sich nach einer Baggersondage als Aufschüttungen aus Schutt und Abfällen, die im Zuge einer frühen Flurbereinigung in den 1960er und 1970er Jahren dort in einer Mulde zur Geländenivellierung eingebracht wurden. Die oberflächig aufgelesenen Schlacken müssen aus anderen Zusammenhängen stammen, die aber ganz offensichtlich auf der Kuppe bereits zerstört sind. Jedenfalls haben ein 200 m langer geomagnetischer Messstreifen wie auch ein anschließend durchgeführter Baggerschnitt keinerlei Befunde ergeben.

Nordöstlich der Geländekuppe liegt am Rande eines flachen Trockentals (Abb. 56) im Gewann Mazenbronn ein Fundplatz mit eisenzeitlicher Keramik und Schlacken. Eine großflächige Magnetprospektion erbrachte deutliche Anomalien, die auf einen Siedlungsplatz schließen ließen (Abb. 57). Hier wurde im Sommer 2006 ein etwa 130 m langer und 4 m breiter Flächenstreifen geöffnet, in dem zahlreiche Siedlungsbefunde in Form von großen und kleineren Gruben sowie Pfostengruben angetroffen wurden. Die Erhaltungsbedingungen waren im lehmigen Boden für Siedlungsbefunde überraschend gut, hinzu kamen kolluviale Überlagerungen im Bereich der Talmulde. So finden sich unter den zahlreichen Gruben mehrere über 1,5 m tiefe, trichterförmige Gruben, die als Keller- oder Vorratsgruben dienten. Die Anordnung meh-

rerer kleiner Pfostengruben weist auf Ausschnitte von Grundrissen hin, die bei großflächiger Ausgrabung Bau- und Siedlungsstrukturen erwarten lassen.
Da zu Beginn der Ausgrabungen Keramik gefunden wurde, die eindeutig der späten Hallstattzeit zuzuordnen ist, wurden die weiteren Keramikfunde – wie etwa S-förmige Randprofile mit verdickter Randlippe oder Ränder von Schüsseln mit einziehendem Rand – als frühlatènezeitlich eingeordnet. Erst bei der Auslage und Durchsicht aller Funde zeigte sich, dass es sich überwiegend um germanische Keramik der römischen Kaiserzeit handelt. Neben kleinen Fragmenten mit Resten von Stempelverzierungen sind es typische Rand- und Wandscherben von Gefäßen mit flächig gekniffenen Oberflächen (Abb. 58).
Schließlich konnten auch einige römische Scherben und ein kleines Fragment eines Terra-sigillata-Gefäßes aussortiert werden. Ein durchbrochen gearbeiteter herzförmiger Anhänger ist am Limes wohlbekannt; diese Gruppe datiert nach Jürgen Oldenstein hauptsächlich in die 2. Hälfte des 2. Jahrhunderts n. Chr. Obwohl weitere Randscherben der späten Hallstattzeit identifiziert werden können, ist davon auszugehen, dass die Mehrzahl der Siedlungsbefunde zu einer germanischen Siedlung der mittleren Kaiserzeit gehört. Da im Zuge der Ausgrabung aus den Grubeninhalten keine Schlacken geborgen werden konnten, bleiben auch Charakter und Alter der zuvor von der Ackeroberfläche aufgelesenen Schlacken unbekannt.
Im Winter 2006/2007 werden weitere Flächen im Bereich von Unterriffingen geomagnetisch prospektiert, um im Sommer weitere Testgrabungen auf der Suche nach Siedlungsplätzen der älteren Eisenzeit durchzuführen und um Aufschlüsse zur frühkeltischen Eisengewinnung im Umfeld des Ipf zu gewinnen.

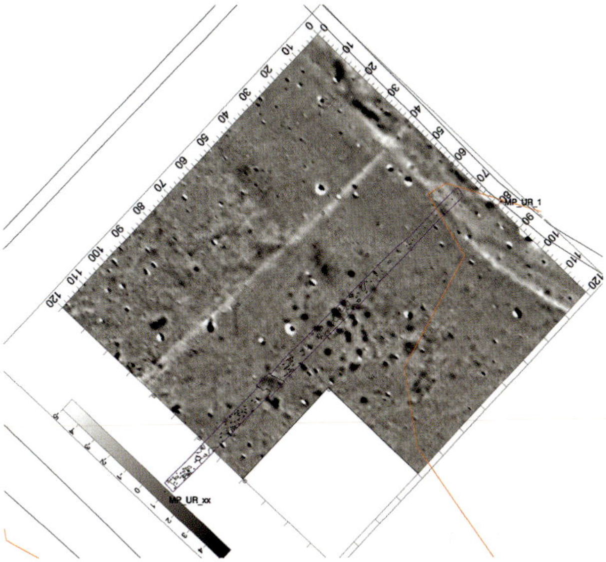

Abb. 57
Unterriffingen, Stadt Bopfingen, Gewann Mazenbronn. Magnetogramm der geomagnetischen Messungen mit deutlichen Anomalien archäologischer Siedlungsbefunde. Eingetragen ist die Lage des Grabungsschnittes 2006. Der Plan ist genordet.

Abb. 58
Unterriffingen, Stadt Bopfingen, Gewann Mazenbronn. Germanische Keramik der römischen Kaiserzeit mit flächig gekniffener Verzierung .

Neben der Förderung der Deutschen Forschungsgemeinschaft stellte wie in den vergangenen Jahren für das Forschungsprojekt Ipf die Arbeitsgemeinschaft zur Beschäftigungsförderung im Ostalbkreis (abo) freundlicherweise acht Grabungsarbeiter zur Verfügung, ohne deren fleißige Mitarbeit die Durchführung der Ausgrabungen auch in Unterriffingen nicht möglich gewesen wäre. Die Ausgrabungen wurden darüber hinaus von der Stadt Bopfingen überaus zuvorkommend unterstützt. Unser besonderer Dank gilt deshalb Herrn Bürgermeister Dr. Gunter Bühler und dem Leiter des Bauhofs, Herrn Böhm. Darüber hinaus danken wir dem Ortsvorsteher von Unterriffingen, Herrn Ludwig Kinzler, wie auch den Grundstückseigentümern und Pächtern in Unterriffingen, Herrn Josef Wörle und Herrn Wilfried Arnold, sehr herzlich für ihr Interesse und für ihre freundliche Unterstützung. Schließlich danken wir der Firma Bortolazzi aus Bopfingen für die Bereitstellung eines Bauwagens und für logistische Unterstützung.

Daniela Euler, Rüdiger Krause

Literaturhinweise

R. Krause, Der Ipf. Frühkeltischer Fürstensitz und Zentrum keltischer Besiedlung am Nördlinger Ries. Arch. Inf. Baden-Württemberg 47 (Stuttgart 2004) 24 ff.

Archäologische Ausgrabungen an der NATO-Pipeline zwischen Aalen (BW) und Leipheim (BY)

Die NATO-Pipeline – Einschnitt in eine alte Kulturlandschaft

Nach mehrjährigem Planungsvorlauf gab das Bundesministerium der Verteidigung im Jahr 2006 den Bau einer militärischen Rohrfernleitung von Aalen (Ostalbkreis) nach Leipheim (Bayern) in Auftrag. Mit dieser Verbindung wurde eine Lücke im zentraleuropäischen Pipelinesystem der NATO geschlossen, welches vornehmlich der Treibstoffversorgung angebundener Fliegerhorste dient.

Von den ungefähr 80 Trassenkilometern dieser neuen Kraftstoffleitung führen 29 über baden-württembergisches Terrain. Hiervon wiederum entfallen etwa zwanzig Kilometer auf den Ostalbkreis und neun auf den Kreis Heidenheim. Der Bau einer solchen unterirdischen Pipeline geht mit umfangreichen Erdbewegungen einher, die sich keineswegs auf den schmalen Bereich des eigentlichen Rohrgrabens beschränken. Nach Maßgabe des Bundesbodenschutzgesetzes muss in waldfreier Feldflur ein Arbeitsstreifen eingerichtet werden, in dessen Bereich die fruchtbare Ackerkrume vollständig abzutragen und für die Dauer der Bauarbeiten in Form einer trassenparallelen Oberbodenmiete zu deponieren ist. Der vom Humus freigeräumte Streifen, der im Falle der NATO-Pipeline 10–11 m breit war, dient während der folgenden Bauphasen als Fahrbahn für schweres Gerät wie Rohrtransporter, Mobilbagger und Raupenlader, als Zwischenlager der Rohrsegmente, als Arbeitsstätte von Rohrbiegern und Schweißerkolonnen sowie als Aushubhalde des später anzulegenden Rohrgrabens. Verdichtung, Spurrillenbildung und eine abschließend durchgeführte Tiefenlockerung des Unterbodens führen hier unweigerlich zur Zerstörung aller vorhandenen Funde und Befunde.

Mit dem Albvorland, dem südwestlichen Ries, dem Härtsfeld und der Riesalb durchmisst die neue NATO-Pipeline Landschaften, die nicht allein im Hinblick auf ihren naturräumlichen Charakter und ihre erdgeschichtliche Entstehung, sondern auch durch den Reichtum und die Vielfalt ihres kulturellen Erbes hervorstechen. Die Anhöhen des südwestlichen Riesrandes und die sanft einfallenden Hänge des Egertals zwischen Bopfingen und Riesbürg gehören ebenso wie die

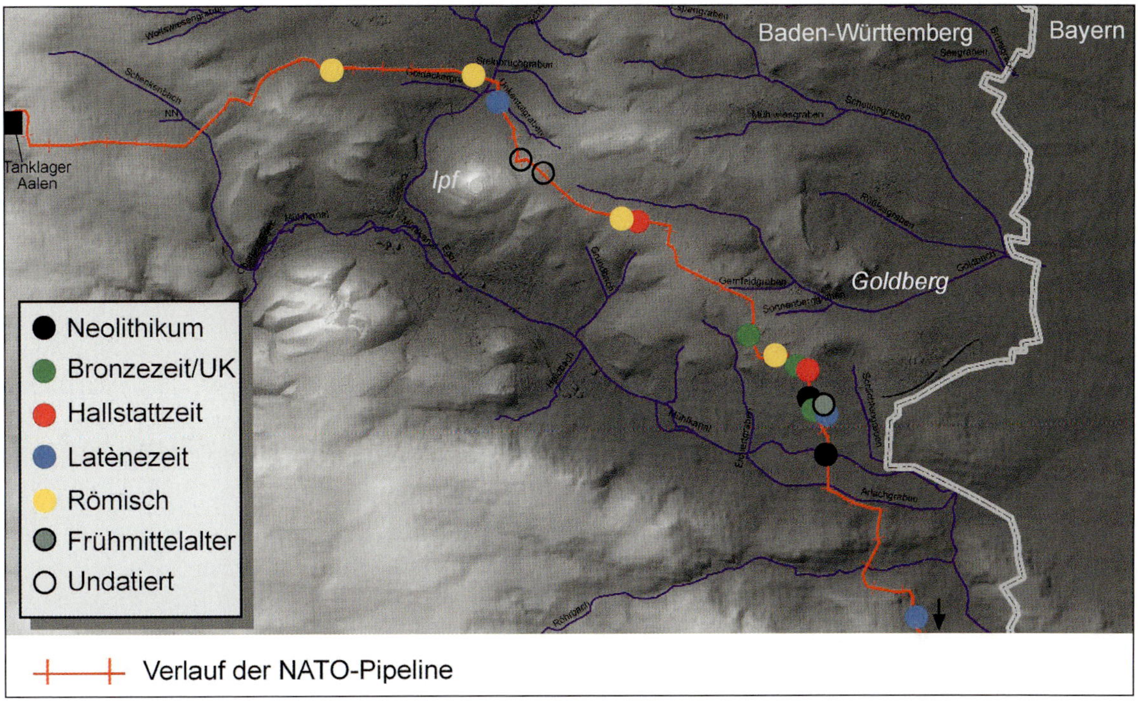

Abb. 59
Die Trasse der NATO-Pipeline im Ostalbkreis mit Eintrag der Fundstellen, differenziert nach den unterschiedlichen Epochen.

weitläufigen, mit Grabhügelfeldern und Viereckschanzen durchsetzten Waldgebiete des Härtsfeldes und der Riesalb seit Jahrtausenden zu den Schauplätzen einer wechselvollen Kulturgeschichte.

Das Landesamt für Denkmalpflege sah sich deshalb zum Handeln gezwungen. Eine Finanzierung der Ausgrabungen durch den Vorhabensträger ermöglichte die Einstellung eines Grabungsteams unter der grabungstechnischen Leitung von R. Langer, dem die lückenlose Überwachung der Bauarbeiten oblag. Gemäß der Auflagen zur denkmalschutzrechtlichen Genehmigung wurden auf vier konkreten Verdachtsflächen, die zuvor im Rahmen einer projektbezogenen Fundstellenerhebung durch das Landesamt für Denkmalpflege ermittelt worden waren, bauvorgreifende Ausgrabungen unter vergleichsweise komfortablen zeitlichen Rahmenbedingungen anberaumt, während im Übrigen eine zweiwöchige Frist zwischen Oberbodenabtrag und einsetzender Trassenbefahrung zur fachgerechten Bergung und Dokumentation eventuell zutage tretender Siedlungsspuren zur Verfügung stand.

Seltene Grabfunde und unbekannte Siedlungsstellen

In knapp neun Monaten der archäologischen Tätigkeit auf der Trasse konnten auf diese Weise fünfzehn Fundstellen untersucht und dokumentiert werden (Abb. 59). Lediglich zwei davon waren schon vor Baubeginn durch Begehungen oder frühere Grabungen zweifelsfrei verifiziert, eine dritte liegt im Bereich einer zwar altbekannten, aber undeutlichen Luftbildfundstelle. Alle übrigen sind Neuentdeckungen. Die Befunde der NATO-Pipeline, die hier nur resümierend vorgestellt werden, spannen einen zeitlichen Bogen von der Linearbandkeramik bis ins Frühmittelalter. Bemerkenswert ist, dass sich darunter Befundgattungen finden, die als Raritäten in der Archäologie Baden-Württembergs gelten können.

Besonderer Erwähnung wert sind zwei Körperbestattungen der mittelneolithischen Großgartacher Kultur, die auf den nördlichen Egerterrassen bei Trochtelfingen aufgedeckt wurden. Die Toten waren in nahezu gestreckter Seitenlage in ungewöhnlich schmale Grabgruben gebettet worden, wobei man ihnen kleinere Silexgerätschaften und – in einem Falle – einen im Kopfbereich abgestellten Kumpf mit charakteristischer Furchenstich-Verzierung und vertikalen Ösen beigegeben hatte. In Baden-Württemberg, wo mittelneolithische Gräberfelder des elsässischen oder rheinhessischen Zuschnitts fehlen, sind Bestattungen der Großgartacher Kultur nach wie vor extrem selten.

Im unmittelbaren Umfeld dieser Gräber des 5. Jahrtausends v. Chr. kamen neben einigen vermutlich jüngerlatènezeitlichen Gräben noch drei Brandgräber der Spätbronzezeit ans Licht. Zwei von ihnen waren mit aufwendigen Packungen aus schweren Kalksteinen überdeckt, wobei es sich in einem Fall wahrscheinlich um eine Nachbestattung handelt, die in einem bereits vorhandenen größeren Grab angelegt worden war. Die relativ großen Grabgruben enthielten neben den mit Leichenbrand gefüllten Urnen zahlreiche weitere Gefäße, darunter reich verzierte Becher und Trichterrandgefäße, deren Mehrzahl jedoch leider außerordentlich schlecht erhalten und trotz vorgenommener Blockbergungen nicht mehr zu retten war. Unter den Beigaben sind ferner ein schmaler Bronzedolch sowie eine gut erhaltene Bronzenadel zu erwähnen (Abb. 60).

Wo die Trasse die höheren Lagen des nördlichen Talhanges über Trochtelfingen erklomm, fand sich unter einer mächtigen Auflage schluffiger Hangkolluvien der Grundriss eines größeren Pfostenbaus, der nach Ausweis der keramischen Beifunde der Stufe Ha C/D1 zuzuordnen ist. In einen ähnlichen zeitlichen Kontext sind die beiden rudimentär erhaltenen Brandgrubengräber zu stellen, die nördlich des Weilers Osterholz bei Trassenkilometer 10,2 zu Füßen des unlängst rekonstruierten Grabhügels ans Licht kamen. Sie wiesen bei kreisrunder Gestalt Durchmesser von 1,2 m und 2 m auf und enthielten grobkeramische Gefäßscherben und Leichenbrandpartikel in einer tumultuarischen Gemengelage. Weitere Befunde der späten Hallstattzeit gab die Trasse bei Osterholz nicht zu erkennen. Auch im unmittelbaren Fußbereich des Bopfinger Hausberges blieb die Trasse frei von einschlägigen Siedlungsbefunden. Dies belegt, dass im Umfeld des Ipfs – anders als am Fürstensitz Heuneburg (vgl. den Beitrag S. Kurz, S. 63 ff.) – während der Hallstattzeit keine großflächige Außensiedlung existierte.

Abb. 60
Bopfingen-Trochtelfingen. Beigaben aus den spätbronzezeitlichen Gräbern. Länge der Nadel etwa 19,5 cm.

Keltische Gehöfte – römische Villen

Die jüngere Latènezeit ist mit vier Fundstellen vertreten. Interessanterweise handelt es sich dabei um Spuren unbefestigter bzw. schwach umhegter Siedlungen eines wohl weilerartigen Zuschnitts. Der bei Trassenkilometer 19,4 partiell erfasste Grundriss eines mächtigen Pfostenbaus mit umlaufendem Wandgräbchen zeigt, dass derartige Großbauten einst auch außerhalb der Viereckschanzen anzutreffen waren (Abb. 61). Generell scheint die archäologische Begleitung linearer Bauprojekte die Chance zu bieten, die überlieferungsbedingte Dominanz der Viereckschanzen im Siedlungsbefund der jüngeren Latènezeit zugunsten eines differenzierteren und realistischeren Bildes zu brechen.

Neben dem bereits bekannten römischen Gutshof beim Weiler Osterholz wurde im Gewann „Wallersteiner Weg" bei Trochtelfingen eine weitere, bisher unbekannte *villa rustica* mit Holzbauphase nachgewiesen. Beide Gehöfte bilden mit jenen, die in den Gewannen „Hauser Feldle" (Gemarkung Kerkingen), „Büchs", „Kalkofen" (Gemarkung Kirchheim am Ries) und „Bersich" (Gemarkung Trochtelfingen) liegen, eine regelrechte Kette von ländlichen Anwesen, die sich im Norden über mehrere Kilometer parallel zur römischen Egertalstraße hinzieht. Ein Teil des Weges, der ehedem zwischen diesen Niederlassungen vermittelt haben muss, dürfte sich im Wald „Osterholz" unter dem Namen „Alte Heerstraße" erhalten haben. Römische Siedlungsspuren konnten auch bei Dunstelkingen im Landkreis Heidenheim festgestellt werden. Dort wurden aus feuchtem Grund Bauhölzer geborgen. Es handelt sich um mehrere Eichenbohlen.

Frühmittelalterliche Gräber

Das frühe Mittelalter ist durch insgesamt vier Grabfunde belegt. Auf Trochtelfinger Gemarkung fanden sich zwei Gräber des vierten Jahrhunderts, die neben Tongefäßen und einer bronzenen Gürtelschnalle auch zahlreiche Bernstein- und Glasperlen eines kollierartigen Halsschmuckes enthielten. Ungefähr dreihundert Jahre jünger datieren zwei Grablegen, die bei Dunstelkingen ans Licht kamen. Die Beigabe von Spatha, Lanze und Messer weist eine der bestatteten Personen als männlich aus, wobei im anderen Falle metallische Trachtbestandteile und Amulettgehänge für eine weibliche Tote sprechen dürften.

Abb. 61
Riesbürg-Utzmemmingen. Grabungssituation an der Fundstelle des latènezeitlichen Grundrisses in der Flur „Langes Feld" nahe den Ofnethöhlen.

Zahlreiche Neuentdeckungen – andere Einblicke

Schon die kursorische Zusammenfassung der Grabungsergebnisse zeigt, dass dieses lineare Projekt zur Neuentdeckung einer Vielzahl von archäologischen Denkmälern, die von beachtlichem regionalgeschichtlichem Interesse sind, geführt hat. Der wissenschaftliche Ertrag einer solchen Maßnahme wie an der NATO-Pipeline macht deutlich, dass ein kilometerlanges Trassenprojekt ganz andere Einblicke in die unterirdischen Archive einer archäologischen Fundlandschaft eröffnet, als dies mehr oder weniger punktuell operierende Rettungsgrabungen vermögen. Zwar können Trassengrabungen in aller Regel keine vollständigen Pläne von Siedlungen oder Gräberfeldern liefern, weil die eröffneten Arbeitsstreifen hierfür zu schmal sind. Für die Beurteilung regionaler Siedlungsmuster und Landnutzungsstrategien aber muss sich die archäologische Begleitung linearer Bauprojekte, zumal wenn sie sich langfristig als

denkmalpflegerische Standardmaßnahme etabliert, als äußerst fruchtbar erweisen. Durch sie erschließt sich die archäologische Forschung ur- und frühgeschichtliche Siedlungsräume, die abseits heutiger Ballungsräume liegen und ansonsten bestenfalls einer „weichen“, also oberflächlich operierenden Prospektion (Begehung, Luftbild, Geophysik) zugänglich wären.
Allerdings ist in diesem Zusammenhang zu berücksichtigen, dass im Falle der NATO-Pipeline auf eine durch Oberflächenfunde bekannte sieben bis acht zuvor unentdeckte Fundstellen kommen. Lineare Projekte führen somit eindringlich vor Augen, wie lückenhaft unsere Kenntnis des im Boden vorhandenen archäologischen Denkmälerbestands ist.
Die in den nächsten Jahren anstehenden linearen Großprojekte in Baden-Württemberg (Ethylen-Pipeline Süd 2007/2008, Süddeutsche Erdgas-Leitung voraussichtlich 2009, ICE-Trassen etc.) werden wesentlich dazu beitragen, diese Lücken zu schließen. Obwohl entsprechende Ausgrabungen, die im Grundsatz durch die jeweiligen Bauherren finanziert werden müssen, somit einerseits wesentliche neue wissenschaftliche Erkenntnisse liefern werden, darf andererseits nicht übersehen werden, in welchem Grad sie auch zur Zerstörung archäologischer Denkmäler beitragen.

Unser Dank gilt zunächst dem Staatlichen Hochbauamt Reutlingen und der Wehrbereichsverwaltung Süd in Stuttgart für die Unterstützung der Grabungen und die gute Zusammenarbeit. Auch den Mitarbeitern der ausführenden Firma Strabag AG München sind wir für die gute Zusammenarbeit zu Dank verpflichtet, ebenso wie Herrn Feldmeyer aus Kirchheim-Osterholz für technische Unterstützung der Feldforschungen.

Christian Bollacher, Dirk Krausse, Jörg Bofinger

Archäologische Untersuchung eines Schlackenhügels der späten Hallstatt- und Frühlatènezeit im „Hirschgarten“ bei Neuenbürg-Waldrennach, Enzkreis

Anknüpfend an die erfolgreichen Untersuchungen der beiden Vorjahre konnten auch 2006 bei Neuenbürg-Waldrennach wieder technische Anlagen der frühkeltischen Eisenproduktion lokalisiert werden. Durch forstliche Maßnahmen und die damit verbundene Anlage von Holzrückegassen war bereits 2005 ein Schlackenhügel im Wald „Hirschgarten“ entdeckt und randlich angeschnitten worden. Im Gegensatz zu den bislang untersuchten Verhüttungsplätzen liegt dieser nicht am Talhang, sondern auf der Buntsandsteinverebnungsfläche zwischen Waldrennach und Langenbrand. Durch flächige Begehungen im Nahbereich dieses Fundortes wurden mittlerweile insgesamt fünf umfangreiche Hügel nachgewiesen, so dass wir es hier mit einer weiteren, bisher unbekannten Konzentration der frühkeltischen Eisenproduktion zu tun haben.
2006 wurde der bereits angeschnittene Schlackenhügel im Zuge weiterer Durchforstungsmaßnahmen mit mehreren Grabungsschnitten archäologisch untersucht. Er liegt auf der sanft nach Norden geneigten Hochfläche mitten im Wald. Sein nördlichster Ausläufer war randlich in einer vom Hauptweg abbiegenden Rückegasse angeschnitten, Teile des Hügels liegen aber auch noch unter dem Hauptweg begraben. Die Umrisse des noch bis maximal 0,6 m hoch erhaltenen Schlackenhaufens zeichneten sich nur bei

genauem Hinsehen noch als schwaches Geländemerkmal gegenüber der Umgebung ab. So konnte ein Durchmesser von etwa 15 m ermittelt werden. Ein umfangreicher Windwurf auf der Schlackenhalde sorgte zusätzlich für denkmalpflegerischen Handlungsbedarf, da hier offensichtlich Ofenbauteile aus dem Boden gerissen worden waren. Mit Rücksicht auf den nach der Durchforstung verbliebenen Baumbestand war es allerdings nicht möglich, im Bereich der zu erwartenden archäologischen Befunde eine zusammenhängende Grabungsfläche aufzudecken. Dennoch zeigen die einzelnen Teilflächen wohl einen repräsentativen Ausschnitt aus dem Hügel und den zugehörigen technischen Einrichtungen.

Ein Ensemble technischer Anlagen zur Eisengewinnung

Erstmals konnte dabei für das Neuenbürger Produktionszentrum ein zusammenhängendes Ensemble differenzierter technischer Einrichtungen der Metallurgiekette im Befund dokumentiert werden. In den technischen Anlagen dürften unterschiedliche Arbeitsschritte durchgeführt worden sein, die Tätigkeiten von der Erzaufbereitung und Verhüttung bis zur ersten Weiterverarbeitung umfassen. Die Gewinnung der Erze dürfte im weiteren Umfeld auf der Hochfläche vonstatten gegangen sein, wo mindestens zwei Erzgänge lokalisiert werden konnten, die bis in die Neuzeit ausgebeutet wurden. Vielleicht gibt es dort sogar noch einen dritten, bislang unbekannten Erzgang, der sich durch sehr flache und unregelmäßige Abbauspuren im Gelände andeutet. Dies soll im nächsten Jahr näher untersucht werden. Der Grabungsplatz war vor seiner Freilegung durch H. von der Osten mittels Geomagnetik-Messungen vorsondiert worden, soweit dies der vorhandene Baumbestand zuließ. Zusätzlich wurden mehrere Bohrstock-Sondagen vorgenommen.

Rennfeueröfen und Holzkohledepot

Durch die Ausgrabungen gelang es, zunächst in der südwestlichen Peripherie des Schlackenhügels zwei Rennöfen zu lokalisieren, die allerdings durch den erwähnten Windwurf bereits stark in Mitleidenschaft gezogen waren. Der südlicher gelegene Ofen war nahezu vollständig zerstört, der zweite an der Vorderfront beschädigt.
Von der Form her handelt es sich – wie für das Neuenbürger Produktionsgebiet üblich – um kleine kuppelförmige Rennöfen mit aufgesetztem Schacht und vermutlich integrierter Vorgrube. Bruchstücke von innen glasig verschlackten Düsenziegeln mit schmalen Innendurchmessern sprechen für künstliche Luftzufuhr mittels eines Blasebalgs, der vermutlich an der Ofenfront ansetzte. Unter der vermuteten Vorgrube und dem zentralen Brennraum lag bei dem noch besser erhaltenen Ofen ein künstlicher Stampflehmeintrag, durchsetzt mit etwas Holzkohle. Dies lässt den Schluss zu, dass für die Anlage dieses Ofens eine regelrechte Baugrube ausgehoben wurde. Etwa 2,5 m westlich dieser beiden Öfen wurde eine langovale flachbodige Grube freigelegt, die eine sehr dunkle, mit zahlreichen Holzkohlen durchsetzte humose Füllung aufwies. Vermutlich handelt es sich hier um ein zentrales Holzkohledepot für den Betrieb der Öfen. In der Füllung fanden sich der Läufer und das fragmentierte Unterteil einer Schiebemühle für Getreide (Abb. 62). Ihre typische Form (sog. „Napoleonshut")

Abb. 62 Neuenbürg-Waldrennach. Frühlatènezeitliche Schiebemühle in einem Holzkohledepot des Verhüttungsplatzes im „Hirschgarten" (Arbeitsaufnahme).

Abb. 63 Neuenbürg-Waldrennach. Die Ofengruppe am Ostrand des Schlackenhügels mit zwei gut erhaltenen Rennöfen.

spricht für eine Datierung in die Frühlatènezeit. Gut vergleichbare Stücke wurden beispielsweise auch bei den Grabungen auf dem Rudersberg bei Calw gefunden. Der Fund belegt, dass direkt bei den Rennöfen Nahrung zubereitet wurde, was bei einem dauerhaften bzw. längerfristigen Betrieb auch zu erwarten ist. Der Befund deckt sich mit dem Nachweis verkohlter Getreidekörner aus einer Ofenfüllung am „Herrlesbusch", welcher M. Rösch bereits 2005 gelang.

Überraschend fand sich eine zweite Ofengruppe an der gegenüberliegenden Ostseite des gemeinsamen Schlackenhaufens. Hier wurden ebenfalls zwei Rennöfen freigelegt (Abb. 63), wobei das eine Exemplar komplett unter dem Hauptweg steckte und nur begrenzt untersucht werden konnte. Vielleicht verbergen sich noch weitere Öfen unter dem Weg, eine Aufdeckung war aber nicht möglich. Die hier aufgedeckten Öfen sind etwas größer und weichen in ihrer Konstruktion von den bisher im Neuenbürger Revier bekannten ab: Die Ofenbasis war mit einem fest verziegelten Lehmboden versehen, der auch nach außen zur Bediengrube zieht. Außerdem zeigte sich an der rückwärtigen Seite der Basis eine Öffnung, die jeweils mit einem Stein von außen zugesetzt schien. Ob diese Öffnungen mit der Belüftung während der Verhüttung zusammenhängen, erscheint mehr als fraglich, da sie sehr tief saßen. Eher ist an einen Einsatz während des Ofenbaus zu denken, vielleicht im Zusammenhang mit der Herstellung des verziegelten Lehmbodens. Hierfür spricht, dass die zu erwartenden Temperaturzeiger an den Innenseiten der Öffnungen nur undeutlich in Erscheinung treten. Die lateralen Öffnungen waren wenig verschlackt und wurden vielleicht später von hinten verstellt und bis zur Kuppelhöhe aufgefüllt.

Abb. 64 Neuenbürg-Waldrennach. Zersprungener Ambossstein mit anhaftenden Schlackenresten (Bildmitte). Im Vordergrund rechts die verziegelten Reste der zugehörigen Esse.

Ambossstein und Esse

In nicht allzu großem Abstand (4–6 m) zur Frontpartie der beiden östlichen Öfen lag eine zersprungene horizontale Buntsandsteinplatte mit oberflächlich und randlich anhaftender Schlackenbreccie. Daneben befand sich eine längliche Feuerstelle, die von zwei verziegelten Wangen begrenzt war (Abb. 64). Das Ensemble wird als Ambossstein mit zugehöriger Esse zum Ausheizen der frischen Rennfeuerluppen interpretiert. In vergleichbarem Abstand wurde auch bei der zweiten (westlichen) Ofengruppe Schlackenbreccie beobachtet, die wohl auch hier auf Ausheizaktivitäten hindeutet. Hier fand sich ein ca. 0,5 kg schwerer langovaler Klumpen, bei dem es sich um eine primäre, noch nicht umgearbeitete Rennfeuerluppe handelt – bei Weitem die größte, die bislang bei einem der Rennöfen gefunden wurde.

Buntsandsteingerölle mit schälchenförmigen Eintiefungen auf den Seiten, die sogenannten Pochsteine, zählen auch bei dieser Grabung zum typischen Fundgut der Erzverhüttung. Sie sind mittlerweile zahlreich von den Verhüttungsplätzen des Neuenbürger Erzreviers bekannt. An zwei Exemplaren vom „Hirschgarten" fanden sich verschlackte Anhaftungen, die momentan untersucht werden. Die Untersuchungen sollen klären, ob mit diesen Pochsteinen nur Erze für die Verhüttung zerkleinert wurden, oder ob sie sogar bei der groben Zurichtung der Eisenluppen zum Einsatz gekommen sind.

Im Bereich der Bedienungsgruben und der Schlackenhalde fanden sich darüber hinaus Keramikscherben der Späthallstatt-/Frühlatènezeit (6./5. Jh. v. Chr.), allerdings fehlen dieses Mal Stücke, die sich näher innerhalb dieses Zeitraums fixieren lassen.

Parallel zu den archäologischen Untersuchungen erfolgen archäobotanische Forschungen durch M. Rösch, die bereits erste Hinweise zur vorgeschichtlichen Waldnutzung im Nordschwarzwald ergeben haben. Für die Bestimmung von archäobotanischen Großresten wurde umfangreiches Probenmaterial aus den Bediengruben und besonders aus der langovalen Holzkohlegrube entnommen, das von M. Rösch untersucht wird. Zudem werden Holzkohleuntersuchungen durch T. Ludemann von der Abteilung Geobotanik des Instituts für Biologie II der Universität Freiburg durchgeführt. Das archäometallurgische Probenmaterial bildet ebenfalls die Grundlage intensiver Untersuchungen, die in Zusammenarbeit mit dem Deutschen Bergbau-Museum Bochum durchgeführt werden.

Für die tatkräftige Unterstützung der Grabungen ist auch dieses Jahr wieder der Stadt Neuenbürg, der Sparkasse Pforzheim-Calw und der Arge Besucherbergwerk Frischglück zu danken. Unser Dank gilt zudem den zahlreichen freiwilligen Helfern, die unser Grabungsteam zeitweise verstärkt haben.

Seit September 2006 fördert die Deutsche Forschungsgemeinschaft die archäologischen und archäobotanischen Forschungen um das Neuenbürger Erzrevier. Die Hinweise mehren sich, dass mit der Eisengewinnung im Nordschwarzwald eine wichtige wirtschaftliche Grundlage für die Weiterentwicklung der frühkeltischen Machtstrukturen in Südwestdeutschland gefunden wurde.

Guntram Gassmann, Günther Wieland

Literaturhinweise

G. Gassmann/G. Wieland, Arch. Ausgr. Baden-Württemberg 2004, 102 ff., dies., Arch. Ausgrabungen Baden-Württemberg 2005, 97 ff.; G. Gassmann/M. Rösch/G. Wieland, Das Neuenbürger Erzrevier im Nordschwarzwald als Wirtschaftsraum während der Späthallstatt- und Frühlatènezeit. Germania 84, 2006, 273 ff.

Geophysikalische, bodenkundliche und archäologische Prospektionen im Umfeld des jüngerlatènezeitlichen Prunkgrabes von Sinsheim-Dühren, Rhein-Neckar-Kreis

Im Jahr 1865 wurde 0,9 km südwestlich von Dühren (Stadt Sinsheim) ein reicher mittellatènezeitlicher Grabfund angepflügt und vom Finder ausgenommen. Wenige Tage später fand eine kurze Nachuntersuchung durch den Sinsheimer Oberamtmann Otto und den Rechtsanwalt F. Heckmann statt. Die Funde gelangten in die damalige Großherzogliche Sammlung in Karlsruhe (heute Badisches Landesmuseum).

Die Objekte gehören zum Inventar eines ungewöhnlich reich ausgestatteten Frauengrabes der späten Mittellatènezeit (u. a. goldene Fingerringe, silberne und bronzene Fibeln, Glasarmringe, Bernsteinschmuck, eine Silbermünze, importierte Bronzegefäße und zwei Weißmetall-Spiegel). Bis heute ist das Dührener Prunkgrab eine singuläre Erscheinung in Südwestdeutschland, sowohl was seinen Reichtum angeht, als auch im Hinblick auf die Herkunft der außergewöhnlichen Objekte, die teilweise aus Italien und aus dem germanischen Bereich stammen. Deswegen ist es um so bedauerlicher, dass der archäologische Befund bei der Entdeckung nicht dokumentiert werden konnte und man auf die spärliche Beschreibung des Finders angewiesen ist, nach welcher es sich um ein West–Ost orientiertes Skelettgrab gehandelt hat.

E. Wagner veranlasste deshalb schon 1889 eine Nachuntersuchung durch K. Schumacher, bei der zwar die genaue Fundstelle lokalisiert werden konnte, jedoch nicht zu klären war, ob es sich um einen verflachten Grabhügel oder ein Flachgrab gehandelt hat. Allerdings stieß Schumacher in 4 m Entfernung von der Fundstelle des Grabes auf einen verfüllten Graben, in dem er eine verkohlte Bretterlage feststellte. Den Graben konnte er auf einer Länge von 30 m verfolgen. Später vermutete Schumacher bereits, das Grabenstück könnte zu einer Viereckschanze gehören.

Nachuntersuchungen durch F. Fischer in den 1960er Jahren bestätigten die Auffassung Schumachers, dass es sich nicht um ein Hügel-, sondern um ein Flachgrab gehandelt hat. Auch der Spitzgraben konnte von Fischer weiter verfolgt und untersucht werden, für ihn wurde auch eine Deutung als Einfriedung in der Art der aus dem Rheinland bekannten latènezeitlichen Grabgärten erwogen.

Eine zeitgemäße Vorlage und Auswertung der Funde steht immer noch aus. Hierzu laufen derzeit Forschungen von F. Fischer und J. Spohn.

Flächendeckende geomagnetische Untersuchungen

Dank der Luftbildarchäologie sind mittlerweile mehrere keltische Viereckschanzen im Kraichgau und am mittleren Neckar entdeckt worden, einige wurden auch archäologisch untersucht. Vor diesem Hintergrund schien es vielversprechend, den weiteren Verlauf des Grabens zu erkunden und die Frage, ob es sich tatsächlich um eine keltische Viereckschanze handelt, hiermit einer Klärung näher zu bringen. Auch eine exakte Lokalisierung der Fundstelle des Grabes im mittlerweile flurbereinigten Gebiet war angestrebt. Diese Fragestellungen waren Motivation für die Durchführung flächendeckender geomagnetischer Untersuchungen im Februar 2006. Das Ergebnis dieser Untersuchungen ist – digital in ein Luftbild und in ein Höhenmodell eingebunden – in Abb. 65 wiedergegeben.

Im Magnetogramm sind stark ausgeprägte, meist linear angeordnete Störungen vorherrschend. Diese Anomalien werden durch metallische Eisenkerne obertägig meist nicht erkennbarer Grenzpunkte im bodennahen Magnetfeld der Erde induziert.

Der erwähnte Spitzgraben konnte auf einer Länge von etwa 120 m erfasst werden. An seinem westlichen Ende ist eine abrupte Richtungsänderung von knapp 90 Grad zu erkennen. Hier konnte der Graben noch auf eine Länge von fast 50 m verfolgt werden. Die längere Seite dieses bislang L-förmig nachgewiesenen Grabens dünnt in Richtung Westen aus. Das Gelände fällt hier relativ stark ab, so dass der Graben an dieser Stelle wohl fast vollständig erodiert ist.

Der gegenwärtige Stand der geomagnetischen Untersuchungen lässt somit vermuten, dass es sich bei dem bislang erfassten Graben tatsächlich um einen Teil einer keltischen Viereckschanze handelt. Die geophysikalischen Untersuchungen konnten bislang noch keinerlei Hinweise auf die exakte Lage des keltischen Grabes liefern, doch lässt sich diese auch über die alten Vermessungsunterlagen rekonstruieren.

Die hier gezeigten Messungen mussten im Winter 2006 recht bald beendet werden, da ein größerer Bereich aufgrund landwirtschaftlicher Nutzung nicht betreten werden konnte. Die Messungen sollen daher im Win-

Abb. 65
Sinsheim-Dühren. Ergebnis der geomagnetischen Flächenkartierung, eingebunden in das Digitale Geländemodell Baden-Württemberg (Copyright: Landesvermessungsamt Baden-Württemberg, Az.: 2851.2-A/218).

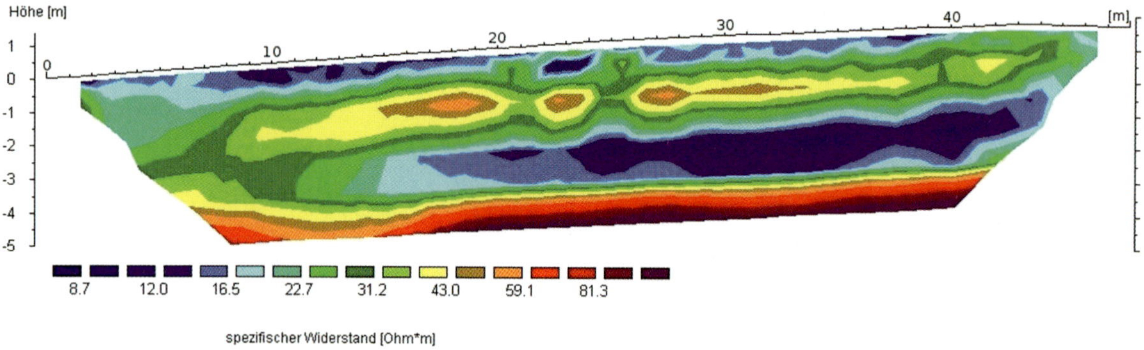

Abb. 66 Sinsheim-Dühren. Geoelektrischer Profilschnitt durch den Graben der keltischen Viereckschanze (oben) und entsprechende Interpretationsskizze (unten).

ter 2007 fortgesetzt und nach Möglichkeit zum Abschluss gebracht werden.

Bodenkundliche Untersuchungen

Im Rahmen einer Promotion am Geographischen Institut in Heidelberg im Bereich Geophysik fanden in Sinsheim-Dühren im Umfeld der Fundstelle des keltischen Prunkgrabes und der vermuteten Viereckschanze bereits bodenkundliche Untersuchungen statt, die einen Überblick über die dortigen Böden und ihre Entwicklung ergeben sollten. Es wurden dafür an unterschiedlichen Stellen im Gelände Schürfgruben angelegt, vor allem in verschiedenen Höhenbereichen des Hanges. Die Schürfgruben gewähren Einblicke in den Bodenaufbau bis in eine Tiefe von 2 m und lassen Rückschlüsse auf bodenbildende Prozesse zu, die dort stattgefunden haben. So lassen sich u. a. ehemalige Feuchtbereiche erkennen, auch lassen sich Erosions- bzw. Ablagerungsprozesse identifizieren, die auf menschliche Eingriffe in die Natur, z. B. durch die Landwirtschaft, hindeuten.

Mittels Rammkernsondierung wurden zudem Bohrkerne aus noch tieferen Bereichen gewonnen, welche die Ergebnisse der Schürfgruben gut ergänzen. So lassen sich beispielsweise aus der Mächtigkeit von Kolluvien am Hangfuß Rückschlüsse auf die Erosionsvorgänge am Hang und somit Vermutungen über die Dauer der ackerbaulichen Nutzung ableiten. Neben diesen aufwendigeren Verfahren werden auch flächendeckend Sondagen mit Pürckhauer-Bohrstöcken durchgeführt.

Durch Kombination der genannten Verfahren wird zurzeit für das Gewann „Steinbock" in Dühren eine Bodenkarte erstellt, welche die Grundlage für weitere Untersuchungen bilden soll. Geplant ist auch die Erstellung eines dreidimensionalen Modells des aktuellen Geländes auf der Grundlage der gewon-

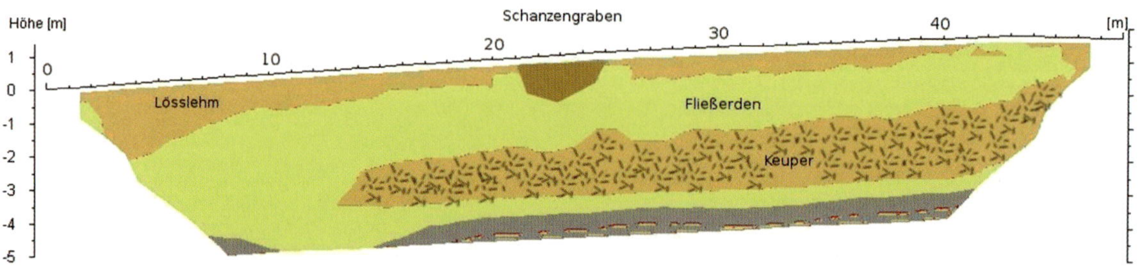

nenen Daten. Diese lassen auch Rekonstruktionsvorschläge für die Geländeform in keltischer Zeit zu. Beim bisherigen Untersuchungsstand lässt sich vermuten, dass damals auf der kleinen Kuppe noch wesentlich mehr fruchtbarer Löss über dem für die Landwirtschaft weniger günstigen Keuper lag. Ein großer Teil davon ist jedoch bereits abgetragen und findet sich heute, mit dem Keuper vermischt, in den Kolluvien am Fuße des Hanges.

Geoelektrische Tomografie

Im näheren Umfeld der vermuteten Viereckschanze wurden auch geoelektrische Prospektionen durchgeführt, die Informationen über den Verlauf und die Struktur des Grabens liefern sollten. Bei der hier eingesetzten Geoelektrischen Tomografie werden mit Hilfe von Widerstandsmessungen im Boden durch Stromeinspeisung und Spannungsabgriff „Schnittbilder" angelegt, auf denen sich Gebiete unterschiedlicher elektrischer Leitfähigkeit differenzieren lassen. In Dühren wurden quer zum vermuteten Verlauf des Schanzengrabens linienhafte Schnittbilder angelegt.
Abbildung 66 zeigt ein solches Profil. Der aufgezeichnete Unterschied in den Bodenwiderstandswerten ist auf die Verfüllung des ehemaligen Schanzengrabens zurückzuführen. Allerdings ist eine exakte Abgrenzung wegen der ähnlichen Beschaffenheit von Grabenfüllung und gewachsenem Boden schwierig (Abb. 66 oben). Da dank der oben beschriebenen bodenkundlichen Verfahren Informationen zur Beschaffenheit des Bodens vorhanden waren, ließ sich eine Interpretationsskizze (Abb. 66 unten) des geoelektrischen Profils anlegen, welche die vorliegenden Verhältnisse verdeutlicht und die Struktur des Grabens heraushebt. Weitere geoelektrische Profilschnitte sollen auch an anderen Stellen des Grabens angelegt werden, um den Erhaltungsgrad dort abzuschätzen.

Archäologische Prospektion

Um eine punktuelle Bestätigung der geophysikalischen Messungen zu erreichen, wurde an der Stelle des geoelektrischen Profilschnittes ein Grabungsschnitt angelegt. Dank der tatkräftigen Mithilfe unserer ehrenamtlichen Beauftragten G. Kreß und M. Unger konnte dies in wenigen Tagen abgeschlossen werden. Die Ergebnisse bestätigen die laufenden geophysikalischen Untersuchungen und auch die früheren archäologischen Arbeiten von F Fischer und K. Schumacher: Der Graben ist unter dem Pflughorizont mit einer Breite von knapp 3 m zu erkennen, seine Grenzen sind etwas verwaschen. Im Profil besitzt er eine ausgeprägte V-Form, die Grabenspitze liegt 1,6 m unter der heutigen Oberfläche. In der Verfüllung zeigt sich in einer Tiefe von ca. 0,5–0,6 m eine Brandschicht mit vielen Holzkohlestücken, die etwas an der südwestlichen (äußeren) Grabenflanke hochzieht. Höchstwahrscheinlich handelt es sich bei dieser Schicht um die Entsprechung zu der von Schumacher erwähnten verkohlten Bretterlage. Oberhalb und innerhalb dieser Schicht fanden sich neben Hüttenlehmfragmenten und Tierknochen mehrere Keramikscherben, darunter das Wand-Boden-Fragment einer jüngerlatènezeitlichen Schüssel mit eingebogenem Rand, kammstrichverzierte Wandscherben sowie kleinere Fragmente von glatter Drehscheibenware. Eine feinchronologische Datierung innerhalb der jüngeren Latènezeit (Lt C/D) ist nicht möglich.
Dennoch kann man jetzt davon ausgehen, dass die Fundstelle des Dührener Prunkgrabes innerhalb einer oberirdisch nicht mehr sichtbaren keltischen Viereckschanze liegt. Das genauere zeitliche Verhältnis von Schanze und Grab zueinander wäre natürlich eine ungemein wichtige Information – ein Zusammenhang liegt auf der Hand, denn die Entstehungs- und Nutzungszeit der Viereckschanzen überschneidet sich mit dem Datierungsansatz des Grabes. Auch gehören importierte Luxusgüter durchaus zum Fundspektrum der Viereckschanzen: Eine Spiegel-

scheibe aus Weißmetall, wie sie im Inventar des Grabes von Dühren vorhanden ist, stammt auch aus der Ladenburger Viereckschanze. Was die Brandschicht mit verkohlten Hölzern im Graben angeht, so erinnert dieser Befund stark an denjenigen im Graben der Viereckschanze von Nordheim, wo er als verbrannte Bretterwand gedeutet wurde.

Für die bereitwillig gewährte Hilfe und Unterstützung der Arbeiten sei an dieser Stelle Herrn Ortsvorsteher Zahn und den Besitzern und Pächtern der betroffenen Grundstücke herzlich gedankt. Der Nachweis einer Viereckschanze bei Sinsheim-Dühren ergänzt die jüngsten Entdeckungen im Kraichgau. Fehlten hier bis vor kurzem jüngerlatènezeitliche Fundstellen fast völlig, scheint sich jetzt doch eine Besiedlung abzuzeichnen. Sicher sind es auch lokal unterschiedlich umfangreiche Erosionsvorgänge gewesen, die hier das Siedlungsbild verzerrt haben, deshalb sind hier weitere bodenkundliche Forschungen durchaus wünschenswert.

Barbara Matthes, Harald von der Osten-Woldenburg, Günther Wieland

Literaturhinweise

F. Fischer in: K. Bittel/W. Kimmig/S. Schiek, Die Kelten in Baden-Württemberg (Stuttgart 1981) 471 f.; ders., Arch. Nachr. Baden 50, 1993, 116 f. – B. Eitel, Bodengeographie2 (Braunschweig 2001); P. Rothe, Die Geologie Deutschlands – 48 Landschaften im Portrait (Darmstadt 2005).

Eine großflächige Siedlung der jüngeren Eisenzeit bei Engen-Welschingen, Kreis Konstanz

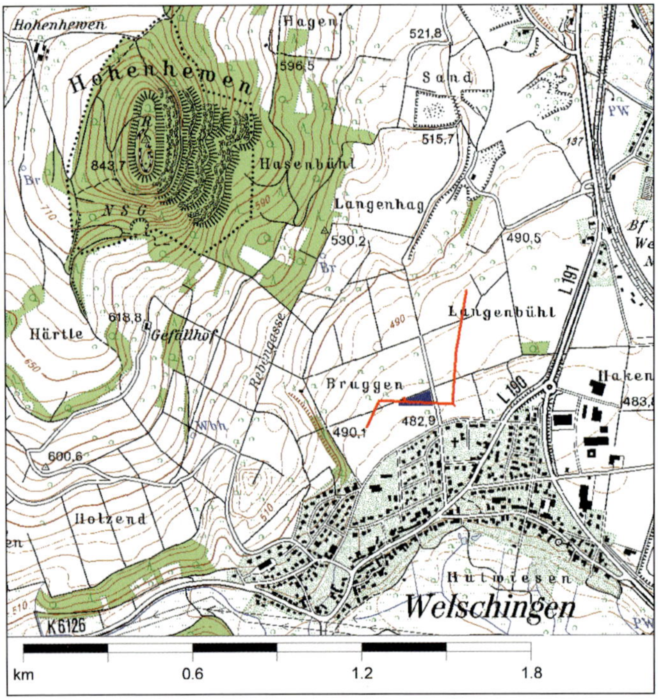

Abb. 67
Engen-Welschingen. Ausschnitt aus der Topographischen Karte 1 : 25 000. Schematisierte Darstellung des rekonstruierten Grabenverlaufs (rot) sowie der Grabungsfläche 2006 (blau). Östlich des Hohenhewens ist die Kiesgrube Kohler (Gewann „Sand“) eingezeichnet.

Bei der archäologischen Voruntersuchung eines Neubaugebietes am nördlichen Ortsrand von Engen-Welschingen konnte im Sommer 2006 ein großflächiges Siedlungsareal der jüngeren Eisenzeit nachgewiesen werden. Die im Zuge der Ausgrabungen erfasste Grabenanlage lässt sich als Teil einer weitläufigen Siedlungsbegrenzung deuten, die einen vollständigen Geländeabschnitt zwischen zwei Schotterterrassenrändern am Fuß des Hohenhewens abriegelt. Hieraus ergibt sich eine potenzielle Siedlungsfläche von etwa 16 ha. Pfosten- und Grubenbefunde belegen eine zusätzliche Besiedlung außerhalb der umgrenzten Fläche. Die Siedlungsspuren und das geborgene Fundmaterial deuten auf eine

Abb. 68
Engen-Welschingen. Verlauf des Grabens (gelb) innerhalb der Grabungsfläche 2006. Im vorderen Bildteil ist die mittlere Verfüllungsschicht der Holzeinbauten in Form einer kompakten Geröllschüttung (rot) erkennbar. Der Graben wird durch eine moderne Drainage mit Steinplattenabdeckung gestört (Bildmitte quer verlaufend).

vermutlich mehrphasige Siedlung am Rande des Hegaubeckens während der mittleren und beginnenden Spätlatènezeit des 3. und 2. vorchristlichen Jahrhunderts hin.

Am Fuße des Hohenhewens

Das durch Ausräumungs- und Ablagerungsvorgänge während der letzten Eiszeit geformte Hegaubecken wird an seinem westlichen Rand von einer Reihe mächtiger tertiärer Vulkanschlote begrenzt, welche sich markant aus der Landschaft erheben. Südöstlich des 846 m hohen Hohenhewens liegt eine ebene, fluviogazial gebildete Schotterfläche der Würmeiszeit, die im Norden und Westen von Schotterterrassen überragt wird (Abb. 67). Der nordöstliche Terrassenrand wird durch das Kieswerk Kohler seit mehreren Jahrzehnten sukzessive abgebaut. Zahlreiche archäologische Funde kamen in der Vergangenheit beim Kiesabbau zutage und haben die Kiesgrube Kohler zu einer der bedeutendsten archäologischen Fundstellen im Hegau gemacht. Südlich der Kiesgrube wird die Schotterfläche mit ihren guten Ackerböden intensiv landwirtschaftlich genutzt. Das Areal soll nun infolge der Ausweisung eines Neubaugebietes am Nordrand von Welschingen teilweise überbaut werden (Gewann „Guuhaslen"). 1989 aufgenommene Luftbilder des Landesamtes für Denkmalpflege lassen im Planungsgebiet Teile einer rechtwinklig abknickenden Grabenanlage erkennen. Um Alter und Art des Luftbildbefundes zu klären, wurden im Mai 2006 durch die Kreisarchäologie drei kleine Baggersondagen angelegt, die eine eisenzeitliche Datierung der

Abb. 69 Engen-Welschingen. Detail der Grabenverfüllung. Am äußeren Grabenrand (unten) sind deutlich die Abdrücke von vergangenen Spaltbohlen sichtbar.

Grabenanlage bestätigten. Die Sondagen und die darauf folgenden Ausgrabungsarbeiten von August bis Oktober 2006 wurden in bewährter Zusammenarbeit mit dem Regierungspräsidium Freiburg, Referat 25 Denkmalpflege durchgeführt.

Die Grabenanlage

Nachdem das vorgeschichtliche Alter des Grabens geklärt war, wurde in der durch die Überbauung bedrohten Innenfläche der Humus mit dem Bagger entfernt. Im kiesigen, teils auch lehmigen Untergrund zeichneten sich deutlich ein West–Ost verlaufender Graben sowie weitere Baubefunde ab (Abb. 68). Da innerhalb der Grabungsflächen keine Grabenenden bzw. -ecken erfasst werden konnten, wurden in den umliegenden, außerhalb des Neubaugebietes liegenden Ackerflächen insgesamt 36 Sondagen mit dem Kleinbagger angelegt. Hierbei zeigte sich, dass der Graben zu einer weitläufigen Anlage gehört, deren Ausmaß bisher völlig unterschätzt wurde (Abb. 67). Der bei den Grabungen erfasste, völlig geradlinige Grabenschenkel besitzt eine Länge von 263 m. Im Westen knickt er in einem stumpfen Winkel von 113° nach Südwesten ab und setzt sich noch mindestens 102 m weiter fort. Vermutlich reicht der Graben nach Südwesten bis an den Terrassenrand, der die Ebene nordwestlich von Welschingen überragt.

Am Ostende biegt der Graben etwa rechtwinklig nach Norden um. Dort ließ er sich 398 m bis an den nördlichen Rand der Schotterterrasse, in welche die Kiesgrube Kohler eingreift, verfolgen. Der Nord–Süd verlaufende Grabenschenkel zeigt nach etwa 180 m geradliniger Führung einen leichten Knick in nordnordöstliche Richtung.

Die bereits auf dem Luftbild erkennbare südöstliche Grabenecke wurde ebenfalls im Zuge einer Sondage freigelegt. Dabei zeigte sich, dass nicht nur ein Grabenschenkel nach Norden abbiegt, sondern dass auch nach Südosten ein weiteres Grabenstück ansetzt, welches jedoch nach wenigen Metern durch einen modernen Abwassersammler gestört wird. Profilschnitte ließen keine Mehrphasigkeit erkennen, so dass damit zu rechnen ist, dass die Y-förmige Grabenverzweigung möglicherweise einen Eckpunkt zweier großer Siedlungsareale markiert, die durch weitere Gräben unterteilt werden.

Insgesamt konnte mit Hilfe der Sondagen eine Gesamtgrabenlänge von 767 m erfasst werden. Das siedlungsgünstige Gelände, welches durch die Gräben offensichtlich bis zu den im Westen und Norden aufragenden Schotterterrassen abgetrennt werden sollte, besitzt eine ebene Fläche von etwa 16 ha und bindet eine gut schüttende Quelle mit ein.

Die Grabenbreite liegt durchschnittlich bei etwa 1,10 m. Die erhaltene Tiefe divergiert aufgrund der unterschiedlichen Erhaltung in dem weitläufigen Gebiet zwischen 50 cm und 60 cm unter der Humusunterkante. Im Westen ist der Graben durch abgeflossene, bis zu 1,6 m mächtige Hangsedimente überlagert.

Es handelt sich um einen Sohlgraben, dessen Profile immer den gleichen Aufbau erkennen ließen. Besonders in der westlichen Hälfte der Grabungsfläche konnten im lehmigen Untergrund detaillierte Beobachtungen zur Konstruktion gemacht werden. Etwa 25 cm über der Grabensohle, deren unterste Verfüllung aus hellem Lehm bestand, ließ sich eine Holzwand aus dicht an dicht gesetzten Spaltbohlen feststellen, deren Spuren sich deutlich im hellen Untergrund abzeichneten (Abb. 69). Die Spaltflächen weisen dabei zur Grabenaußenseite, die keilförmigen Seiten hingegen zur Grabenmitte. Interessanterweise sitzt die Spaltbohlenreihe nicht in der Grabenmitte, sondern am Südrand des Grabens. In der nördlichen Grabenhälfte ließen sich weniger deutlich, aber dennoch regelhaft, dunkle, streifenförmige Verfärbungen feststellen, bei denen es sich vermutlich auch um eingebaute Hölzer gehandelt haben dürfte. Zwischen den beiden „Holzschalen" konnte eine graue Lehmeinfüllung beobachtet werden, die offensichtlich als Füllung der Holzkonstruktion, zumindest an deren Basis, gedient hatte. Auch in den Flächenabschnitten mit kiesigem Untergrund ließ sich dieses Bauprinzip aufzeigen, wenngleich hier aufgrund der schlechteren Erhaltungsbedingungen keine einzelnen Holzbohlen mehr erkennbar waren und die mittlere Verfüllung aus kompakter Geröllschüttung (Abb. 68) bestand.

Bei dem Graben handelt es sich demnach nicht um einen offenen Befestigungsgraben, sondern um den Fundamentgraben für eine aufwendige Palisade oder Holzmauer, die das Siedlungsgebiet begrenzte. Im westlichen Teil des langen West-Ost-Grabenschenkels konnten zudem zwei flache Gräbchen festgestellt werden, welche leicht trichterförmig ins Innere der Siedlung abbiegen und wohl eine Eingangssituation markieren. Da der Graben in diesem Bereich nicht unterbrochen ist, muss wohl mit einem brückenartigen Übergang oder einer nachträglichen Öffnung der Siedlungsbegrenzung gerechnet werden. Hinweise auf einen Wall hinter dem Graben haben sich bisher nicht ergeben.

Bebauungsspuren und Datierung

Nördlich des Grabens, im inneren Siedlungsbereich, ließen sich mehrere Vierpfostenspeicher, Vorratsgruben und Fundamentgruben von Pfostenhäusern dokumentieren. Brandreste in den Grubenverfüllungen sowie verkohlte Pfostenstandspuren deuten auf ein Schadenfeuer hin. Die quadratisch angelegten Vierpfostenspeicher weisen Grundflächen von 4–10 m^2 auf (Abb. 70). Sie zeigen zudem zwei abweichende Orientierungsachsen um Nordost–Südwest, die auf eine mehrphasige Bautätigkeit hindeuten. Auch außerhalb der Grabenanlage konnten in West-Ost-Orientierung errichtete Pfostenreihen sowie ein rechteckiger Speicherbau freigelegt werden, deren Ausrichtung Bezug auf den Grabenverlauf nimmt. Die besiedelte Fläche scheint sich daher auch auf Bereiche außerhalb der Siedlungsumgrenzung erstreckt zu haben.

Aus dem Graben und den Grubenbefunden konnten meist nur sehr kleinstückige Keramikfragmente geborgen werden. Sie gehören zu jüngerlatènezeitlichen Gefäßen, die teilweise die charakteristische Kammstrich-, Besenstrich- sowie Warzenverzierung der Latènestufen C und D1 aufweisen. Kleinfunde stellen eine Seltenheit dar. Sie beschränken sich auf Fragmente von Eisenmesserklingen und Nägeln, eine bronzene Pfeilspitze sowie einen kleinen, radförmigen Anhänger der jüngeren Latènezeit. In einem der Sondagegräben konnte zudem ein vollständiger Bronzearmring mit Ösenenden gefunden werden. Dieser weist auf eine bereits frühlatènezeitliche Nutzung des Areals hin.

Abb. 70
Engen-Welschingen. Grundriss eines Vierpfostenspeichers mit geschnittenen Pfostengruben (gelb). Die verbrannten Pfosten (rot) zeichnen sich als dunkle, mit Holzkohle durchsetzte Verfärbungen in den Gruben ab.

Ausblick

Im Vorfeld der für 2007 geplanten Erschließungsmaßnahmen sollen weitere Teile der zu überbauenden Flächen außerhalb der Siedlungsumgrenzung archäologisch untersucht werden. Hierbei werden die Schwerpunkte auf die durch eine geomagnetische Prospektion der Fa. GGH (Freiburg) erfassten Siedlungsbereiche gelegt, die noch Baustrukturen erwarten lassen.

Der Stadt Engen sei für die sehr kooperative Zusammenarbeit sowie für die finanzielle und logistische Unterstützung der Ausgrabungsarbeiten im Jahr 2006 vielmals gedankt. Danken möchte ich auch Frau Ortsvorsteherin Irene Völlinger für ihre tatkräftige Unterstützung sowie den verständnisvollen Landwirten Kaspar und Norbert Kohler, Georg Völlinger, Manfred Meßmer und Wunibald Wikenhauser. Ein großes Dankeschön gebührt auch den ehrenamtlichen Helfern Ernst Krauss und Dr. Michael Stöck, Herrn Dietmar Geistmann für aktuelle Luftbilder sowie dem engagierten Grabungsteam, das sich aus Studierenden der Universitäten und Fachhochschulen Freiburg und Konstanz zusammensetzte.

Jürgen Hald

Literaturhinweise

F. Fischer, Zur Chronologie der jüngeren Latènezeit in Südwestdeutschland und in der Schweiz. Festschr. Peter Goessler. Tübinger Beitr. Vor- u. Frühgesch. (Stuttgart 1954) 35–40. – J. Hald, Kelten und Alamannen. Die vor- und frühgeschichtlichen Funde von Welschingen. In: Welschingen. Festschrift zur ersten urkundlichen Erwähnung vor 1250 Jahren. Hegau Bibliothek 113 (Radolfzell 2002) 9–19. – Ch. Keller, Die Latènesiedlung von Anselfingen im Hegau. Ungedr. Magisterarbeit Universität Freiburg 1983. – Fundber. Baden-Württemberg 17/2, 1992, 198f.

Von der Steinzeit zu den frühen Germanen: Landschafts- und Siedlungsentwicklung im „Reißwag" bei Königshofen, Stadt Lauda-Königshofen, Main-Tauber-Kreis

Die Ausgrabungen in Lauda-Königshofen „Reißwag" konnten im Jahr 2006 fortgesetzt werden und erbrachten neue Ergebnisse zur spätkeltischen, frühgermanischen und kaiserzeitlichen Besiedlung dieses auf der Flussterrasse oberhalb der Tauber gelegenen Fundplatzes. Inzwischen ist eine zusammenhängende Fläche von ca. 6000 m^2 freigelegt und archäologisch untersucht worden. Um die Ausdehnung der Siedlungen erfassen zu können, wurde zudem eine Fläche von insgesamt 6,7 Hektar geomagnetisch prospektiert (Abb. 71).

Landschaftsentwicklung

In der Kampagne 2005 war bereits deutlich geworden, dass im Bereich der dammartig erhöhten Feldwege, die von der Bundesstraße hinunter zur Tauberaue führen, mehr Schichten erhalten sind als in den beiderseits gelegenen, muldenförmig vertieften Ackerflächen. Die 2005 und 2006 unmittelbar neben einem der Fahrwege angelegten Profile zeigen eine sehr mächtige, praktisch fundfreie helle Erdschicht unter dem heutigen Humus. Dabei handelt es sich vermutlich um Material, das während des Mittelalters von den Hängen östlich der Fundstelle abgetragen und hier im flacheren Gelände abgelagert wurde. Die darunterliegende, dunklere Schicht muss dagegen älter und folglich prähistorisch bzw. frühgeschichtlich sein. Im Profil erkennt man, dass diese Schichten seitlich der Wege ausdünnen und bereits etwa 10 m vom Weg entfernt kaum mehr vorhanden sind. Dies verdeutlicht, in welch hohem Grad die Äcker seit der Ablagerung des im Bereich der Wege geschützten mittelalterlichen Kolluviums der Erosion ausgesetzt waren. Diese extrem unterschiedlichen Erhaltungsbedingungen innerhalb eines kleinen Geländeausschnittes sind bei der Interpretation der Befunderhaltung sowie der Lesefundverteilung zu berücksichtigen.

Schnurkeramiker, Kelten und Germanen

Die aufgedeckten Befunde stammen von Siedlungen aus verschiedenen ur- und frühgeschichtlichen Epochen beginnend mit der Bandkeramik.

Nach den überraschenden Siedlungsbefunden der Schnurkeramik im Jahr zuvor konnten 2006 weitere Gruben dieser endneolithischen Kultur dokumentiert werden, so dass auf dem Platz nunmehr auch eine schnurkeramische Siedlung gesichert ist. Inzwischen war es durch eine ^{14}C-Datierung (unkal. 3684 BP; kal. 2114, 2100, 2037 BC) möglich, auch ein Kinderskelett aus der ersten Grabungskampagne ans Ende des Neolithikums zu datieren. In einem Befund der Grabung 2006 stieß das Grabungsteam dann sogar auf eine Dreierbestattung (Abb. 72). Nach einer vorläufigen Bestimmung (anthropologische Begutachtung Dr. Martin Menninger, Tübingen) handelt es sich um ein achtjähriges Kind und ein jugendliches Individuum von etwa 15 Jahren, das ein Kleinkind von ungefähr eineinhalb Jahren im Arm hielt. Leider enthielt das Grab keine Beigaben. Bestattungssitte und wenige schnurkeramische Scherben aus der Verfüllung der Grabgrube deuten aber auf eine endneolithische Zeitstellung hin.

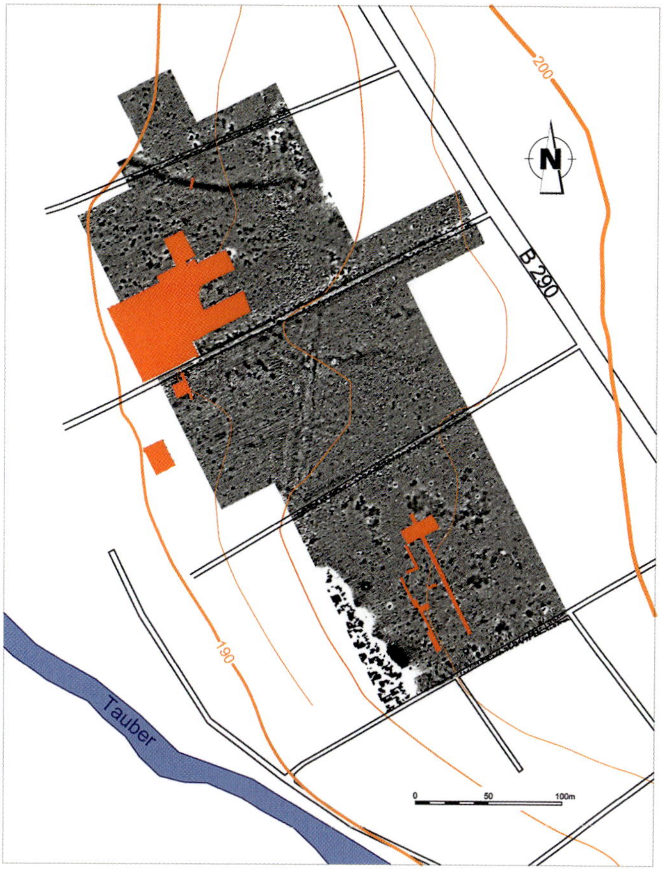

Abb. 71
Lauda-Königshofen, „Reißwag". Ergebnisse der geophysikalischen Prospektion des umgebenden Geländes. Die dunklen Flecken sind Hinweise auf ehemalige Bodeneingriffe. In Rot sind die bisher untersuchten Siedlungsbereiche dargestellt.

Vereinzelte urnenfelderzeitliche Scherben und einige wenige zugehörige Befunde zeigen, dass das weitere Areal auch während der jüngeren Bronzezeit besiedelt war.

Ein Großteil der Befunde stammt aber zweifellos aus der Späthallstatt- und Frühlatènezeit. Die weitaus meisten sind ehemalige Vorratsgruben, die nach unten breiter werden und an der Mündung ursprünglich luftdicht verschließbar waren.

Eher dünn gestreut sind dagegen Befunde des 1. Jahrhunderts v. Chr., als die keltische Besiedlung von der frühgermanischen Großromstedter Gruppe abgelöst wurde. Nachdem die Großromstedter Siedlungsreste bisher im Wesentlichen aus zwei Grubenhäusern mit sehr umfangreichem Fundmaterial bestanden, sind nun zusammen mit einem dritten Grubenhaus noch einige Gruben im mittleren Bereich der Grabungsfläche hinzugekommen. Sehr typisch für die Großromstedter Gruppe ist eine geradezu elegant geformte Tonsitula, die zerscherbt in einer der Gruben lag, sich aber wieder rekonstruieren ließ (Abb. 73).

Für die rhein-weser-germanische Siedlung des 2. und 3. Jahrhunderts n. Chr. deutet sich nun eine Konzentration der Befunde in den tiefer gelegenen Grabungsflächen an. Die Beziehungen der hier ungefähr 25 km außerhalb des römischen Limes siedelnden Germanen zu den Römern spiegeln sich in den Funden römischer Keramik. Neben Terra sigillata, dem rot glänzenden römischen Tafelgeschirr, tritt unter den neuen Funden öfter auch unverzierte römische Gebrauchsware auf. Die Kontakte beschränkten sich demnach nicht auf den Erwerb von Luxusgütern.

Eine verzierte Nadel aus Knochen diente wohl einer Germanin als Haarnadel. Vergleiche mit entsprechenden Nadelformen aus Metall machen es wahrscheinlich, dass die Nadel bereits in der ersten Hälfte des 2. Jahrhunderts n. Chr. hergestellt wurde. Allgemein wird jedoch angenommen, dass das südliche Mainfranken und das Taubertal etwa gleichzeitig mit der Vorverlegung des Limes um 160 n. Chr. von Rhein-Weser-Germanen besiedelt wurden. Falls sich hier nicht eine germanische Präsenz noch vor dem Vorrücken der Römer andeutet, so könnte doch zumindest eine erste Siedlergeneration greifbar werden, die ihren Haarschmuck an den neuen Wohnort mitgebracht hat.

Vom Fundplatz zur Fundlandschaft

Betrachtet man die weitere Ausdehnung des Siedlungsareals, wie sie sich in den Ergeb-

Abb. 72 Lauda-Königshofen, „Reißwag". Dreierbestattung, wahrscheinlich aus der Schnurkeramik. Das mittlere, jugendliche Individuum hält ein Kleinkind im linken Arm.

nissen der geophysikalischen Prospektion abzeichnet (Abb. 71), so zeigt sich keine deutliche Begrenzung der Siedlungsspuren. Auch wenn die Befunde stellenweise ausdünnen, so erstrecken sich Siedlungsreste verschiedener Epochen offensichtlich doch über die gesamte siedlungsgünstige Terrasse östlich der Tauber.

Hier wird ein Bild erkennbar, das sich in früheren Grabungen bereits abgezeichnet hat: das des Taubertals als zusammenhängende archäologische Fundlandschaft, in der durch relativ dichte Besiedlung in verschiedenen Epochen fast überall mit archäologischen Spuren zu rechnen ist.

Vor dem Hintergrund der flächigen Erosion, die nach Ausweis der neuen archäologischen und bodenkundlichen Ergebnisse der Ausgrabungen in Königshofen schon jetzt zu erheblichen Verlusten an der archäologischen Substanz geführt hat, ist die Denkmalpflege gefordert, neue Konzepte zu entwickeln, die zumindest den selektiven Erhalt bzw. die gezielte Dokumentation dieser Fundlandschaften sicherstellen. Die gezielten Ausgrabungen in der germanischen Siedlung „Reißwag" stehen somit exemplarisch für die Untersuchung einer Denkmälergruppe, die bisher nur unzureichend erforscht, aber durch Beackerung mittelfristig gefährdet ist.

Die Grabung wäre in diesem Umfang ohne die Förderung durch die Agentur für Arbeit Tauberbischofsheim im Rahmen einer Ein-Euro-Maßnahme und die freundliche Unterstützung der Stadt Lauda-Königshofen nicht möglich gewesen. Dafür danken wir herzlich. Ferner sind wir der Flussmeisterei Tauberbischofsheim für logistische Unterstützung und Herrn Prof. W. D. Blümel (Universität Stuttgart) für bodenkundliche Begutachtungen zu Dank verpflichtet, ebenso wie auch dem ehrenamtlichen Mitarbeiter der Denkmalpflege Kurt Voit für seine tatkräftige Mithilfe sowie dem Pächter Josef Walter und den Grundstückseigentümern für ihr freundliches Entgegenkommen und Verständnis.

Ralf Keller, Dirk L. Krausse

Abb. 73
Lauda-Königshofen, „Reißwag". Elbgermanisches Tongefäß, sog. Situla, aus einem Befund der frühgermanischen Siedlungsphase Ende des 1. Jhs. v. Chr. Die Form und die feine Verzierung auf der Gefäßschulter sind charakteristisch für die Großromstedter Gruppe.

Literaturhinweise

V. Dresely, Schnurkeramik und Schnurkeramiker im Taubertal. Forsch. u. Ber. Vor- u. Frühgesch. Baden-Württemberg 81 (Stuttgart 2004); K. Frank, Zwei germanische Siedlungen des 3. Jahrhunderts n. Chr. im Vorfeld des obergermanischen Limes im nordöstlichen Baden-Württemberg. In: S. Biegert/S. von Schnurbein/B. Steidl/D. Walter (Hrsg.), Beiträge zur germanischen Keramik zwischen Donau und Teutoburger Wald. Koll. Frankfurt 1998. Kolloquien Vor- u. Frühgesch. 4 (Bonn 2000) 171–264; K. Frank, Die früheste germanische Besiedlung des Taubergebiets. Unpubl. Magisterarbeit Tübingen 1994; R. Keller/D. Krausse, Arch. Ausgr. Baden-Württemberg 2004, 117–121; 2005, 110–113; D. Krausse/R. Keller, Auf der anderen Seite des Limes: Archäologische Schwerpunktgrabung in einer germanischen Siedlung im Taubertal. Denkmalpfl. Baden-Württemberg 35/1, 2006, 19–26.

Dem Limes auf der Spur – Untersuchungen eines Abschnittes der Strecke 8 südlich von Osterburken, Neckar-Odenwald-Kreis

Osterburken gehört mit seinen beiden Kastellen und einer ausgedehnten Zivilsiedlung mit Benefiziarierstation und mehreren großen römischen Thermen zu den wichtigsten Garnisonsorten am äußeren Limes in Baden-Württemberg und steht schon seit vielen Forschergenerationen im Blickpunkt des archäologischen Interesses. Erinnert sei exemplarisch an die jüngsten großen Ausgrabungen der ältesten Thermen inmitten des Ortes durch das Landesamt für Denkmalpflege vor der Erbauung des neuen Römermuseums, das im Herbst 2006 der Öffentlichkeit übergeben werden konnte.

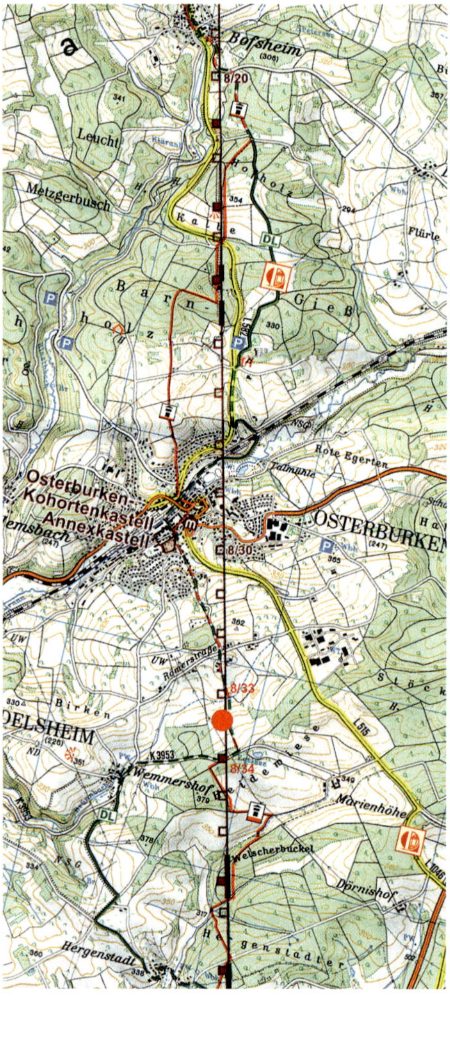

Abb. 74
Osterburken. Lage der Grabung am Limes.

Die Grabung 2006 durch die Archäologische Denkmalpflege in Karlsruhe fand südlich von Osterburken, direkt am Limes, unweit der Ortsteile Marienhöhe und Wemmershof in den Gewannen „Maisenhelde/Hopfengarten" statt (Abb. 74). Sie wurde durch die neue Umgehungsstraße zwischen Osterburken und Adelsheim (Verlegung der B 292) erforderlich, die den Limes schneidet und weitere Teile der römischen Reichsgrenze durch ein Brückenbauwerk tangiert.

Dieses umfangreiche und massiv in die Landschaft eingreifende Bauvorhaben zur Entlastung der betroffenen Ortskerne ist bereits seit den 1980er Jahren in Planung. Der endgültige und verbindliche Feststellungsbeschluss konnte 1990 erstellt werden. Die Karlsruher Behörde formulierte damals punktuelle Sondagen im obertägig nicht mehr sichtbaren archäologischen Denkmal vor Baubeginn als Auflage, um den antiken Grenzverlauf auch an dieser Stelle besser lokalisieren und einschätzen zu können.

Erst seit kurzem genießt der obergermanisch-rätische Limes durch die Aufnahme in die Liste des UNESCO-Welterbes eine weitaus größere denkmalpflegerische Akzeptanz, die den umfassenden Schutz der Grenze selbst und eines begleitenden Korridors gewährleistet. Dieser Status kam für den in Osterburken betroffenen Teil des Limes allerdings nicht mehr zum Tragen, da eine Änderung des groß angelegten Bauvorhabens zu diesem Zeitpunkt nicht mehr möglich war.

Nicht zuletzt durch das wohlwollende Entgegenkommen der für den Straßenbau Verantwortlichen konnten größere zusammenhängende Flächen in relativ kurzer Zeit gezielt untersucht werden, was zu wichtigen neuen Erkenntnissen über diesen zuvor weitgehend unerforschten Limesabschnitt führte. Betroffen war die Strecke 8 zwischen den Wachposten 8/33 und 8/34. Eine größere Fläche (ca. 1000 m^2) nahm die gesamte Breite des neuen Straßenzuges ein. Zwei kleinere Flächen wenig nördlich sollten den Grenz-

Abb. 75 Osterburken. Luftbild des südlichen Teils der Grabungsfläche mit dem Grabenverlauf. Die senkrecht gestellten Keilsteine in dem parallel laufenden Gräbchen sind deutlich zu erkennen.

Abb. 76 Osterburken. Limesgraben mit Bauhölzern in der Verfüllung.

verlauf im Bereich des bereits genannten Brückenbauwerks zur Überführung des bestehenden landwirtschaftlichen Nutzweges, zugleich auch Limeswanderweg, über die neue Bundesstraße abklären.

Das durch die Reichslimeskommission ausgegrabene und heute in einem kleinen Waldstück noch sichtbare Turmfundament von WP 8/34 folgt gute 500 m südlich auf einer markanten Erhebung. Von dort hatte man einst einen guten Überblick bis zum nördlichen, auch sehr hoch gelegenen WP 8/32. WP 8/33 hingegen lag in einer markanten Senke und war eher schlecht einsehbar. Daher wird ein weiterer Wachturm in der Talsenke zwischen 8/33 und 8/34 vermutet. Unsere Grabungsfläche auf dem recht steilen Anstieg Richtung Norden hatte einen Höhenunterschied von fast 5 m, was einem Gefälle von 10 % entspricht und für die starken dort beobachteten Erosionserscheinungen verantwortlich ist.

Der Limesgraben wurde insgesamt auf einer Länge von 75 m erfasst. Seine Lokalisierung entspricht offensichtlich den Angaben der Reichslimeskommission. Reste neuzeitlicher Wegeführungen verunklärten den Befund an manchen Stellen. In diesen Zusammenhang gehört wohl auch eine lineare, schmale, Nord–Süd ausgerichtete Steinsetzung am westlichen Flächenrand.

Der 5–6 m breite Graben war noch bis zu 2 m in den anstehenden Muschelkalk eingetieft und hob sich in der Fläche durch seine vergleichsweise sterile Verfüllung aus eingeschwemmtem zähem Lehm ab, die auf einer Länge von über 10 m vollständig ausgehoben werden konnte (Abb. 75).

Das Grabenprofil ist V-förmig gestaltet mit leicht konvexen Seiten. Beim Tieferlegen zeigte sich stellenweise in der westlichen Hälfte eine massive Setzung aus Muschelkalksteinen mit ziemlich gerader Kante am östlichen Abschluss. Dieser Einbau reichte nicht bis zur Sohle. In der Regel waren die Steine handquadergroß mit mindestens einer behauenen Seite, wodurch sie sich vom anstehenden gewachsenen Gestein deutlich absetzten. Unter der Steinpackung fanden sich Reste von verbranntem Holz oder zumindest starke Brandspuren. An der westlichen Grabenkante begegnete eine bis zu 0,25 m breite sandige, stark mit Holzkohle durchsetzte Zone, die sich über 20 m verfolgen ließ.

In der Grabenverfüllung fanden sich an verschiedenen Stellen Hölzer (Abb. 76), die so gut wie möglich alle geborgen wurden. Naturwissenschaftliche Bestimmungen werden sicherlich noch genaue Aussagen über die Holzarten erlauben. Es ist zu hoffen, dass im einen oder anderen Fall auch noch eine Datierung möglich ist. Natürlich interessiert es vorrangig, ob die stark verkohlten Balken oder auch Bretter bereits in römischer Zeit geschlagen und verbaut wurden, oder ob sie später in den erst in Teilen verfüllten Graben gelangten.

Nur wenig östlich des großen Grabens verlief der zunächst kaum erkennbare Palisadengraben. Seine Breite beträgt etwa 0,6 m. Auffällig sind die senkrecht eingestellten Kalksteine, deren Anordnung offensichtlich intentionellen Gesichtpunkten folgte (Abb. 75). Bisweilen standen sie noch paarweise in einem Abstand von ca. 20 cm. Eine Deutung als Verkeilungen für die Palisadenhölzer liegt nahe. Sowohl die Verfüllung als auch die Keilsteine zeigten starke Spuren von Hitzeeinwirkung, die mit einem Schadensfeuer zu erklären sein dürften.

Von der Wallanschüttung, die sich westlich des Verteidigungsgrabens befunden haben dürfte, ließen sich erhaltungsbedingt keine Reste mehr nachweisen. Ein breiter Streifen aus massiven, scheinbar verlegten Muschelkalkplatten an dieser Stelle entpuppte sich als natürlichen Ursprungs.

Da bei Bofsheim (Umfeld von WP 8/19) im Norden und bei WP 8/44 weiter südlich zusätzlich zur bekannten Befestigung eine sogenannte Limesbegleitmauer festgestellt worden war, nicht jedoch beim benachbarten WP 8/34, stellte sich die Frage nach einem vergleichbaren Befund in der neuen Fläche. Falls jemals vorhanden, hätte diese sich 10–15 m westlich des Grabens zeigen müssen. Ihr Ausbleiben in der heutigen Befundsituation mag, je nach der einstigen Fundamentierungstiefe, allerdings auch erhaltungsbedingt sein.

Die Grabung 2006 erbrachte wichtige Hinweise auf die Lokalisierung und den Verlauf des Limes sowie seine Bauweise im kaum zu bearbeitenden Muschelkalk südlich von Osterburken. Es ist geplant, die Ergebnisse zumindest durch Beschilderung vor Ort dem Besucher des Limeswanderweges zukünftig zu präsentieren.

Gedankt werden soll der Stadt Osterburken vor allem für die mehr als erfolgreiche Vermittlung von sehr fleißigem und unermüdlichem Hilfspersonal im Rahmen der Schaffung von Arbeitsgelegenheiten mit Mehraufwandsentschädigung („Ein-Euro-Jobber"), ohne deren Zutun die harte Arbeit im Muschelkalk nicht zu bewältigen gewesen wäre. Ebenso möchten wir uns bei der Abt. IV unseres Hauses, der Bauverwaltung in Buchen, herzlich für alle materielle Hilfe und das freundliche Entgegenkommen bei der Fristverlängerung erkenntlich zeigen. In diesem Zusammenhang soll auch der beauftragten Baufirma Leonhard Weis für die logistische Unterstützung und die über Gebühr gewährte Rücksichtnahme auf unsere länger andauernde Tätigkeit in der Fläche gedankt werden. Last not least ist dem Histotainment Park Adventon zu danken, dessen Team uns vor allem mit Unmengen Wasser versorgte, ohne das der oft ausgetrocknete und steinharte lehmige Boden noch schwerer zu bearbeiten gewesen wäre.

Britta Rabold, Peter Knoetzele, Verena Bohnert

Literaturhinweis

ORL Abt A Bd. IV Strecke 7–9, 105 f. Taf. 8–11.

Neues zum Westkastell von Welzheim, Rems-Murr-Kreis

Die 2005 begonnenen Rettungsgrabungen im Westkastell von Welzheim wurden nach kurzer Winterpause Anfang 2006 weitergeführt und im Herbst des Jahres planmäßig beendet. Im Laufe der insgesamt ca. 15 Monate dauernden Untersuchungen musste ein 3500 m² großer Ausschnitt des Kastells vor seiner Zerstörung durch eine Fabrikhalle archäologisch dokumentiert werden (Abb. 77). Dabei konnten erstmals detaillierte Informationen zur Innenbebauung und Geschichte des mit gut vier Hektar größten Kastells am vorderen obergermanischen Limes gewonnen werden.

Das Fahnenheiligtum

Im Osten der Grabungsfläche wurde mit den *principia* das zentrale Kult- und Verwaltungsgebäude des Lagers angeschnitten. An seine rückwärtigen, bereits im Vorjahr untersuchten Diensträume schloss im Süden das mit einer halbrunden Apsis versehene Fahnenheiligtum an. Der Raum war von vorne über eine breite Holztreppe zugänglich, deren seitliche Balustrade in die Vorhalle reichte. Unter seinem erhöhten Boden lag wie üblich der Keller für die Regimentskasse. Der Kel-

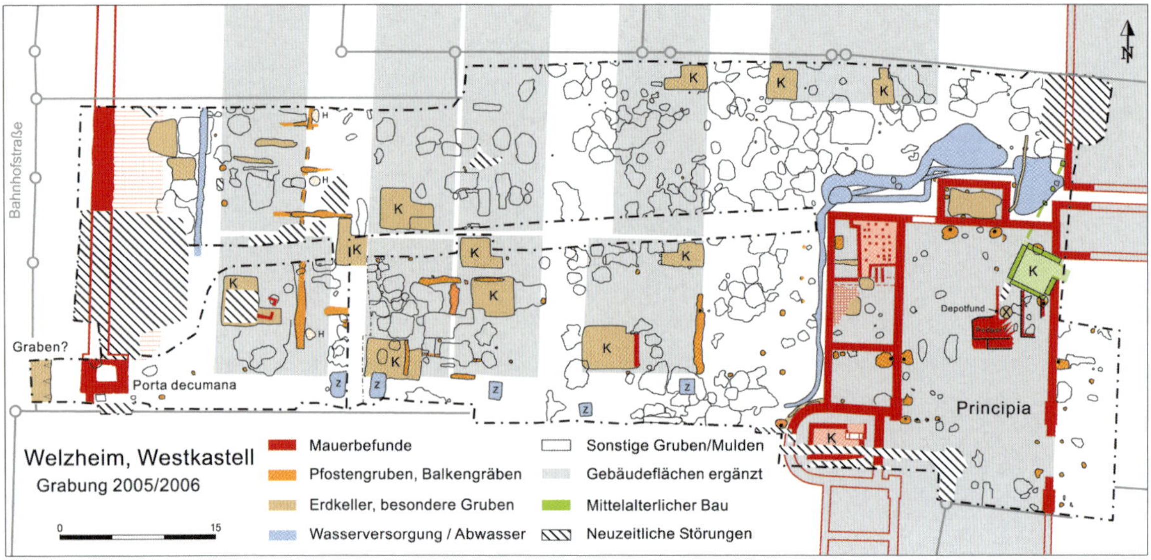

Abb. 77 Welzheim. Übersichtsplan zu den Ausgrabungen im Westkastell. Die vermuteten Flächen der Mannschaftsunterkünfte sind nur für eine Bauphase angegeben.

lerzugang wurde mehrmals umgestaltet. In der letzten Phase ging man über eine kurze, quer geführte Holztreppe und eine mächtige Steinschwelle nach unten (Abb. 78). Aus der Kellerverfüllung stammen neben Resten des Oberbaus auch einige kleine Fragmente von großformatigen Bronzeskulpturen (Abb. 79).

Abb. 78 Welzheim. Der Keller unter dem Fahnenheiligtum in den *principia*. Auf der Schwelle liegt ein zusätzlicher Trittstein. Das zweite Türgewände fehlt wie ein Großteil der südlichen Kellerhälfte infolge moderner Störungen.

Die große Halle

Die mächtige, quer vor den Räumen liegende Versammlungshalle besaß in der Mitte der Ostseite ein breites Tor, das in den großen Innenhof der *principia* führte. Das Portal war rechts und links durch in die Hallenmauer integrierte Pfeiler betont. Ebensolche Pfeiler vor dem Fahnenheiligtum belegen die architektonische Überhöhung des zentralen Gebäudeteils.
Die nördliche Schmalseite der Halle wies eine rechteckig nach außen vorspringende Erweiterung auf. Hier würde man normalerweise das erhöhte Tribunal vermuten, wo der Truppenkommandeur seine Amtshandlungen vollzog. In Welzheim wurde jedoch eine ca. 0,50 m tiefe, flächige Eingrabung angetroffen. Zusammen mit einer von Nordosten kommenden Leitung lässt sich der Befund daher wohl als Wasserbecken deuten, so dass die Nische zumindest in einer späteren Phase als Nymphäum fungiert hätte.
Vor der Nische standen zwei in tiefen Gruben verankerte Holzpfosten. Vergleichbare Pfostenstellungen wurden an der West- und Ostseite der Halle und an der Rückwand des Fahnenheiligtums festgestellt. Die individuelle Lage der Pfosten spricht für eine nachträgliche Baumaßnahme; vermutlich zur zusätzlichen Abstützung des Hallendaches aufgrund des instabilen Welzheimer Untergrundes.
In die Spätzeit der *principia* gehören auch einige schwach fundamentierte, rechtwinklig aufeinanderstoßende Mauerzüge im Umfeld des podestartigen Unterbaus mit Metalldepotfund, der im Vorjahr inmitten der Halle entdeckt worden war. Da diese Mauerbefunde mit der ursprünglichen Funktion der Halle kaum zu vereinbaren sind, deuten sie wohl auf eine veränderte Nutzung. Leider lässt die schlechte Erhaltung keine konkreteren Aussagen zu.
Wie sich herausgestellt hat, gehört das Mauerrechteck direkt nördlich der Einbauten nicht mehr zu den antiken Veränderungen der *principia*. Es handelt sich vielmehr um einen spätmittelalterlichen Keller, der unter Verwendung antiken Baumaterials in die Ruinen des römischen Gebäudes eingetieft worden war. Der Keller belegt eine bisher unbekannte mittelalterliche Siedlungsstelle abseits des historischen Welzheimer Ortskerns.

Abb. 79
Welzheim. Die Bronzefragmente aus dem Principia-Keller dürften von Statuen stammen, die ehemals im Fahnenheiligtum oder dessen Umfeld aufgestellt waren.

Ein zweites Steingebäude

Unmittelbar neben den *principia* wurde in diesem Jahr noch ein weiteres Gebäude angeschnitten. Es zeigt, dass die in Stein ausgeführten Hauptgebäude des Welzheimer Kastells wie üblich im Mittelstreifen entlang der *via principalis* aufgereiht waren, die ca. 30 m östlich der Grabungsfläche verlief. Bei dem neuen Großbau dürfte es sich demnach entweder um den Speicher, die Kommandeurswohnung oder die Werkstätten des Kastells gehandelt haben.

Kastellumwehrung – ohne Holzvorgänger?

Am westlichen Ende der Grabungsfläche konnte die Kastellumwehrung erfasst werden. Die ca. 2 m breite Mauer war innen durch eine ca. 4–5 m breite Wallanschüttung verstärkt, die durch liegende Hölzer stabilisiert wurde. Diese besondere Innenkonstruktion konnte bereits 1983 an der Südostecke des

Abb. 80
Welzheim. Rollierung des nördlichen Torturms der *porta decumana*.

Kastells festgestellt werden. Dank der stabilisierenden Hölzer war es möglich, die abfallende Innenflanke des Walls vielfältig zu nutzen. Davon zeugen mehrere Gruben, die zwischen der Wallkrone und dem begleitenden Abwasserkanal angelegt worden sind.

Fast in der Verlängerung der Mittelachse der *principia* kam der nördliche Torturm des rückwärtigen Kastelltores zutage (Abb. 80). Demnach war die *porta decumana* zwar kleiner als bisher angenommen, hatte aber wohl noch eine doppelte Durchfahrt, wie die Breite von schätzungsweise 6 m nahelegt. Trotz sorgfältiger Nachsuche gelang es nicht, eine hölzerne Vorgängerphase der Steinumwehrung nachzuweisen. Dies ist eine Überraschung, da die meisten gleichzeitig mit dem vorderen Limes entstandenen Kastelle offenbar eine primäre Holzbauphase aufwiesen. Weitere Untersuchungen müssen klären, ob sich diese Besonderheit bestätigt und ob sich hierin vielleicht eine spätere Anfangsdatierung des Welzheimer Westkastells andeutet.

Die Mannschaftsbaracken

Der gesamte Bereich zwischen der Umwehrung und den Mittelgebäuden wurde von einer Vielzahl von Eingrabungen verschiedenster Art eingenommen, darunter insgesamt elf Holzkeller. Einige randlich liegende Befunde lassen sich der Wasserversorgung und -entsorgung zuordnen. Direkte Hinweise auf Gebäude waren dagegen selten, weil – wie sich nach und nach herausgestellt hat – die Fachwerkbauten regelmäßig auf Schwellbalken ruhten, die, wenn überhaupt, nur gering eingetieft waren. Lediglich in Ausnahmefällen blieben davon Reste erhalten.

Fasst man alle Hinweise zusammen und lässt verschiedene Schwierigkeiten im Detail beiseite, so zeichnen sich zwischen dem Wall und den *principia* drei oder vier Nord–Süd orientierte Mannschaftsbaracken mit knapp 4 m breiten Kammern ab. Ein weiteres Gebäude hat den Platz hinter dem zweiten Zentralgebäude eingenommen (Abb. 77). Die ungewöhnliche Kellerkonzentration im Süden der Baracken erhält dann einen Sinn, wenn man hier die Kopfbauten der Mannschaftsunterkünfte annimmt. Gerade in diesen hat man nämlich des Öfteren größere Vorratskeller angelegt, während kleine Exemplare wie im Osten auch in Mannschaftsstuben vorkommen können.

Die exakte Rekonstruktion der Gebäude wird dadurch erschwert, dass die archäologischen Hinterlassenschaften auf mindestens zwei, wahrscheinlich drei Bauphasen zu verteilen sind, die stratigrafisch nur selten eindeutig erkennbar sind. Außerdem kam es zu leichten Verschiebungen der Baublöcke, so dass auch ehemalige Wegezonen überbaut wurden.

Als Besatzung des Welzheimer Westkastells ist inschriftlich eine 500 Mann starke Reitereinheit überliefert (*ala I Scubolorum?*). Den untersuchten Barackenteilen fehlen jedoch die für Stallbaracken kennzeichnenden länglichen Jauchegruben, wie wir sie etwa aus dem Alenkastell Heidenheim kennen. Das könnte an einer Eigenheit der Welzheimer Baracken bzw. den Bodenverhältnissen liegen, es wäre aber auch möglich, dass in den untersuchten Quartieren ein zusätzliches, nicht berittenes Truppenkontingent untergebracht war. Groß genug wäre das Westkastell dafür.

Den besten Einblick in die Baugeschichte des Kastells geben die Verfüllungen der Keller. Nur selten ist eine Aufgabe und Einplanierung ohne vorausgehenden Brand bezeugt. Die meisten Keller waren mehr oder weniger vollständig mit Brandschutt verfüllt. Beinahe regelmäßig hatten sich in ihnen Reste der verkohlten hölzernen Kellertreppen in situ erhalten, während die Balkenfundamente der Wände nur als Negative zu erkennen waren. (Abb. 81). Offenbar haben die Römer vor Aufgabe der Bauten systematisch alles wiederverwendbare Bauholz entfernt. Da die Keller zudem bis auf kleinteiliges Abfallmaterial weitgehend fundleer waren, fehlt trotz des vielen Brandschuttes jeder Hinweis auf ein plötzliches Schadensfeuer, etwa infolge eines feindlichen Überfalls.

Abb. 81
Welzheim. Abgebrannter Holzkeller einer Mannschaftsbaracke mit verkohlter Treppe. Im Anschnitt sind die einzelnen Trittbalken zu erkennen.

Abb. 82
Welzheim. Seltenes, sechskantiges Bronzefläschlein mit Emailverzierung aus einer Grube hinter den *principia*.

Es ist möglich, dass nicht alle beschriebenen Fachwerkbauten durchgängig bestanden haben. Die vielen flachen Mulden im Bereich des ersten Barackenbaus westlich der *principia*, die eher typisch für Wegezonen zwischen Gebäuden sind, passen z. B. kaum zu einer gleichzeitigen Nutzung des Areals durch eine Unterkunft. Für eine definitive Aussage bleibt die detaillierte Analyse des stratifizierten Fundmaterials abzuwarten.
Nach einer ersten Durchsicht konzentrieren sich die Funde der neuen Grabungen generell auf die zweite Hälfte des 2. und das frühe 3. Jahrhundert. Damit stellt sich das Problem, inwieweit das Kastell im fortgeschrittenen 3. Jahrhundert noch belegt war. Zur Beantwortung dieser spannenden, die Geschichte des Limes insgesamt berührenden Frage bedarf es jedoch weiterer Untersuchungen auch in anderen Teilen des Lagers.

Zum Schluss ist es mir eine angenehme Pflicht, allen an der Grabung Beteiligten meinen Dank auszusprechen, insbesondere der Geschäftsleitung der Christian Bauer KG, der Stadt Welzheim, der Unteren Denkmalschutzbehörde des Rems-Murr-Kreises, der ARGE für Beschäftigungen im Rahmen des Sozialhilfegesetzes sowie den ehrenamtlich tätigen Helfern, durch deren Unterstützungsleistungen die Untersuchungen im geschilderten Umfang erst möglich wurden.

Klaus Kortüm

Literaturhinweis

R. Krause/A. Gram, Arch. Ausgr. Baden-Württemberg 2005, 129–134.

Nordwestecke des spätrömischen Kastells auf dem „*Mons Brisiacus*" entdeckt – Fortsetzung der Grabungen in Breisach, Kreis Breisgau-Hochschwarzwald

Südwestlich des Kaiserstuhls erhebt sich inmitten der Rheinaue der vulkanische Breisacher Münsterberg (Abb. 83), der ursprünglich vor der Rheinregulierung unter Tulla im 19. Jahrhundert wie eine Insel zwischen zwei Flussarmen lag. An einem wichtigen Rheinübergang gelegen, war der Hügel seit der frühen Bronzezeit bis heute besiedelt.

Frühere Forschungen

Die archäologische Erforschung des Breisacher Münsterberges setzt 1938 ein. Eine technisch sehr schwierige Grabung unter R. Nierhaus – Anlass waren Kanalisationsarbeiten – führte zur Entdeckung der die Südhälfte des Münsterberges quer abriegelnden Frontmauer des spätantiken Kastells. An der Süd-, West- und Ostseite fällt der Berg steil ab. Der Name des Kastells – *Brisiacum* – war bereits bekannt und in einem in Breisach erlassenen Edikt des Kaisers Valentinian aus dem Jahr 369 n. Chr. überliefert. Die Suchschnitte in den schmalen Gassen der Altstadt förderten die Nordmauer des Kastells auf einer zu ergänzenden Länge von 200 m und einer Breite von 3,30 m zutage. Zwei Gräben mit flacher Sohle waren ihr vorgelagert. Umfang und Größe sowie die Innenbebauung des spätrömischen Kastells auf dem „*Mons Brisiacus*" blieben nach wie vor weitgehend unklar, da in der mittelalterlichen Stadt nur geringe Restflächen vor allem in den ehemaligen Gärten und Innenhöfen für eine planmäßige Erforschung zur Verfügung standen. So gelang G. Fingerlin erstmals 1969/70 bei der Neugestaltung des Münsterplatzes die

Abb. 83
Breisach. Ansicht der Stadt mit dem Münster, noch vor Errichtung des Münsterhotels.

Freilegung eines Großgebäudes, das er als Kommandantur deutete (siehe Beitrag H. U. Nuber/M. Zagermann, S. 108 ff.), und wenig später der Nachweis der spätantiken Befestigung im Osten. Ebenso konnte H. Bender bei den Grabungen 1972–75 anlässlich des Neubaus des Hotels am Münster ein Teilstück der Befestigung an der südwestlichen Steilflanke des Berges nachweisen.

Grabung Kettengasse 2006

Die bei den Grabungen des vergangenen Jahres in der Kettengasse freigelegten Fundamentreste der Kastellmauer waren vollständig ausgebrochen und zeigen einen bastionsartigen Vorsprung. Die Befunde der Nordmauer und des Grabens entsprechen in groben Zügen den bereits 1939 vorgelegten Ergebnissen der Grabungen von Nierhaus. Nur noch die eng gesetzten verfüllten Standspuren der Pfahlgründungen waren ca. 1,20 m unter der heutigen Oberfläche erhalten. Die Pfähle waren meist viereckig zugespitzt und bis zu 1,10 m lang. Die unterste Steinlage hatten die Baumeister auf einen Rost aus eingeschlagenen, langen und zugespitzten Pfählen gesetzt, wohl um das Unterminieren der Mauer zu verhindern.

Die Auswertung der Grabungen der Nordwestecke des Kastells wird mehr Klarheit bringen, die Grabungen bestätigen im Wesentlichen aber die bislang unternommenen Rekonstruktionsversuche. Sie liefern ferner einen Beweis dafür, dass das Kastell in der Spätantike ein wichtiger Stützpunkt der Grenzverteidigung gegen die Alamannen gewesen sein muss.

Andrea Bräuning

Literaturhinweise

R. Nierhaus, Grabungen in dem spätrömischen Kastell auf dem Münsterberg von Breisach. Germania 24, 1940, 3 ff.; G. Fingerlin, Neue Ausgrabungen im spätrömischen Kastell Breisach. Denkmalpflege Baden-Württemberg 1/4, 1972, 7–11; H. Bender, Breisach I. Römische Zeit und Frühmittelalter, karolingisch-vorstaufische Zeit. Münchner Beitr. Vor- u. Frühgesch. 39 (München 2005); M. Zagermann, Die spätrömische Festung auf dem Breisacher Münsterberg. Alamann. Jahrb. 2003/2004, 47–62; A. Bräuning, Arch. Ausgr. Baden-Württemberg 2005, 104–107.

Der neue Plan des römischen Großbaus im Bereich des Münsterplatzes in Breisach, Kreis Breisgau-Hochschwarzwald

Ausgangslage

Im Winter 1969/70 erneuerte die Stadt Breisach den Belag des Münsterplatzes zwischen Rathaus und Münster. Im Verlauf der begleitenden archäologischen Untersuchung gelang G. Fingerlin die Entdeckung eines großen römerzeitlichen Mauerkomplexes, der sich über den gesamten Platz bis zur Südseite des Münsters erstreckte. Der ermittelte Grundriss wurde nach Abschluss der Arbeiten durch dunkel eingefärbte Pflastersteine markiert. Aufgrund des großen Zeitdrucks, unter dem die Arbeiten damals standen, konnten nicht alle das Gebäude betreffenden Fragen geklärt werden. So mussten beispielsweise tiefer reichende Schnitte zum Nachweis möglicher Bauphasen unterbleiben.
Die inzwischen fast völlig verblassten Markierungen des Grundrisses wurden durch die Stadt Breisach im Verlauf der Jahre 2005/2006 ersetzt. Anstelle der alten Farbmarkierungen tritt mittlerweile die Imitation eines römischen Zweischalenmauerwerks auf Bodenniveau. Während der Neumarkierung bot sich die Gelegenheit, die Mauerverläufe neu zu vermessen und einige der noch offenen Fragen zu klären. Die Arbeiten wurden duch die Abteilung für Provinzialrömische Archäologie der Universität Freiburg baubegleitend betreut.

Befunde

Der vorhandene Plan und die sich daraus ergebenden Fragen bildeten die Grundlage der Untersuchungen: Das Gebäude muss im Norden noch im Bereich des alten Rathauses enden, da die Untersuchungen der 1980er Jahre im Bereich des Rathausneubaus keinen Nachweis von Teilen des Baus erbracht hatten. An der Südseite des Münsters war zu klären, ob die damals auf ca. 2 m Länge verfolgte Mauer wirklich zum Gebäude gehört. Im gesamten Bereich des Platzes hatte sich bereits 1969/70 gezeigt, dass keine römerzeitlichen Schichten erhalten sind, was unsere Untersuchungen bestätigten. Der Grund dafür ist die lange Friedhofstätigkeit auf dem Münsterplatz, die sich bis auf Höhe der Fundamentrollierung des Gebäudes als dunkle humose Schicht mit disloziertem Knochenmaterial niedergeschlagen hat. Dabei wurden mitunter Mauerteile bei der Anlage von Gräbern entfernt, häufiger sind die Grabgruben aber neben den Mauern abgetieft worden. Die nicht immer geradlinig erscheinenden Mauerverläufe und die Tatsache, dass der Gebäudetyp der Anlage nicht definiert werden konnte, machten vor allem an den Mauerkreuzungen tiefer gehende Schnitte erforderlich, um Aussagen über Baunähte etc. zu treffen.
Die angetroffene Erhaltung war sehr unterschiedlich. An einigen Stellen haben Eingriffe in den Boden die Mauern restlos beseitigt, an manchen Stellen ist noch die erste Lage des aufgehenden Mauerwerks erhalten. Die Reste der antiken Strukturen sind in den Münsterbau eingebunden, die Außenmauern des Münsters sind mitunter direkt auf die römischen Mauern gesetzt.
Die römischen Mauern ruhen auf einer Rollierung von vier bis fünf Lagen grober Bruchsteine, meist Tephrite aus dem Kaiserstuhl, die unvermörtelt in den anstehenden Löss gesetzt sind. Eine Baugrube konnte nicht beobachtet werden, eine Schmutzschicht auf der untersten Sohle der Rollierung zeigt, dass die Fundamentierungsarbeiten innerhalb dieses schmalen Grabens stattgefunden haben, der gerade breit genug ausgehoben war, um die Steine aufzunehmen. Die Breite dieser Rollierung schwankt daher in manchen Abschnitten um wenige Zentimeter. Die Rollie-

rung ruht nicht, wie bei spätrömischen Gebäuden häufig zu beobachten, auf einem Pfahlrost.
Auf diese Rollierung folgen vier bis fünf Lagen vermörtelter Fundamentbereich, der wiederum hauptsächlich aus Tephriten besteht. Auffällig ist hier jedoch die vereinzelte Verwendung von Spolien, bei denen es sich um Mühlsteine und unverzierte Architekturteile aus Buntsandstein handelt. Der vermörtelte Fundamentbereich schwankt in der Breite zwischen 90 cm und 100 cm, was wiederum auf die oben genannte Bautechnik zurückzuführen sein dürfte. Allerdings ist dieser Bereich bereits wie das Aufgehende in Zweischalentechnik gemauert. Bei dieser massiven Fundamentierung darf mit einiger Sicherheit davon ausgegangen werden, dass sich ehemals mindestens zwei Stockwerke darauf erhoben.
Die Breite des aufgehenden Mauerwerks liegt zwischen 62 cm und 66 cm, an einer Stelle waren außen Reste eines hydraulischen Putzes zu beobachten. In diesem Teil ist erstmals die sekundäre Verwendung von Ziegeln beim Bau nachweisbar.

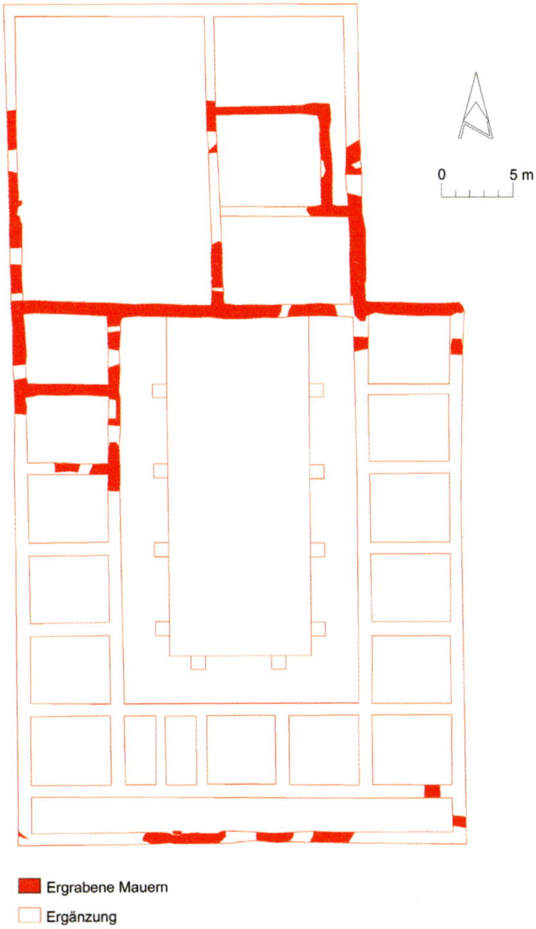

Abb. 84 Breisach, Münsterberg. Der neue Gesamtplan des römischen Gebäudes mit Ergänzungen.

Beschreibung des Baus

Der Bau gliedert sich in zwei Hauptteile. Über dem südlichen, größeren Teil liegt heute das St. Stephansmünster. Bislang waren von diesem Komplex die nördliche Abschlussmauer, ein Teil der Abschlussmauer südlich des Münsters und fünf Nord–Süd verlaufende Mauerteile bekannt. Bei den neueren Untersuchungen stellte sich heraus, dass eine dieser Mauern nicht zur Anlage gehörte, sondern eher Teil eines jüngeren Beinhauses war. Es ergaben sich somit an den Seiten des Komplexes zwei lange, gleich breite Flügel. Die für die Rekonstruktion und Ansprache des Gebäudes wichtigste Entdeckung konnte im Bereich des westlichen Flügels gemacht werden. Dort gelang der Nachweis von zwei bislang unbekannten, Ost–West verlaufenden Mauern, woraus sich zwei identische Räume ergeben. Es ist wahrscheinlich, dass beide Flügel ehemals durchgängig durch Räume dieser Art gegliedert waren.
Die südliche Abschlussmauer des Gebäudes ist nicht in die Südmauer des Münsters eingebunden, obwohl es sich aufgrund ihres Verlaufs angeboten hätte. Durch die Freilegung dieses Teils auf kompletter Länge wurde der Grund hierfür klar: Der angetroffene Fundamentbereich der Mauer war nicht nur weniger stark fundamentiert, sondern mit ca. 75 cm Breite auch deutlich weniger breit als üblich. Es ließen sich mehrere Reparaturmaßnahmen und Ausbesserungen nachweisen, die durch die schwächere Ausführung an dieser Stelle nötig geworden waren. Wahrschein-

lich war diese Mauer in der Antike nicht als Fundament für aufgehendes Mauerwerk errichtet, sondern stellte vielmehr eine Portikusmauer dar. Nicht nur die Ausrichtung zum Rhein hin spricht für diese Deutung, sondern auch die Tatsache, dass in den Raumfluchten der Flügel Platz bleibt für eine halbe Raumbreite, wenn man die einzelnen Räume in vergleichbaren Abmessungen nach Süden ergänzt.

Der zweite Teil des Gebäudes befindet sich im Bereich zwischen Rathaus und Münster. Hier gelang der Nachweis einer zweiten Bauphase, die jedoch in der gleichen Technik ausgeführt ist wie die erste Phase. Bei dem schmalen Teil handelt es sich wohl um einen Treppenaufgang.

Antike Maße der Anlage

Die beiden gleichartigen Grundrisse zweier kleiner Räume in den Gebäudeflügeln erlauben Überlegungen zu den verwendeten antiken Baumaßen der Anlage. Das dortige aufgehende Mauerwerk springt um 8 cm hinter den Fundamentbereich zurück. Dieser Rücksprung bildet die Grundlage für die Vermessung des Innenraums. Es ergeben sich somit Maße von 4,99 m und 5,96 m für diesen Raum. Dies entspricht exakten Fußmaßen von 15 und 18 Fuß, setzt man als Grundlage den *pes Drusianus* (0,3327 m) an. Dieser dürfte auch der Gesamtanlage zugrunde liegen, das immer deutlich über 60 cm messende aufgehende Mauerwerk wird ehemals 2 Fuß gemessen haben.

Bezeichnung und Zweckbestimmung

Der neu gewonnene Grundriss (Abb. 84) des Breisacher Bauwerks (erforschte Gesamtlänge mindestens 51 m), insbesondere seines südlichen Teils mit einer Außenlänge von 37,5 m und -breite von 31,6 m, erlaubt nunmehr eine eindeutige Zuweisung hinsichtlich der Zweckbestimmung und der antiken Bezeichnung dieses Gebäudekomplexes. Es handelt sich um ein *praetorium,* ein Residenz- und Unterkunftsgebäude für römische Staatsfunktionäre, u. a. Station für temporäre Amtsgeschäfte und Durchreisen. Die Praetorien sind in ganz unterschiedlichen Größenordnungen auf uns gekommen, Breisach eröffnet die mittlere Kategorie.

Charakterisiert werden diese Bauten durch dreiflügelige Anlagen um einen offenen Innenhof, zu dem sich regelhaft eine *porticus* öffnete. Die Flügel waren in Einzelräume aufgeteilt, deren Zugang vom Hof aus erfolgte. Ihre Funktion (Unterkünfte für Personal, Vorratshaltung) im Einzelnen ist aber weitgehend unbekannt. Während die seitlichen Raumfluchten meist durch gleich große Raumeinheiten gekennzeichnet sind, gibt sich die Zentraleinheit der rückwärtigen Raumzeile durch Größe und Gestaltung als Amts- und/oder Sakralraum zu erkennen. Eingestreute schmälere Räume deuten auf korridorartige Durchgänge bzw. Treppenhäuser zur Erschließung des Obergeschosses. In Analogie haben wir diese für Breisach im rückwärtigen Teil ergänzt.

Auf eine anzunehmende Hofportikus auf durchgehender Stützmauer oder auf Punktfundamenten besitzen wir für Breisach noch keine konkreten Hinweise, wohl aber für eine Außenportikus bzw. Balustrade auf der Südseite, was Breisach mit den beiden Praetorien in unmittelbarer Nachbarschaft in Kembs (Dép. Haut-Rhin) und Oedenburg-„Westergass II“ (Dép. Haut-Rhin) auf das Engste verbindet.

Im ummauerten vorderen Teil vermuten wir in den dort aufgefundenen Mauerresten das obligate Bad, das bei keiner dieser Anlagen fehlte, ja sie ebenso eindeutig charakterisierte. Dessen Lage „vorne links“ lässt sich in vielen Fällen beobachten.

Brisiacum – Kaiserresidenz

Die dominierende Lage des Breisacher Praetoriums auf der Südspitze des Münsterberges erlaubt nicht nur eine weite Fernsicht über das gesamte südliche Oberrheintal – gelegentlich sogar bis zu den Alpen – flankiert von Schwarzwald und Vogesen, sondern lenkte auch den Blick des antiken Menschen von ferne geradezu zwanghaft auf diese Position, wo sich heute das Breisacher Münster erhebt. Die im Haupttrakt zumindest zweigeschossige Architektur dieses Bauwerks, die im Untergeschoss wohl geschlossen, oben aber durch offene Bogenarkaden gegliedert gewesen sein dürfte, vermittelte dem zeitgenössischen Betrachter uneingeschränkt jene Wirkung, die von einer „Architektur der Herrschaft“ ausgehen sollte. Vor diesem Hintergrund verwundert dann nicht mehr, dass Kaiser Valentinian I (364–375 n. Chr.) auf seiner Inspektionsreise entlang des Rheins am 30. August 369 n. Chr. hier seine Residenz nahm – eine Tatsache, die *Brisiacum*/Breisach vor allen Römerstätten Baden-Württembergs auszeichnet.

Für großzügiges Entgegenkommen und ausgezeichnete Zusammenarbeit danken wir der Münstergemeinde St. Stephan (Dekan P. Klug) und der Stadt Breisach (den Bürgermeistern A. Vonarb und O. Rein, Baudirektor H. Wolf, Archivar U. Fahrer) sowie der Grabungs- und Restaurierungsmannschaft vom Städtischen Bauhof.

Hans Ulrich Nuber, Marcus Zagermann

Literatur

R. Egger, Das Praetorium als Amtssitz und Quartier römischer Spitzenfunktionäre. Sitzungsber. Österreich. Akad. Wiss., Phil.-Hist. Klasse 250/4 (Wien 1966); G. Fingerlin, Neue Ausgrabungen im spätrömischen Kastell Breisach. Arch. Nachr. Baden 5, 1970, 8–12; ders., Ausgrabungen im spätrömischen Kastell Breisach. Denkmalpfl. Baden-Württemberg 1/4, 1972, 7–11; H. U. Nuber/G. Seitz, Frankfurts römischer Ursprung – Kastell oder Praetorium? In: S. Hansen/V. Pingel (Hrsg.), Archäologie in Hessen. Neue Funde und Befunde. Festschr. Fritz-Rudolf Herrmann. Studia Honoraria 13 (Rahden/Westf. 2001) 187–197.

Grabungen im römischen und mittelalterlichen Rottweil

Neues zum hochmittelalterlichen Rottweil – Grabung Heerstraße

Die Parzelle Nr. 468 an der Heerstraße war eines der größten noch unüberbauten Grundstücke in der Rottweiler „Mittelstadt“, dem frühstädtischen Siedlungsareal im Osten der heutigen Stadt, dessen Kern der seit dem 8. Jahrhundert urkundlich erwähnte Königshof bildete. Als sich ab Herbst 2005 Bebauungspläne konkretisierten, führte das Referat 115 des Landesamtes für Denkmalpflege im Rahmen seiner landesweiten Zuständigkeit für Großgrabungen von Mai bis Oktober 2006 unter der örtlichen Leitung von Th. Schlipf archäologische Untersuchungen durch. Diese galten, anders als in Rottweil vielfach üblich, nicht der antiken, sondern explizit der mittelalterlichen Geschichte Rottweils. Dank der im Rahmen des Stadtkatasters 2005 erschienenen Zusammenstellung aller nachrömischen Fundstellen war von vornherein klar, dass sich hier gute Chancen bieten würden, großflächig zusammenhängende, kaum gestörte Besiedlungsstrukturen aufdecken und erforschen zu können. In unmittelbarer Nachbarschaft des Grabungsgeländes waren in der Vergangenheit bereits an mehreren Stellen frühmittelalterliche Bestattungen und hochmittelalterliche Befunde dokumentiert worden.

Dass diese Erwartungen zumindest erfüllt,

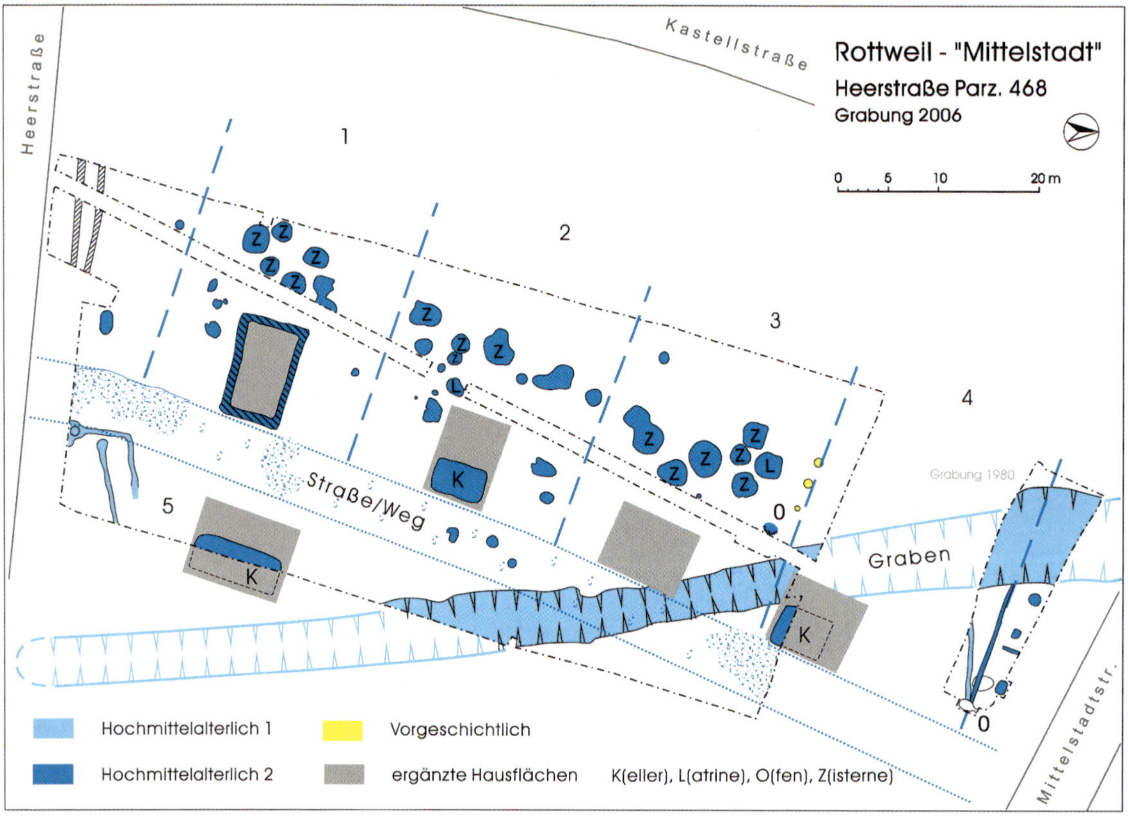

Abb. 85 Rottweil, Heerstraße. Gesamtplan der Befunde mit Rekonstruktionsversuch der Parzellen 1–5.

wenn nicht sogar noch übertroffen wurden, zeigt ein Blick auf den Befundplan, der unerwartet klare Strukturen zeigt (Abb. 85). Beiderseits einer nur noch in geringen Spuren der Pflasterung vorhandenen Straße, die von der die Mittelstadt von West nach Ost querenden (mittelalterlichen) Heerstraße abzweigt, wurden mehrere Gebäude bzw. Gebäudeteile (Keller) freigelegt.

Siedlungszeile entlang einer Straße

Bei dem am besten erhaltenen Haus auf Grundstück 1 handelt es sich um einen Steinbau bzw. ein Gebäude mit Steinfundament (Abb. 86). Das fast vollständig dem Steinraub zum Opfer gefallene Baumaterial muss wenigstens im Bereich der Ecken, Türen oder Fenster von guter Qualität gewesen sein. Das zeigen mehrere kleinere, sehr sorgfältig bearbeitete Quaderfragmente, die im Umfeld zum Vorschein kamen. Von der Ausstattung des Hauses mit einem Kachelofen zeugt das Bruchstück einer Steinplatte mit der Führungsschiene einer Ofenschiebetür.

Die übrigen Bauten geben sich nur durch ihre eingetieften Teile zu erkennen. Insgesamt drei westlich und östlich der Straße erfasste Keller von mindestens 1,4 m, 1,5 m bzw. 1,75 m Tiefe dürften Bestandteile von größeren ebenerdigen Häusern gewesen sein. Zumindest deuten dies die jeweils befundlosen Freiflächen zwischen dem Straßenrand und den rückwärtigen Gruben an. Mit dem Aufkommen von Fachwerkonstruktionen auf Schwellbalken oder leichten, unvermörtelten Steinfundamenten, die im Gegensatz zu den älteren Pfostenbauten keine Spuren im Boden mehr hinterlassen, ist in Südwestdeutschland schon im Hochmittelalter zu rechnen. Damit geht auch das Auftreten von echten

Kellern einher, die die seit prähistorischen Zeiten geläufigen, selbstständigen Grubenhäuser ablösen. In ihren Abmessungen könnten die – so gesehen typischen – Rottweiler Holzhäuser dem benachbarten Stein(fundament)bau in etwa entsprochen haben (Abb. 85, graue Rasterung).

Die hinter den Häusern angetroffenen, auffällig gruppierten Gruben sind als Materialentnahmegruben, die tieferen als Latrinen und Zisternen (mit Lehmabdichtungen) zu deuten. Letztere waren in der Regel mehr als 2 m tief und konnten z. T. wegen problematischer Standsicherheit nicht vollständig ausgegraben werden. In einer Grube stieß man neben einem Kessel aus Buntmetall mit eiserner Armierung des Randes auch auf zahlreiche Textilreste.

Ein etwa 4–5 m breiter Graben von stark 2 m Tiefe durchzieht das Grabungsareal von Nordwest nach Südost. Da er keine anderen Befunde schneidet, ist eine ältere Zeitstellung anzunehmen. Auch das nur sehr spärliche Fundmaterial legt nahe, dass seine Verfüllung vor der intensiven Besiedlung des Geländes stattgefunden hat, die sich in den Kellern und Gruben äußert. Da man in früheren Grabungskampagnen weiter im Norden (Mittelstadtstraße, Ecke Kastell-/Königstraße) bereits auf einen ähnlichen Graben gestoßen war, ist zu fragen, ob hierin eine ältere Umfassung der „Mittelstadt" greifbar wird, die ein deutlich kleineres Gebiet einschloss als der bis ins letzte Jahrhundert an mehreren Stellen noch meterhoch vorhandene Wall, der als die eigentliche Umfassung des frühstädtischen Siedlungsgeländes gilt. Er verläuft gut 200 m westlich des Ausgrabungsgeländes.

Funde aus der Zeit um 1200

Den größten Anteil am Fundgut stellt die bisher nur kursorisch gesichtete Keramik, weshalb Datierungen an dieser Stelle nur mit Vorbehalt möglich sind. Es hat den Anschein, als dominiere auch in der Heerstraße die aus anderen Grabungen in der „Mittelstadt" gut bekannte Ältere Albware. Viele Topf- und Kannenfragmente mit Tendenz zu waagrechten Rändern (Abb. 87) weisen auf die jüngste Entwicklungsphase dieser Warenart, d. h. das spätere 12. Jahrhundert hin. Becherkacheln von Öfen liegen in größeren Mengen vor, Brocken verziegelten Lehms ge-

Abb. 86
Rottweil, Heerstraße. Steinfundamentbau. Vor der westlichen Hauswand Steinplatte einer Kachelofentür.

Abb. 87 Rottweil, Heerstraße. Ofen- und Gefäßkeramik der Älteren Albware.

ben Aufschluss über ihre ehemals sehr enge Anordnung und über die Art des zum Aufbau des Ofenkörpers verwendeten Holzes. Metallfunde – außer dem schon erwähnten Kessel – sind selten, hingewiesen sei auf den Bestandteil eines Pferdegeschirrs mit Aufhängeöse für ein bewegliches Zierelement aus Buntmetall. Besondere Erwähnung verdienen angesichts der hochmittelalterlichen Fundumstände der Boden eines Glasgefäßes sowie das Fragment einer Jakobsmuschel *(Pecten maximus)*. Sie bezeugt die Anwesenheit eines frühen Santiagopilgers in Rottweil.
Brandschutt im Bereich des Steinfundamentbaus und in mehreren Gruben- und Kellerverfüllungen bestätigen nun ein weiteres Mal die Beobachtung, dass dem Siedlungsende in weiten Teilen der „Mittelstadt" ein Schadensfeuer vorausgegangen sein muss. Ein Dendrodatum aus einer 1992 untersuchten Zisternenverfüllung weist auf die Zeit um 1200 oder das beginnende 13. Jahrhundert. Der systematische Steinraub und die anscheinend sorgfältige Einplanierung der unbrauchbaren Überreste sind Indizien für einen geplanten Vorgang, der im direkten Zusammenhang mit der Gründung und Besiedlung der nordwestlich der „Mittelstadt" gelegenen Rottweiler Neustadt zu sehen sein dürfte.

Untersuchungen zum römischen Legionslager – Grabung Lindenstraße

Auch wenn die Grabung Heerstraße keine römischen Befunde erbracht hat, so ist sie dennoch für die antike Stadtgeschichte von einiger Bedeutung. Das Ausbleiben römischer Bebauung unterstreicht nämlich die sich immer deutlicher abzeichnende Beobachtung, dass das nördlich der „Mittelstadt" gelegene flavische Legionslager offenbar keine nennenswerten zivilen Strukturen in seinem unmittelbaren Umfeld besessen hat. Normalerweise entwickelten sich diese Lagervorstädte *(canabae)* gerade bei Legionsstandorten recht schnell zu ausgedehnten, beinahe stadtartigen Ansiedlungen. Der Frage, warum das im Falle Rottweils anders gewesen ist, und welches Licht dadurch auf die Zeitstellung und den Charakter des Legionslagers bzw. auf die römische Siedlung rechts des Neckars fällt, sollte in Zukunft verstärkt nachgegangen werden.
Die im letzten Jahr begonnen Grabungen im Legionslager selbst mussten aufgrund neuer Bauvorhaben im Jahr 2006 fortgesetzt werden. Anders als ursprünglich geplant, konnte mit den Arbeiten erst im Lauf des Herbstes begonnen werden, auch sind sie noch nicht abgeschlossen, so dass hier ein kurzer Einblick in die Untersuchungen genügen soll.

Großbau im Vorderlager: *praetorium oder fabrica?*

Das Grabungsareal auf dem „Nikolausfeld" an der Ecke Linden-/Hoferstraße schließt sich unmittelbar östlich an die Untersuchungsflächen des Vorjahres an. Die römischen und mittelalterlichen Bauspuren setzen sich darin weitgehend erwartungsgemäß fort.
Der Großteil der antiken Befunde gehört zu

dem im Vorderlager des Legionslagers liegenden mächtigen Holzgebäude, das im letzten Jahr entdeckt worden war. Sein Grundriss konnte um mehrere größere und kleinere Räume erweitert werden. Die unterschiedliche Tiefe der Pfostengräben mit z. T. extra verankerten Stützpfosten deutet auf einen differenzierten Aufbau mit komplexer Dachlandschaft (Abb. 88). Aufgrund des nunmehr bekannten Ausschnittes ist sicher, dass das Gebäude den Rahmen der bisher entlang der *via principalis* vermuteten Tribunenhäuser sprengt. Wahrscheinlich nahm das Gebäude das gesamte Areal zwischen *via praetoria* und *via principalis* ein, woraus sich eine Größe von ca. 40 m × 45 m ergeben würde. Denkbar wäre, dass es sich bei diesem besonderen Gebäude um das *praetorium* – das Gebäude für den Legionskommandeur – gehandelt hat, doch sind andere Großbauten, etwa eine anderweitige Offiziersunterkunft oder eine *fabrica,* derzeit keineswegs auszuschließen.

Zahlreicher als üblich: Baracken des Kastells II

Von dem auf das Legionslager folgenden verkleinerten Steinkastell (Kastell II) konnten zwei weitere Mannschaftsunterkünfte angeschnitten werden. Obwohl sich anders als bei den im letzten Jahr aufgedeckten Befunden nur noch die Teile von Mauerausbrüchen erhalten hatten, lassen sich die Strukturen eindeutig interpretieren. Demnach standen im rechten Vorderlager des Kastells II ehemals sechs gleichartige, 11 m × 55 m große Zenturienkasernen. Darin konnte eine komplette Kohorte von ca. 450–500 Mann untergebracht werden. Dies war aber nur ein Teil der Besatzung, da weitere Unterkunftsbauten aus anderen Bereichen des Lagers bekannt sind. Konkrete Hinweise auf die stationierten Einheiten fehlen weiterhin.

Auch hier: mittelalterliche Gruben

Nach der Aufgabe des Kastells II im frühen 2. Jahrhundert n. Chr. blieb das Areal offenbar jahrhundertelang ungenutzt. Erst mit dem Entstehen der mittelalterlichen Siedlung um den Rottweiler Königshof setzen auch auf

Abb. 88
Rottweil, Lindenstraße. Erst der Schnitt durch die Pfostengräben des legionslagerzeitlichen Großbaus zeigt die schwachen Spuren der unterschiedlich tief verankerten Holzpfosten. Diese Informationen ermöglichen eine Rekonstruktion des Gebäudes.

dem Nikolausfeld wieder Funde und Befunde ein. Die im Grabungsbereich von 2006 untersuchten Gruben des 11./12. Jahrhunderts konzentrieren sich wie 2005 in einem Streifen entlang der antiken *via principalis.* Dies könnte ein Hinweis sein, dass ähnlich wie bei der Grabung Heerstraße eine Häuserzone vorliegt, deren Gebäude in diesem Fall unmittelbar an der heutigen Lindenstraße gelegen haben müssen. Diese nimmt in etwa den Verlauf der römischen Straße auf. Damit wäre eine weitere hochmittelalterliche Straßenflucht belegt. Die zukünftigen Untersuchungen mögen zeigen, inwieweit sich diese Vermutung erhärten lässt.

Uwe Gross, Klaus Kortüm

Literaturhinweise

D. Ade-Rademacher/W. Hecht/M. Dumitrache/A. Kotzurek/K. Kortüm, Rottweil. Arch. Stadtkataster Baden-Württemberg 30 (Esslingen 2005); K. Kortüm/A. Bräuning/Ch. Dreier/I. Klenner/M. Rauschkolb, Arch. Ausgr. Baden-Württemberg 2005, 150–158; Ch. Gildhoff, Arch. Ausgr. Baden-Württemberg 1992, 314–320.

Von der Antike bis zur Neuzeit. Ausgrabungen in der Zwingertgasse in Ladenburg, Rhein-Neckar-Kreis

Abb. 89 Ladenburg, Zwingertgasse. Mittelalterliche Mauer mit Entwässerungskanal. Ansicht von Norden.

In dem schon seit Jahren in Planung befindlichen Baugebiet „Zwingertgasse“ in Ladenburg begannen im Spätjahr 2005 die von der Archäologischen Denkmalpflege begleiteten Erschließungsarbeiten. Das Areal liegt im nördlichen Ausläufer der römischen Stadt, unmittelbar südlich der mittelalterlichen Stadtbefestigung. Bereits in den 1990er Jahren wurden hier Sondagen und geophysikalische Messungen durchgeführt, die allerdings keine genauere Befundeinschätzung erlaubten und eher dafür sprachen, nicht von einer allzu dichten flächigen alten Bebauung auszugehen. Auch die Ausgrabungen in der westlich gelegenen Wormser Straße verwiesen eher auf Randbebauung der römischen Stadt, wobei Holzfachwerkgebäude bei guten Erhaltungsbedingungen durchaus zum Fundbestand gehörten. Folglich wurden lediglich baubegleitende archäologische Untersuchungen vereinbart. Dennoch gaben wir die Hoffnung nicht auf, vielleicht an dieser Stelle doch noch Genaueres über die römische Stadtbefestigung zu erfahren, die sich in der Nordstadt trotz fast 30-jähriger intensiver Grabungstätigkeit durch die Landesdenkmalpflege in Ladenburg weiterhin unserer Kenntnis entzieht. Bei den Erschließungsarbeiten durch längs und quer eingebrachte, das gesamte Areal

Abb. 90 Ladenburg, Zwingertgasse. Kanalschacht sowie Reste der älteren Entwässerungsvorrichtung. Dahinter hölzerne Substruktionen für die mittelalterliche Mauer.

Abb. 91
Ladenburg. Mittelalterliche Mauer, über der römischen Straße errichtet.

durchziehende Kanalgräben zeigte es sich, dass im nördlichen Bereich eher noch mit archäologischen Strukturen zu rechnen ist, während die südliche Hälfte keine nennenswerten Befunde erbrachte.

Das gesamte Gelände liegt unweit des Jesuitenhofes und war wohl großflächig mit Nebengebäuden überbaut. So gehören wohl die meisten der in der nördlichen Hälfte freigelegten Steinbefunde in diesen Zusammenhang.

Interessant ist eine etwa Nord–Süd verlaufende Sandsteinmauer, die auf über 20 m Länge erfasst werden konnte, am nördlichen Flächenabschluss rechtwinklig nach Osten und Westen abzweigt und eine Vielzahl von Bauphasen widerspiegelt (Abb. 89). Westlich angesetzt ist ein Kanal, der von der mittelalterlichen Stadtmauer geschnitten wird und im Süden in das Grabungsprofil läuft. Seine Sohle war mit rechteckigen Buntsandsteinplatten ausgelegt. Die ursprünglichen Maße betrugen 0,35 m Breite und knapp 0,6 m Höhe (Abb. 90, Schachtöffnung in Sandsteinmauer).

Etwa einen halben Meter darunter, leicht nach Westen versetzt, fand sich ein zweiter, älterer, recht schmaler Kanal aus kleinstückigem Sandsteinmaterial, der bereits weitgehend abgetragen war. Dieser wie auch die nach Süden abzweigende Mauer saßen in einer noch 0,4 m tiefen Grube, die offensichtlich mit römischem Material verfüllt war und eine regelmäßige eckige Form aufweist (Abb. 90). Um ein Nachsacken zu verhindern, gründete man die Mauer auf kleine, in recht engem Abstand gesetzte Holzstützen.

Überall in der Fläche begegneten mehr oder weniger deutliche Hinweise auf Kiesschichten, die vor allem unter der mittelalterlichen Mauer in variierender Stärke dokumentiert werden konnten (Abb. 91). Hierbei handelt es sich um die letzten Überreste einer Ost–West verlaufenden römischen Straße, die eine Breite von etwa 4 m hatte. In diesem Fall gab es wirklich einmal den sprichwörtlichen richtigen Fund an der richtigen Stelle, einen fast prägefrischen Denar des Kaisers Trajan, der wohl mit der Bauzeit dieser Straße in Verbindung gebracht werden darf.

Weitere Gruben, einige Pfostenlöcher und Teile von Wand- oder Entwässerungsgräbchen, die allerdings nur noch vereinzelt vorliegen, gehören in die römische Zeit, ebenso eine aus Ziegelplatten sauber gesetzte kanalartige Heizvorrichtung, deren Fortsetzung außerhalb der Grabung hoffentlich noch gut erhalten überdauern kann. Ein ähnlicher Befund begegnete bei den Grabungen 2000 im Umfeld eines Kalkbrennofens im Willy-Kress-Weg.

Britta Rabold

Nicht nur ein Straßenknotenpunkt – das römische Stettfeld, Gde. Ubstadt-Weiher, Kreis Karlsruhe

Abb. 92 Stettfeld, Töpfereibezirk. Plan nach E. Schallmayer. Die aktuellen Grabungen liegen v. a. im Gebiet südlich der 1992 freigelegten Fläche.

Am Marcellusplatz, im Zentrum Stettfelds, kreuzten sich die Fernverbindungen Basel–Mainz und Augsburg–Speyer. Der *vicus* lag an der heutigen Bundesstraße 3 (Bergstraße) auf einem zum Rheintal abfallenden Hügelgelände, am Mündungswinkel zwischen Kraich- und Katzbach. Aus dem um 120 n. Chr. gegründeten Ort selbst sowie seinem Umfeld sind zahlreiche beeindruckende archäologische Zeugnisse bekannt geworden.

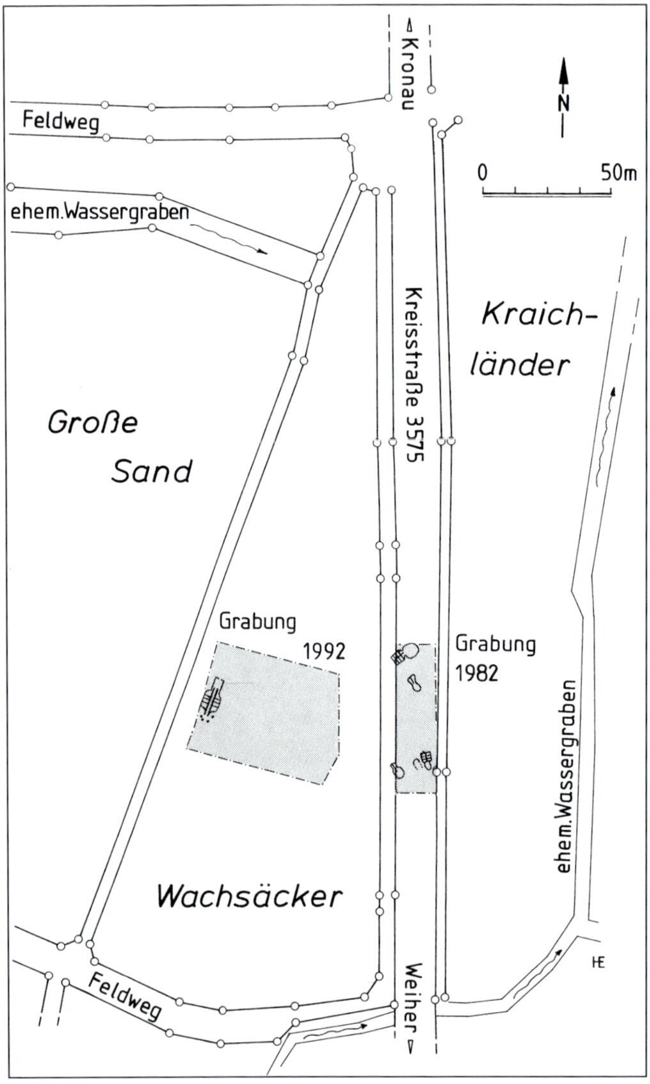

Genannt werden sollen stellvertretend das große Gräberfeld südöstlich von Stettfeld mit knapp 370 Bestattungen und qualitätvollen Beigaben sowie der erst vor wenigen Jahren durch geophysikalische Messungen bekannt gewordene Palast im Gewann „Hecken“, ca. 2 km nordöstlich der römischen Siedlung. Bislang fehlt jegliche Erklärung für die Funktion dieses 120 m × 80 m messenden monumentalen, symmetrisch gestalteten Großbaus, der offensichtlich auch mit Nebengebäuden ausgestattet war (siehe Beitrag H. von der Osten, S. 122 ff.). Anlagen dieser Größenordnung und Ausprägung sind vor allem aus den gallischen Provinzen bekannt; in den rechtsrheinischen Gebieten hingegen gibt es bislang keine Parallele – Grund genug, das antike Stettfeld und seine Bedeutung in einem völlig neuen Licht zu betrachten.

Römische Handwerksbetriebe in Stettfeld

In Stettfeld gab es mehrere Handwerksbetriebe, zwei kleinere Töpfereien inmitten der Siedlung und Schmiedewerkstätten. Singulär in Südwestdeutschland ist der Nachweis einer Leimsiederei, die wohl im Verbund mit einer Gerberei auf dem Nachbargelände tätig war. Die wichtigsten Ergebnisse der Grabungen der 1970er und 1980er Jahre konnten kürzlich umfassend vorgelegt werden.

Zwei Kilometer nordwestlich, in den Gewannen „Kraichländer“ und „Wachsäcker“, etwa auf einer Höhe mit dem Palast, liegt ein Töpferei- und Ziegeleibetrieb, der in Teilen 1982 und 1992 untersucht werden konnte (Abb. 92).

Abb. 93
Stettfeld, Töpfereibezirk. Ziegelbrennofen.

Beim Bau der Kreisstraße 3575 entdeckte man zunächst einen Ziegelbrennofen, vier Töpferöfen, einen Brunnen und mehrere Materialgruben sowie zwei urnenfelderzeitliche Bestattungen. Zehn Jahre später kam ein großer Ziegelbrennofen hinzu. Scherben- und Brandrestkonzentrationen östlich des Ofens verwiesen auf weitere, ehemals größere und besser erhaltene Befunde, die durch die intensive landwirtschaftliche Nutzung allerdings weitgehend zerstört angetroffen wurden. So konzentrierte man sich auf die Dokumentation des Ziegelbrennofens und räumte weiteren Befunden des Töpfereibetriebes kaum noch beachtenswerte Erhaltungschancen ein.
Das Töpfereigelände liegt auf einer deutlich erkennbaren Sanddüne. Benachbarte Bachläufe sowie Altarme waren vermutlich verantwortlich für die Standortwahl. Tongruben sind zwei Kilometer westlich innerhalb des heutigen Waldes bekannt.
Ziegelbrennofen 1 gehörte mit seiner 4 m × 3 m messenden Kammer eher zu den kleineren Varianten; der zweite hingegen war mit einer 7,5 m × 4,5 m großen Brennkammer ausgestattet, insgesamt 15 m lang und äußerst massiv konstruiert. Zum Fundmaterial zählen gestempelte Erzeugnisse des Privatzieglers LPL; verschiedene Stempelvarianten ließen sich unterscheiden.
Die Töpferöfen gehörten verschiedenen Typen an. Am besten erhalten blieb ein großer Rundofen mit einem Durchmesser von 2,5 m und eigenartigem viereckigem, ofenähnlichem Anbau aus Sandsteinen an der Rückseite. Möglicherweise handelt es sich hier aber auch um eine Abfolge zweier unterschiedlicher Anlagen.
Alle diese Öfen und das Fundmaterial konnten aus Kapazitätsgründen nicht in der o. g. Arbeit über Stettfeld vorgelegt werden.

Neue Ausgrabungen im Großbetrieb des Zieglers LPL

Im Hochsommer 2006 erreichte die Archäologische Denkmalpflege in Karlsruhe die Nachricht, dass ein in Bruchsal bereits ansässiger Investor 7 ha des geplanten Gewerbegebietes „Im Sand“ auf Gemarkung Stettfeld möglichst umgehend erwerben und Ende des Jahres spätestens mit den Bauarbeiten beginnen wolle. Das fragliche Areal grenzt unmittelbar westlich an die Kreisstraße 3575, umfasst die Gewanne „Wachsäcker“ und „Große Sand“ und bezieht somit die Grabungsfläche 1992 ein (Abb. 92).
Baggerschnitte zeigten, dass ca. 4 ha im nach Westen hin abfallenden Gelände keine archäologischen Befunde enthielten, während die

Abb. 94
Stettfeld, Töpfereibezirk. Überblick über die Töpferöfen von Nordwesten. Im Vordergrund der größte Rundofen.

übrigen 3 ha auf der bereits genannten Sanddüne zumindest stellenweise massiv betroffen sind. Die Befunderhaltung schien weitaus besser als vor 15 Jahren befürchtet. Der folgende umfassende Bodenabtrag bestätigte Befundkonzentrationen auf der gesamten Fläche, die sich inzwischen als Ziegelbrennöfen, Töpferöfen, Brunnen, Materialgruben und Abfallgruben zu erkennen geben. Einige konnten bis zum Spätjahr freigelegt werden und verweisen bereits in diesem Grabungsstadium auf eine beträchtliche Größe und professionelle Ausstattung des antiken Gewerbebetriebs.

Wenig südwestlich des großen Ziegelbrennofens der Ausgrabung 1992 liegt ein quadratischer Ofen mit 3 m × 3 m großer Brennkammer, der von zwei gegenüberliegenden Seiten beheizbar war. Große Teile dieses wahrscheinlich sehr gut erhaltenen Ziegelbrennofens sind noch mit mehreren Schichten aus verbranntem Lehm überdeckt. Dennoch lassen sich bereits fünf Züge erkennen, deren Wände aus senkrecht aufgestellten Ziegelplatten bestehen, die mit kleinen Ziegelplatten ausgelegte Kanalsohlen flankieren (Abb. 93). Ungewöhnlich für einen Ziegelbrennofen ist ein umlaufender äußerer, nur noch fragmentarisch erhaltener Kanal. Solche Konstruktionen „indirekter Beheizung“ bringt man ansonsten eher mit Getreide- oder Flachsdarren in Verbindung, wo bei Weitem nicht so hohe Temperaturen erforderlich sind wie beim Brennvorgang von Keramik, sondern lediglich eine schonende Trocknung erzielt werden sollte. Die weitere Freilegung dieses Befundes wird mit großer Spannung erwartet. Zu klären gilt auch, was es mit den flächigen Ziegelkleinschlagkonzentrationen im Umfeld (Entsorgungsgruben und/oder weitere Öfen?) sowie einem großen quadratischen Fundamentblock aus Sandstein auf sich hat.

Töpferöfen und Trockenschuppen

Etwa 30 m südlich fanden sich drei in den Sand eingetiefte Töpferöfen, die von einer zentralen Feuerstelle beheizt wurden. Zunächst war nur der kleinste Rundofen mit knapp 1 m Durchmesser in Betrieb. Dieser konnte jedenfalls nicht mehr genutzt werden, als unmittelbar benachbart ein größerer Rundofen (Brennkammer mit 2 m Durchmesser) entstand und gleichzeitig gegenüberliegend der größte Ofen mit 2,5 m Durchmesser (Abb. 94). Alle drei Öfen sind fantastisch erhalten mit vollständigem Fuchs und Feuerungsraum, intakter Lochtenne und Teilen der Brennkammerwände aus mit Lehm verstrichenen Ziegelbruchstücken.

Fünfzehn Meter westlich dieser Töpferöfen und etwa 10 m südlich des Ziegelbrennofens konnten zwei Reihen mit je sieben systematisch angeordneten, massiven Sandsteinplatten nachgewiesen werden, die als Sockelsteine für massive Holzpfosten anzusprechen sind und vermutlich mit einer Halle in Verbindung stehen. Diese Halle wäre dann knapp 30 m lang und etwa hälftig je 13 m bzw. 9 m breit. Möglicherweise handelt es sich aber auch um zwei separate Überdachungen. Konstruktionen dieser Art sind für andere römische Töpfereien überliefert. Dort könnten beispielsweise die Ziegel vor dem Brand getrocknet worden sein.

Im derzeit auszugrabenden Teil der Töpferei gibt es mehrere holzverschalte, quadratische, unterschiedlich tief reichende Schächte, bei denen es sich wohl um Brunnen handelt. In einem Fall konnten bislang mehrere Holzbretter in knapp 4 m Tiefe geborgen werden, die zur Verkleidung einer Brunnenstube mit 0,9 m Seitenlänge gehörten.

Das Fundmaterial ist, wie bei einer Töpferei nicht anders zu erwarten, überaus zahlreich und kann erst nach einer umfassenden Sichtung eingehender klassifiziert werden.

Auch die neu hinzugekommenen Betriebseinheiten stehen offensichtlich in enger Verbindung mit dem für Stettfeld bereits bekannten Ziegler LPL, dessen Signatur in verschiedenen Varianten auf Ziegeln im gesamten Gelände aufzufinden ist (Abb. 95; 96).

Aussagen zur Größe des gesamten Betriebes können mit dem heutigen Kenntnisstand nur als Schätzwerte verstanden werden. So viel dürfte jedoch sicher sein: Östlich der Kreisstraße ist mit weiteren Produktionseinheiten zu rechnen. Die Abgrenzungen nach Süden und Norden sind noch herauszufinden. Demnach dürfte eine Größenordnung von insgesamt 5 ha kaum zu hoch angesetzt sein.

Der Gemeinde Ubstadt-Weiher möchten wir an dieser Stelle für alle Unterstützung vielmals danken.

Britta Rabold

Abb. 96
Stettfeld, Töpfereibezirk. Tegulabruchstück mit Stempel LPL.

Abb. 95
Stettfeld, Töpfereibezirk. Ziegel in Versturzlage mit Stempel LPL.

Literaturhinweise

E. Schallmayer, Arch. Ausgr. Baden-Württemberg 1982, 106 ff; 1992, 203 ff.; H. von der Osten-Woldenburg/B. Rabold, Arch. Ausgr. Baden-Württemberg 2003, 129 ff.; P. Knoetzele, Zur Topographie des römischen Stettfeld, Grabungen 1974–1987. Forsch. u. Ber. Vor- u. Frühgesch. Baden-Württemberg 97 (Stuttgart 2006).

Neue Erkenntnisse über den römischen Monumentalbau in Stettfeld, Gde. Ubstadt-Weiher, Kreis Karlsruhe, durch das Bodenradar-Verfahren

Motivation für die erneute geophysikalische Prospektion

Im Frühjahr 2006 war es möglich, das Areal des römischen Monumentalbaus in Stettfeld mit dem Bodenradar-Verfahren zu untersuchen. Großflächige geoelektrische Messungen, die wir 2003 durchgeführt hatten, um bereits bekannte römische Strukturen genauer zu lokalisieren, hatten unerwartet das über 120 m lange Gebäude sichtbar machen können. Aufgrund des Vorhabens von Studenten der Universität Karlsruhe, von diesem Monumentalbau ein dreidimensionales Modell zu erstellen, waren wir vonseiten des Baugeschichtlers und Architekten Meinrad N. Filgis um zusätzliche Informationen über Tiefenlagen und exakte Mauerbreiten dieses Gebäudes gebeten worden. Derartige Informationen können nur durch den Einsatz hochauflösender Radarmessungen erbracht werden. Die Messungen führten wir mit einem SIR-2-System der Firma GSSI durch. Nach ersten Testmessungen mit unterschiedlichen Antennen fiel die Wahl auf die 500 MHz-Antenne. Um eine höchstmögliche Auflösung der Fundamentreste bei vertretbarem zeitlichem Aufwand erzielen zu können, haben wir das Areal des römischen Gebäudes mit einem Profilabstand von 0,25 m abgefahren. Den Abstand zwischen zwei benachbarten Messpunkten legten wir auf 0,025 m fest. Insgesamt wurden in dieser Messkampagne, die von mehreren Wintereinbrüchen begleitet wurde, 2328 Profile mit einer Gesamtlänge von 80,3 km abgefahren.

Abb. 97 Stettfeld. Zwölf ausgewählte Zeitscheiben der Radarsondierung zwischen 0,40 m (erste Teilabbildung) und 1,50 m Tiefe (letzte Teilabbildung). Der Tiefenschritt zwischen benachbarten Teilabbildungen beträgt etwa 0,09 m. Diese Teilabbildungen enthalten u. a. auch die Information über den Erhaltungszustand der Mauern in Abhängigkeit von der Tiefe.

Auswertungsschritte

Der von einem Bruchsaler Vermessungsbüro für den Bereich der Messfläche erstellte Höhenlinienplan mit Abstufungen von 0,20 m wurde digitalisiert. Die digitalisierten Daten bildeten die Grundlage für die Erstellung eines digitalen Geländemodells, das vor allem für die statische Korrektur der Radargramme von großer Wichtigkeit war.
Die Bearbeitung aller 2328 Radarprofile mit einer Gesamtanzahl von 3,2 Milliarden Datenwerten bestand im Wesentlichen aus den Schritten Nullabgleich (Nullpunkt-Korrektur der Radargramme), Markerinterpolation (Korrektur von Fehlmessungen, Äquidistanzierung der Einzelspuren), Background Removal (Reduktion gerätebedingter Störanteile), Bandpassfilterung (Verbesserung des Signal-Rausch-Verhältnisses), AGC-Korrektur (Veränderung des Verstärkungsfaktors in Teilbereichen einzelner Spuren; damit werden Bereiche niedriger Reflexionsamplituden gegenüber Bereichen hoher Reflexionsamplituden verstärkt), Migration (Rückführung der Reflexions- und Diffraktionsenergie auf ihren Ursprung), statische Korrektur (Berücksichtigung der topografischen Begebenheiten) und Erstellung von Zeitscheiben (senkrecht zu den gemessenen Profilen angeordnete Ebenen, die die horizontale Verteilung der vom Radarsystem erfassten Inhomogenitäten des Untergrundes innerhalb eines bestimmten, frei wählbaren Tiefenintervalls enthalten).

Interpretation

Innerhalb des Messgebietes mussten Höhenunterschiede von knapp 10 m überwunden werden. Große Bereiche des Monumentalbaus liegen innerhalb einer etwa Nordnordost–Südsüdwest streichenden, nahezu flachen Ebene mit Höhenunterschieden von etwa eineinhalb Metern. Eine Übersicht über den vertikalen Aufbau sowie Informationen

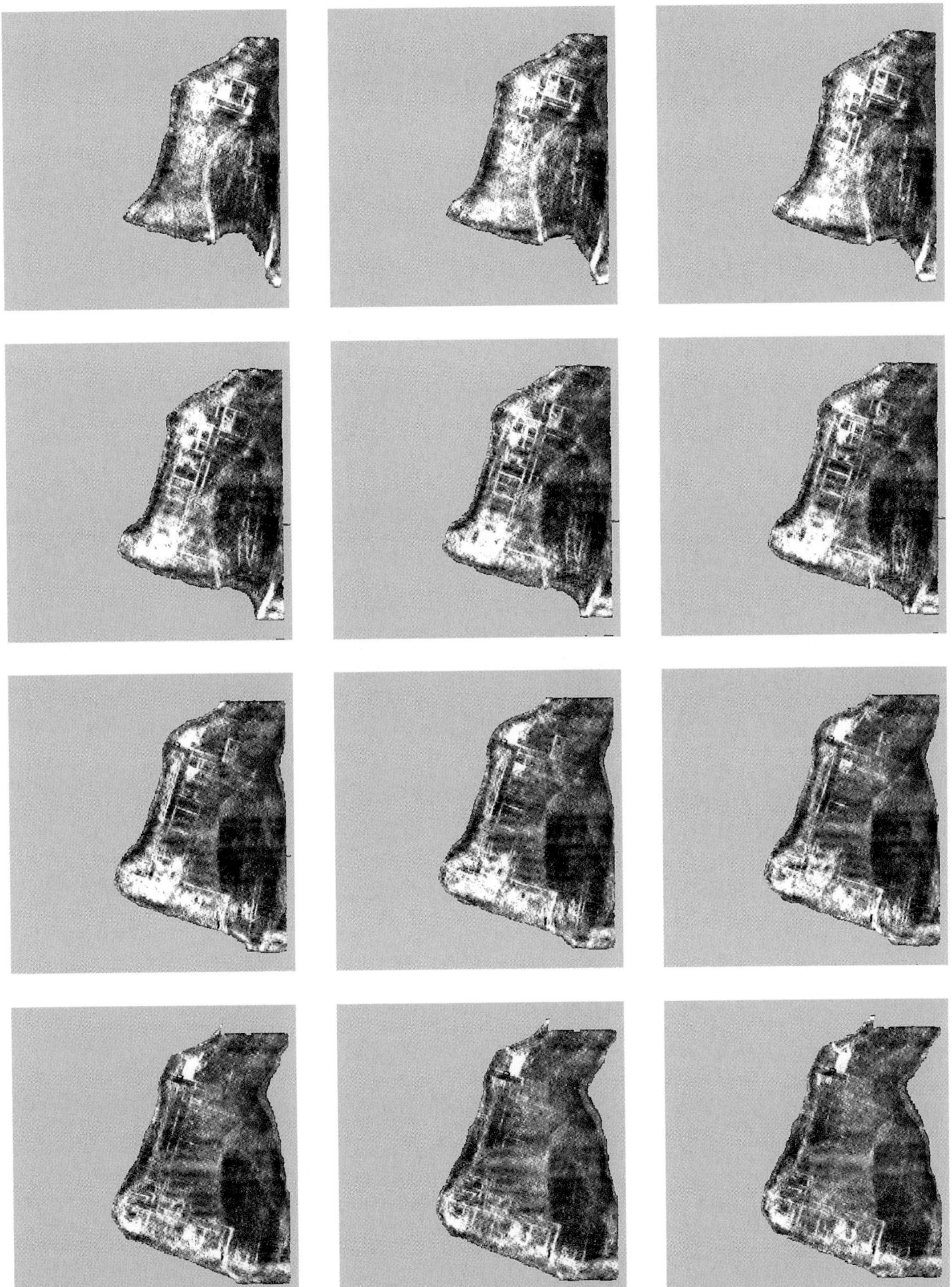

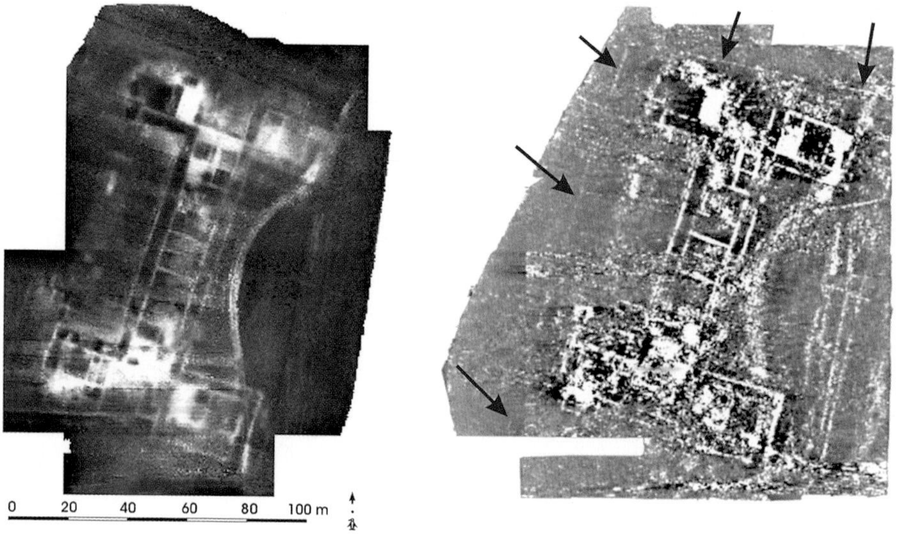

Abb. 98
Stettfeld. Gegenüberstellung der Ergebnisse geoelektrischer Kartierung (links) und, als Teilergebnis der Radarsondierung, einer ausgewählten Zeitscheibe der Tiefe von etwa 1,13 m (rechts).

über den Erhaltungszustand der Fundamentreste des römischen Gebäudes in Abhängigkeit von der Tiefe kann in der Abbildung 97 studiert werden. Der Tiefenbereich, den diese einzelnen, genordeten Teilabbildungen überstreichen, reicht in äquidistanten Schritten von etwa 0,40 m bis 1,50 m. Diffuse helle Bereiche können auf Schuttflächen zu-

Abb. 99
Stettfeld. Zur topografischen Situation des römischen Monumentalbaus. In das digitale Geländemodell Baden-Württemberg (Copyright: Landesvermessungsamt Baden-Württemberg, Az: 2851.2-A/218) eingebundene Zeitscheibe der Tiefe von etwa 1,13 m.

rückgeführt werden. Ein aufgegebener, aber noch deutlich im Gelände zu erkennender Feldweg paust sich in den Zeitscheiben als eine – vom römischen Bauwerk aus gesehen – konvexe Struktur am Ostrand der Anlage ab.
Die eingangs erwähnten Wintereinbrüche mit abwechselnden mehrtägigen Perioden mit Temperaturen unterhalb sowie weit oberhalb des Gefrierpunktes haben auch das Reflexionsverhalten unterirdischer, oberflächennaher Strukturen beeinflusst. Ein Großteil dieses Einflusses konnte aus den Daten herausgefiltert werden, dennoch ist dieser vor allem in den östlich gelegenen Bereichen der Messfläche zu erkennen. Eine weitere Filterung würde auch schwach ausgeprägte, archäologisch relevante Anomalien eliminieren. Im Vergleich zwischen dem Resistogramm des Monumentalgebäudes, das mit einem Messpunkt- und Profilabstand von jeweils 0,50 m erstellt wurde und Informationen über die Leitfähigkeitsverteilung des Untergrundes bis zu einer Tiefe von etwa 0,75 m enthält, und den mit dem Radarverfahren erhaltenen Zeitscheiben ist die bei den Radaruntersuchungen höhere horizontale Auflösung der archäologischen Strukturen unverkennbar (Abb. 98). In den Ergebnissen der Radarsondierung sind in den Zeitscheiben archäologisch relevante Strukturen einerseits sehr viel deutlicher zu erkennen. Andererseits sind aufgrund der sehr viel höheren horizontalen und vertikalen Auflösung dieses Verfahrens in diesen Zeitscheiben auch bislang unbekannte Strukturen enthalten. Hier sind vor allem Lineamente im Bereich östlich des Gebäudes zu erwähnen, die im Resistogramm nur vergleichsweise recht undeutlich zu erkennen sind. Die Streichrichtung dieser Inhomogenitäten entspricht in etwa der Richtung der Längsachse des Gebäudes. Berichten zufolge wurden bei der früheren Beackerung des heutigen Wiesengrundstückes behauene Steine aus dem Untergrund herausgerissen. Das dürfte der Grund dafür sein, dass sich diese Lineamente in den Zeitscheiben teilweise unterbrochen abzeichnen. Zusätzlich konnte eine runde Struktur erfasst werden, die vielleicht auf den Brunnen zurückgeführt werden kann, von dem mehrere Einheimische berichteten. Weiterhin erwähnenswert ist eine Mauer, die in der rechten Teilabbildung der Abbildung 98 mit fünf Pfeilen markiert ist. Ob es sich hierbei tatsächlich um eine Umfassungsmauer handelt, kann nur durch eine Erweiterung des Messgebietes eindeutig geklärt werden. Zwei weitere Strukturen, die von Osten her in Richtung Portikus bzw. in Richtung des südöstlichen Risalites führen, sind wohl auf römische Wasserversorgungskanäle zurückzuführen.
Die topografische Situation des römischen Monumentalbaus zeigt die Abbildung 99 auf (Blickrichtung: Ostsüdost). Die südliche, nach Osten führende Wasserzuleitung lässt sich mit Sicherheit bis zu einer von den Römern gefassten Quelle verfolgen. Nicht uninteressant wäre die Verfolgung der zweiten, in Richtung Portikus führenden Wasserzuleitung mit geophysikalischen Methoden.

Wieder schulden wir großen Dank dem Römerverein Stettfeld. Viele aktive Mitglieder haben diese Messungen tatkräftig unterstützt. Besonderer Dank gebührt Herrn Fischer, dessen Garage als Datenübertragungs- und Aufladestation für den Akku des Radarsystems unentgeltlich genutzt werden konnte.

Harald von der Osten-Woldenburg

Literaturhinweise

H. von der Osten-Woldenburg/B. Rabold, Arch. Ausgr. Baden-Württemberg 2003, 129–131.

Römische Siedlungsspuren im Trassenbereich einer Gaspipeline im Heckengäu bei Heimsheim, Enzkreis

Zwischen Mai und Oktober 2006 führte die EnBW den Aufbau einer Gasversorgung im Heckengäu durch. Dabei wurden die Gemeinden Weissach-Flacht im Regierungsbezirk Stuttgart (Kr. Böblingen) und Mönsheim, Wimsheim sowie Friolzheim im Regierungsbezirk Karlsruhe (Enzkreis) mit einer neuen Gashochdruckleitung untereinander verbunden.

Von nahezu allen betroffenen Gemarkungen waren archäologische Fundstellen bekannt, die mit hoher Wahrscheinlichkeit von der Trassenführung tangiert werden würden. Daher wurde bereits im Vorfeld der Bauarbeiten mit der EnBW eine Vereinbarung geschlossen, die die lückenlose Überwachung der insgesamt etwa 20 km langen Pipelinetrasse ermöglichte.

Über Feld, Wald und Wiesen

Weite Abschnitte der Trassenführung verliefen durch das ausgedehnte Waldgebiet zwischen Wimsheim und Weissach-Flacht. Hier wurden fast überall unmittelbar unter der nur dünnen Waldbodenauflage massive Felsschichten angetroffen. Archäologische Spuren konnten in diesen Bereichen, deren Aufschlussbreite ohnehin nur dem eigentlichen, etwa einen Meter breiten Rohrgraben entsprach, nicht beobachtet werden.

In den Feldfluren nahe Wimsheim und Friolzheim nahm der Arbeitsstreifen zwar eine Breite von durchschnittlich vier bis sechs Metern ein, doch wurden die bekannten archäologischen Fundstellen – etwa mehrere Steinhügel unbekannter Zeitstellung bei Friolzheim – hier nicht vom Trassenverlauf berührt.

Römische Siedlungsspuren nahe der Autobahn

Südlich der Bundesautobahn A8 Stuttgart–Karlsruhe, etwa auf Höhe der Anschlussstelle Heimsheim, sind seit langem römische Siedlungsreste bekannt, durch deren Areal auch die Gaspipeline führen sollte. Aus diesem Grund galt das besondere Augenmerk den

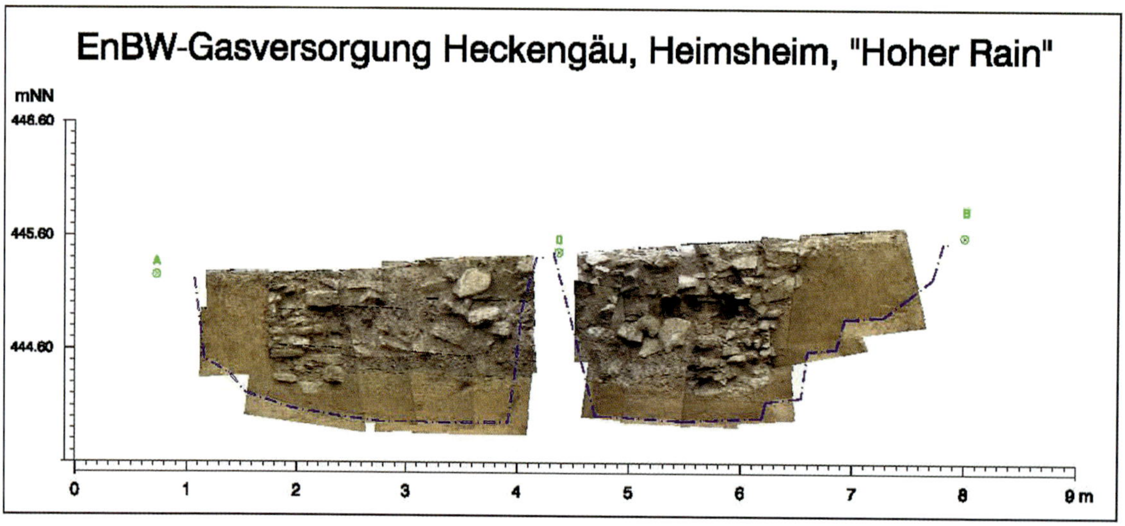

Abb. 100 Heimsheim, „Hoher Rain“. Fotogrammetrische Aufnahme des Querprofils durch den römischen Keller.

Bauarbeiten in der Flur „Hoher Rain“, Gemarkung Heimsheim. Gleichzeitig war zu erwarten, dass die Römerstraße Pforzheim–Cannstatt in west-östlichem Verlauf hier von der Trasse durchschnitten werden würde.

Während entgegen den Erwartungen die Römerstraße weder im Arbeitsstreifen noch im Rohrgraben zu lokalisieren war, konnten nur wenige Meter südlich der Abzweigung zur Justizvollzugsanstalt Reste eines römischen Gebäudes dokumentiert werden.

Mitten in der sechs Meter breiten Trasse gelegen, kam unmittelbar nach Abtrag der Humusschicht in nur 0,2 m Tiefe eine massive, flächige Steinkonzentration zutage, die sich dann im geputzten Planum deutlich als regelmäßige, rechteckige Struktur mit deutlichen Kanten im hellbraunen anstehenden Lehm abzeichnete und als Keller identifizieren ließ. Der Befund war Nordwest–Südost ausgerichtet. Im Nordwesten war eine ca. 2 m breite und 1,8 m lange Erweiterung Richtung Nordwesten erkennbar, die den einstigen Zugang markierte. Lediglich die Westecke dieser Erweiterung konnte nicht untersucht werden, da sie sich jenseits der Trassenkante befand, ansonsten wurde der Befund komplett erfasst. Die Kellerwände zeichneten sich im Planum noch als klare Kanten aus gesetzten Handquadern ab, das Innere des Befundes war indes mit hineingeworfenem oder verstürztem Steinmaterial verfüllt. Zwischen den Steinen wurden einige Holzkohle-, Hüttenlehm- und Mörtelstücke festgestellt, die jedoch keine Konzentrationen bildeten, sondern locker dem Sediment beigemischt waren.

Der Keller war insgesamt noch über 1 m tief erhalten (Abb. 100). Knapp über der Sohle waren im Profil allerletzte Spuren der einstmaligen Bodenauskleidung mit Holzbohlen zu erkennen.

Das Fundmaterial setzte sich aus römischer Gebrauchskeramik, wenigen Schlackenfragmenten und einigen Eisennägeln zusammen. Hinzu kommen wenige Glas- und Bronzefragmente sowie eine Bronzemünze des Kaisers Antoninus Pius (138–161 n. Chr.)

Mit diesem Keller wurde ein weiteres Gebäude der schon lange bekannten römischen Ansiedlung nahe der Autobahn erfasst, deren Charakter aber nach wie vor nicht endgültig zu umreißen ist: Es könnte sich entweder um die Reste einer *villa rustica* im Umland des römischen *Portus*/Pforzheim oder um Teile einer römischen Straßenstation handeln, die dann unweit der oben erwähnten Ost-West-Fernverbindung gelegen haben dürfte, deren Verlauf in diesem Bereich noch immer nicht genauer zu lokalisieren ist.

Sehr herzlich möchten wir der EnBW Regional AG, Stuttgart, für ihr Verständnis und Entgegenkommen sowie für die vielfältige Unterstützung der archäologischen Geländetätigkeit danken. Ohne die unkomplizierte Zusammenarbeit hätte einerseits die lückenlose Überwachung der gesamten Pipelinetrasse in dieser Art und Weise und andererseits die rasche Befundaufnahme ohne Verzögerung für die ausführende Baufirma nicht realisiert werden können.

Auch den Mitarbeitern der Firma Friedrich Vorwerk Rohrleitungsbau, Halle, gilt unser besonderer Dank für ihre kollegiale Zusammenarbeit und die Unterstützung unserer Arbeit.

Jörg Bofinger, Przemyslaw Sikora

Literaturhinweise

F. Hertlein/P. Goessler, Die Straßen und Wehranlagen des römischen Württemberg. Die Römer in Württemberg II (Stuttgart 1930) 47–49; Ph. Filtzinger/D. Planck/B. Cämmerer (Hrsg.), Die Römer in Baden-Württemberg[3] (Stuttgart 1986) 146 ff; Fundber. Schwaben N. F. 9, 1935/38, 85 f.

Siedeln im Morast – römische und frühmittelalterliche Siedlungsreste in Sindelfingen, Kreis Böblingen

Im Süden Sindelfingens belegen zahlreiche Fundstellen eine ausgedehnte römische Siedlung von ca. 15 ha an einem wichtigen Straßennotenpunkt, ohne dass ein Kastell als Keimzelle nachweisbar wäre. Weitere Fundstellen stammen von dem auch in historischen Quellen belegten Dorf Altingen, das nach Aufgabe des *vicus* im 3. Jahrhundert n. Chr. in der Mitte des 6. Jahrhunderts an der Straßentrasse entstand und im Zuge der Stadtwerdung Sindelfingens im 13. Jahrhundert wüst fiel. Beide Siedlungen lagen weitgehend in der feuchten Talaue des Goldbachs.

Der geplante Erweiterungsbau eines Möbelhauses mit Tiefgarage inmitten des historischen Siedlungsareals erforderte baubegleitende archäologische Untersuchungen. Vom Bau des 1994 erstellten Hauptgebäudes wusste man, dass hier ein extrem morastiger Untergrund mit Befunden in 4 m bis 5 m Tiefe zu erwarten war. Ablagerungen aus Auelehm, Sand und Torf hatten zwar Hölzer und andere botanische Reste hervorragend konserviert, innerhalb der schwarzbraunen, lehmig-torfigen Schicht zeichneten sich Befunde jedoch nicht als Verfärbungen, sondern nur unmittelbar als Hölzer, Mauern oder Fundkonzentrationen ab.

Auf dem ca. 7 ha großen Gelände zwischen Schadenwasenstraße und Böblinger Straße, auf dem ab 1959 eine Traktorenfabrik und später ein Autohaus standen, musste vor Baubeginn eine Altlasten-Untersuchung durchgeführt werden. Leider erfüllte sich die Hoffnung, dadurch Einblicke in die archäologische Befundsituation zu bekommen, nur bedingt, da sich die 1,5 m breiten, bis zu 4 m tiefen Schnitte meist schnell mit Wasser füll-

Abb. 101
Sindelfingen. In der Verfüllung des um 158 n. Chr. errichteten Kastenbrunnens fanden sich auch vollständig erhaltene Gefäße.

ten. Die Bauarbeiten dauerten von Ende September bis Ende November und werden im Februar 2007 fortgesetzt. Die Beseitigung der modernen Bebauungsreste und die Ausschachtung der 5 m tiefen Baugrube in dem morastigen Gelände erforderten planerische, bau- und sicherheitstechnische Vorgaben, denen sich auch die archäologische Arbeit beugen musste.

Häuser, Brunnen und Schmiedeschlacken – der römische *vicus*

Im nordöstlichen Randbereich der Baugrube wurden die Reste eines Nordost–Südwest ausgerichteten Gebäudes über eine Länge von etwa 10 m und eine Breite von ca. 3 m freigelegt. Die südliche Begrenzung bildete ein 0,6 m breites Streifenfundament, den Fußboden bildete Estrich auf einer ca. 0,1 m dicken Kiespackung in Mörtel, unterfüttert mit einer ca. 0,3 m dicken Packung aus groben Steinen. Die Mauer wurde im südwestlichen, feuchteren Areal durch zwei Reihen mit versetzt angeordneten, dreieckig zugehauenen Eichenpfählen gestützt. Die Fortsetzung der Mauer nach Süden, die sich im Profil deutlich abzeichnete, konnte leider in Zuge der Aushubarbeiten nicht mehr verfolgt werden. Mit einer dazu rechtwinklig verlaufenden Mauer dürfte die östliche Begrenzung oder eine Zwischenmauer erfasst worden sein. Die dendrochronologische Untersuchung datiert die Stützpfähle und damit wohl auch die Errichtung des Gebäudes in das Jahr 124 n. Chr. Zwei weitere, in unmittelbarer Nähe aufgedeckte Pfahlreihen und -anhäufungen stammen aus derselben Zeit. Im Südosten des Areals muss sich ein weiteres Gebäude befunden haben, dessen Steinmauer bereits 1959 beim Ausschachten eines Kellers aufgedeckt worden war. Leider konnten keine Reste dieser spärlich dokumentierten Mauer erfasst werden, jedoch in unmittelbarer Nähe umfangreicher Bauschutt, darunter auch Wandziegel *(tubuli)* einer Warmluftheizung, die einen für den Sindelfinger *vicus* seltenen Wohnkomfort belegen.

Zwischen den beiden Gebäuden wurden zwei kastenförmig ausgeschalte Brunnen (ca. 2 m × 1,5 m) freigelegt, von denen einer im Jahr 125 n. Chr. errichtet worden war. Ein dritter, um 158 (± 10 Jahre) angelegter vergleichbarer Brunnen lag im Nordwesten der Baugrube (Abb. 101). Er enthielt Keramikscherben sowie einige fast vollständig erhaltene Gefäße, darunter ein Fehlbrand (Abb. 102). Weitere Fehlbrände und zahlreiche Schmiedeschlacken in unmittelbarer Nähe weisen auf handwerkliche Tätigkeit hin. Ein Sigillata-Teller trägt den Stempel des Töpfers Julius Respectus Mediomatricus von Heiligenberg (100 bis 130/140 n. Chr.), ein weiterer den von Secundinus von Rheinzabern (140/150–210 n. Chr.).

Abb. 102 Sindelfingen. Doppelhenkelkrug mit Merkmalen eines Fehlbrands aus dem römischen Brunnen.

Holzbauten und Bachverbau – das mittelalterliche Altingen

Rechteckige Pfosten in der Westhälfte des Areals, die teilweise in Reihen angeordnet waren und auch rechteckig aufeinander Bezug nehmen, ließen leider keine eindeutigen Grundrisse erkennen. Reste und Spuren von Bretterwänden weisen auf Holzbauten hin. Leider war es aus den erwähnten Gründen nicht möglich, diese Befunde genauer zu

Abb. 103 Sindelfingen. Umgestürzter Flechtwerkzaun, wohl Rest einer Uferbefestigung im Bett des ehemaligen Goldbachs.

untersuchen. Überraschend waren die Ergebnisse der Dendrochronologie, denen zufolge die Hölzer in das 10. Jahrhundert gehören. Eichenspältlinge und -rundhölzer einer Pfahlreihe am Südwestrand der Baugrube wurden anno 984 geschlagen.

Nördlich und westlich des erfassten römischen Gebäudes fanden sich Ablagerungen eines fließenden Gewässers, sicherlich des in antiker Zeit stark mäandrierenden Goldbachs. Mehrere mit Flechtwerk verbundene Pfostenreihen dürften als Uferbefestigung den sich immer wieder ändernden Bachlauf markieren (Abb. 103). Dazwischen lagen zahlreiche Steine, die sich im Norden zu einer breiten Schotterung aus Stubensandstein ausdehnten, in der immer wieder Pfähle steckten. Im Bereich der Flechtwerkwände und insbesondere auf der Schotterung fanden sich große Mengen mittelalterlicher Keramikscherben und Tierknochen. Es handelt sich überwiegend um gelbtonige Drehscheibenware mit vielen dickwandigen Bodenstücken und Randformen des Typs Jagstfeld. Nur wenige Scherben gehören zur rauwandigen Drehscheibenware. Auffallend ist das Fehlen kalkspatgemagerter nachgedrehter „Albware", die in Sindelfingen für das Hochmittelalter typisch ist. Diese Beobachtungen gelten auch für das übrige mittelalterliche Fundmaterial. Sie bestätigen somit das in Ulm „Neue Straße" durch Dendrodaten gewonnene Ergebnis, dass Ränder vom Typ Jagstfeld bereits im späten 10. Jahrhundert auftreten. Offenbar dehnte man das Siedlungsgebiet von Altingen erst im 10. und frühen 11. Jahrhundert auf dieses Areal aus und versuchte, den Bachverlauf zu regulieren und Bereiche trockenzulegen.

Römische Straße im Mittelalter weiterbenutzt?

Im Westprofil der Baugrube wurde vermutlich noch der Randbereich einer bereits Mitte des 19. Jahrhunderts aufgedeckten römischen Straße erfasst, die offenbar für die römische und die mittelalterliche Straßensiedlung eine wichtige Rolle spielte. Der Sindelfinger Vermessungsdirektor und Museumsleiter Eugen Schempp bestimmte sie anhand historischer und besitzrechtlicher Quellen sogar als westliche Dorfgrenze Altingens. Aus dem nun freigelegten schmalen Stück konnten lediglich mittelalterliche Scherben geborgen werden. Bei der Fortsetzung der Bauarbeiten nach Westen müsste auch diese Straße weiter freigelegt werden und damit hoffentlich genauere Aufschlüsse zu Verlauf, Aufbau und Benutzungszeit bringen.

Bedanken möchte ich mich bei allen Archäologen und Fachstudenten, deren Einsatz über das übliche Maß hinausging, besonders bei Claus Brenner M. A., Oliver Häusser M. A., Monica Knopf M. A. und Manuela Mayer M. A., die die Grabungsleitung vor Ort übernahmen, außerdem bei Hagen Digel, Sindelfingen, der sich unermüdlich ehrenamtlich um die archäologischen Fundstellen in Sindelfingen kümmert. Die Bestimmung der Sigillata-Stempel verdanke ich Dr. Thomas Knopf, Tübingen.
Wir danken der Unteren Denkmalschutzbehörde und dem Stadtmessungsamt Sindelfingen, der Fa. IKEA, der Planungsgruppe Skribbe-Jansen Münster, der Fa. Intergeo Augsburg, der S. G. Wohnbau Sindelfingen und der Fa. Karl Fischer GmbH und ihren Mitarbeitern für die gute Zusammenarbeit.

Dorothee Ade-Rademacher

Literaturhinweise

C. Oeftiger, Arch. Ausgr. Baden-Württemberg 1996, 193 ff.; Th. Knopf, Das römische Sindelfingen. Materialh. Arch. Baden-Württemberg 55, 2000; D. Ade-Rademacher/ R. Rademacher, Reich an Vergangenheit. Römer und Alamannen in Sindelfingen. Schriftenr. Stadtarchiv Sindelfingen 6 (Sindelfingen 2004).

Provinzialrömische und alamannische Siedlungsbefunde in Ilvesheim, Rhein-Neckar-Kreis

Zwischen März und September 2006 führten Mitarbeiter der Reiss-Engelhorn-Museen Mannheim im Neubaugebiet Mahrgrund II Rettungsgrabungen durch. Auf einer Fläche von ca. 20 000 m² konnten über eintausend Befunde dokumentiert und ausgegraben werden. Neben wenigen alamannischen Befunden (zwei Grubenhäuser, Gruben, ein Brun-

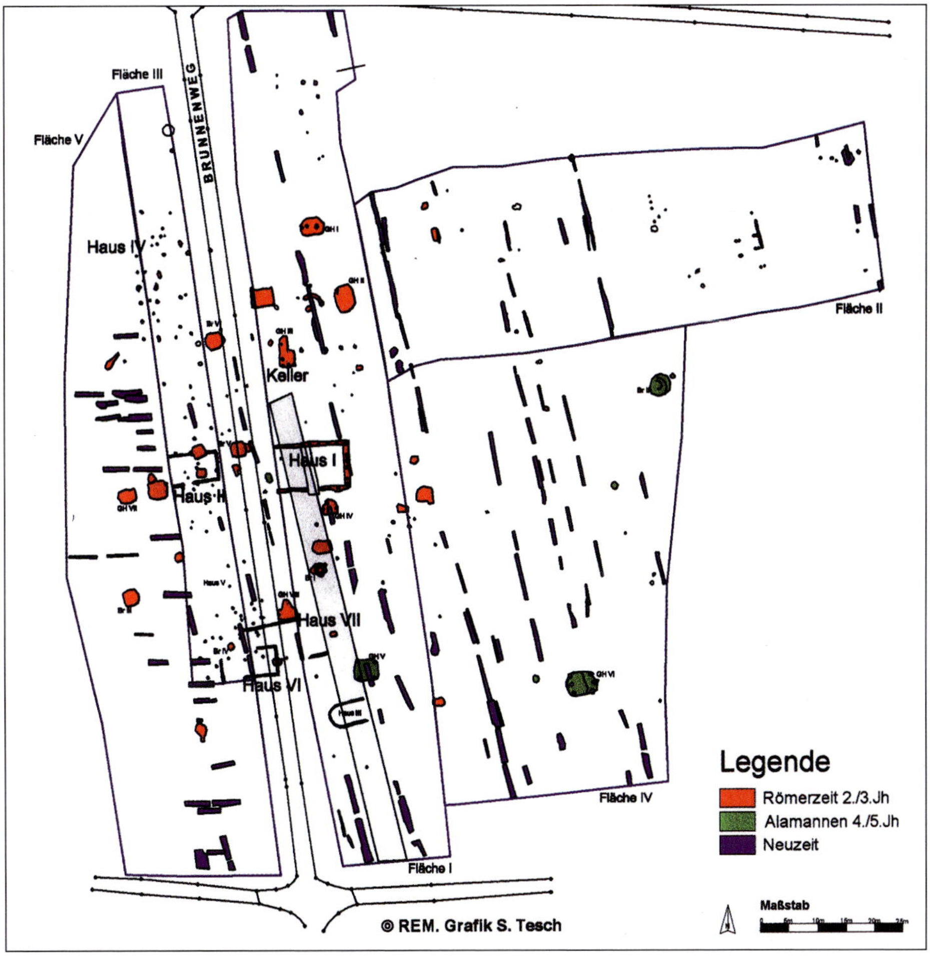

Abb. 104 Ilvesheim, Mahrgrund II. Gesamtplan der Grabungsbefunde.

nen) des ausgehenden 4. und beginnenden 5. Jahrhunderts wurden vor allem Reste einer provinzialrömischen Siedlung des 2./3. Jahrhunderts dokumentiert. Die Siedlung wurde in ihrer Ausdehnung komplett erfasst und erstreckte sich auf einer Fläche von ca. 8000 m² (Abb. 104).

Die Fundstelle liegt auf einer kleinen Anhöhe in einer alten, noch heute im Gelände erkennbaren Altneckarschleife. Somit war die Siedlung mit vermutlich zugehörigen landwirtschaftlich genutzten Arealen von allen Seiten von Wasserläufen umgeben.

Drei Typen von ebenerdig errichteten Häusern zeichneten sich in der Grabungsfläche ab. Haus I maß 12,8 m × 7,8 m und zeigte in einem stellenweise auf 0,6 m Tiefe erhaltenen Wandgraben in regelmäßigen Abständen Pfostenstandspuren von 0,3–0,45 m Durchmesser. Eine Lücke von 2 m Länge im südlichen Wandgraben lässt an dieser Stelle einen Eingang in das Gebäude vermuten. Reste einer Tragkonstruktion im Hausinneren wurden nicht beobachtet.

Die Wände der Häuser II, VI und VII lagen auf nur leicht eingetieften Schwellbalken. Spuren von diesen waren im Planum deutlich, in den Profilen nur schwach nachweisbar. Aufgrund der mangelhaften Befunderhaltung konnte keines der Häuser in seiner vollen Ausdehnung dokumentiert werden. Es ist daher auch denkbar, dass der Häuserbestand ursprünglich größer gewesen ist.

Die Häuser waren mit geringen Abweichungen Ost–West ausgerichtet.

Haus IV war ein Nordnordwest–Südsüdost orientierter Pfostenbau, dessen Datierung in das 2./3. Jahrhundert fraglich ist, obwohl sich Fragmente provinzialrömischer Gebrauchskeramik in den Pfostengruben erhalten hatten. Vier Grubenhäuser mit Firstpfosten und erhaltenen Tiefen von 0,4–0,65 m dienten vermutlich zur Lagerung von Lebensmitteln. Sie waren wie die Holzhäuser von Osten nach Westen orientiert. Spuren von Handwerk wie Weberei oder Metallverarbeitung konnten nicht dokumentiert werden.

Vier Brunnen dienten der Versorgung mit

Abb. 105 Ilvesheim, Mahrgrund II. Darre. Zwischen den Steinzügen brannte ein Feuer. Wärme und Rauch wurden in die sich anschließende Kammer geleitet.

Frischwasser. Bei drei Brunnen war die Basis mit Holz eingefasst. Es war jedoch nicht möglich, Konstruktionsmerkmale zur Holzverbindung festzustellen. Die Brunnenkästen reichten bis in eine Tiefe von 2,80–3,50 m. Bei einem Brunnen war die Sohle mit flachen Steinen ausgelegt, um das Einschwemmen von Sand zu verhindern.

In der provinzialrömischen Siedlung wurde nur ein Brunnen in Stein errichtet. Sein trocken gesetzter Schacht hatte einen Innendurchmesser von einem Meter, die vorgegebene Rundung war besonders bei größeren Steinen sorgsam herausgearbeitet. Der Brunnen war in einem Zuge mit abgebrochenem Material aus den oberen Bereichen des Steinkranzes verfüllt und anschließend so gründlich überplaniert worden, dass sich dieser Befund lediglich als diffuse Verfärbung in der Fläche zeigte.

Neben drei einfachen, im Umriss flaschen- bis birnenförmigen Öfen wurde auch eine größere Anlage ausgegraben. Zwischen zwei L-förmig angelegten Wangen aus Stein und Ziegeln hatte ein Brennraum bestanden, der von einer südlich vorgelagerten Arbeitsgrube aus beschickt wurde (Abb. 105). Nördlich schloss eine Kammer von ca. 2,1 m × 1,1 m Größe an, die in den Sand eingegraben war. Deren Wände waren mit Lehm ausgekleidet. Sie zeigte in höheren Bereichen verziegelte, stellenweise stark verrußte Lehmwände, in denen sekundär Ziegelbruch eingearbeitet war. Fragmente einer Kuppel fanden sich in der Verfüllung. Das im Lobdengau-Museum Ladenburg ausgestellte Modell einer Korndarre weist mit diesem Befund vergleichbare Konstruktionselemente auf. Die starke Verrußung könnte jedoch ebenso auf eine Nutzung als Räucherofen schließen lassen. Die Untersuchung von Erdproben aus der Verfüllung der Kammer wird zu dieser Frage neue Erkenntnisse liefern. Fragmente eines Mahlsteins aus Eifelbasalt und eine sekundär verbrannte Terra-sigillata-Schale sind als herausragende Funde zu nennen. Auch dieser Befundkomplex wurde nach seiner Zerstörung sorgfältig einplaniert. Zwei große Fundamentsteine mit rechteckigen Aussparungen für die Aufnahme von Holzpfosten befanden sich in den unteren Bereichen der Verfüllung.

Ein holzverschalter Keller mit Treppe war bis 1,7 m tief erhalten (Abb. 106). Er wurde durch ein Feuer zerstört und ebenso wie Darre und Steinbrunnen nach sehr kurzer Zeit verfüllt und einplaniert. Acht gleichmäßig aufgestellte Pfosten trugen eine Bohlendecke, von der sich gut erhaltene Teile in der Kellerverfüllung fanden. Zwischen den Pfosten standen Bretter, vermutlich in einer Nut. Diese waren besonders gut in der Westwand erhalten, zeigten sich jedoch auch als gut sichtbares Holzkohleband an den anderen Wänden. Vor der Ostwand befand sich ein 0,3–0,4 m hohes Podest, auf dem wohl Amphoren gestanden hatten. Auf der Kellertreppe befand sich Hüttenlehm mit Rutenabdrücken in kompakter Schichtung. Da die Kellerwandung aus aufrecht stehenden Bohlen bestand, für den Keller demnach an keiner Stelle eine Flechtwerkkonstruktion anzunehmen ist, muss der Hüttenlehm von einem Gebäude über dem Keller stammen. Auch elf sekundär verwendete Pfostensteine mit Mörtelspuren aus den unteren Bereichen der Kellerverfüllung waren wohl Teile der

Abb. 106
Ilvesheim, Mahrgrund II. Blick in den durch ein Feuer zerstörten Holzkeller mit Treppenstufen, bretterverschaltem Kellerhals, Dielenboden und dem Podest an der Ostwand.

tragenden Konstruktion eines im Aufgehenden nicht erhaltenen Gebäudes (vgl. Haus 1 mit Keller 2 in den römischen Militärlagern bei Mengen-Ennetach). Die keramischen Funde, vor allem Fragmente von Fein- und Grobkeramik aus der Kellerverfüllung, datieren den Verfüllvorgang in die Mitte des 3. Jahrhunderts. Der Keller gehörte vermutlich bereits in die zweite Hälfte des 2. Jahrhunderts oder in das frühe 3. Jahrhundert. Eine verzinnte Scharnierfibel aus gallischen Werkstätten, die unter den Treppenstufen gefunden wurde, lieferte für die Datierung einen Terminus post quem.

Im nördlichen Siedlungsareal fand sich ein stark durch den Pflug beschädigtes einfaches Brandgrab mit fünf Gefäßeinheiten, darunter ein Terra-sigillata-Schälchen des ausgehenden 2. Jahrhunderts. Leider wurden in diesem Areal keine weiteren Gräber entdeckt.

Brunnen, Darre und der holzverschalte Keller mit den Resten eines darüberliegenden Gebäudes kennzeichneten das gleichzeitige Ende der provinzialrömischen Besiedlungsphase. Die Siedlung ebnete man kurz nach ihrer Zerstörung durch ein Feuer ein. Das Gelände wurde vermutlich weiterhin landwirtschaftlich genutzt.

In ihrer Einfachheit stellt diese vermutlich rechtlich einer *villa rustica* zuzuordnende Siedlung eine Besonderheit dar. Der hohe Anteil von Keramik durchschnittlicher Qualität – möglicherweise aus Heidelberg-Neuenheimer Töpfereien –, das weitgehende Fehlen von Schmuck, Werkzeugen und technischen Anlagen vermitteln den Charakter einer sozial undifferenzierten Bevölkerung, die möglicherweise dem Getreideanbau oder der Fischerei nachging. Detailliertere Aussagen zum Landschaftsbild und zur Wirtschaftsweise werden die Analysen von Bodenproben und Tierknochen ergeben.

Unser Dank gilt besonders den Vertretern der Gemeinde Ilvesheim sowie der MVV Energiedienstleistungen GmbH Mannheim. Unentbehrliche Helfer waren wieder einmal Paul Gidius, Claudia Binder, Alexander Mercie und Dieter Schneider.

Frank Wedekind, Klaus Wirth

Der Kastellvicus von Mudau-Schloßau, Neckar-Odenwald-Kreis

Die Ausgrabungen 2006 in Schloßau betrafen vier Bereiche des Kastellvicus, der seit 2003 im Neubaugebiet „Burggewann" durch die Archäologische Denkmalpflege in Karlsruhe flächig dokumentiert wird (Abb. 107). Die Untersuchungen in zwei Baugrundstücken konnten weitgehend abgeschlossen werden; zum einen Flst.-Nr. 3457 westlich der römischen Straße (und der damit im Verlauf weitgehend übereinstimmenden modernen Erschließung des Neubaugebietes), zum anderen ein gegenüberliegendes, leicht nach Norden versetztes Areal (Flst.-Nr. 3446). Neu hinzu kam eine Fläche im Süden (Flst.-Nr. 3448) mit dichten Siedlungsbefunden, benachbart der 2005 flächig freigelegten Römerstraße.

Der östliche Teil des antiken Verkehrsweges gehört zu diesem Baugrundstück und musste vollständig abgetragen werden. Da eine Erhaltung der Straße hier aus verschiedenen Gründen nicht in Frage kommt, entschieden wir uns dafür, den gesamten Straßenkörper schrittweise abzutragen und detaillierte Untersuchungen vorzunehmen, die 2007 zum Abschluss kommen sollen.

Die Siedlungstopografie des römischen Kastelldorfes von Schloßau konnte entscheidend vervollständigt werden. Durch den Ankauf von Grundstücken an verschiedenen Stellen des Baugebietes ist es jedoch kaum möglich, die im Hohen Odenwald außergewöhnlich großen Parzellen kontinuierlich auszugraben,

Abb. 107
Mudau-Schloßau. Vorläufiger Gesamtplan.

Abb. 108 Mudau-Schloßau, Flst.-Nr. 3446. Wohnbebauung. Übersicht von Westen mit vollständigem Streifenhaus.

was nicht nur vergleichsweise zeitaufwendig ist, sondern auch kleine Lücken im Befund zur Folge haben kann. Dennoch ist die Nord-Süd-Erstreckung des *vicus* nunmehr über mehr als 130 m bekannt. Die große Zäsur im unteren Drittel sowie die südlich anschließenden, nur fragmentarisch überlieferten Befunde sind das Ergebnis tief greifender und weitläufiger Kanalisationsgräben im Rahmen der Erschließung, die vor unseren Ausgrabungen erfolgte.

Aussagen zum antiken Bebauungsplan in den bisherigen Berichten lassen sich nun bestätigen und präzisieren. Die Holzfachwerkgebäude südwestlich des Kastellbades konnten über 60 m weitgehend vollständig dokumentiert werden (Abb. 107). Anscheinend handelt es sich um Doppelhäuser mit versetzten Fronten zur Straße und dementsprechend auch unterschiedlichen Gebäudetiefen, die durch schmale Feuergassen voneinander getrennt waren. Auffallend sind unterschiedliche Konstruktionsweisen und, soweit noch nachvollziehbar, individuelle Innenunterteilungen. Bei dem vollständigsten Doppelhaus zeichnet sich eine Untergliederung in einen breiteren mittleren Bereich ab, der von jeweils zwei schmalen, korridorartigen Räumlichkeiten flankiert wird (Abb. 108). Das nördlich benachbarte Haus könnte ähnlich konzipiert gewesen sein. Völlig anderen Konstruktionsprinzipien hingegen unterliegt der Bau mit den gewaltigen Pfosten und straßenseitigem Erdkeller südlich davon, der wohl auch zur ursprünglichen Streifenhausbebauung gehört.

Sicherlich verunklären verschiedene Bauphasen bzw. Umbauten oder Ausbesserungen derzeit noch das Bild; ebenso lassen sich Gräbchen mit Pfostenstellungen, Pfosten ohne heute noch nachvollziehbare Gräben und schließlich Gräben, die anscheinend nie zur Aufnahme von Pfosten dienten, unterscheiden. Sie alle hatten offenbar unterschiedliche Funktionen, die im Rahmen der Auswertung zukünftig exakter anzusprechen sein werden. Ein kleineres Gräbchen im südöstlichen Areal, dessen Sohle mit unzähligen Eintiefungen übersät war, fällt völlig aus dem Rahmen. Vielleicht waren hier staketenartige Holzstangen verankert. Auffällig sind jedenfalls auch verbrannte Holzreste und vergleichsweise zahlreiche Keramikscherben sowie Knochenreste, die sich durchgängig in der Verfüllung fanden.

Nach den jetzigen Erkenntnissen haben die Häuser eine Breite von ca. 12 m; die Tiefe betrug offensichtlich knapp 20 m oder vereinzelt auch mehr. Die Areale hinter den Häusern liegen größtenteils nicht mehr im Geltungsbereich des Bebauungsplanes. Wo sie noch erfasst werden konnten, zeigen sich

Gruben, in einem Fall wohl auch ein Erdkeller und weiterc Gräbchenbefunde. Bemerkenswert ist ein größerer Graben mit eindeutig gebogenem Verlauf, möglicherweise eine Entwässerungsvorrichtung.

Drei große Pfostengruben parallel der Straße im südlichen Ausläufer der Grabungsfläche (Abb. 107) verweisen auf überdachte Bereiche vor den Gebäuden (Portiken), die wie die Straßenbankette gepflastert waren. Umfassendere Kenntnis zur Gestaltung der Gebäudefronten wird von den Ausgrabungen 2007 im gegenüberliegenden Areal erwartet, das einen guten Erhaltungszustand verspricht.

Momentan zeichnet sich im südlichen Teil aufgrund des Fundspektrums – z. B. dem vermehrten Vorkommen von Terra sigillata – eine intensivere Wohnnutzung ab. Dies mag aber auch mit einer vergleichsweise besseren Erhaltung zu erklären sein, denn in diesem Areal fehlen beispielsweise bislang jegliche Befunde der jüngsten Phase (Abb. 107; gelb gekennzeichnet).

Zeugnisse dieser letzten römischen Besiedlung sind eindeutig vier Töpferöfen und eine kleine Darre. Im Umfeld der Darre lagen mehrere kleine Feuerstellen. Diese bestanden entweder aus quadratischen Ziegelplatten, die in bereits verfüllte Siedlungsgruben eingebracht sein konnten, oder es handelte sich um birnenförmige Öfen. In der Verfüllung eines Ofens lagen zusammengehörende Teile einer Amphore (Abb. 109). Auch diese Feuerstellen werden derzeit mit der jüngsten Besiedlungsphase des *vicus* in Schloßau in Verbindung gebracht.

Abb. 109
Mudau-Schloßau. Ofen mit Amphorenscherben.

Im westlichen Bereich (Abb. 107, Flst.-Nr. 3457) konnte der 0,5–0,7 m breite, in den anstehenden Buntsandstein eingetiefte, rechtwinklig verlaufende Graben Richtung Süden und Westen ergänzt werden. Der weitere Verlauf nach Westen sollte durch gezielte Sondagen zu klären sein; nach Süden schließt sich eine große Fehlstelle durch die moderne Erschließung an. Möglicherweise lässt sich der Graben jedoch westlich des antiken Straßenstücks bei den Grabungen 2007 wieder feststellen; dies wäre ein wichtiger Aspekt für die bisherige Deutung als Straßengraben. Andererseits hätte er dann zumindest ansatzweise schon einmal auf der anderen Straßenseite begegnen müssen.

Zusammenhänge mit der Wasserversorgung zeichneten sich bereits im vergangenen Jahr durch eine große Zisterne ab, deren Erweiterung direkt mit dem Graben in Verbindung stand. Eine weitere, sehr ähnlich konstruierte Zisterne mit in den Sandstein eingetieften Pfosten kam jüngst in nur 12 m Entfernung hinzu (Abb. 107; 110). Insgesamt sind in diesem Areal inzwischen drei Zisternen bekannt, während es gegenüberliegend keinerlei Hinweise auf vergleichbare Befunde gibt.

Die Holzfachwerkbebauung konnte auch im westlichen Areal weiter verfolgt werden. Die Befunde lassen sich allerdings immer noch nicht funktional deuten. Reihen aus kleineren Pfosten ohne erkennbare Gräbchen könnten mit einer Innenunterteilung zu erklären sein. Alles in allem scheint für dieses durch den markanten Graben „umfriedete“ Areal eine Sondernutzung am wahrscheinlichsten. Weitere Erkenntnisse erhoffen wir durch die

Abb. 110
Mudau-Schloßau. Zisterne mit Wassergraben. Übersicht von Osten.

flächige Untersuchung der nördlich angrenzenden Baugrundstücke (Flst.-Nr. 3458 und 3459).

Für die römische Straße sind inzwischen mehrere Ausbauphasen nachgewiesen. Offensichtlich gab es durch den starken Niveauunterschied zwischen dem nördlich, am höchsten Punkt gelegenen Kastell und dem untersuchten Straßenstück immense Feuchtigkeitsprobleme, die sich auch während der Grabung nach starken Schauern bestens nachvollziehen ließen. Diesen begegnete man anscheinend durch einen rostartigen Unterbau aus Kanthölzern, der sich noch fast durchgängig unter dem Straßenkörper abzeichnete. Die letztjährige Deutung als ältere Hausbebauung scheidet somit aus. Ein Ost–West ausgerichteter Querbalken dieses Rostes wird durch die punktuell abgesunkene Straßenpflasterung deutlich. Die längs ausgerichteten Hölzer waren im Abstand von 5–6 m eingesetzt.

Ob die Straße von Anfang an gepflastert war oder zunächst aus verdichteten Erdschichten bestand, ist derzeit noch unklar. Die unterste gepflasterte Lage besteht aus vergleichsweise kleinteiligem Steinmaterial. Stellenweise kamen Bachwacken zum Einsatz, die von weiter her geholt werden mussten, allerdings stabiler und resistenter gegen Feuchtigkeit sind als der vor Ort anstehende eher weiche Buntsandstein. Darüber folgt eine Schicht aus größeren, teils grob behauenen Steinen, für die sich mehrere Abschnitte erkennen lassen. Zuoberst liegen schließlich die größeren, plattenförmigen, anscheinend gesetzten Steine, die oftmals gewaltige Abriebspuren zeigen. Dieser letzte Ausbau war 3,5–4 m breit. Kleine Abzweigungen oder Einfahrten führten zu den benachbarten Häusern.

Unser Dank gilt der Gemeinde Mudau für die gewohnte hervorragende Unterstützung unserer Ausgrabungsarbeiten.

Britta Rabold

Literaturhinweise

B. Rabold, Arch. Ausgr. Baden-Württemberg 2005, 125–129; dies., Der Odenwaldlimes in neuem Licht. – Forschungsstand 2005 zum Kastellvicus von Mudau-Schloßau, in: G. Seitz (Hrsg.), Im Dienste Roms. Festschrift H. U. Nuber (Remshalden 2006) 279–284.

Eine Rettungsgrabung vorgeschichtlicher, römischer und völkerwanderungszeitlicher Siedlungen in Herbrechtingen, Kreis Heidenheim

Ausgangslage

Vor Weihnachten 2005 erfuhr die Archäologische Denkmalpflege im Rahmen der Anhörung zum Bebauungsplan „Am Stockbrunnen", dass die Stadt Herbrechtingen dort die Ausweisung eines neuen Wohnbaugebiets beabsichtigte. Unmittelbar nördlich davon waren seit 1926, zuletzt 1954, immer wieder Siedlungsfunde der Urnenfelderkultur bekannt geworden. Das Areal liegt auf der rechten Niederterrasse der Brenz an der Talweitung am Ende des bekannten „Eselsburger Tales", das auf dem Buigen mehrere vorgeschichtliche Befestigungsanlagen, insbesondere der genannten Epoche, aufzuweisen hat.

Da hier mit archäologisch hochwertiger Substanz zu rechnen war, wurden Sondageschnitte im Vorfeld der Baumaßnahme angeregt. Die Stadt Herbrechtingen zeigte sich ihrer Vergangenheit bewusst. Nachdem bei den im März 2006 durchgeführten Sondagen bereits nach zwei Metern Baggerplanum Pfostenreihen zutage traten, war eine Ausgrabung unerlässlich.

Römische und frühalamannische Befunde

Ende Mai konnte die Hauptachse der Erschließung flächig aufgedeckt und archäologisch untersucht werden. Dabei zeigte sich eine Fülle von Befunden – Pfostengruben von Häusern, die nur zu einem geringen Teil der erwarteten Urnenfelderzeit, sondern überwiegend der Völkerwanderungszeit angehörten, und ebenso unerwartete Straßengräben der Römerzeit sowie römische Mauerreste.

In der Folge wurde entsprechend den Erfordernissen des Baugebiets Baufläche für Baufläche untersucht, wobei bei Kompromissbereitschaft beider Seiten die Koordination nicht einfach, aber letztlich erfolgreich war. Auf einer Fläche von 1,5 ha wurden rund 800 Befunde dokumentiert und ausgegraben. Vielfach mussten mehrere Plana angelegt werden, da die vorgeschichtlichen Befunde mitunter von Kolluvien überdeckt waren. In den untersten Hangbereichen wurden diese z. T. so mächtig, dass eine Ausgrabung tiefer als die zukünftigen Bauniveaus gelegen hätte und deshalb darauf verzichtet werden musste.

Abb. 111 Herbrechtingen. Ansicht der westlichen römischen Gutshofmauer von Norden mit älteren Baustrukturen.

Derzeit lassen sich drei separate römische Steingebäude, die offensichtlich zu einem bisher gänzlich unbekannten Gutshof gehören, die auf 60 m Länge festgestellte Gutshofmauer (Abb. 111) und ein daran angebautes Wirtschaftsgebäude näher ansprechen. Von Südost nach Nordwest durchquerte das Gelände eine Straße.

Aus der frühalamannischen Völkerwanderungszeit sind mehrere Pfostenbauten mit Brandrötungen der Herdstellen rekonstruierbar. Die Hausgrößen liegen bei etwa 12 m Länge und 6 m Breite. Außerdem liegen Reste von Metallschmelzöfen für Bronzegegenstände vor. Vier Grubenhäuser vervollständigen das Bild.

Abb. 112 Herbrechtingen. Dreiknopfbügelfibel der Mitte des 5. Jhs. aus Bronze; Länge noch 5 cm.

Die Siedlungsreste der Urnenfelderkultur sind dagegen spärlich und noch nicht im Zusammenhang zu deuten. Streufunde der Bandkeramik belegen eine Nutzung der Örtlichkeit zu dieser Zeit.

Ein ungewöhnlicher Fibelfund

Das Fundmaterial der Hauptperioden ist umfangreich und qualitätvoll. Die Urnenfelderzeit und vor allem die römische Epoche sind gut vertreten. Von besonderer Bedeutung erscheint hier aber die Völkerwanderungszeit im Wortsinn. Offensichtlich liegt hier keine „frühalamannische" Siedlung des 4. Jahrhunderts wie in Heidenheim, sondern eine des 5. Jahrhunderts vor. Darauf weist u. a. geriefte Keramik, vor allem aber eine genau datierbare frühe Dreiknopfbügelfibel der Mitte des 5. Jahrhunderts hin (Abb. 112). Als Siedlungsfund ist das Objekt singulär. Kaum weniger selten wäre es als Grabfund: Dieser Fibeltyp gehört zur Tracht in Mecklenburg und dem Elbemündungsgebiet. Aus Süddeutschland waren hierfür bisher nur Grabfundbelege aus Straubing und Breitenfurt in Bayern sowie aus Pfullingen bekannt. In der Völkerwanderungszeit kamen Menschen aus dem Norden offensichtlich auch nach Südwestdeutschland.

Die Grabungen sollen 2007 abgeschlossen werden, so dass im kommenden Jahr an dieser Stelle auch ein Gesamtplan vorgelegt werden kann.

Die Grabung wurde in beispielhafter Weise durch die Stadt Herbrechtingen unterstützt, wofür an dieser Stelle Herrn Bürgermeister Dr. Sipple und Herrn Frank, Fachbereichsleiter Planen/Tiefbau/Hochbau, besonders gedankt sei. Die Stadt Herbrechtingen stellte hochmotivierte Ein-Euro-Mitarbeiter zur Verfügung. Ihnen und den „Freiwilligen" sei hier herzlich gedankt.

Ingo Stork, Hans Ludwig

Literaturhinweise

H.-U. Voss, Neue völkerwanderungszeitliche Fibeln aus Brandenburg und Mecklenburg-Vorpommern. Zeitschr. Arch. 25, 1991, 55–66 bes. 61.

Römische Siedlungsreste und neolithische Gräber in Fellbach-Oeffingen, Rems-Murr-Kreis

Die Stadt Fellbach hat in Flur „Grund" im Stadtteil Oeffingen ihr Gewerbegebiet zwischen Freiberg- und Benzstraße um eine Fläche von 2 ha erweitert. Das Gebiet hat ein leichtes Gefälle von West nach Ost und gehört zum sogenannten „Schmidener Feld", das wegen seiner tiefen Lössböden besonders fruchtbar ist.

In der Umgebung des neuen Baugebiets sind in den vergangenen Jahrzehnten immer wieder vorgeschichtliche, überwiegend neolithische Fundstellen entdeckt und teilweise untersucht worden. Es schien daher angebracht, der Erschließung und Bebauung der neuen Gewerbefläche besondere Aufmerksamkeit zu schenken. In Absprache mit der

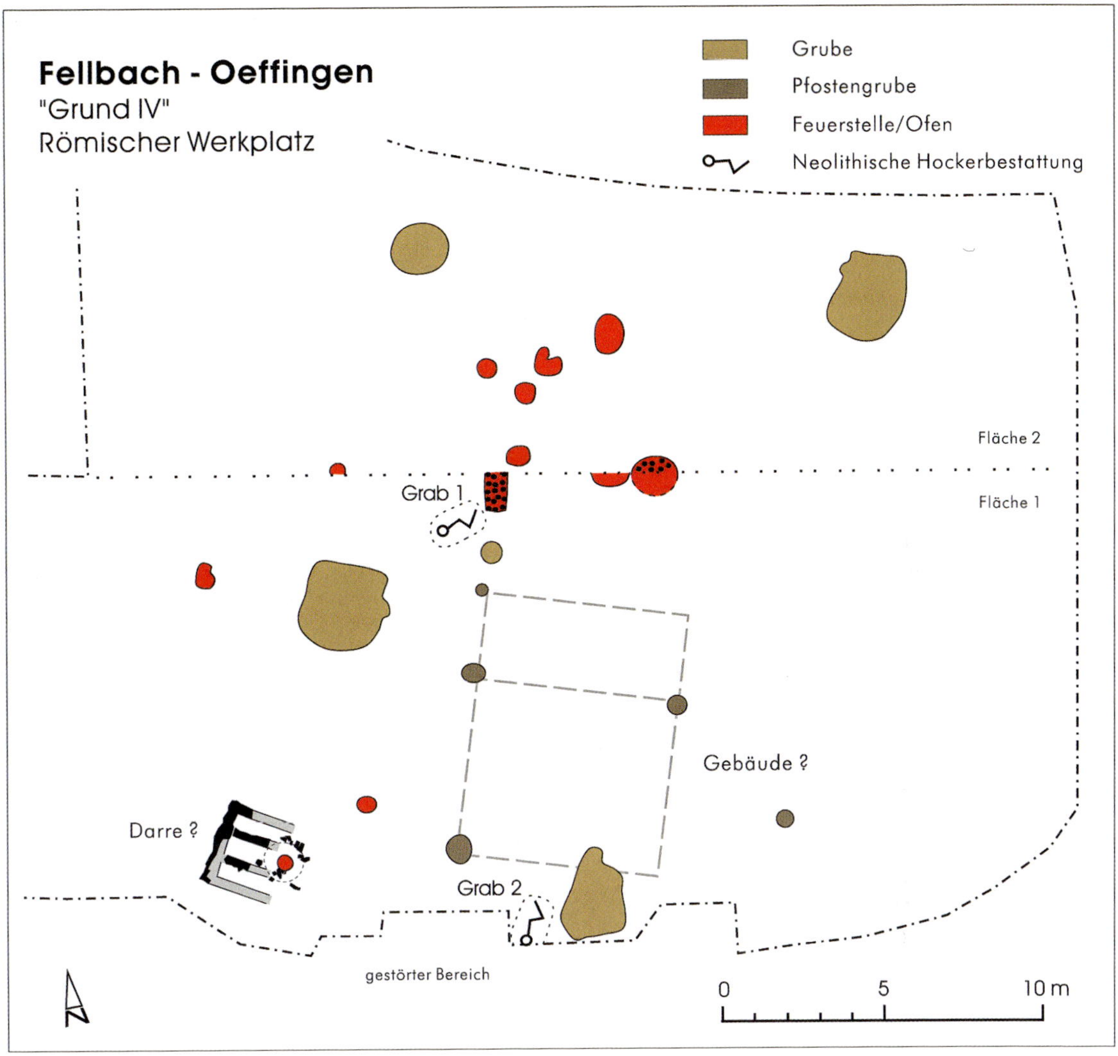

Abb. 113
Fellbach-Oeffingen. Planum 2 des römischen Werkplatzes.

Stadt Fellbach sollte deshalb schon vor den ersten Erdarbeiten durch Suchschnitte die archäologische Situation erkundet werden. Im März 2006 sind in West-Ost-Richtung vier Baggerschnitte von jeweils etwa 100 m Länge angelegt worden, die außer vier kleinen Grubenverfärbungen ohne Fundinhalte und zwei schmalen, kurzen Pfostengräbchen keine weiteren Befunde erbrachten. Danach wurde vereinbart, dass sich die archäologische Überwachung auf die Erschließungsarbeiten beschränken sollte.

Überraschende römische Befunde

Völlig unerwartet sind dann im April 2006 beim Humusabhub für einen Lärmschutzwall und einen Fußweg entlang der Freibergstraße am südlichen Ende des Baugebiets über zwanzig kleine Steinkonzentrationen freigelegt worden, zwischen denen vereinzelt römisches Fundmaterial lag. Einige der Steine zeigten eine starke Feuereinwirkung. Da in der Anordnung der einzelnen Steinbefunde keine Siedlungsstrukturen zu erkennen wa-

Abb. 114
Fellbach-Oeffingen. Boden einer Sigillata-Tasse mit Abdruck einer Bildpunze (Widder) als Töpferstempel. Dm. 5,3 cm.

ren, wurde versucht, in einem zweiten Planum mehr Klarheit zu bekommen. Es zeigte sich, dass ein Teil der Befunde als Folge der Erosion nur oberflächlich verschwemmt und nicht mehr zu sehen waren. Die tiefer gehenden Reste konzentrierten sich auf eine Fläche von 25 m × 25 m (Abb. 113), wobei die Befundgrenzen in allen Richtungen sicher erreicht wurden. Nur im Süden war der Grenzbereich durch schweres Arbeitsgerät stark gestört und nicht mehr feststellbar.
Die Siedlungsstelle besteht im Wesentlichen aus einigen großen Pfostengruben, vier fundreichen Abfallgruben und elf kleinen Feuerstellen, die noch innerhalb des Lösslehmhorizonts lagen bzw. in den anstehenden Löss eingetieft waren. Sieben dieser Befunde waren im nördlichen Bereich auf einer kleinen Fläche von 6 m × 5 m halbkreisförmig angelegt. Die vier anderen lagen vereinzelt an der Westgrenze. Alle waren von rundlicher Form mit einem Durchmesser zwischen 0,5 m und 1,0 m und einem leicht gewölbten Boden. Rand und Boden waren meist verziegelt. Eine innere Struktur oder ein Ofenaufbau waren nicht erkennbar. Nur eine der Feuerstellen unterschied sich von allen übrigen. Sie lag innerhalb einer kleinen, kreisrunden, humosen Verfüllzone am Ostrand einer Steinkonstruktion, die aus drei einlagigen, parallel zueinander verlaufenden Steinsetzungen bestand, die von einer gleichen, quer angelegten Steinlage ausgingen. Der Befund, möglicherweise eine Darre, war Nordwest–Südost orientiert und bedeckte eine Fläche von 3 m × 3 m. Er war im östlichen Teil durch Erosion gestört, so dass er im Ganzen nicht mehr zu fassen war.
Die Pfostengruben lagen alle südlich bzw. östlich der Feuerstellenzone und ergeben keinen klaren Zusammenhang. Jedenfalls dürften sie zu einem größeren überdachten Bereich gehört haben, in dem Ziegelreste und Lehmbodenstücke, aber keine Hinweise auf Wandkonstruktionen gefunden wurden. Auch gab es in der gesamten Anlage keine einzige Mauerrollierung.
Die vier Abfallgruben befanden sich alle in den Randbereichen und bildeten mit einer Ausnahme im Südwesten die „Eckpunkte“ der Anlage. Sie waren von unterschiedlicher Form und Tiefe und enthielten in den einzelnen Verfüllungsschichten zahlreiche Funde, vor allem viel Keramik. Darunter sind eine größere Zahl grauer Teller, Reste von verschiedenen Faltenbechern, Scherben von großen Vorratsgefäßen und Amphoren sowie kleinscherbige glatte und verzierte Sigillata. Interessant ist das Bodenstück einer Sigillata-Tasse mit einem eingestempelten Widder (Abb. 114), einer Bildpunze, die im Umfeld des Töpfers Janus in La Madeleine, Heiligenberg und Rheinzabern verwendet wurde. Die Punze diente hier als Ersatz für den üblichen Namensstempel. Außer einer großen Zahl von Eisennägeln und einigen noch nicht bestimmbaren Eisenfunden liegen nur wenige Metallfunde vor. Ein singuläres Stück ist die Hälfte eines Mühlsteines aus Sandstein von 30 cm Durchmesser.

Ein antikes „Gewerbegebiet“?

Aus der näheren Umgebung dieser Fundstelle sind bisher keine römischen Siedlungsreste bekannt. Deshalb war es einigermaßen überraschend, hier auf römische Spuren zu treffen. Eine Interpretation dieser etwas ungewöhnlichen Anlage ist vor einer genauen wissenschaftlichen Untersuchung schwierig. Im Mittelpunkt steht die Frage, welchem Zweck die große Zahl der Feuerstellen gedient haben könnte. Metallschmelzvorgänge haben sicherlich nicht stattgefunden, dafür gibt es keine Hinweise. Zu denken wäre möglicherweise an die Verarbeitung von Metall. Nicht auszuschließen ist die Überlegung, ob hier Siedevorgänge abgelaufen sind. Nicht abwegig dürfte auch die Annahme sein, dass es sich um einen Werkplatz im weitesten Sinne handeln könnte, der wegen der dort vorgenommenen Arbeitsprozesse außerhalb von bewohnten Siedlungen eingerichtet werden musste. Eine abschließende Bewertung der Anlage jedenfalls ist gegenwärtig noch nicht möglich. Interessant ist der Hinweis auf eine ganz ähnliche Fundstelle, die im Herbst 2006 in Remseck-Pattonville entdeckt und teilweise untersucht werden konnte (siehe Beitrag J. Bofinger/I. Stork, S. 157 ff.).

Neolithische Bestattungen

Innerhalb der römischen Siedlungsstelle wurden beim Bodenabtrag zwei neolithische Hockergräber angeschnitten. Während das Grab im Süden dabei nahezu vollständig zerstört wurde, konnte die Bestattung im nördlichen Bereich vollständig untersucht und dokumentiert werden. Es handelt sich um ein Ost–West gerichtetes Hockergrab in rechter Seitenlage. Der Schädel lag im Westen mit Blickrichtung nach Süden, die Arme waren gestreckt, die Beine stark angehockt. Neben den Füßen lagen als Beigabe ein Beinpfriem und eine retuschierte Klinge.
Neolithische Siedlungsreste sind bei der Bebauung des Gewerbegebiets „Grund“ zwischen Freiberg- und Hofener Straße mehrfach angetroffen worden. Ein bandkeramischer Friedhof, der teilweise ausgegraben wurde, liegt etwa 600 m nördlich unserer Fundstelle.

Walter Joachim

Neues aus der Zivilsiedlung des römischen Köngen, Kreis Esslingen

Über die Zivilsiedlung des römischen Köngen ist einerseits durch profunde, moderne Aufarbeitungen vieles, andererseits wegen gravierender Verluste archäologischer Substanz zwischen 1960 und 1975 längst nicht alles bekannt. Damals wurde der *vicus* fast komplett überbaut, ohne dass großflächige Grabungen möglich gewesen wären. Letzte größere Restflächen konnte D. Planck zwischen 1972 und 1993 untersuchen. Während es gelang, das Kastell besonders zu schützen und als „Römerpark“ mit Museumsneubau auszuweisen, blieben im *vicus* nur noch kleinere Baulücken übrig, die oft ohne Wissen der Denkmalpflege geschlossen wurden, aber auch wegen ihrer geringen Ausdehnung kaum wesentliche Erkenntnisse versprachen.

Eine vermutete Straßenstation

Etwas anders lagen die Verhältnisse bei dem großen noch unbebauten Eckgrundstück Schubert-/Ringstraße, Parzellen-Nummer 3623/2 und 3623/3. Hier handelte es sich um einen für das römische Köngen wichtigen Platz südwestlich des Kastells, unweit der Straßenkreuzungen nach Cannstatt und Rottenburg. Sehr wahrscheinlich hat schon 1783 der um die Erforschung Köngens hochverdiente Oberamtmann J. E. Roser hier gegraben. Sicheres wissen wir aber über die Grabung, die A. Mettler im Jahr 1900 im Auftrag des königlichen Landeskonservatoriums durchführte. Dabei stellte er einen quer geteilten, quadratischen Bau fest, dem nach

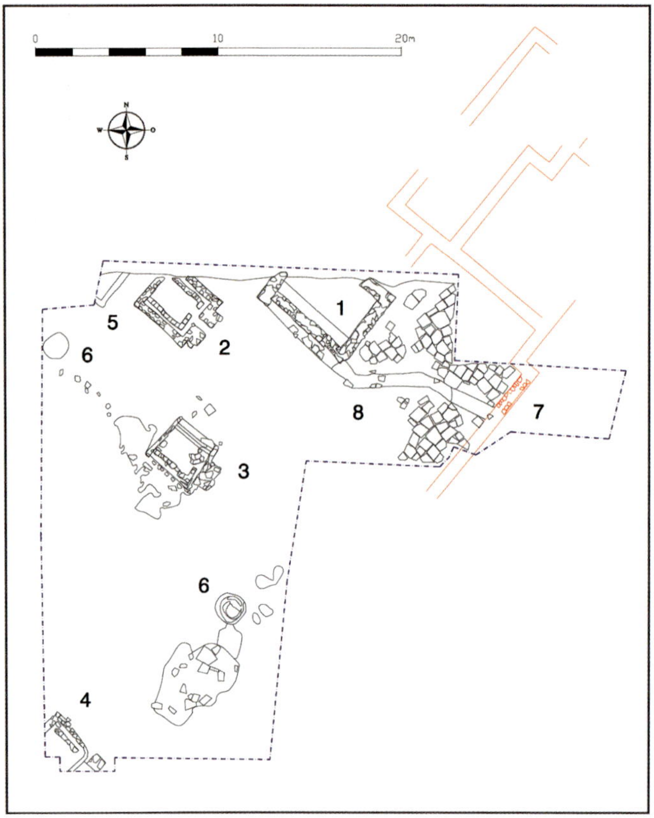

Abb. 115
Köngen. Plan der römischen Steinbauten im Bereich Schubertstraße 3 sowie der älteren Töpfer- und gewerblichen Öfen. Rot: Befunde von A. Mettlers Gebäude 1 (C) aus dem Jahr 1900.

Südwesten ein 17 m langer rechteckiger Flügel angebaut war. Die Gesamtlänge betrug 29 m. Südlich davon befand sich ein kleines breitrechteckiges Gebäude von 4,6 m × 6 m Größe, an dessen südlicher Schmalseite Mettler eine fünfeckige Apsis ergänzte. Schließlich stellte er im Bereich des rechteckigen Anbaus von Gebäude 1 einen mit großen Kalksteinplatten gepflasterten Boden fest. Mettlers Befund von Gebäude 1 wurde 1971 erstmals von Ph. Filtzinger durch Vergleich mit ähnlichen Bauten, insbesondere in Stuttgart-Bad Cannstatt, als Straßenstation gedeutet. Dabei spielte auch ein 1783 in ca. 80 m Entfernung gefundener Weihestein eines Benefiziariers, der eine Straßenstation für Köngen belegt, eine Rolle. Filtzingers Deutung wurde ab 1996 durch M. Luik weiter untermauert. Ende Juni 2006 wurde der Archäologischen Denkmalpflege bekannt, dass das Gelände, jetzt Schubertstraße 3, zur Bebauung vorgesehen war. Wegen der Bedeutung dieses Platzes und zumal bekannt war, dass Mettler im Jahr 1900 keineswegs die Möglichkeit hatte, flächenhaft in Schichten zu graben und damit alle Befunde zu erfassen, war hier eine moderne Untersuchung zwingend geboten. Die Rettungsgrabung dauerte von Anfang August bis in die zweite Oktoberhälfte. Nachdem unter und neben den Steinbauten mehrere Holzbauphasen eine stratigrafische Grabung notwendig machten, musste sich die Grabung im Wesentlichen auf die geplante Baufläche von 400 m² beschränken, d. h. zukünftiges Gartengelände, in dem der Befund erhalten bleibt, aussparen.

Die Steinbauphase

Die auch stratigrafisch jüngste Bauphase zeichnet sich durch Steingebäude mit einheitlichem Abbruchniveau aus (Abb. 115). Alle Gebäude sind gleich ausgerichtet. Eindeutig identifiziert werden konnte Mettlers Gebäude 2 (hier Nr. 1) von 6 m × 4,7 m Größe. Es war noch bis zu vier Lagen im Aufgehenden erhalten und wies an der West- und Ostecke Fundamentverstärkungen auf. Auch die Fundamentrollierung reichte ungewöhnlich tief. Trotz des schon durch vorgeschichtliche, vor allem aber ältere römische Baumaßnahmen bewegten Geländes erscheinen diese Fundamentierungen ungewöhnlich und lassen u. E. auf Mehrstöckigkeit schließen. Die nördliche Ecke muss 1972 durch die Anlage der Schubertstraße zerstört worden sein.
Bei dem 2 m westlich davon liegenden Gebäude 2 handelt es sich eindeutig um eine Darre von 3,4 m × 3,5 m Größe, deren Beheizung von Südosten erfolgte. (Abb. 116). Auch hier fehlt die Nordecke infolge des Straßenbaus. Steinbau 3 ist wiederum eine gleich ausgerichtete Darre mit Maßen von 3,4 m × 2,7 m. Auch sie wurde von Südosten beheizt. Ihre Nordseite war nur in Ansätzen nachweisbar, da sie in eine ältere Latrinengrube abgekippt war. Etwas weiter, rund 15 m südlich ent-

fernt, liegt Darre 3 (Gebäude 4), das nur randlich angeschnitten wurde. Die einzig feststellbare Seitenlänge beträgt 3 m. Geheizt wurde wieder von Südosten.

In der äußersten Nordwestecke der Grabung konnten wir eine Gebäudeecke feststellen, die mit der Mauer Fundstelle 185 im Plan von M. Luik fluchtgleich ist und wohl zum selben Bau gehört (Nr. 5).

Sehr wichtig ist die gegen Ende der Grabung gesuchte und festgestellte Mauer 7. Sie ist mit größter Wahrscheinlichkeit der letzte Rest des von Mettler festgestellten Rechteckanbaus seines Gebäudes 1. Zwischen ihr und unserem Gebäude Nr. 1 (Mettler Nr. 2) befand sich eine eindrucksvolle Pflasterung aus bis zu 80 cm großen, 10 cm dicken Muschelkalkplatten (Abb. 117), die Mettler bereits in seinem Suchschnitt beobachtet hatte. Nach Lage der Dinge kann es sich nur um die Ostbegrenzung des Anbaus handeln.

Als jüngste Steinbaumaßnahme ist eine der Südmauer des Gebäudes 1 vorgeblendete Mauer (8) zu nennen. Südlich davon knickt diese zweimal stumpfwinklig um und stieß vermutlich auf Mauer 7. Sie überschneidet die Pflasterung und quert diese. Im Bereich der zweiten Abwinklung war der Befund nach Norden verstürzt. Als Grund dafür lässt sich eine tiefe verschalte ältere quadratische Grube, möglicherweise eine Zisterne, ausmachen, deren Zeitverhältnis zur Pflasterung noch unklar ist. Mettlers Grabungsschnitt, den wir wieder auffinden konnten, lag genau im Bereich des Versturzes und war nur 40 cm breit. Er missdeutete den Versturz als Ecke

Abb. 116
Köngen. Darre von Südwesten; im Plan Abb. 115 Gebäude 2.

Abb. 117
Köngen. Steinpflasterung; rechts im Hintergrund Gebäude 1, von dem die Rollierung von Mauer 8 abzweigt.

Abb. 118
Köngen. Fragment einer Terra-Sigillata-Reibschüssel mit Löwenkopfausguss (Drag. 45).

und ergänzte daraus die fünfeckige Apsis unseres Gebäudes 1.

Für die Steinbauten der vermuteten Straßenstation ergibt sich daraus Folgendes: Mettlers kleines Gebäude wurde eindeutig identifiziert, es besitzt keine Apsis. Von Mettlers großem Gebäude ist nur noch eine Mauer des Rechteckannexes nachweisbar, die wesentlichen Teile verschwanden 1972. Möglicherweise war die Fundstelle Schubertstraße, Planck Nr. 136, davon ein letzter Rest. Mettlers Pflasterung des Rechteckannexes seines Gebäudes 1 ist verifiziert und großflächiger als vermutet. Eventuell handelt es sich um einen gepflasterten Innenhof. Dieser wurde in der Endphase durch Mauer 8 extrem verkleinert. Gebäude 1 (Mettler 2) könnte aufgrund seiner massiven Bauweise ein Speicher gewesen sein. Zumindest die Darren 2 und 3 müssen in den Gebäudekomplex integriert gewesen sein, was für eine Straßenstation ungewöhnlich, aber nicht gänzlich auszuschließen wäre, da auch in Vaihingen-Enzweihingen eine Darre nachgewiesen ist.

Ältere Holzbauphasen

Zwischen und unter den Steingebäuden gab es eine Fülle von Resten älterer Holzbauphasen, die sich wegen ihrer vielfachen Überschneidungen im hier vorgelegten Plan nicht darstellen lassen. Außerdem bleibt die detaillierte Bearbeitung der Befunde und Funde abzuwarten. Schon jetzt sei gesagt: Die Befunddichte entspricht mindestens der Grabung von 1972. Eine ältere Phase von Gräbchen war fast genau west-östlich orientiert, während alle jüngeren in ihren Ausrichtungen die spätere Steinbauphase vorwegnahmen. Ab der zweiten Holzbauphase muss es also verbindliche Baufluchten und Parzellen gegeben haben. Auf die älteste Bebauung folgen noch drei weitere. Für die Chronologie der Abfolgen werden die Funde von fünf überschneidenden Latrinengruben von einiger Bedeutung sein. Auch das Alter der Zisterne im oben genannten Hofpflaster bleibt wichtig. Eine Holzdeichelleitung trennt Gebäudekomplexe. Hingewiesen sei auf zwei Töpferöfen (Abb. 115 Nr. 6), von denen der südliche inklusive Bedienungsgrube zahlreiche Fehlbrände lieferte. Daneben lagen auch Reste von Metallverarbeitungsöfen, die u. a. ein Gusstiegelfragment und Bronzegussgranuli enthielten. Früher festgestellte Töpferöfen an der westlichen Schillerstraße lagen nur etwa 30 m entfernt, so dass es sich um denselben Töpfereibezirk handeln könnte.

Das Fundmaterial der Grabung ist äußerst umfangreich, wenn auch wenig spektakulär und konnte bislang noch nicht eingehend gesichtet werden. Unter der Vielzahl der Sigillaten soll hier ein Bruchstück einer Reibschüssel mit Löwenkopf (Drag. 45) als optischer Akzent genannt sein (Abb. 118). Die Münzreihe reicht nicht über die bisher von Köngen bekannten Stücke hinaus (siehe Beitrag U. Klein, S. 268 ff).

Abschließend ist es uns eine angenehme Pflicht, allen an der Grabung Beteiligten, die mit großem Engagement mitmachten, herzlich zu danken. Besonders gilt dies für die freiwilligen Helfer, ohne die die Grabung nicht erfolgreich hätte durchgeführt werden können. Den Fachkollegen M. Luik und K. Kortüm danken wir für Beratung und Unterstützung ebenso wie G. Blessing für Hinweise zu den lokalen geologischen Gegebenheiten

und für eine kostenlose Grubenbohrung. Die Gemeinde Köngen, vertreten durch Herrn Bürgermeister Weil, förderte unsere Arbeit in jeder Weise durch Hilfe in technischen Belangen und durch die Organisation hoch motivierter Ein-Euro-Mitarbeiter.
Ein ganz besonderer Dank gilt abschließend den Bauherren, Familie Frank, die unsere Grabung nicht nur mit großer Geduld ertrug, sondern auch mit großem persönlichem Interesse begleitete.

Ingo Stork, Wieland Förstner

Literaturhinweise
A. Mettler, Fundber. Schwaben 8, 1900, 70 ff., bes. 72 f., C und D; Ph. Filtzinger, Fundber. Schwaben N. F. 19, 1971, 175 ff., bes. 184 f.; D. Planck, Fundber. Baden-Württemberg 5, 1980, 172 ff., bes. 177 mit Abb. 118; M. Luik, Köngen – Grinario I. Forsch. u. Ber. Vor- u. Frühgesch. Baden-Württemberg 62 (Stuttgart 1996) 81 ff.; ders., Köngen – Grinario II. Forsch. u. Ber. Vor- u. Frühgesch. Baden-Württemberg 82 (Stuttgart 2004) 116 ff.

Ausgrabungen an der Hofmauer der Gutsanlage von Hechingen-Stein, Zollernalbkreis

In diesem Jahr konnten die Ausgrabungen in der römischen Gutsanlage von Hechingen-Stein fortgesetzt werden. Untersucht werden sollte der weitere Verlauf der westlichen Hofmauer. Dabei stellte sich die Frage nach dem nördlichen Abschluss bzw. dem weiteren Verlauf in Richtung Osten und eventuellen Anbauten an diese Mauer (Abb. 119).
Aufgrund logistischer Überlegungen wurden sowohl im Süden als auch im Bereich der vermuteten Umbiegung nach Osten Flächen geöffnet. Wie bereits bekannt, war die Hofmauer mit bis zu zwei Steinlagen bei einer Breite von rund 0,6 m auch in den neu ausgegrabenen Flächen relativ schlecht erhalten. Dennoch lassen massive Versturzschichten und Dachziegelbruch zu beiden Seiten der Mauer auf eine ehemals beachtliche Höhe und eine obere Abdeckung aus Dachziegeln schließen. Mit dem nördlichen Ende bzw. ihrer Richtungsänderung nach Osten lässt sich jetzt die Gesamtlänge der westlichen Hofmauer und damit auch die Nord-Süd-Ausdehnung der Gutsanlage auf 233 m festlegen. Bis auf den unten angeführten Befund ließen sich keine weiteren Anbauten an die Hofmauer feststellen.
An der Nordwestecke der Hofmauer ließ ein massiver Schutthügel schon vor Grabungsbeginn auf das Vorhandensein eines Gebäudes schließen. Es handelt sich dabei um einen annähernd quadratischen Raum mit einer Seitenlänge von rund 5 m (Abb. 119, Gebäude K). In diesem Bereich war der Befund wesentlich besser erhalten als die südlich anschließende Hofmauer. Die Mauern des Gebäudes wiesen noch bis zu zehn Steinlagen auf und erreichten damit eine Höhe von rund 1,20 m (Abb. 120). Bis zu einen Meter dicke Versturzschichten im Inneren des Raumes führten durch den enormen Druck dazu, dass die Mauern des Gebäudes stark nach außen verkippt waren. Gerade diese massiven Versturzschichten zeigen aber, dass das Gebäude ehemals mehrere Stockwerke hoch gewesen sein muss. Unter dem Mauerversturz fand sich eine geschlossene Dachziegelpackung, die auf die ehemalige Dachdeckung hinweist.
Die gute Erhaltung zeigte sich auch im Bereich des ehemaligen Fußbodens. Auf einer kleinteiligen Stubensandsteinschicht fanden sich die Reste eines Mörtelestrichbodens. Im westlichen Bereich des Raumes war der Läufer eines Mühlsteines in den Fußboden eingelassen. Dieser war antik zerbrochen und in Sekundärverwendung als Herdstelle genutzt worden. Als Feuerschutz waren um diese herum hochkant gestellte Stei-

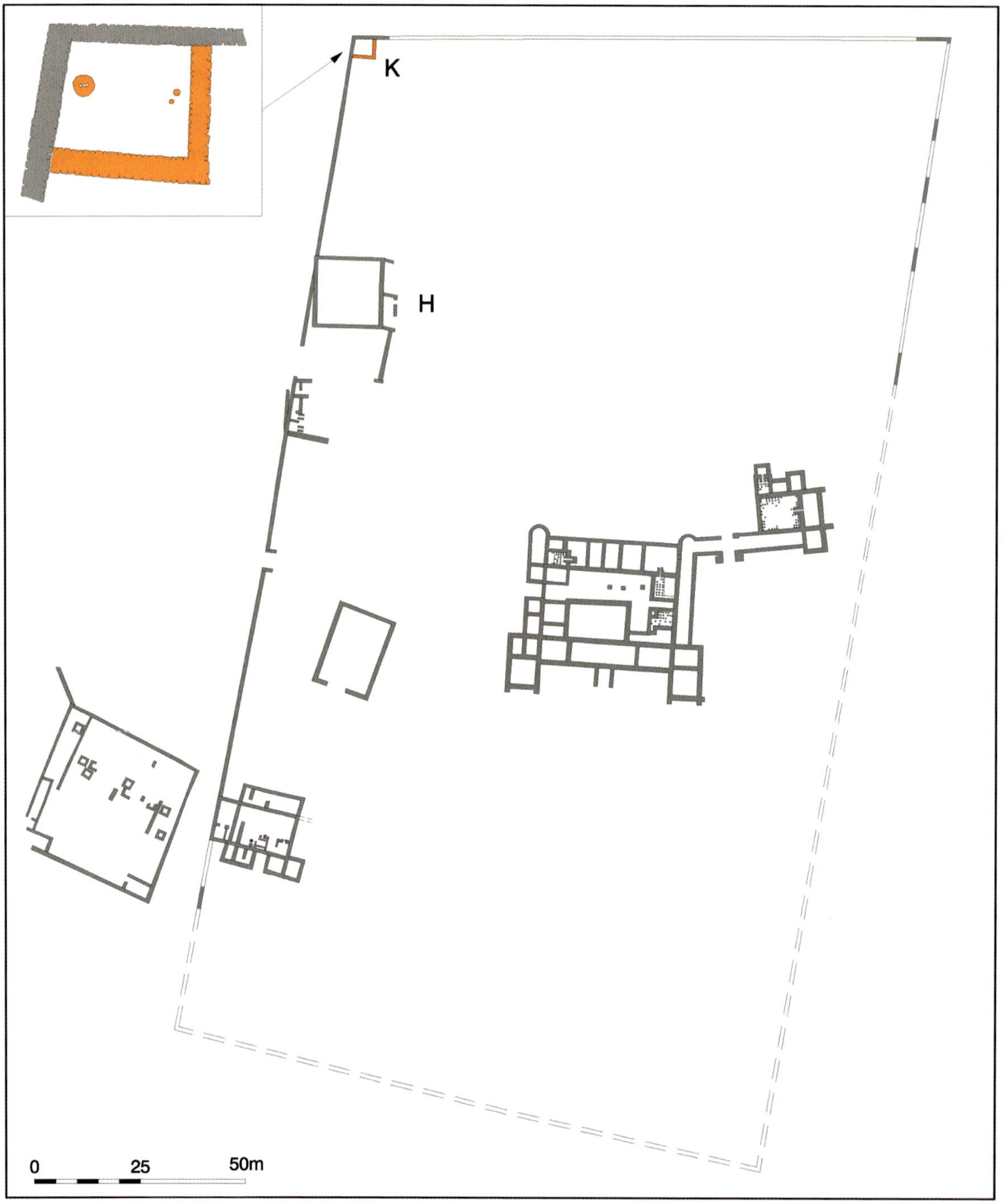

Abb. 119
Hechingen-Stein. Gesamtplan des Gutsgeländes mit vergrößertem Ausschnitt von Gebäude K. Stand 2006

ne in den Boden eingelassen. Massive Rußspuren auf dem Stein selbst, der unmittelbaren Umgebung und auch der anschließenden Westmauer deuten auf eine längere Benutzung der Herdstelle hin.
Dieser Raum dürfte als Küche genutzt worden sein. Damit klärt sich auch das Fehlen einer Herdstelle in dem südlich davon gelegenen Haus H (vgl. Abb. 119). Das reichlich vorhandene und mit Hohl- und Flachglas auch qualitätvolle Fundmaterial lässt aber auch auf eine weitere Nutzung, eventuell in den oberen Stockwerken, schließen. Mehrere kleinere Pfostenlöcher können dabei als Reste einer Leiter, die den Zugang zu einem oben gelegenen Raum ermöglichten, interpretiert werden. Eine erste Durchsicht des stratifizierten Fundmaterials lässt auf eine relativ späte Errichtung des Gebäudes am Ende des zweiten oder erst im dritten Jahrhundert schließen.
Die Lage des Raumes in der Nordwestecke der Hofmauer, seine geringe Größe, die Fundamenttiefe und die Masse des Mauerversturzes legen nahe, dass es sich ehemals um einen Eckturm gehandelt hat. Er scheint bei der Errichtung der Hofmauer noch nicht mit eingeplant gewesen zu sein. Die inneren Mauern stoßen stumpf an die schon bestehende Hofmauer an und verfügen mit ca. 0,5 m über die doppelte Fundamenttiefe. Dabei war die Südmauer mit 0,8 m breiter als die übrigen Mauern, was mit ihrer Stützfunktion in der Hanglage zu erklären ist. Mit größter Sicherheit kann man davon ausgehen, dass sich ähnliche Türme auch in den übrigen Hofmauerecken befunden haben. Entsprechendes kennt man z. B. von dem komplett ausgegrabenen Gutshof von Bondorf, Lkr. Böblingen. Ein Zugang in den Raum fand sich nicht. Eine rund einen Meter breite Unregelmäßigkeit in der Hofmauer an der Nordseite lässt sich eventuell als Zugang interpretieren (Abb. 120). Dabei fand sich aber weder eine Schwelle noch ein Türgewände. Merkwürdig ist auch, dass sich dieser vermeintliche Eingang nicht zur Gutsanlage hin orientiert, sondern nach außen. Eventuell handelt es sich

Abb. 120
Hechingen-Stein. Blick in Gebäude K mit Herdstelle und Resten des Fußbodens.

bei diesem Befund um einen nachrömischen Eingriff.
Unmittelbar nördlich außerhalb der Hofmauer zeigte sich auf der Höhe des ehemaligen Gehhorizonts eine große Menge an Fundmaterial. Dies scheint darauf hinzudeuten, dass der Bereich außerhalb des Gutshofgeländes, zumindest in manchen Bereichen, zur Abfallentsorgung diente.
Wie schon in den letzten Jahren fanden sich wieder Hinweise auf eine Besiedlung der

Abb. 121
Hechingen-Stein. Zwei stilisierte Köpfe in der Ostmauer von Gebäude K.

Gutsanlage im 7. Jahrhundert n. Chr. Neben Keramik ist dies auch eine grüne Kugel mit einer umlaufenden Nut, vermutlich aus Glas, die als Amulettanhänger gedient hat.
Eine besondere Entdeckung sind die zwei stilisierten Köpfe, die in zwei Steine der östlichen Innenmauer des Hauses eingeritzt sind (Abb. 121). Aufgrund von Vergleichsbeispielen können sie ebenfalls frühmittelalterlich datiert werden. Allerdings dürfte eine Interpretation als Grabstele auszuschließen sein. Ihnen kam wohl eher eine apotropäische Funktion zu.

Die Arbeiten wurden wie in den vergangenen Jahren von ehrenamtlich tätigen Mitarbeitern des Fördervereins des Freilichtmuseums durchgeführt. Ihnen allen gilt unser herzlicher Dank.

Stefan Schmidt-Lawrenz, Dorothea Steinmaier

Literaturhinweise

A. Gaubatz-Sattler, Die Villa rustica von Bondorf, Lkr. Böblingen. Forsch u. Ber. Vor- u. Frühgesch. Baden-Württemberg 51, 1994;
H. U. Nuber, Römische Steinbauten und Steinbearbeitung in nachantiker Zivilisation. In: H. U. Nuber/H. Steuer/T. Zotz (Hrsg.), Der Südwesten im 8. Jahrhundert aus historischer und archäologischer Sicht. Arch. u. Gesch. – Freiburger Forsch. 1. Jahrtausend Südwestdeutschland 13 (Sigmaringen 2004) 121–145;
St. Schmidt-Lawrenz, Arch. Ausgr. Baden-Württemberg 2004, 179 ff.

Weitere Baudetails in der *pars urbana* von Heitersheim, Kreis Breisgau-Hochschwarzwald

Die vorlesungsfreie Zeit zwischen Wintersemester 2005/06 und Sommersemester 2006 stand im Zeichen der Fortsetzung der Ausgrabungen in der Villa Urbana von Heitersheim. Es galt, die südliche Raumzeile des Villenhauptgebäudes in westliche Richtung zu untersuchen und den Bauanschluss zur *porticus* festzulegen, deren Mauern zu Zeiten der beiden Steinbauperioden die *pars urbana* von der *pars rustica* trennten – ein räumlich überschaubares Vorhaben (Abb. 122). Nach Beendigung der archäologischen Maßnahme sollten die ergrabenen Befunde sogleich restauriert und noch während der laufenden Museumssaison den Besuchern präsentiert werden. Die unerwartet lange, in den März hinein andauernde Kälteperiode mit starkem Bodenfrost, heftigem Schneefall und kalten Windböen verzögerte jedoch den Grabungsbeginn. Dennoch wurde das archäologische Pensum termingerecht zum Semesterstart erfüllt, was der Einsatzfreude und körperlichen Belastbarkeit gepaart mit Wissbegierde der beteiligten Studierenden zu verdanken war.
Die Erwartungen der Grabungsmannschaft an ihr Finderglück waren auf das Äußerste gespannt, da im gleichen Gebäudeflügel der Villa in der Grabungskampagne 2003 ein Depotfund mit *opus sectile*-Stücken in Vergesellschaftung mit einem Straßburger Silberdenar von Pippin dem Kurzen (752–768 n. Chr.) zum Vorschein gekommen war. Jene Relikte römischen Ausstattungsluxus' von höchster Qualität fanden also noch Mitte des 8. Jahrhunderts ihre Wiederverwendung seitens nachfolgender Villeneigentümer.
Um es vorwegzunehmen, die Kampagne von 2006 bescherte keinen vergleichbaren historischen „Brückenfund" – von der Römerzeit bis zu den Karolingern –, wohl aber bautechnische Besonderheiten. So gelang es, einen 1,50 m breiten Korridor aufzudecken, der das *atrium* des Villenhauptgebäudes mit der im Süden liegenden *palaestra* verband. Es handelt sich um einen vergleichbareren Be-

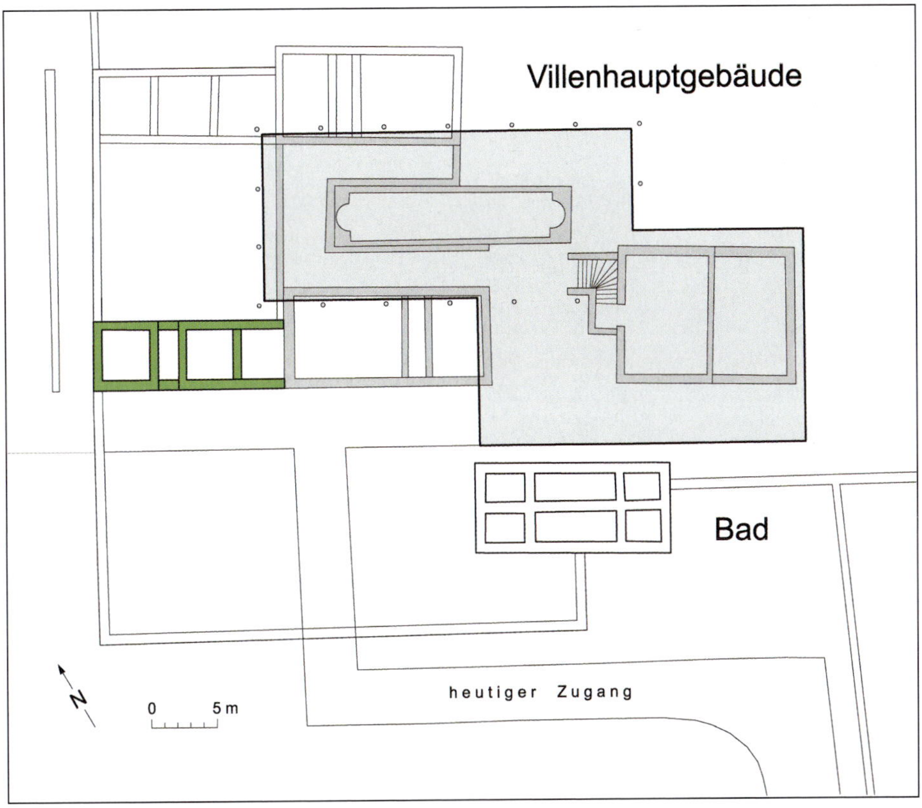

fund wie im östlichen Bereich der betreffenden Raumzeile, der allerdings erst zu Zeiten einer jüngeren Steinbauperiode eingezogen worden war. Dieses Baudetail zeigt auf, dass die Bedürfnisse der Villenbewohner sich im Laufe der Zeit wandelten und diesem veränderten Wohnkomfort mit vergleichsweise geringem Bauaufwand entsprochen wurde. Das antike Laufniveau war in den westlichen Räumen des Villensüdflügels längst der Bodenerosion zum Opfer gefallen, so dass neben ihrer Lage im Gesamtkonzept und ihren lichten Maßen keine zusätzlichen Informationen über die spezifischen Funktionen der einzelnen, nebeneinanderliegenden Räume zu ermitteln waren.

Unmittelbar an dem östlichen, Nord–Süd verlaufenden Kiesweg des heutigen Schlossparks kamen die Mauerreste der beiden voneinander getrennten Villenareale zum Vorschein. Entgegen den Beobachtungen der Untersuchungen von 1991 zeigte sich der ältere Steinbefund nicht als durchlaufende Rollierung, sondern als ein 70 cm × 90 cm großes, sorgfältig gesetztes Punktfundament wohl zur Aufnahme einer Portikussäule. Die jüngere Abmauerung lag unmittelbar westlich davor und zeigte sich als 1,10 m breite, geradlinig angelegte Steintrasse. Zwischen Lagen mittelgroßer, dunkler Bachgerölle fand sich eine bis zu 30 cm mächtige Schicht aus einplaniertem Wandverputz. Die erhaltenen Putzreste besaßen überwiegend weiße und wenige rote Oberflächen und dürften wohl von Bauteilen der älteren Trennmauer stammen – ein Befund, der in dieser Ausprägung bislang noch nicht im römischen Villenareal festgestellt worden war.

Wie in den Vorjahren hingegen zeigten sich auch im jüngst untersuchten Bauabschnitt deutliche Spuren mehrfacher Steinberaubungen. Das heißt, die römische Bausubstanz der

Abb. 122
Heitersheim. Plan der *pars urbana*, ältere Steinbauperiode. Flächig markiert sind der Museumsbau und die dort sichtbaren Gebäudestrukturen. Hervorgehoben ist der restaurierte Ausgrabungsbefund von 2006.

Abb. 123 Heitersheim. Feinputz der Fundamentreste des ehemals in Stein errichteten südlichen Raumflügels des Villenhauptgebäudes.

späteren, mindestens zweistöckigen und daher massiv gegründeten Steinbauten im Bereich des Villenhauptgebäudes wurde zu verschiedenen Zeiten immer wieder aufgesucht, um sich des wertvollen, handquadergerechten Steinmaterials zu bedienen (Abb. 123). 2006 trat im geöffneten Flächenareal auch ein Zeugnis jüngster Heitersheimer Geschichte in Form einer hölzernen Deuchelleitung zutage. Nicht nur eine eiserne Muffe als Verbindung zweier Leitungsröhren, sondern auch zwei knapp einen Meter lange Holzstücke standen zur Bergung an. Bei den hellen, fasrigen Holzteilen, deren genaue naturwissenschaftliche Ansprache noch aussteht, scheint es sich um ein Nadel- bzw. Weichholz zu handeln. Die mit Originalhölzern nachgewiesene Wasserleitung versorgte einst das Malteserschloss mit Frischwasser aus dem Sulzbacher Tal. In der „Werkmann'schen Chronik" ist der Bau einer in diesem Areal verlegten Leitung von 1558 urkundlich erwähnt. Auch das richtungsweisende Luftbild von 1989, das den Anfangsverdacht lieferte, in Heitersheim könne eine römische Villa vom feudalen Axialhoftypus vorliegen, zeigt den Verlauf dieser – die römischen Mauern schräg überlagernden – Wasserführung.

Die standortgetreue Markierung und Aufmauerung der jüngsten Grabungsergebnisse, die der älteren Steinbauperiode des Villenhauptgebäudes angehören, wurden bereits beendet (Abb. 122; 123). Die Gesamtlänge des südlichen Villenflügels von exakt 30 m kann somit erstmals wieder mit einem Blick erfasst werden. Gerade die optische Wiederherstellung dieses Gebäudeteils verdeutlicht in gewünschter Weise, dass nur der Kern des ehemaligen Villenhauptgebäudes mit dem heutigen Museumsbau überzogen wurde. Die gelungene Aufbereitung kommt dem Verstehenlernen des Gesamtbauwerks zugute – ein gezielt betriebenes Vorgehen, das von zahlreichen Besuchern entsprechend wahrgenommen und mit Lob bedacht wird.

Den Beginn einer jeden Museumssaison zum 1. April markiert eine Neuheit, die selbst einem Vielbesucher Anlass bieten soll, das Römermuseum Heitersheim erneut zu betreten. In diesem Jahr wurde eine Film-Uraufführung präsentiert: ein 15-minütiger Film mit dem Titel *„Boden mit Geschichte. Die Ausgrabung der römischen Villa Urbana in Heitersheim"*. Dieser Film zeigt die Entdeckung der Villa, die jährlichen Forschungsfortschritte mittels archäologischer Ausgrabungen sowie den denkmalschonenden Bau des Römermuseums, Fundstücke bei der Bergung und Pretiosen, die im Museum bislang nicht ausgestellt werden, und ist als DVD auch vor Ort zu erwerben.

Nicht zuletzt die beschriebenen Aktivitäten – laufende Forschungs- und Lehrgrabung, Sichtbarmachung des erzielten Erkenntniszuwachses und didaktisch aufbereitete „laufende Bilder" – haben auch im Jahr 2006 die Besucherzahlen im fünfstelligen Bereich weiter ansteigen lassen.

Hans Ulrich Nuber, Gabriele Seitz

Literaturhinweise

H. U. Nuber/G. Seitz, Heitersheim (FR). In: D. Planck (Hrsg.), Die Römer in Baden-Württemberg. Römerstätten und Museen von Aalen bis Zwiefalten (Stuttgart 2005) 122–124; H. U. Nuber, Heitersheim. In: Archäologisches Landesmuseum Baden-Württemberg (Hrsg.), Imperium Romanum: Roms Provinzen an Neckar, Rhein und Donau (Stuttgart 2005) 278–281.

Ein römischer Steinbau und spätkeltische Siedlungsreste im „Brunnenrain" bei Owingen, Stadt Haigerloch, Zollernalbkreis

Die römische Fernstraße, die aus der Schweiz kommend über Rottweil/*Arae Flaviae* nach Rottenburg/*Sumelocenna* und von dort in den mittleren Neckarraum führt, durchzieht die Markung Owingen in südwest-nordöstlicher Richtung. Etwa 2 km verläuft sie direkt auf der Markungsgrenze zu Haigerloch, knickt dann in stumpfem Winkel nach Nordosten ab und erreicht das Eyachtal. Jenseits der Eyach folgt die römische Straße einem Feldweg mit dem Namen „Hochgesträß". Eine auf intensiven Geländebegehungen basierende Beschreibung des Trassenverlaufes der römischen Straße von Rottweil nach Rottenburg verdanken wir Karl Theodor Zingeler (1845–1923). Der aus Bonn stammende Zingeler war 1871 als Prinzenerzieher an den Sigmaringer Hof gekommen und wurde 1891 mit der Leitung des Fürstlichen Haus- und Domänenarchivs betraut. Er hat sich bleibende Verdienste um die Archäologie in Hohenzollern erworben und seine Forschungen, Beobachtungen und Veröffentlichungen – hervorgehoben sei die umfangreiche Abhandlung über die vor- und frühgeschichtliche Forschung in Hohenzollern, die 1894 erschien – sind bis heute grundlegend geblieben.

Römische Gebäude im Gewann „Brunnenrain"

Zingelers Beschreibungen ist zu entnehmen, dass er 1894 im Gewann „Brunnenrain", einer nordwestlich von Owingen gelegenen Anhöhe, unmittelbar südlich der römischen Straße die Fundamente von zwei römischen Gebäuden entdeckt hat. Diese liegen im nörd-

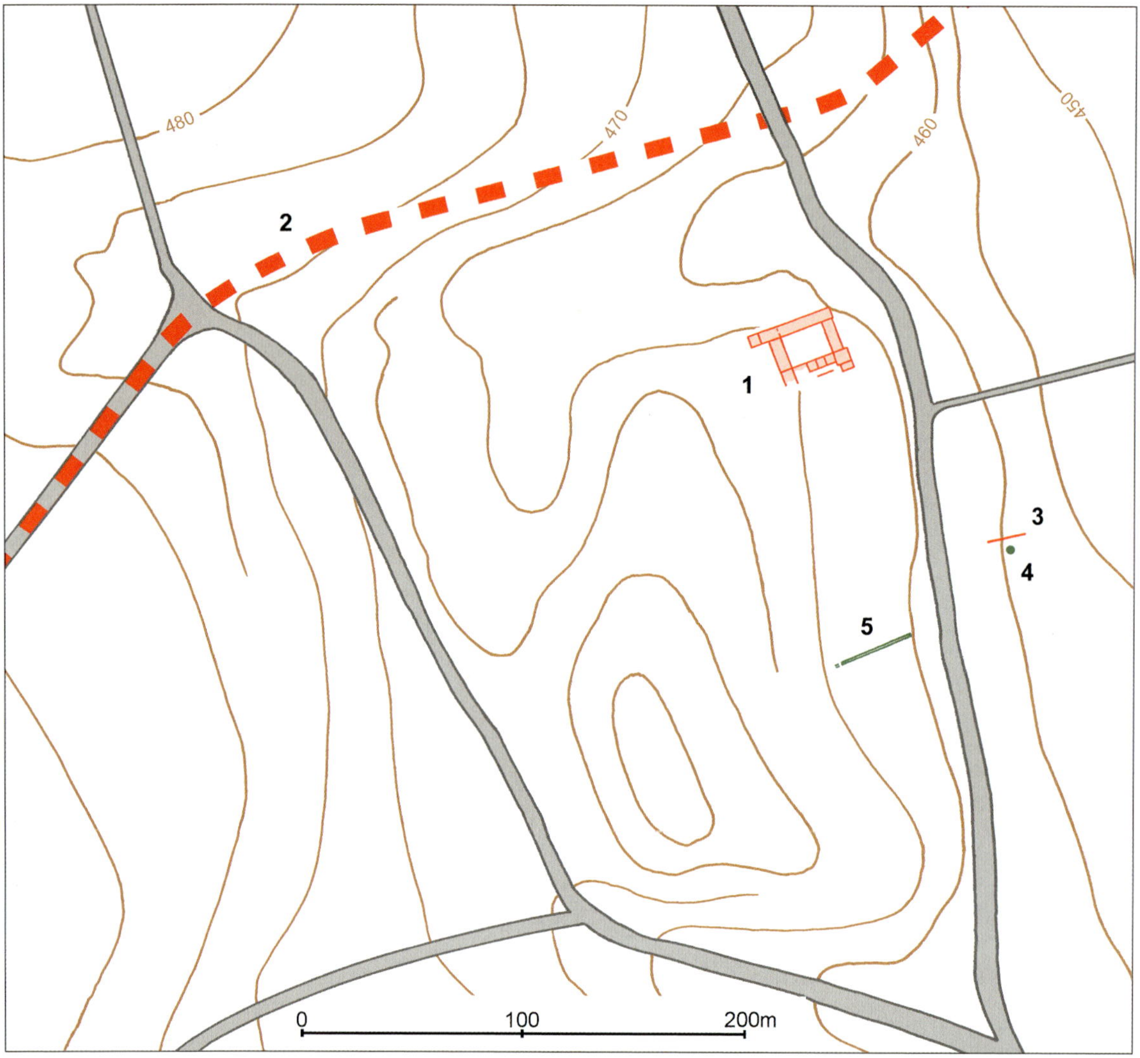

Abb. 124
Haigerloch-Owingen, „Brunnenrain". 1 römisches Steingebäude; 2 römische Fernstraße Rottweil–Rottenburg; 3 römisches Mauerfundament in der Salztalstraße; 4 hallstattzeitliche Siedlungsreste (Ha C/D1); 5 spätlatènezeitlicher Graben.

lichen Teil des Höhenrückens, der nach Osten ins Eyachtal abfällt und im Westen, Norden und Süden durch seichte Einsenkungen begrenzt wird (Abb. 124).
Weitere römische Gebäudereste liegen am Ostfuß des „Brunnenrain", in der Salztalstraße, wo 1998 in einer Baugrube ein Ost–West verlaufendes römisches Mauerfundament und ältere, hallstattzeitliche Siedlungsreste (Ha C/D1) zum Vorschein kamen (Abb. 1 Nr. 3; 4). Als die Stadt Haigerloch 2006 einen Bebauungsplan für das Gewann „Brunnenrain" vorlegte, war die Durchführung von geophysikalischen Messungen dringend geboten, um weiterführende Aufschlüsse über die Bebauung des Höhenrückens in römischer Zeit zu gewinnen als Grundlagen für die Stellungnahme der Archäologischen Denkmalpflege zu dem geplanten Bauvorhaben.

Geomagnetische und geoelektrische Prospektion

Die Prospektion einer etwa 5 ha großen Fläche wurde zwischen Ende Mai und Anfang Juli von H. von der Osten-Woldenburg, Landesamt für Denkmalpflege, durchgeführt, der von Mitarbeitern der regionalen Denkmalpflege unterstützt wurde. Teilbereiche, die nach einer großflächigen geomagnetischen Prospektion im Magnetogramm Hinweise auf archäologische Strukturen enthielten, wurden mit einer geoelektrischen Prospektionsmethode erneut untersucht. Abbildung 125 zeigt als Beispiel ein mit beiden Methoden erfasstes römisches Gebäude. In der linken Teilabbildung (Ergebnis der geomagnetischen Prospektion) sind die Fundamentmauerreste anhand schwarz dargestellter Lineamente größtenteils gut zu erkennen, werden aber stellenweise durch magnetische Anomalien anderer Störkörper überlagert. Das Ergebnis der geoelektrischen Prospektion hingegen vermag den Grundriss dieses Gebäudes ungleich deutlicher darzustellen.

Durch die intensive landwirtschaftliche Nutzung und wohl auch durch einen Steinbruch ist der nördliche und östliche Bereich des Gebäudes, das heute nahe eines Steilabhanges liegt, stark in Mitleidenschaft gezogen worden. Neben den deutlich im Resistogramm (Ergebnis der geoelektrischen Untersuchun-

Abb. 125 Haigerloch-Owingen, „Brunnenrain". Römisches Gebäude, links das Ergebnis der geomagnetischen, rechts das der geoelektrischen Prospektion.

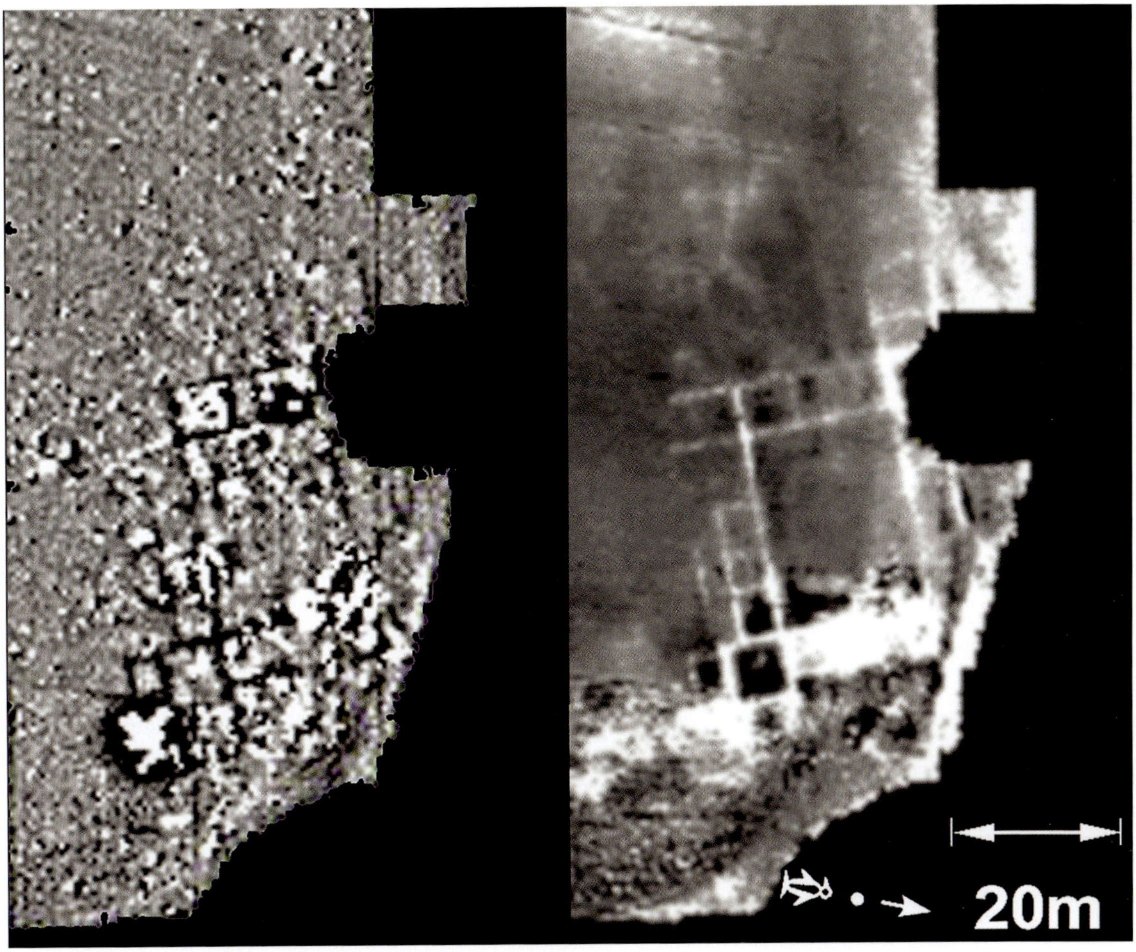

Abb. 126 Haigerloch-Owingen, „Brunnenrain". Spätlatènezeitliche Keramik aus dem Graben.

gen) ausgeprägten Anomalien, die auf Mauerzüge zurückgeführt werden können, sind auch schwächer ausgeprägte Lineamente in der rechten Teilabbildung zu erkennen. Ob es sich hierbei um weitere Anbauten oder aber um Reste eines Vorgängerbaus handelt, kann nur durch eine Grabung eindeutig geklärt werden. Die ausgesparten Flächen konnten wegen dichten Buschwerks nicht geophysikalisch untersucht werden.

Steingebäude mit Innenhof und Eckrisaliten

Bei dem Steingebäude handelt es sich um einen vierflügeligen Bau mit Innenhof, dessen etwa 36 m lange Front mit den seitlichen Risaliten nach Süden hin orientiert war. Der Nordflügel des Gebäudes steht am Rand eines seichten Tälchens, an dessen Nordseite die römische Straße verläuft (Abb. 124 Nr. 1; 2). Weitere Steinbauten konnten bei den geophysikalischen Messungen, die auch auf den Bereich nördlich der römischen Straße ausgedehnt wurden, nicht erfasst werden. Der Steinbau, vom Grundrisstyp her eine sogenannte Portikusvilla mit Eckrisaliten, kann als Hauptgebäude zu einem römischen Gutshof gehört haben, dessen zu postulierende Nebengebäude dann reine Holzbauten gewesen wären. Ob die Nähe des Steingebäudes zur römischen Fernstraße Rottweil–Rottenburg ein Hinweis sein kann, die Baulichkeit mit einer Straßenstation in Verbindung zu bringen, soll nicht von vornherein ausgeschlossen werden, ist jedoch ohne weitere geophysikalische Prospektionen und großflächige Grabungen nicht zu klären.

Spätkeltische Siedlungsreste

Etwa 130 m südlich des römischen Steingebäudes zeigte sich auf dem Magnetogramm eine etwa 50 m lange und um 1 m breite, Ost–West verlaufende Struktur, die als Gräbchen zu interpretieren war (Abb. 124 Nr. 5). Um Zeitstellung und Funktion abzuklären, wurde im Oktober im Rahmen einer Grabung eine 80 m lange und 20 m breite Fläche angelegt, in welcher der Oberboden bis auf die Oberkante der diluvialen Terrassenschotter maschinell abgetragen wurde. Es zeigte sich, dass der Graben etwa 1 m bis 1,50 m breit war und seine Sohle ungefähr 80–90 cm unter die heutige Oberfläche reichte. Er konnte noch auf einer Länge von etwa 45 m nachgewiesen und dokumentiert werden, sein westliches und östliches Ende war jedoch aufgrund von Erosion nicht mehr zu ermitteln. Weitere Siedlungsbefunde, beispielsweise Pfostengruben, konnten nicht mehr festgestellt werden. In der Grabenfüllung fanden sich neben Tierknochen und Hüttenlehmresten zahlreiche spätlatènezeitliche Scherben, darunter solche mit Kammstrichbeziehungsweise Kammstrich-Grübchen-Verzierung, ferner Graphittonscherben und Scherben von Schalen mit einbiegendem und verdicktem Rand (Abb. 126). Der aufgrund der Fundeinschlüsse in einen jüngeren Abschnitt der Spätlatènezeit (Stufe Lt D) zu datierende Graben kann als Einfriedung eines spätkeltischen Gehöfts des 1. vorchristlichen Jahrhunderts angesprochen werden, es sei denn, man ginge davon aus, der Graben habe zu einer befestigten Höhensiedlung gehört und den südlichen Teil des Gewanns „Brunnenrain" abgeriegelt. Auch hier können wohl nur großflächige Grabungen Klarheit schaffen. Festzuhalten bleibt, dass im Gewann „Brunnenrain" einer der wenigen Befunde vorliegt, wo eine spätkeltische und römische Ansiedlung unmittelbar aufeinander folgen.

Aufgrund der Ergebnisse der geophysikalischen Prospektion wird das römische Steingebäude und dessen Umgebungsbereich von der Bebauung ausgespart und als Grabungsschutzgebiet ausgewiesen werden. Einer Bebauung der Südhälfte des „Brunnenrain" wurde zugestimmt. Die Erschließungs- und Baumaßnahmen werden archäologisch begleitet werden, so dass möglicherweise zutage kommende Funde und Befunde geborgen und dokumentiert werden können.

Für die Unterstützung und Förderung der Vermessungs- und Grabungsarbeiten danken wir der Ortschaftsverwaltung Owingen, Herrn Ortsvorsteher Peter Volm und Herrn Andreas Beiter.

Hartmann Reim, Harald von der Osten-Woldenburg

Literaturhinweise

P. Bossenmaier u. a., Owingen. Geschichte und Geschichten unserer Gemeinde (Horb a. N. 1993) 16 ff., 186 ff. – G. Wieland, Die Spätlatènezeit in Württemberg. Forsch. u. Ber. Vor- u. Frühgesch. Baden-Württemberg 63 (Stuttgart 1996). – K. Th. Zingeler, Die vor- und frühgeschichtliche Forschung in Hohenzollern. Mitt. Ver. Gesch. u. Altertumskde. Hohenzollern 27, 1893/94, 1–115, bes. 100 ff.

Archäologische Untersuchungen im geplanten Neubaugebiet Pattonville, Gde. Remseck, Kreis Ludwigsburg

Zwischen New-York-Ring und Chicagoweg

Das Areal der ursprünglichen amerikanischen Wohnsiedlung Pattonville nahe Ludwigsburg soll in den kommenden Jahren um die Fläche eines etwa 15 ha großen Neubaugebiets erweitert werden. Dafür wurde im Mai 2006 mit den Erschließungsarbeiten begonnen, die sich zunächst auf die bogenförmigen, konzentrisch angeordneten zukünftigen Straßentrassen konzentrierten.

Die Gegend um Pattonville ist seit langem als besonders reiche archäologische Siedlungslandschaft bekannt. Vor allem die Nähe mehrerer römischer Gutshöfe und die unmittelbare Nachbarschaft der Neubaufläche zu dem bereits bekannten frühmerowingerzeitlichen Friedhof von Aldingen in der Flur „Bückele" machten eine archäologische Beobachtung der Baumaßnahmen notwendig. Die Überwachung eines Baggerschnittes zur Sondierung der Befundlage sowie die Begleitung großer Abschnitte der Baumaßnahmen übernahm der ehrenamtliche Mitarbeiter Walter Joachim. Dabei zeigte es sich auch schnell, dass über das gesamte Baugebiet immer wieder Befunde aus unterschiedlichen Epochen anzutreffen waren. Hier seien im Folgenden nun kurz die Reste einer früheisenzeitlichen Siedlung, römische Siedlungs- und Werkstattspuren sowie weitere Gräber des erwähnten frühmittelalterlichen Gräberfeldes vorgestellt.

Siedlungsgruben der Späthallstatt-/Frühlatènezeit

Verstreut liegende Gruben, die auf eine Siedlung der frühen Eisenzeit hinweisen, wurden

Abb. 127 Remseck. Ziegelkonzentration und runde Brandflächen der römischen Ofenbatterie im Bereich der Erschließungstrassen des Neubaugebiets am Ostrand von Pattonville.

vor allem im nördlichen und nordwestlichen Bereich des Neubaugebietes dokumentiert und reichten bis in das Areal des frühmittelalterlichen Friedhofs hinein. Bei den Strukturen handelte es sich mit Ausnahme einiger Pfostenlöcher vor allem um Gruben und wenige Grubenhäuser. Die Gruben, darunter einige mit dem typischen umgekehrt trichterförmigen Profil, waren durchschnittlich noch etwa zwischen 0,5 m und 1 m tief erhalten und verteilten sich in lockerer Streuung in den Erschließungstrassen. In einem der kleinen Grubenhäuser mit ebenem Boden konnte eine dünne, flächige Brand- bzw. Ascheschicht auf der Sohle der Hütte nachgewiesen werden. Es ist mit Sicherheit davon auszugehen, dass in diesen Ausschnitten bislang nur ein kleiner Teil eines Weilers oder eines Gehöftes erfasst wurde, dessen ursprüngliche Ausdehnung wohl erst nach Abtrag des Oberbodens in den einzelnen Baufenstern zu beurteilen sein wird.

Insgesamt bleibt festzustellen, dass das Fundaufkommen in den Gruben ausgesprochen gering war und zahlreiche Gruben nahezu fundleer blieben, jedoch aufgrund von Form und Verfüllung eindeutig dieser Siedlungsphase des Platzes zugewiesen werden können. Keramikfragmente, darunter wenige S-förmig geschwungene Gefäßprofile, geben jedoch einen ersten Datierungsansatz. Zu erwähnen ist noch ein Türangelstein, der in einer der Gruben geborgen werden konnte.

Eine Reihe Öfen – Reste einer römischen Werkstatt?

In der Landschaft um Pattonville sind seit geraumer Zeit einige römische Gutsanlagen bekannt, so die nur wenig nördlich der Kreisstraße K1692 liegende *villa rustica* in der Flur „Bei den Stämmen" oder eine zweite, im heutigen Zentrum von Pattonville gelegene *villa*. So erstaunte es dann auch nicht, dass ziemlich genau in halber Distanz zwischen den beiden genannten Gutshöfen bei den Erschließungsmaßnahmen weitere römische Siedlungsspuren zutage traten, die allerdings – nicht zuletzt aufgrund des eingeschränkten Grabungsausschnittes – noch schwer genauer einzuordnen sind. Festzuhalten bleibt jedoch bereits beim gegenwärtigen Stand der Ausgrabungen, dass hier eine Niederlassung angeschnitten wurde, die sicherlich mit handwerklichen Aktivitäten in Verbindung zu bringen ist.

Mindestens acht Ofenanlagen wurden innerhalb eines recht begrenzten Raumes erfasst, weitere dürften noch in den zur Bebauung vorgesehenen Flächen liegen. Während direkt nach Abtrag des Oberbodens die Öfen zunächst nur als rötliche Verfärbungen oder als Steinkonzentrationen zu erahnen waren, zeigten sie sich in der Regel bei weiterem Abtrag als runde Brandstellen mit klaren Umgrenzungen (Abb. 127). Die stark verziegelten Ofenplatten besaßen Durchmesser von ca. 0,75–0,9 m. Bei einigen Exemplaren war der Ansatz der verziegelten Wandung bzw. Kuppel noch einige Zentimeter hoch erhalten. Einem einheitlichen Konstruktionsplan scheinen die Öfen jedoch nicht gefolgt zu sein, die Öffnungen waren sowohl nach Osten wie nach Westen hin orientiert.

Obwohl vielfach Arbeitsgruben und in der Regel große Mengen an Fundmaterial im Bereich der Ofenstellen angetroffen wurden, ist deren Funktion gegenwärtig nicht bestimmbar. Da jedoch kein verkohltes Getreide oder sonstige botanische Reste im Bereich der Öfen beobachtet wurden, deuten Ziegelfragmente, eisernes Werkzeug und Knochenartefakte am ehesten auf handwerkliche Tätigkeiten. Auch letzte Reste von Steinstrukturen im Bereich eines Ofens unterstützen diese Interpretation. Zu denken wäre etwa an ein kleines Handwerksquartier, das eventuell von einem oder auch beiden der benachbarten Gutshöfe betrieben wurde.

Der Friedhof wächst – weitere Gräber des merowingerzeitlichen Friedhofs

Während bislang der frühmittelalterliche Friedhof von Aldingen den sogenannten „Kleingräberfeldern" vom Typus Hemmingen des 5. Jahrhunderts zugewiesen wurde, haben die Neuentdeckungen des Jahres 2006 gezeigt, dass diese Nekropole deutlich mehr Grablegen aufweist, als ursprünglich angenommen. Die bekannten 24 Gräber, die zwischen 1969 und 1971 ausgegraben wurden, konnten im Laufe des Jahres durch zunächst 42 und dann nochmals elf weitere Gräber ergänzt werden. Ein Blick auf den Gesamtplan (Abb. 128) zeigt jedoch schnell, dass auch hier in Zukunft mit weiteren Bestattungen zu rechnen ist. Lediglich im Westen scheint der Rand des Friedhofs erreicht worden zu sein.

Abb. 128
Remseck. Vorläufiger Gesamtplan des merowingerzeitlichen Gräberfeldes von Aldingen und der vorgeschichtlichen Siedlungsbefunde. Stand Dezember 2006.

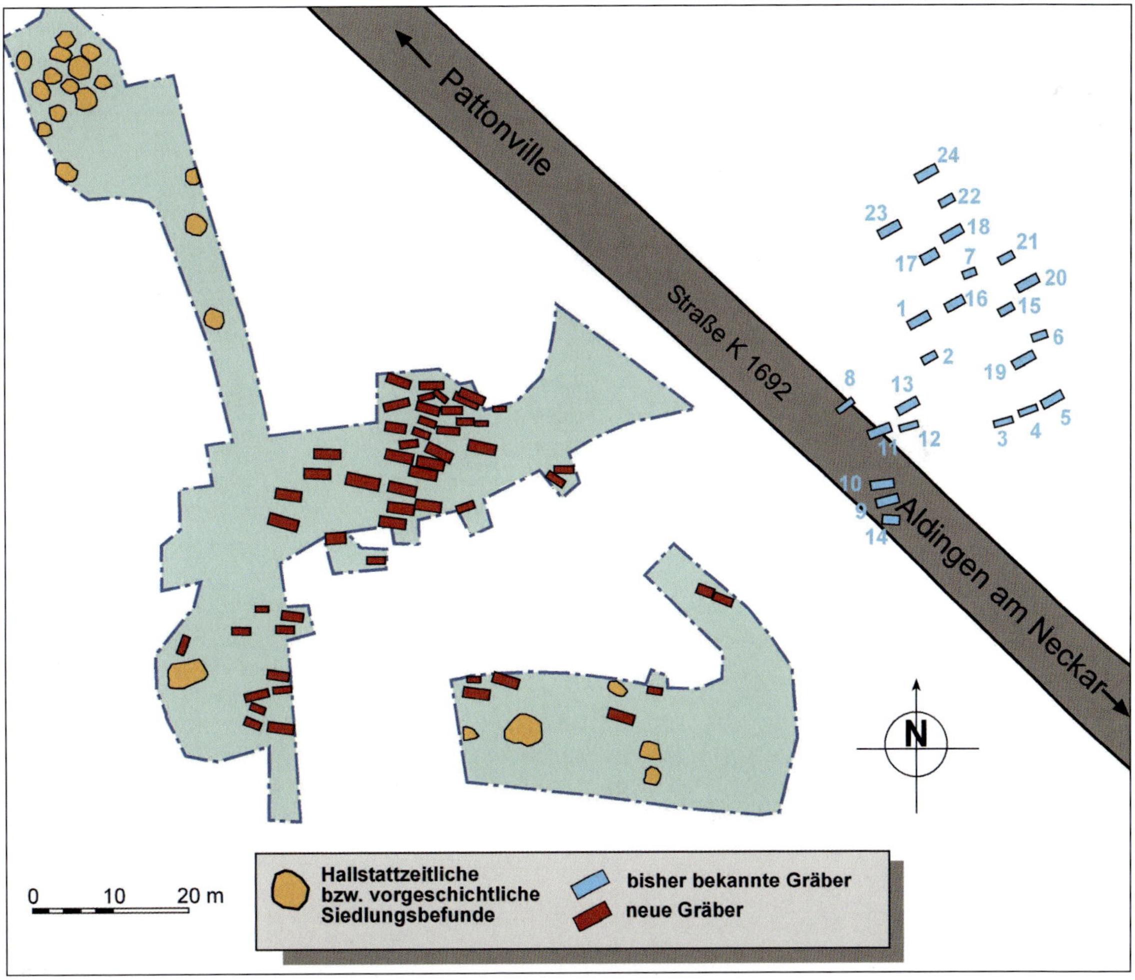

Leider waren fast 90 % der Gräber des untersuchten Ausschnitts des Bestattungsplatzes antikem Grabraub zum Opfer gefallen. Gleichwohl können sie anhand verbliebener Reste, die auch im Röntgenfoto gut beurteilbar sind, zeitlich näher angesprochen werden. Schon während der Grabung zeigte sich, dass der Belegungszeitraum deutlich über die frühmerowingische Periode hinausreicht. Nur die drei Bestattungen 37, 38 und 39 gehören aufgrund von frühen Bügelfibeln und Kleinfibeln sicher dieser Epoche an. Die Mehrzahl aber ist deutlich jünger, wie Schilddornschnallen mit Beschlag (Grab 32), dreiteilige eiserne Gürtelgarnituren (Gräber 13, 19, 20, 25), vielteilige Gürtelgarnituren (Gräber 5, 48) oder bei den Frauenbeisetzungen charakteristische Perlentypen, wie z. B. gerippte gelbe Mehrfachperlen (Gräber 1, 15, 27, 29) und vieles andere belegen. Die Belegungsnutzung erreicht damit das späte 7. Jahrhundert n. Chr.

Der Friedhof von Remseck-Aldingen „Bückele" kann somit nicht mehr zu den um 500 n. Chr. abbrechenden alamannischen Gräberfeldern des Typus Hemmingen gezählt werden, ein Schicksal, das er im Übrigen mit dem Gräberfeld von Nieder-Erlenbach, Stadt Frankfurt a. M. teilt. Vielmehr handelt es sich, wie z. B. im nahen Pleidelsheim, um den frühen Teil eines großen Ortsgräberfeldes einer abgegangenen Siedlung. Auch der scheinbar belegungsfreie Raum zwischen den 1969/71 und den 2006 festgestellten Bestattungen ist nicht im Sinne eines Separatfriedhofs, sondern schlicht als durch den Straßenbau bedingter Verlust zu werten. Die über 2 m hohe Böschung wurde ohne Information der Archäologischen Denkmalpflege für die Baustraße des Neubaugebiets abgetragen. Als Gelände des zum Gräberfeld gehörigen Orts käme in erster Linie die 200 m nördlich gelegene Bachniederterrasse in Betracht, auf der sich auch ein römischer Gutshof befindet.

Jörg Bofinger, Ingo Stork

Literaturhinweise

H. Schach-Dörges, Das frühmittelalterliche Gräberfeld bei Aldingen am mittleren Neckar. Materialh. Arch. Baden-Württemberg 74 (Stuttgart 2004); H. Ament, Der Beitrag der frühmittelalterlichen Grabfunde von Nieder-Erlenbach (Stadt Frankfurt a. M.) zur Kenntnis der Gräberfelder vom Typ Hemmingen. In: C. Dobiat (Hrsg.), Reliquiae Gentium, Teil 1. Festschr. H. W. Böhme. Internat. Arch. Stud. honoraria 23 (Rahden/Westf. 2005) 1–7.

Ein Fauengrab des 6. Jahrhunderts aus Leimen, Rhein-Neckar-Kreis

Fundgeschichte

Am 20. Oktober 2006 wurde bei der Verlegung von Stromkabeln in Leimen im Hof des Anwesens Geheimrat-Schott-Straße 16 ein menschlicher Schädel freigelegt. Fünf ehemals im Halsbereich befindliche Glasperlen sowie eine rosettenförmige, silberne Almandinscheibenfibel mit Resten von Vergoldung waren bei unsachgemäßen „Nachforschungen" der sofort herbeigerufenen Polizei aus dem Verband gerissen, aber übersehen worden. Sie zeigten bereits die merowingische Zeitstellung und hohe Bedeutung des Befundes an, der in einer vom 23. bis 25. Oktober dauernden Notbergung dokumentiert werden konnte.

Das geostete Skelett war ausgestreckt in braunem, verlagertem Löss bestattet. Die Arme lagen parallel zum Körper, die Oberschenkel zusammenlaufend, die Unterschenkel wieder parallel. Die sehr schmale Grab-

grube von 40–55 cm Breite war nur undeutlich ab etwa 10–15 cm über dem Skelett erkennbar. Im Bereich der Zehen zeichnete sich eine 40 cm lange Ausbuchtung nach Osten ab, die keine Funde erbrachte. An der wannenförmigen Sohle waren keine Strukturen oder Einbauten zu erkennen. Im Beckenbereich gab es eine undeutliche, leicht bräunliche Verfärbung von 35 cm × 45 cm Größe, die von einer Beraubung herrühren dürfte.
Indizien für eine solche Störung sind weiterhin, dass keine – in diesem Zusammenhang zu erwartende – Bügelfibeln gefunden wurden, wie auch die leere Ausbuchtung im Osten. Es fiel auch auf, dass sich Fingerknochen der linken Hand auf dem rechten Oberschenkel befanden, was gleichfalls auf eine sekundäre, aber schon bald nach der Grablegung erfolgte Verlagerung hindeutet. Zudem wurde der Beinwirtel oberhalb des Skeletts im Bereich des vermuteten Raubschachts angetroffen.
Die Tiefe der Knochen bis zur Oberkante der Hofpflasterung betrug 81–92 cm, jedoch trat bis ca. 65 cm Keramik des 15. bis 18. Jahrhunderts auf. Demnach erfolgte in dieser Zeit eine Anschüttung, der aber zwingend auch eine Erosion bzw. Abtragung voraufgegangen sein muss, denn zweifellos ist mit einer ursprünglichen Bestattungstiefe von deutlich über 100 cm zu rechnen.

Singuläre Fibeln

Bei der Bestatteten handelte es sich um eine ca. 165 cm große Frau im Alter von etwa 16 bis 18 Jahren mit starkem Kariesbefall der hinteren Backenzähne des Unterkiefers (Bestimmung Dr. P. Laier, Karlsruhe).
Die beiden nur scheinbar identischen Rosettenscheibenfibeln unterscheiden sich bei näherem Hinsehen durch die unterschiedlich gekonnt ausgeführten liegenden „S“ mit verbindenen Balken („Tangenten“) aus Perldraht im vertieften Mittelfeld (Abb. 129). Auch anhand einer jüngst erschienenen Zusammenstellung merowingerzeitlicher Granatscheibenfibeln gelingt es derzeit nicht, wirklich identische Stücke zu benennen. Die dort als Varianten des Typs D 6 bezeichneten Exemplare besitzen zwar vertiefte Mittelzonen mit S- oder 8-förmigen Ornamenten, sie lassen jedoch immer die Tangenten vermissen.
Zusammen mit den nach Aussage der Störung im Beckenbereich geraubten Bügelfibeln ergibt sich eine Vierfibeltracht, wie sie typisch ist für wohlhabende Frauen des 6. Jahrhunderts. Als ein herausragendes Beispiel wäre das Frauengrab unter dem Kölner Dom aus der Zeit um 530/40 anzuführen (bei der dort Bestatteten handelt es sich vermutlich um die langobardische Prinzessin Wisigarda).
An dem mittels einer einfachen Eisenschnalle verschlossenen Gürtel trug die junge Frau aus Leimen eine Tasche, in der sie die beiden Wirtel aus Quarzporphyr und Bein aufbewahrte. Die drei Glasperlen müssen nicht zum

Abb. 129
Leimen. Beigaben aus dem Grab einer jungen Frau, 6. Jh.

Inhalt gehört, sondern könnten auch als aufgenähter Schmuck gedient haben. Von dem Gürtel hing auf der linken Körperseite ein langes Band herab, an dem ein zweireihiger Kamm als wichtiges Utensil der täglichen Körperpflege befestigt war. Er war gegen Beschädigungen durch ein Futteral gesichert, das mit der Kreisaugenzier die geläufigste Dekorform frühmittelalterlicher Beinarbeiten zeigt.

Fundumfeld

Schon früher wurden in dem Gebiet nördlich des mittelalterlichen Ortskerns von Leimen mehrfach Gräber angeschnitten, die jedoch nie genauer dokumentiert wurden und deren Beigaben fast alle verloren sind. Im Jahr 1888 wird ein wohl merowingisches Grab mit einem Krug und einer Halskette bei der heutigen Steinberghalle genannt. 1924 konnte im Anwesen Waldbauer eine weiteres Ost–West ausgerichtetes Skelett in einem Meter Tiefe beim Graben einer Kalkgrube dokumentiert werden. An Beigaben wird hier eine Kette aus roten und blauen Perlen erwähnt. Das Anwesen ist mit der heutigen Geheimrat-Schott-Str. 16 identisch; ein alter Lageplan zeigt, dass diese Tote höchstens zwei Meter östlich der 2006 untersuchten Frau bestattet wurde. Ein weiteres vermutliches Grab konnte nachträglich erfasst werden. Bei Bauarbeiten in der Geheimrat-Schott-Straße kam 1936 eine vorzüglich erhaltene merowingische Lanzenspitze aus der 2. Hälfte des 7. Jahrhunderts zutage, die im Jahr 2001 vom Besitzer gemeldet wurde. Schließlich wurde 1948 zwischen Grabenweg und Oberer Straße eine weitere Bestattung angeschnitten, von der eine dreigliedrige Perle aus grünem Glas erhalten ist. Weiter südlich angetroffene, beigabenlose Gräber aus den Jahren 1929 und 1950 dürften jedoch späteren Zeiten angehören.
Fasst man die alten Funde zusammen, so lassen sich relativ sicher fünf merowingische Gräber nachweisen. Drei davon stammen aus der heutigen Geheimrat-Schott-Straße; die Funde von 1888 und 1948 liegen etwas, die zeitlich unsicheren Bestattungen deutlich südlicher. Es handelt sich also um die Reste eines größeren Reihengräberfeldes aus dem 6. und 7. Jahrhundert, das zu dem im Jahr 791 im Lorscher Codex erstmals urkundlich genannten Ort Leimheim gehört.
Das neu entdeckte Grab des Jahres 2006 ist nicht nur das am besten dokumentierte, sondern auch das reichste – obwohl eine teilweise Beraubung vorliegt. Die unikalen rosettenförmigen Almandinscheibenfibeln und die Perlen datieren es ins mittlere Drittel des 6. Jahrhunderts, mithin in die Zeit der massiv einsetzenden fränkischen Besiedlung der Landschaften am Oberrhein.
Die zugehörige Siedlung muss vermutlich weiter südlich im Areal der ehemaligen Bergbrauerei gesucht werden, denn in den Bereichen um die evangelische Kirche, in der Rathausstraße, der Turmstraße und dem Graupfädel konnten bislang trotz mehrerer Notbergungen keinerlei merowingerzeitliche Spuren gefunden werden.

Für die Fundmeldung und freundlichste Duldung der Notbergung ist den Damen Helga und Sonja Steinmann herzlich zu danken, für die örtliche Mithilfe Herrn Pfarrer Volker Reinhard (St. Ilgen).

Ludwig H. Hildebrandt, Uwe Gross

Literaturhinweise

L. Hildebrandt/U. Gross, Arch. Ausgr. Baden-Württemberg 2002, 184 f.; L. Hildebrandt, Archäologische Funde aus drei Jahrtausenden rund um die mittelalterliche Kirche von Leimen. In: B. Müller (Hrsg.), Der Kirchturm ist dem Himmel nahe. Eine Geschichte Leimens und seiner katholischen Kirchengemeinde (Leimen 2006) 159–169. – K. Vielitz, Die Granatscheibenfibeln der Merowingerzeit (Montagnac 2003).

Neue Gräber aus dem alamannischen Gräberfeld von Oberflacht, Gde. Seitingen, Kreis Tuttlingen

Das Reihengräberfeld von Seitingen-Oberflacht zählt zu den „alten“, berühmten Fundstellen dieser Zeitstellung in Baden-Württenberg. Es liegt in der östlichen Baar zwischen Schwarzwald und Alb in der Nähe wichtiger römischer Fernstraßen. Bereits 1810 wurde es beim Lehmabbau entdeckt und 1846 in Teilen von F. von Dürrich und W. Menzel erforscht. Sensationelle Funde – wie das „Sängergrab“, so genannt nach der in diesem Grab gefundenen Leier – führten zur hohen Popularität des Gräberfeldes und waren Anlass mehrerer Ausgrabungen im 19. und 20. Jahrhundert. In dieser Zeit kam es auch zu zahlreichen Plünderungen. Die Lage der Gräber in den wasserführenden Schichten des Braunen Jura bedingt zudem eine außerordentlich gute Erhaltung der oftmals aus organischem Material wie z. B. Holz, Textilien, Leder, Pflanzen, Früchten und Lebensmitteln bestehenden Grabbeigaben und Grabausstattung. Waffen und Schmuck aus Metall finden sich hingegen selten, da sich der Opalinuston auf die Erhaltung von Metallen ungünstig auswirkt. Auf der Ausgrabung selbst lassen oft nur noch Spuren von Metall die ehemalige Ausstattung erahnen, die auch im Röntgenbild nicht mehr greifbar ist.

Bei den Altgrabungen 1846 unter F. v. Dürrich und W. Menzel wurden keinesfalls alle Gräber beschrieben und geborgen, noch deren Lage kartiert. Vorbildlich dokumentiert sind vor allem 40 Gräber, die Beigaben führten. Erst in den Jahren 1933/34 wurden vom Tübinger Amt durch W. Veeck anlässlich der Anlage einer Wasserleitung planmäßige Grabungen durchgeführt. Die schriftlichen Unterlagen sind im Zweiten Weltkrieg im Stuttgarter Schloss verbrannt, so dass die Ausdehnung des Gräberfeldes unbekannt ist. Die Grabinventare für die Publikation des Fundkatalogs konnten dann durch S. Schiek nur

Abb. 130
Seitingen-Oberflacht. Unter widrigsten Witterungsbedingungen mussten die Gräber freigelegt werden.

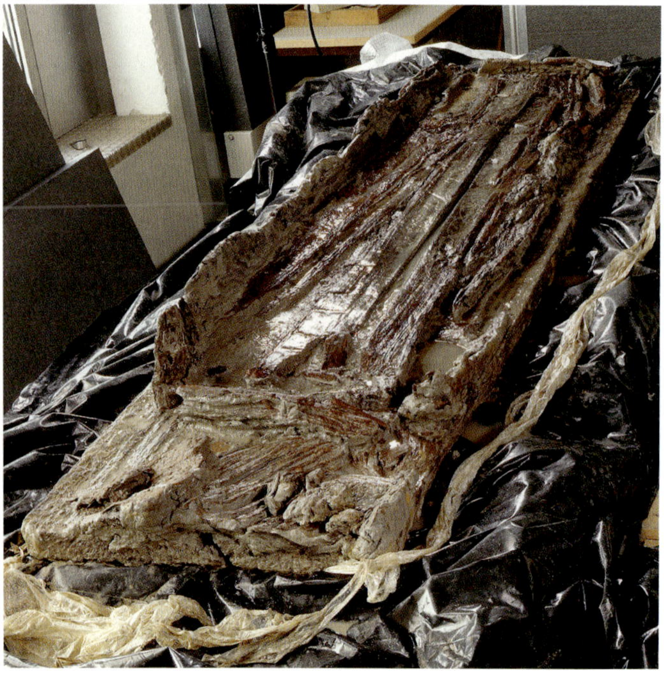

Abb. 131
Seitingen-Oberflacht. Das Totenbett aus Grab 22 in der Restaurierungswerkstatt des Landesamtes für Denkmalpflege in Esslingen.

mühevoll anhand der Funde rekonstruiert werden.

Als im Frühjahr 2006 im Zuge einer Rettungsgrabung bei Schnee und Kälte unter widrigsten Bedingungen (Abb. 130) mit der Ausgrabung begonnen werden musste, waren die Erwartungen entsprechend hoch. Die Toten der 30 freigelegten Gräber waren entweder in Baumsärgen oder auf Totenbrettern beigesetzt worden. In zahlreichen Gräbern konnten gezimmerte Grabeinbauten nachgewiesen werden. Vierzehn Gräber enthielten noch Beigaben, von einigen wenigen Bestatteten konnte bisher das Geschlecht archäologisch, d. h. anhand der Beigaben bestimmt werden.

Die Hölzer der weniger gut erhaltenen Gräber wurden durch W. Tegel bereits auf der Grabung verprobt. Das Fälldatum der Eichen, die für die Grabkammer von Grab 22 genutzt wurden, liegt zwischen 570 und 580 AD.

Zwei Gräber – ein Baumsarg und ein Kammergrab – wurden aufgrund des guten Erhaltungsgrades im Block geborgen und in einer Werkstatt in Konstanz behutsam weiter freigelegt. Sie lagen tiefer als die übrigen Bestattungen. In der gezimmerten Kammer befand sich ein Totenbett aus Buche mit Eckpfosten und darin eingenuteten Seitenwänden, von dem bereits das Giebeldreieck des Daches heruntergebrochen war (Abb. 131). Die Deck- oder Seitenbretter waren mit einem Zirkelornament verziert und zeigten auffällige Ritzungen. Der Verdacht, dass es sich bei den bereits auf der Grabung entdeckten Ritzungen um Runen handeln könnte, wurde durch die Autopsie des Befundes durch P. Pieper erhärtet (Abb. 132). Sicher ist bisher jedoch nur, dass es sich um intendierte Ritzungen handelt. Weitere Untersuchungen durch Prof. K. Düwel stehen noch an. Am Fußende, außerhalb des Bettes, lagen ferner verschiedene Gegenstände aus Holz, darunter eine Schale sowie ein Daubengefäß. Beim weiteren Freilegen stieß man auf die ersten Textilien unterschiedlicher Machart sowie pflanzliche Reste und erkannte, dass das Bett wahrscheinlich ursprünglich mit einem Tuch bedeckt war, was die anschließenden textilarchäologischen Untersuchungen durch J. Banck-Burgess bestätigten. Parallel dazu

Abb. 132
Seitingen-Oberflacht. Bei den Ritzungen auf dem Totenbett könnte es sich um eine Runeninschrift handeln.

erfolgten erste anthropologische und paläobotanische Untersuchungen durch J. Wahl und M. Rösch.
Mit der weiteren Freilegung, die nun im Labor erfolgt, werden wir sicher neue spannende Einblicke in Grabsitten und Grabausstattung gewinnen. Sollte es sich bei den Ritzungen um eine Runeninschrift handeln, wäre es die erste auf einem Sarg oder Totenbett in Deutschland. Ferner wird es uns im Laufe der Auswertung gelingen, den Umfang und die Belegungsdauer des Gräberfeldes zu ermitteln und das Gräberfeld definitiv zu lokalisieren.

Mein Dank gilt der Freiburger Grabungsmannschaft, dem Konservierungslabor Potthast/Riens, Konstanz, Frau Dr. H. Schach-Dörges, Stuttgart, für ihre Unterstützung sowie den Kollegen des Landesamtes für Denkmalpflege beim Regierungspräsidium Stuttgart.

Andrea Bräuning

Literaturhinweise
H. Schach-Dörges in: RGA² 21 (2002) 476 ff. s. v. Oberflacht (mit weiterer Lit.); S. Schiek, Das Gräberfeld der Merowingerzeit bei Oberflacht. Forsch. u. Ber. Vor- u. Frühgesch. Baden-Württemberg 41/1 (Stuttgart 1992); P. Paulsen, Die Holzfunde aus dem Gräberfeld bei Oberflacht. Forsch. u. Ber. Vor- u. Frühgesch. Baden-Württemberg 41/2 (Stuttgart 1992).

Archäologische Untersuchungen im frühmittelalterlichen Gräberfeld „Behans" in Sasbach am Kaiserstuhl, Kreis Emmendingen

Im Sommer 2006 rückte das bekannte frühmittelalterliche Gräberfeld von Sasbach „Behans", wie schon in den vergangenen Jahrzehnten, wieder in den Mittelpunkt der archäologischen Denkmalpflege. Rigolarbeiten und Baumaßnahmen waren immer wieder Anlass für denkmalpflegerisch notwendige Untersuchungen innerhalb dieses seit 1912 bekannten Reihengräberfriedhofes, der mit über 2000 geschätzten Bestattungen derzeit zu den größten Bestattungsplätzen dieser Zeit in der südlichen Oberrheinregion gezählt wird.
Erschließungsmaßnahmen für das geplante Gewerbegebiet „Am Lehweg" in Sasbach tangierten den merowingerzeitlichen (6.–7. Jahrhundert n. Chr.) Friedhof am östlichen Fuß des Lützelberges. Im Vorfeld der Untersuchung wurde wiederholt auf die regionale Bedeutung dieses frühmittelalterlichen Friedhofes hingewiesen. Da in dem betreffenden Geländestreifen der östliche Randbereich des Gräberfeldes vermutet wurde, führte in Absprache mit der Gemeinde Sasbach von Juni 2006 bis September 2006 das Regierungspräsidium Freiburg, Ref. 25 Archäologische Denkmalpflege, flächige Untersuchungen durch.

Belegung

In dem zu untersuchenden Streifen von rund 125 m Länge und 25 m Breite zeichneten sich im Löss die Verfärbungen von 151 Grabgruben ab (Abb. 133). Die Gesamtanzahl der dokumentierten Gräber erhöhte sich somit auf rund 800. Darunter befinden sich einige Doppelbestattungen. Es wurden auch ältere Besiedlungsspuren beobachtet, wie römische Siedlungsbefunde und ein West–Ost verlaufender Graben von 1–1,50 m Breite, der von frühmittelalterlichen Gräbern überlagert wird (Abb. 134). Er setzt sich nach Osten und Westen über die Grabungsgrenzen hinweg fort. In der Verfüllung fanden sich vorgeschichtliche Keramikscherben. Die durchweg

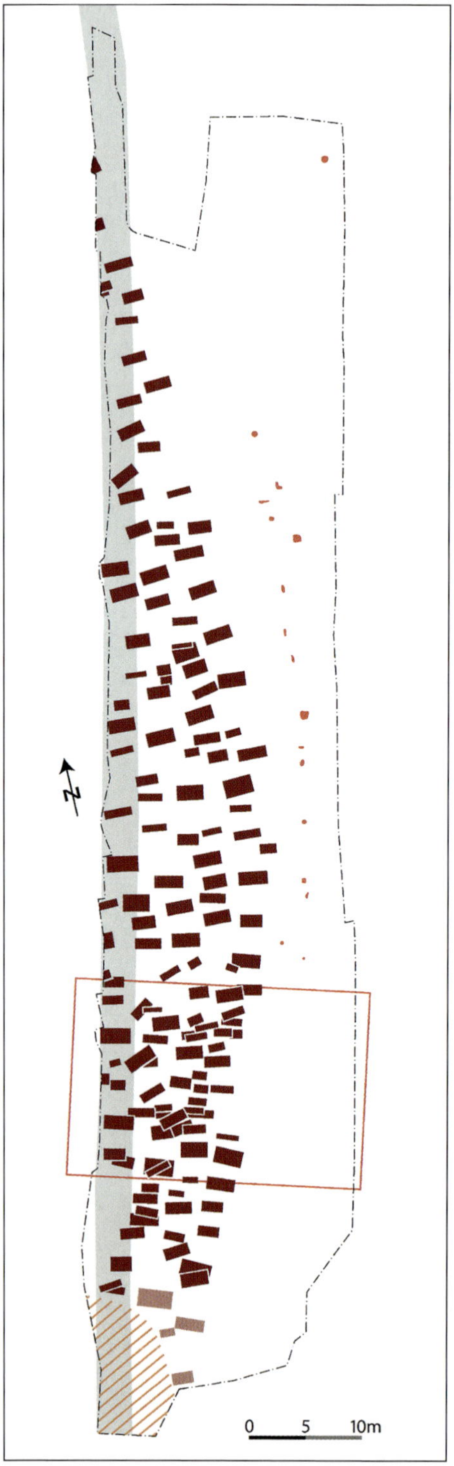

Abb. 133
Sasbach „Behans". Belegungsplan des untersuchten Areals, Stand 2006. Rot schraffierte Fläche: Störung; grauer Streifen: landwirtschaftlicher Weg.

dichte Belegung in diesem östlichen Streifen dünnte nach Norden aus. Überraschend war jedoch die hohe Gräberdichte im südlichen Teil (Abb. 133; 134) mit horizontalen und vertikalen Überlagerungen der unterschiedlich tiefen Grabgruben. Von der weitgehend einheitlichen West-Ost-Ausrichtung weichen einige Bestattungen ab, ebenso von der gestreckten Rückenlage. Spuren früherer Beraubungen und gezielter Zerstörungen sind ebenfalls zu erkennen. Bei einigen Bestattungen fallen die sehr eng am Körper anliegenden Arme auf. Die Vermutung liegt nahe, dass diese Toten in Tücher eingewickelt waren. Reste von Holzeinbauten hatten sich in einigen Gräbern erhalten. Aufwendige Konstruktionen aus Holz wurden jedoch nicht beobachtet. Weiterhin fehlen Steinplatten- und Steinkistengräber.
Die bisherigen Erkenntnisse zur Belegungsstruktur und die Beigabeninventare ließen in diesem Abschnitt die östliche Belegungsgrenze vermuten. Spuren einer Pfostenreihe deuten eine Begrenzung nach Osten an, denn östlich dieser weitgehend unregelmäßigen runden Pfostengruben wurden keine weiteren Gräber beobachtet (Abb. 133). Mit diesem Ausschnitt ist nun die bisher vermutete östliche Belegungsgrenze archäologisch gesichert.

Grabausstattungen

Viele Gräber waren gestört und beigabenlos, so dass sie sich der archäologischen Datierung entziehen. Unter den beigabenlosen Bestattungen verbergen sich jedoch auch Kindergräber. Nach der ersten Durchsicht lassen sich Gräber mit Pfeilspitzen und zwei Gräber mit Lanzenspitzen sowie 25 Gräber mit Saxbeigabe archäologisch als Männergräber ansprechen. Der Sax fand sich überwiegend an der rechten Seite des Toten parallel zum Körper. Er wurde jedoch auch quer über den Unterschenkeln oder auf beiden Oberschenkeln angetroffen. Nur bei zwei Bestattungen lag der Sax auf der linken Seite, mit dem Griff neben dem Schädel, die Spitze

Abb. 134
Sasbach „Behans". Ausschnitt aus dem Belegungsplan des untersuchten Areals von 2006. Grüne Befunde: vorgeschichtliche und römische Befunde; grau schraffierter Streifen: landwirtschaftlicher Weg.

zeigte in Richtung Füße, oder parallel zum linken Ober-/Unterschenkel im Kniebereich. Kämme aus Bein wurden in fünf Gräbern beobachtet, im Beckenbereich oder links oder rechts vom Schädel. Mit Perlenketten kombinierte Bronzedrahtohrringe kennzeichnen diese Gräber als Frauengräber. Bei den paarweise getragenen Ohrringen aus Bronzedraht handelt es sich vorwiegend um solche mit doppelkonischen oder polyedrischen Endstücken. Die Perlenketten wurden überwiegend im Brust- und Halsbereich angetroffen. Einige Kindergräber waren ebenfalls mit Perlenketten und Bronzeohrringen ausgestattet, andere waren beigabenlos. Die endgültige Unterscheidung in Männer- und Frauengräber wird jedoch erst die abschließende anthropologische Bearbeitung ermöglichen.
Nach der ersten Durchsicht der Fundinventare fielen bisher keine ungewöhnlichen Funde oder Beigabenkombinationen auf. Es ist jedoch festzustellen, dass keine der Beigaben oder der Beigabeninventare den typischen „fränkischen Charakter" – wie bisher in vielen Gräbern belegt – erkennen lassen. Da das Spektrum der Beigabeninventare relativ einheitlich ist, lassen sich die Männergräber über die Saxe und die Frauengräber über die Ohrringe und Perlenketten, die als chronologisch empfindliche Materialgruppe angesehen werden, feinchronologisch datieren. Ein erster Überblick legt eine zeitliche Einordnung um die Mitte bis in die 2. Hälfte des 7. Jahrhunderts n. Chr. nahe.
Im Zuge der fortgesetzten Ausgrabungen im Bereich des merowingerzeitlichen Gräberfelds von Sasbach „Behans" zogen zwei Doppelbestattungen aus Grab 655 und 739 das besondere Augenmerk der Archäologen auf sich.

Archäologischer und anthropologischer Befund von Grab 655 mit Doppelbestattung

In diesem Grab waren zwei Individuen beigesetzt. Bei der südlichen Bestattung wurden eine Gürtelschnalle aus Eisen in der Nähe des rechten Oberschenkelkopfes, Glasperlen in unterschiedlichen Farben und Formen im Kinn- und Halsbereich sowie ein bronzenes Ringfragment am Schädelbereich beob-

Abb. 135 Sasbach „Behans". Grab 739. Doppelbestattung zweier Mädchen.

achtet; bei der nördlichen Bestattung lagen ein Eisenmesser mit Beingriff und eine Riemenzunge aus Eisen im Beckenbereich. Weiterhin hatten sich Spuren eines kastenartigen Holzeinbaus erhalten.

Der anthropologische Befund dazu stellt sich folgendermaßen dar:

Das Knochenmaterial aus Grab 655 ist (extrem) stark verwittert, die originale Oberfläche meist nicht mehr erhalten, die spongiosareichen Abschnitte nahezu komplett vergangen. Die Skelettreste beider Personen waren nebeneinander in gestreckter Rückenlage angetroffen worden. Das nördlich gelegene Individuum ist aufgrund des Zahnbefundes im Alter von etwa zehn Jahren gestorben. Das postkraniale Skelett liefert keine weiteren Anhaltspunkte. Die Zahnkronenabrasion ist relativ schwach, die oberen Schneidezähne sind schaufelförmig. Hinweise zum Geschlecht können lediglich als Vermutung formuliert werden. Demnach würde es sich eher um eine weibliche Person handeln. Neben dem Mädchen (?) lag ein erwachsenes Individuum (südliche Bestattung), dessen Knochenreste, insbesondere diejenigen des rechten Fußes, etwas besser überliefert sind. Die Obliteration der Schädelnähte entspricht einem Alter von ca. 40 (bis 50) Jahren, die Abkauung der Zähne würde vielleicht ein noch höheres Alter vermuten lassen. Arthrotische Veränderungen passen zur Übergangsphase von adult zu matur. Dazu kommen ein kariöser oberer Backenzahn, Hinweise auf eine hormonell bedingte Wachstums- oder Stoffwechselstörung sowie eine angedeutete Hockerfacette. Da keine Langknochenmessungen mehr möglich sind, kann die Körperhöhe nur geschätzt werden. Nach In-situ-Maßen wären maximal 1,60 m anzunehmen. Die Hinweise zum Geschlecht sind uneindeutig, das Felsenbein weist eher auf eine Frau als auf einen Mann hin. In Anbetracht der Altersrelation zwischen nördlicher und südlicher Bestattung ist eine Ansprache als Doppelbestattung von „Mutter mit Kind" nicht auszuschließen. Die Annahme, dass es sich womöglich um zwei männliche Individuen handeln könnte, war von vornherein nur unter größtem Vorbehalt geäußert worden.

Archäologischer und anthropologischer Befund von Grab 739 mit Doppelbestattung

Grab 739 überdeckte Grab 740 und lag im südwestlichen Teil des untersuchten Areals (Abb. 133–135). Bei Bestattung A (nördliche Bestattung; Abb. 135) fanden sich Perlen im Hals-/Kopfbereich; ein Bronzeohrring auf der linken Seite dicht beim Schädel, im ehemaligen Ohrbereich, sowie ein Bronzeohrring, rechts unter dem Schädel, ebenfalls ungefähr im Ohrbereich.

Bei Bestattung B (südliche Bestattung; Abb. 135) wurden Perlen im Hals-/Kopfbereich, darunter auch Bernsteinperlen, sowie je ein Bronzeohrring auf beiden Seiten des Schädels ungefähr im linken und rechten Ohrbereich beobachtet.

Der anthropologische Befund ergab dazu Folgendes:

Die Skelettreste der beiden Individuen aus Grab 739 sind deutlich besser erhalten. Sie liegen ebenfalls in gestreckter Rückenlage, das nördlich gelegene (A) dem anderen leicht zugewandt. Der Verwachsungszustand der Epi- und Apophysen sowie der Zahnbefund deuten auf ein Kind der Altersstufe infans II mit einem Sterbealter von etwa zehn Jahren. Die Langknochenentwicklung entspricht einem Alter von ca. (12–)13 Jahren. Die einschlägigen Schädel- und Beckenmerkmale korrespondieren übereinstimmend mit weiblichem Geschlecht. Für Individuum B (südliche Bestattung) ergeben sich ähnliche Verhältnisse, ein Zahnalter von etwa 13 Jahren, ein etwas höheres „Langknochenalter" (um 14–15 Jahre) sowie eindeutige Anhaltspunkte für weibliches Geschlecht. Die zunächst geäußerte Vermutung, dass es sich um Zwillinge handeln könne, ließe sich demnach nur halten, wenn A früher gestorben und B als Nachbestattung zu deuten wäre. Gewisse Gemeinsamkeiten liegen allerdings tatsächlich vor. Beide weisen übereinstimmend verschiedene epigenetische Merkmale sowie gleichartige Fehlstellungen der unteren Eckzähne auf. Außer diesen anatomischen Varianten haben sie eine (starke) alveolare Prognathie, Zahnsteinanlagerungen, leichte porotische Erscheinungen im Bereich der Augenhöhle und Schmelzhypoplasien, die im Alter von etwa 5 Jahren entstanden sind, gemeinsam. Dazu kommen bei A noch Spuren einer leichten Nasennebenhöhlenentzündung. Unterschiede zeigen sich z. B. in dem trotz höheren Alters grazileren Unterkiefer und den beiden größenreduzierten oberen Weisheitszahnkronen von B. Damit ist eine Verwandtschaft nach wie vor diskutabel, letztlich aber nur durch eine DNA-Analyse zweifelsfrei nachzuweisen. Bei keinem der vier Individuen wurden Hinweise auf Gewalteinwirkungen gefunden. Ihre Todesursache muss daher offen bleiben.

Regionale Bedeutung

Die Untersuchung im östlichen Randbereich des frühmittelalterlichen Friedhofs von Sasbach „Behans" konnte eine forschungsgeschichtliche Lücke schließen, die bisher vermutete Grenze der Belegung nach Osten nun archäologisch dokumentiert werden. Neue Erkenntnisse zur Belegungsdichte und -abfolge wurden gewonnen, auch wenn die noch nicht untersuchten Friedhofsbereiche noch kein abschließendes Gesamtbild der Belegungsstruktur des gesamten Friedhofes zulassen. Mit Spannung dürfen weiterhin die anthropologischen Untersuchungen erwartet werden. Somit trug die Grabung im Sommer 2006 als weiterer Mosaikstein zur regionalen Bewertung dieses Bestattungsplatzes und der Bedeutung von Sasbach im frühen Mittelalter bei.

In diesem Zusammenhang sei der Gemeinde Sasbach für die vielfältige Unterstützung während der Ausgrabung, der interessierten Bevölkerung für das große Interesse am Tag des offenen Denkmals und dem engagierten Grabungsteam für seinen Einsatz vor Ort gedankt.

Jutta Klug-Treppe, Joachim Wahl

Literaturhinweise

Fundberichte aus Baden-Württemberg 2, 1975, 264 Abb. 159. – G. Fingerlin, Archäologische Anmerkungen zu einigen ungewöhnlichen Funden aus dem großen Reihengräberfeld von Sasbach am Kaiserstuhl. Arch. Nachr. Baden 68/69, 2004, 57 ff. (dort zusammenfassende Literatur).

Ein bedeutendes alamannisch-fränkisches Ortsgräberfeld in Hessigheim, Kreis Ludwigsburg

Dass die Geschichte des 774 erstmals genannten Ortes Hessigheim am Neckar in die Merowingerzeit zurückreicht, war seit langem bekannt. 1853 berichtet die Oberamtsbeschreibung Besigheim von dem Fund zweier mit Waffen ausgestatteter Männergräber, die am südwestlichen Ende des Ortes „in jüngster Zeit beim Graben eines Kellers" aufgedeckt wurden. Für die Lage an der heutigen Besigheimer Straße kommen nur zwei unmittelbar angrenzende Gebäude in Betracht, so dass die Lokalisierung des Begräbnisplatzes an einem nach Osten geneigten Hang, 200 m vom alten Ortskern entfernt, sicher ist. Unbekannt waren bislang allerdings Art und Ausdehnung dieses Friedhofs.

Seit dem Jahr 2000 verfolgte die Gemeinde Hessigheim das Ziel, das südlich der Besigheimer Straße gelegene Gelände des Gewanns „Muckenloch" einer Wohnbebauung zuzuführen. Seither hatte die Archäologische Denkmalpflege in mehrfachen Anhörungen

Abb. 136 Hessigheim. Plan des merowingerzeitlichen Gräberfeldes und der früh- bis hochmittelalterlichen Siedlungsbefunde im Gewann „Muckenloch". Stand 2006.

auf die Möglichkeit des Kulturdenkmals in diesem Areal hingewiesen und frühzeitig archäologische Sondagen gefordert.
Spätere Funde wurden der Gemeinde und dem damaligen Landesdenkmalamt von archäologieinteressierten Hessigheimer Bürgern, die davon Kenntnis erlangt hatten, gemeldet. Trotzdem erfuhr die Archäologische Denkmalpflege erst im Februar 2006 von der unmittelbar bevorstehenden Erschließung. Bei der Überwachung der Erdarbeiten wurden Anfang März zerstörte Steinkistengräber festgestellt, worauf eine flächige Rettungsgrabung begonnen wurde. Diese führte bis Dezember zur Aufdeckung, Dokumentation und Bergung von 170 Gräbern aus der Zeit um 500 bis in das achte Jahrhundert n. Chr.

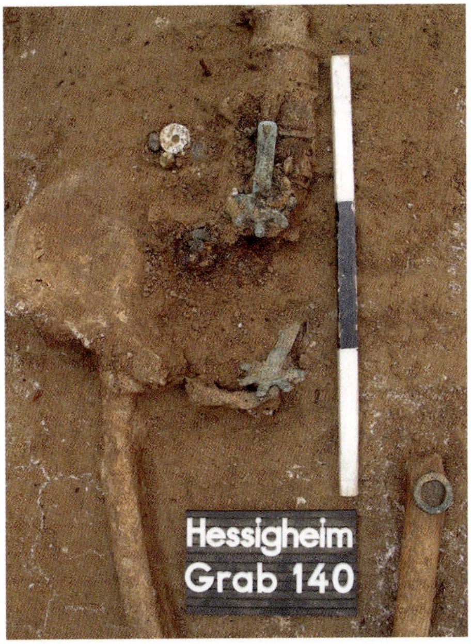

Abb. 137
Hessigheim. Detail des Frauengrabes 140 mit Bestandteilen des Gürtelgehänges und Fibeltracht der Zeit um 500 n. Chr.

Erhaltungsbedingungen und Ausdehnung des Friedhofs

Der derzeitige Plan (Abb. 136) spiegelt unterschiedliche Erhaltungs- und Grabungsbedingungen wider. Hangaufwärts in Richtung Westen liegt eine geologische Verwerfung vor. Während im Bereich westlich der nordsüdlich verlaufenden ausgegrabenen Erschließungshauptachse schwerer Lettenkeuper an die Oberfläche tritt, ist dies östlich davon nicht der Fall. Im Keuper lagen die Befunde erosionsbedingt z. T. nur 40 cm unter der modernen Oberfläche, wohin gegen östlich Lösslehm von aberodiertem Boden noch zusätzlich überdeckt wurde. Dementsprechend liegen die Befunde dort bis zu 4 m tief und sind gut erhalten. Trotzdem würden auch sie durch die vorgesehene terrassierte Bebauung zerstört werden. Aus den genannten Gründen sind im Westen weniger Gräber erhalten, und die Kreisgräben sind lückenhaft. Am Ostrand haben Siedlungsbefunde des 10./11. Jahrhunderts, vor allem Grubenhäuser, in den damals längst aufgelassenen Friedhof eingegriffen. Schließlich waren in der Grabungsplanung Kompromisse mit den Erfordernissen des Baugebietes, insbesondere hinsichtlich der Straßen, notwendig. Die Ausdehnung des Gräberfelds beträgt derzeit 100 m in Nordwest-Südost- und ca. 75 m in Südwest-Nordost-Richtung. Unklar ist derzeit noch, wie die Altbefunde an der Besigheimer Straße anzuschließen sind.

Eine wohlhabende Dorfgemeinschaft

Die ältesten Bestattungen, etwa Grab 140 (Abb. 137), sind durch die zu dieser Zeit typischen, langen und schmalen Grabgruben gekennzeichnet, die für Baumsärge angelegt wurden. Charakteristische alamannische Trachtbestandteile der Zeit um 500 sind vertreten. Die Bevölkerung war überdurchschnittlich wohlhabend, wie z. B. ein Perlrandbecken zeigt. An diesem Wohlstand scheint – nach bisheriger Kenntnis – auch die fränkische Oberhoheit nichts geändert zu haben, wenngleich die Eliten vermutlich ausgetauscht wurden. Kammergräber, aber nun mit typisch fränkischen Inventaren, beherrschen das Bild. Wertvolle Cloisonnéarbeiten mit Almandineinlagen – sowohl Fibeln als auch eine Gürtelschnalle – liegen vor. Zur

Abb. 138
Hessigheim. Befund des Frauengrabes 75 mit eisernem Klappstuhl.

gehobenen Tafel nach höfischem Vorbild gehörte kostbares Besteck mit Edelmetallgriffhülsen ebenso wie eisenbeschlagene hölzerne Daubeneimer. Bronzegefäße sind leider nur in – durch Beraubung – sehr reduzierter Form nachweisbar. Bemerkenswert ist der Fall eines Grabhauses mit Pfosten in den Ecken.

Luxusobjekte aus dem Süden

Sehr ungewöhnlich erscheint die hohe Zahl von insgesamt fünf ostgotisch-italischen Münzen (siehe Beitrag U. Klein, S. 271 ff.), die als Obolus, also im Mund der Toten, beigegeben wurden und wichtige Datierungsansätze liefern. Es erscheint möglich, dass die fränkischen Krieger sie als Soldzahlungen in Italien erhalten haben. Aus zwei Männergräbern liegen italische Gürtelgarnituren der Zeit um 600 bzw. der ersten Hälfte des 7. Jahrhunderts vor. Besonders hervorzuheben ist das Holzkammergrab 75, das eine trotz antiker Beraubung noch sehr reiche Frauenbestattung des späten 6. Jahrhunderts enthielt. Den herausragendsten Fund stellt aber zweifellos der südlich neben der Toten niedergelegte eiserne Klappstuhl dar (Abb. 138). Metallklappstühle stehen in römischer Tradition. Schon in der Kaiserzeit waren solche Möbel einer exklusiven Oberschicht vorbehalten. Nur in Ausnahmefällen gelangten Eisenklappstühle, im Gegensatz zu hölzernen Exemplaren, in germanische Gräber der Merowingerzeit. Belege dafür gab es bisher nur aus Ungarn, Italien und einmal aus Frankreich. Das Hessigheimer Stück ist daher das erste, das in Deutschland, noch dazu in einem gesicherten Grabzusammenhang, gefunden wurde. Aufgrund von tauschierten Verzierungen konnte A. Kiss eine Produktion der Sessel in römisch-byzantinischen Werkstätten Italiens wahrscheinlich machen. Ob dies auch für den Hessigheimer Stuhl zutrifft, ist noch unklar. Die Restaurierung bleibt abzuwarten. Klappstühle, auch die einheimischer Produktion aus Holz, sind in der Merowingerzeit als Beigabe auf extrem

Abb. 139
Hessigheim, Grab 11. Silberne Scheibenfibel mit umlaufendem Tierkopfwirbel. Dm. 5,8 cm.

reich ausgestattete Frauengräber beschränkt. Man darf daher annehmen, dass sie von vornehmen Damen bei offiziellen Anlässen zu Repräsentationszwecken benutzt worden sind.

Christliche Einflüsse

Im 7. Jahrhundert macht sich in Hessigheim, wie auch an anderen Orten, ein besonderes Abgrenzungsbedürfnis der Oberschicht von der übrigen Dorfbevölkerung bemerkbar: Es werden mit Kreisgräben umzogene Grabhügel angelegt. Die Durchmesser der nur in Segmenten erhaltenen Gräben schwanken zwischen 10 m und 14 m. Während der mittlere Hügel der Westgruppe nachweislich keine Zentralbestattung aufwies – Vergleichbares gibt es in Tauberbischofsheim-Dittigheim – waren alle übrigen in extremem Maße antik beraubt. Die zentrale Steinkammer des südlichsten Hügels enthielt allerdings noch ein Goldblattkreuz, das die Räuber wegen seines christlichen Charakters nicht mitgenommen hatten. Das Hessigheimer Exemplar ist das bisher nördlichste Zeugnis dieses vorwiegend von den Alamannen geübten Totenbrauchtums im Lande. Christliche Einflüsse im 7. Jahrhundert verrät darüber hinaus ein Bronzekreuz am Amulettgehänge des Grabes 112. Ganz im Gegensatz dazu steht die silberne Scheibenfibel aus Grab 11, die eine ausgeprägte, in dieser Form selten klare germanische Tierstilornamentik aufweist (Abb. 139).
Einen Fund ganz besonderer Art lieferte schließlich das Grab 120. Der in der 2. Hälfte des 7. Jahrhunderts verstorbenen Frau, deren einstiger Reichtum sich trotz Beraubung noch an Goldanhängern eines Colliers ablesen lässt, hatte man ein mit beschnitzten Beinplättchen überzogenes Holzkästchen bei-

Abb. 140
Hessigheim, Grab 120. Das mit verzierten Beinplättchen besetzte Kästchen bei der Freilegung in der Restaurierungswerkstatt des Landesamtes für Denkmalpflege.

gegeben. Es fand sich, von den Räubern unangetastet, in zerdrückten Zustand seitwärts der Toten (Abb. 140). Solche mit schnitzverzierten Tierknochen oder Geweih besetzten Kästchen kommen in Gräbern so gut wie nicht vor. Aus Baden-Württemberg war bisher lediglich ein Altfund der Zeit um 500 aus Heilbronn „Rosenberg“ bekannt, der ein Christogramm trägt. Dieser aus dem Rheinland stammende Import unterscheidet sich aber von dem Hessigheimer Exemplar hinsichtlich der Größe, des Schiebedeckels und der Ornamentik. Der Neufund dagegen hat lange, schmale, mit geometrischen Mustern beschnitzte Knochenleisten und vermutlich einen Klappdeckel. Er ähnelt damit sehr einem Kästchen aus der Kirche der Dorfwüstung Zimmern, Gemarkung Stebbach, heute Kreis Heilbronn. Für diesen zuletzt in das 8. bis 10. Jahrhundert datierten Fund erscheint heute auch eine ältere Zeitangabe ab dem 7. Jahrhundert und damit zeitgleich zu Hessigheim möglich. Fragmente und ein vollständiges Exemplar stammen aus Kirchengrabungen in Hessen. Das bekannteste derartige Stück ist das Reliquiar aus der Stiftskirche von Essen-Werden, das um 700 datiert wird. Alle diese Funde werden ihrer Herkunft gemäß als Reliquienkästchen gedeutet – eine Funktion, die durchaus auch für das Hessigheimer Stück angenommen werden könnte. Auf die weitere restauratorische Untersuchung dürfen wir gespannt sein.

Abschließend sei allen Mitarbeitern, insbesondere den freiwilligen Helfern, auch an dieser Stelle herzlich für ihr Engagement gedankt. Die Gemeinde Hessigheim, vertreten durch Herrn Bürgermeister Schwarz, unterstützt die Grabung durch die Organisation geringfügig Beschäftigter, wofür wir dankbar sind.

Ingo Stork

Literaturhinweise

A. Kiss, Das awarenzeitlich gepidische Gräberfeld von Kölked-Feketekapu A. Monogr. Frühgesch. u. Mittelalterarch. 2 (Innsbruck 1996) 270 ff. (zu eisernen Klappstühlen); B. Theune-Großkopf, Produkte von Kammmachern und Beinschnitzern des frühen Mittelalters in Süddeutschland. In: M. Kokabi/B. Schlenker/J. Wahl, „Knochenarbeit“. Artefakte aus tierischen Rohstoffen im Wandel der Zeit. Arch. Inf. Baden-Württemberg 27 (Stuttgart 1994) 102 ff. (zu Beinkästchen; mit weiterer Literatur).

Eine birituelle Doppelbestattung aus dem Gräberfeld von Hessigheim, Kreis Ludwigsburg

Wegen seiner Bedeutung sowohl in archäologischer als auch in anthropologischer Hinsicht soll hier ein Befund des Gräberfeldes von Hessigheim separat von der allgemeinen Behandlung des Friedhofs vorgestellt werden. Es handelt sich um das Grab 136, ein fränkisches Holzkammergrab, das im Norden durch einen jüngeren Grabschacht, im Südwesten durch die ca. 3 m hohe moderne Straßenböschung gestört bzw. unzugänglich war. Gleichwohl sind die Störungen so gering, dass mit Sicherheit keine wesentlichen Inventarteile fehlen. Die Bestattung selbst war ansonsten völlig intakt.

Archäologischer Befund

Beigesetzt war ein ca. 40 Jahre alter Mann, dessen Skelett infolge der wechselfeuchten Bodenverhältnisse äußerst schlecht erhalten war. Südlich neben ihm hatte man die vollständige Waffenausstattung niedergelegt. Sie bestand aus Spatha, schwerem Breit-

Abb. 141 Hessigheim, Grab 136. Befund des Brandgrabes in situ.

sax, Lanze, Pfeil und Bogen sowie Schild. Die eisernen Gürtelgarnituren lagen unmittelbar an und neben den Schwertern, waren also um diese geschlungen worden und nicht „umgeschnallt“. Wenn auch die Blockbergung derzeit noch keine Details im Röntgenbild erkennen lässt, ist eine Datierung in die Stufe Schretzheim 5, d. h. in die erste Hälfte bis Mitte des 7. Jahrhunderts so gut wie sicher. Bemerkenswert erscheint die Lanzenspitze mit gerippter Tülle und Aufhaltern. Lanzen dieses Typs stehen schon lange in Verdacht, als Fahnenlanzen Wimpel oder Ähnliches getragen zu haben. Alle Beigaben sind eindeutig auf die Körperbestattung bezogen. Zu Füßen des Bestatteten befand sich, scharf begrenzt, aber ohne Hinweise auf ein Behältnis, das ja auch aus spurlos vergangenem Textil bestanden haben könnte, ein Häufchen Leichenbrand (Abb. 141). Dieser wurde sofort en bloc geborgen und der anthropologischen Bearbeitung durch J. Wahl zugeleitet (siehe unten). Beim Ausschlämmen fand sich in der Arbeitsstelle Konstanz ein Pyramidenknopf aus Knochen, der mit auf dem Scheiterhaufen gewesen sein muss (Abb. 142). Pyramidenknöpfe aus Bronze, Eisen oder wie hier aus Bein dienten der Spathaaufhängung des Schleppgurts, der sich damit in der Länge verstellen und fixieren ließ – ähnlich wie an heutigen Anorakbändern. Der verbrannte Tote dieses Grabes war daher nach dem archäologischen Befund ebenfalls männlichen Geschlechts und verfügte zu Lebzeiten über eine Spatha. Er war also dem als Körperbestattung Beigesetzten in der Waffenausstattung zumindest gleichgestellt. Seine Waffen und Trachtbestandteile wurden aber nicht mit beigegeben, obwohl sie sich auf dem Scheiterhaufen befunden haben müssen. Wahrscheinlich wurde der Pyramidenknopf rein zufällig mit dem Leichenbrand ausgelesen, da er sich kaum von diesem unterschied. Theorethisch denkbar wäre aber auch, dass er gezielt als „pars pro toto“ beigelegt wurde. Brandbestattungen sind im merowingischen Kulturbereich extrem selten. Im Wesentlichen sind aus Süddeutschland nur zwei Altfunde des 6. Jahrhunderts aus Schretzheim bei Dillingen und fünf aus Dittenheim aus dem 7. Jahrhundert – oder jünger – bekannt. Alle übrigen, auch in Pleidelsheim, halten einer kritischen Überprüfung kaum stand. Noch extremer sieht es bei birituellen Doppelbestattungen aus. Hier ist nur Frankfurt am Main „Dom“ zu nennen. Die wenigen Belege verteilen sich über alle sozialen Stufen, Hessigheim füllt dabei die „Mitte“. Die Gründe für Brandbestattungen können in der Herkunft der solcherart Beigesetzten – Nordgermanen, Slaven –, ihren Glaubensvorstellungen – altgläubige Romanen – oder auch in praktischen Erwägungen, wie der Mitnahme Verstorbener von weit entfernten Orten gelegen haben.

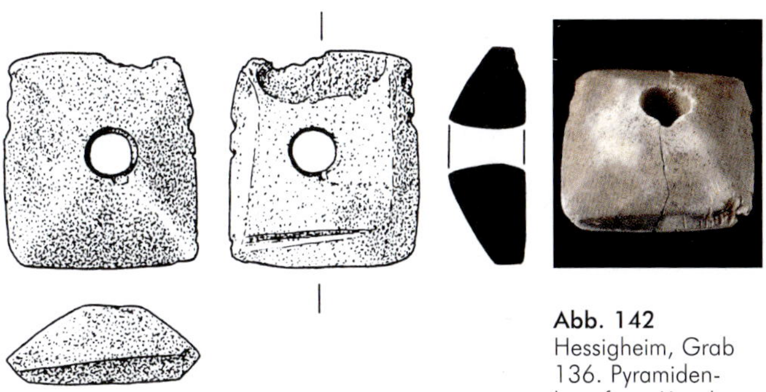

Abb. 142 Hessigheim, Grab 136. Pyramidenknopf aus Knochen (M. 1 : 1).

Anthropologischer Befund

Im Anschluss an die von I. Stork vorgestellten Grabungsbefunde sollen an dieser Stelle die Ergebnisse der anthropologischen Untersuchung der Skelettreste aus der birituellen Doppelbestattung Grab 136 präsentiert werden. Aufgrund der Fundsituation ist zweifelsfrei von einer gleichzeitigen Beisetzung einer unverbrannten Person sowie der kremierten Überreste eines zweiten Individuums auszugehen.

Individuum 1

Das in gestreckter Rückenlage sowie üblicher Ausrichtung angetroffene Skelett befindet sich in erbärmlichem Zustand. Die Knochen belegen ein ausgesprochen aggressives Liegemilieu. Sie sind stark verwittert, mürbe, rissig und größtenteils verdrückt. Nur wenige Partien weisen noch die originale Knochenoberfläche auf. Die spongiosareichen Abschnitte und kleineren Skelettelemente sind ebenso wie die Plattknochen komplett vergangen. Sogar das Dentin der Zähne ist angegriffen. Vom Schädel sind lediglich Fragmente der Kalotte, beider Schläfen- und Jochbeine, des Ober- und Unterkiefers sowie Reste von insgesamt zwölf Zähnen überliefert. Daneben sind vom Postkranium ausschließlich Diaphysenbruckstücke von Armknochen, beider Oberschenkelknochen, Schienbeine und des linken Wadenbeins erhalten. Trotzdem lässt sich aus dem vorliegenden Material noch mit hinreichender Sicherheit auf einen relativ kräftigen, etwa 40-jährigen Mann mit einer geschätzten Körperhöhe von um 1,69 m schließen. Die Geschlechtsdiagnose geht konform mit der vorgefundenen Waffenausstattung.
Des Weiteren können Zahnstein, Karies und intravitaler Zahnverlust mindestens eines oberen Backenzahns sowie als anatomische Besonderheit eine persistierende Stirnnaht (Metopismus) festgestellt werden. Wachstumsstörungen an den Zahnkronen weisen auf eine Mangelsituation oder Krankheit im Alter von 3–4 Jahren hin.
Zwei oberflächliche, scharfe Gewalteinwirkungen oberhalb des linken Stirnbeinhöckers sowie auf dem linken (?) Scheitelbein sind unter Berücksichtigung des schlechten Erhaltungszustands eher post- als perimortal entstanden und wahrscheinlich als Grabungsbeschädigung zu deuten. Aufgrund der großen Grabtiefe können Pflugspuren als Erklärung eindeutig ausgeschlossen werden.

Individuum 2

Zu Füßen des spätadulten bis frühmaturen Mannes wurde ein ca. 25 cm × 20 cm großes Leichenbrandhäufchen angetroffen. Die Untersuchung der Brandreste erbrachte die Bestätigung, dass diese tatsächlich menschlichen Ursprungs sind – der erste sicher nachgewiesene merowingerzeitliche Leichenbrand in Baden-Württemberg!
Die Knochenreste sind schwärzlich-blaugrau bis hellbeige gefärbt und wiegen ca. 370 g. Die durchschnittliche Fragmentgröße liegt bei 20–25 mm. Das größte Stück ist ein Rippenbruchstück von 80 mm. Uneinheitliche Färbung und Konsistenz weisen auf Temperaturen zwischen 500 °C und 800 °C hin (Verbrennungsstufe III–V). Die Einäscherung fand demnach unter nicht ganz optimalen Bedingungen statt. Mehr oder weniger alle Körperregionen sind repräsentiert, u. a. Fingerknochen, lediglich Zahnreste fehlen. Man hat sich also bemüht, die Kremationsrückstände vollständig aufzusammeln. Der Verwachsungszustand der Schädelnähte sowie aller vorhandenen Epi- und Apophysen ergibt zusammen mit der histologischen Beurteilung des Kompaktaquerschnitts der Femurdiaphyse ein Sterbealter von etwa 30 Jahren. Außer Porosierungen im Bereich des Schädeldachs *(Cribra cranii)* sind nur geringfügige degenerative Veränderungen an Wirbeln und Gelenken festzustellen. Relativ robuste Knochen, mittleres Muskelmarkenrelief und zwei Beckenmerkmale sprechen für männliches

Geschlecht. Aus dem Durchmesser des Radiuskopfes kann eine Körperhöhe von knapp 1,75 m geschätzt werden.
Grünlich-türkisfarbene Verfärbungen an einigen Knochenstücken, u. a. einer Rippe, sind wahrscheinlich auf die vorübergehende Lagerung in der Nähe eines oder mehrerer kupferhaltiger Gegenstände zurückzuführen – eventuell Metallbeigaben, die bei der Verbrennung noch vorhanden waren und vor der Grablege entfernt wurden. Der zwischen den Leichenbrandresten gefundene Pyramidenknopf wurde oben bereits besprochen.

Aussagemöglichkeiten

Der vorliegende Fall dokumentiert eindringlich die Bedeutung des Satzes „Verbrennung konserviert den Knochen". Bei identischer Liegezeit, gleichem Liegemilieu und ungeachtet der temperaturabhängigen Schrumpfung, Deformation und Fragmentierung überdauern stärker hitzeexponierte Knochen besser als solche, die nicht dem Feuer ausgesetzt waren. Den Unterschieden zwischen gebranntem und ungebranntem Ton vergleichbar, findet eine Umwandlung des Knochenminerals statt, die den Knochen widerstandsfähiger gegenüber chemisch-physikalischen Einflüssen des Bodens macht.
Die gemeinsame Grablege zweier in unterschiedlichem Ritus behandelter Männer im besten Alter lässt viel Raum für Spekulationen. Eine der möglichen Deutungen könnte sein, dass der Jüngere während eines Aufenthalts in der Fremde zu Tode kam, aus Gründen der einfacheren Überführung vor Ort eingeäschert und nach dem Rücktransport gemeinsam mit seinem ehemaligen Gefährten beerdigt wurde. Eventuelle verwandtschaftliche Beziehungen zwischen dem körperbestatteten und dem kremierten Mann bleiben ungeklärt und dürften aufgrund der hitzeinduzierten Veränderungen bei Individuum 2 auch per DNA-Analyse nicht mehr nachzuweisen sein.

Ingo Stork, Joachim Wahl

Literaturhinweise
U. Koch, Das Reihengräberfeld bei Schretzheim. Germ. Denkm. Völkerwanderungszeit A 13 (Berlin 1977) 178 ff. – Ch. Schmidt (Hrsg.), The Analysis of Burned Human Remains (Oxford 2006, im Druck).

Zum Fortgang der Grabungen in der frühalamannischen Siedlung von Heidenheim-Schnaitheim, „Fürsamen"

Ausgangslage

In den Jahren 1999–2002 und 2004 fanden im Gewann „Fürsamen", einer sanft nach Osten zur Brenzaue abfallenden, hochwassergeschützten Niederterrasse zwischen Heidenheim und dem Ortsteil Schnaitheim, im Vorfeld der Erschließung eines Neubaugebiets umfangreiche archäologische Rettungsgrabungen statt, die bis dato auf mehr als 2 ha untersuchter Fläche Siedlungsspuren der Jungsteinzeit, der Urnenfelderzeit, der mittleren Hallstattzeit, der Spätlatènezeit, der Römerzeit sowie aus der spätkaiserzeitlich-völkerwanderungszeitlichen Epoche lieferten. Letzteren kommt dabei besondere Bedeutung zu, da sie mittlerweile zur größten zusammenhängend ergrabenen frühalamannischen Siedlung „angewachsen" sind, die der Forschung derzeit zur Verfügung steht, und deren wissenschaftliche Auswertung einmal wegweisend für die Kenntnis von Struktur

und Entwicklung derartiger Ansiedlungen im Vorfeld des spätrömischen Rhein-Iller-Donau-Limes sein dürfte.
Die in Kürze anstehende Erweiterung des Neubaugebietes in einem zweiten, ähnlich großen Bauabschnitt im nördlichen Anschluss an die alten Grabungsflächen zwang daher in diesem Jahr zu einer Fortsetzung der Ausgrabungen, zumal sich zuletzt noch keine Anzeichen für ein Ende der Besiedlung in dieser Richtung ergeben hatten. In einer von Mitte Mai bis Ende November dauernden Kampagne, die wiederum in enger Zusammenarbeit zwischen der Archäologischen Denkmalpflege im Regierungspräsidium Stuttgart und der Stadt Heidenheim als Bauträgerin durchgeführt wurde, galt es vorab die Straßentrassen des neuen Erschließungsabschnitts zu untersuchen, bevor dann 2007 und 2008 die als Baugrundstücke vorgesehenen Flächen ergraben werden sollen.
Dieses Vorgehen ergab zunächst die Möglichkeit einer umfangreichen Sondierung des Areals mit dem gleichzeitigen Vorteil, für beide Seiten mehr Planungssicherheit zu gewinnen. Dabei zeigten sich die Siedlungsbefunde in erwarteter Dichte. Der Nordrand der Siedlung ist also noch immer nicht erreicht. Lediglich nach Nordwesten hin scheinen die Befunde etwas auszudünnen. Insgesamt konnten in der diesjährigen Kampagne auf ca. 0,34 ha Gesamtfläche mehr als 1100 Einzelbefunde dokumentiert werden.

Wohngebäude

Allerdings bedeutete die Beschränkung auf schmale Straßentrassen, dass Gebäudegrundrisse, insbesondere der Wohnhäuser, in der Regel nur teilweise, häufig sogar nur randlich zu erfassen waren. Aussagen zu Größe und Bautyp werden somit erst nach vollständiger Freilegung möglich sein. Einigermaßen zuverlässig zu rekonstruieren ist nur der Grundriss von Gebäude E9/2 (Abb. 143), das offensichtlich zum Typ der dreischiffigen Häuser mit massiver Doppeljochkonstruktion zu rechnen ist. Das entsprechend der vorherrschenden Windrichtung in diesem Talabschnitt Nord–Süd ausgerichtete Haus war gut 12 m lang und vermutlich etwa 6,4 m breit und bestand aus einem 4 m breiten Kernbau aus zwei Reihen tief eingegrabener, solider Pfosten, der wohl auf beiden Längsseiten von etwa 1,2 m breiten „Seitenschiffen“ oder Anbauten begleitet wurde. Deren Wandgerüst war aus kleineren und deutlich weniger tief gründenden, dafür aber in dichter Folge gesetzten Pfosten konstruiert. Die bauliche Situation auf der windabgewandten Schmalseite könnte auf einen Hauseingang hindeuten. Gebäude E9/2 überlagerte ein nur wenig kleineres, älteres Haus, das dem gleichen Bautyp angehört haben dürfte. Hinweise auf Herdstellen fanden sich in beiden Fällen nicht, da im gesamten Siedlungsareal die einstigen obertägigen Laufniveaus aufgrund eines erosionsbedingten Geländeverlustes von etwa einem halben Meter seit dem frühen Mittelalter fehlen.

Grubenhäuser und Speicher

Bessere Chancen innerhalb der Straßentrassen komplett erfasst zu werden, hatten naturgemäß die kleineren Nebengebäude. Bei dem Grundriss F8/1 (Abb. 143) handelt es sich um ein Grubenhaus vom Typ mit sechseckiger Pfostenstellung, der ursprünglich in einem sich vom Mittellauf der Elbe bis in die Slowakei hinein erstreckenden Gebiet verbreitet war und von germanischen Zuwanderern aus diesen Gegenden in unseren Raum vermittelt wurde. Im „Fürsamen“ weisen die Grubenhäuser dieses schon in früheren Grabungskampagnen mehrfach festgestellten Typs fast alle einen beinahe regelmäßig hexagonalen Grundriss auf, wobei im Falle von Grubenhaus F8/1 auch die Hausgrube von hexagonaler Grundform gewesen sein dürfte. Bei zwei weiteren in diesem Jahr freigelegten Vertretern dieses Typs waren die Gruben nur mehr in letzten Resten erhalten, weshalb deren Form leider nicht mehr zu be-

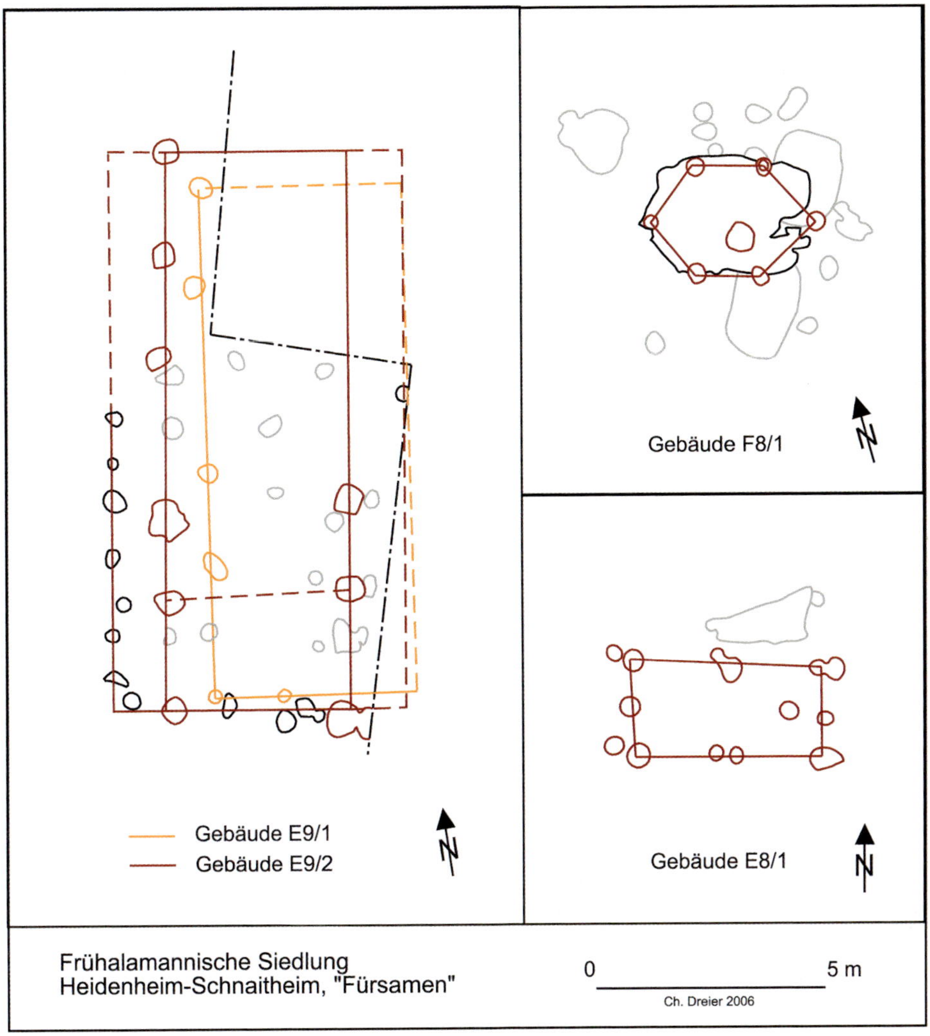

Abb. 143 Heidenheim-Schnaitheim, „Fürsamen". Ausgewählte Gebäudegrundrisse der frühalamannischen Siedlung.

stimmen war. Konkrete Hinweise, wofür Grubenhaus F8/1 einst genutzt wurde, fanden sich nicht. Es scheint vor seiner Auflassung leergeräumt worden zu sein. Anschließend wurde es mit Brandschutt eines vermutlich nahe gelegenen Gebäudes und Abfall verfüllt. Zwei der Grubenhäuser, darunter auch Gebäude F8/1, waren West–Ost orientiert, wobei die Zugänge vermutlich auf der Südseite lagen, wogegen das dritte, etwas größere Grubenhaus eine Nord-Süd-Ausrichtung aufwies. Ebenfalls von West nach Ost ausgerichtet war ein rechteckiges, ca. 2,0 m × 4,20 m großes Gebäude (E8/1; Abb. 143), wahrscheinlich ein gestelzter Speicher zur Lagerung von Heu oder Getreide. Zwar waren dessen Pfosten nicht außergewöhnlich massiv oder tief eingegraben, doch wurde dieses Manko durch Dopplung der Pfostenstellungen (mit Ausnahme der Firstpfosten) ausgeglichen.

Fundmaterial

Rennfeueröfen zur Eisenverhüttung konnten im Unterschied zu den beiden ersten Kam-

Abb. 144
Heidenheim-Schnaitheim, „Fürsamen". Trinkbecher mit typischen frühalamannischen Verzierungselementen.

pagnen nicht explizit nachgewiesen werden. Spuren dieses Prozesses zur Eisengewinnung fanden sich aber immer wieder in Form von Ofenwandbruchstücken oder charakteristischen Schnürchen- bzw. Tropfenschlacken eingelagert in Gruben-, Gräbchen- oder Pfostengrubenverfüllungen. Ihre Kartierung ergab eine Konzentration auf bestimmte Punkte, vor allem im östlichen, zur Brenzaue hin gelegenen Teil des untersuchten Areals. Nicht zweifelsfrei zu klären war, ob eine kreisrunde Schlackenansammlung in der Verfüllung eines schmalen, in römischer Zeit offen stehenden Wasserlaufs als Überbleibsel eines solchen Rennfeuerofens anzusprechen ist; 2000 kamen in gleicher Lage die Reste eines Kuppelofens zum Vorschein.

Unter dem überwiegend keramischen Fundmaterial befinden sich auch einige verzierte Gefäßfragmente, die nach Art des Dekors elbgermanische Bezüge aufweisen und erneut die engen Beziehungen der hier lebenden Menschen ins Mittelelbe-Saale-Gebiet bzw. nach Nordböhmen dokumentieren. Allerdings sind die vorliegenden Verzierungselemente chronologisch relativ indifferent, weshalb die Stücke in der Regel nur allgemein in das 4. bis 5. Jahrhundert datiert werden können. In der Verfüllung von Grubenhaus F8/1 wurden mehrere Fragmente eines bauchigen Bechers mit Steilrand und rundstabig verdickter Randlippe sowie glimmerhaltiger Oberfläche gefunden (Abb. 144), der möglicherweise in Anlehnung an die provinzialrömische Becherform Niederbieber 33 bzw. deren Weiterentwicklungen entstanden ist. Damit wäre eine Datierung noch in das späte 3. Jahrhundert denkbar. Ton, Machart und Verzierung mit Winkelriefe und Keilstich sprechen freilich für eine Herstellung in einer germanischen Töpferwerkstätte. Bereits ins fortgeschrittene 4. Jahrhundert gehört das Fragment einer feinen, doppelkonischen Terra-nigra-Schüssel, wie sie ähnlich auch in dem reich ausgestatteten Frauengrab 2 von Lauffen a. N. gefunden wurde. Sie bezeugt einen gewissen Wohlstand, dessen sich einige Bewohner der Siedlung im „Fürsamen" offensichtlich erfreuten.

Aus der Verfüllung von Grubenhaus F8/1 stammt ferner das Bruchstück einer menschlichen Schädelkalotte, für das eine profane Verwendung zu vermuten ist. Ähnlich gelagerte Fälle kennt man aus vorgeschichtlicher Zeit und sogar aus dem römischen Walheim, wo ein besser erhaltenes Kalottenbruchstück in einer Funktion als Schöpf- oder Grabgerät nachgewiesen werden konnte. Gräber, die man beim Ausheben von Gruben oder Pfostengruben hätte versehentlich anschneiden können, sind im „Fürsamen" bisher jedenfalls nicht beobachtet worden.

Abschließend gilt mein Dank der Stadtverwaltung Heidenheim, die in gewohnt beispielhafter Weise die Arbeit der Denkmalpflege unterstützte. Stellvertretend seien hier nur Herr Hummel, Herr Baßler sowie Frau Becker genannt. Bedanken möchte ich mich auch bei der Grabungsmannschaft und den freiwilligen Helfern für ihren teils engagierten Einsatz; sowie nicht zuletzt bei dem langjährigen Ausgräber in Heidenheim, meinem Studienkollegen Dr. Markus Scholz, dessen wertvolle Ratschläge zu einem reibungslosen Fortgang der Grabungen beitrugen.

Christian Dreier

Literaturhinweise
G. Balle, Arch. Ausgr. Baden-Württemberg 1999, 81 f.; G. Gassmann, ebd. 83 ff.; G. Balle/G. Gassmann/K. Schenck, Arch. Ausgr. Baden-Württemberg 2000, 78 ff.; M. Scholz, Eine römische Villa rustica und völkerwanderungszeitliche Bauernhäuser bei Heidenheim-Schnaitheim. Jahrb. Heimat- u. Altertumsver. Heidenheim 2005/2006, 64 ff.; J. Wahl/D. Planck, Ein menschliches Kalottenbruchstück als Schöpf- oder Grabgerät. Fundber. Baden-Württemberg 14, 1989, 373 ff.; bes. 384 f. m. Abb. 10.

Zur Fortsetzung der Ausgrabungen in einer früh- bis hochmittelalterlichen Wüstung in Mannheim-Vogelstang

Die Grabungen des Jahres 2006

Die 2005 wieder aufgenommene archäologische Untersuchung einer früh- bis hochmittelalterlichen Wüstung in der Flur „Hinter der Nachtweide“ fand ihre Fortsetzung in einer von März bis Oktober des Jahres 2006 dauernden Kampagne.
Dabei wurden im nördlichen Anschluss an die vorjährigen Grabungen die Flächen bis hin zur Baugrenze des im Rahmen des Ausbaus der Autobahn A6 geplanten Wasserrückhaltebeckens dokumentiert (Abb. 145).
Da damit der Grabungsetat ausgeschöpft war, konnte das ungewöhnlich milde Spätjahr leider nicht genutzt werden, um die Ausgrabungen über den (ehemals) hier verlaufenden Feldweg hinaus in Richtung Osten auszudehnen. Es ist schwer abzuschätzen, in welchem Umfang letztendlich archäologische

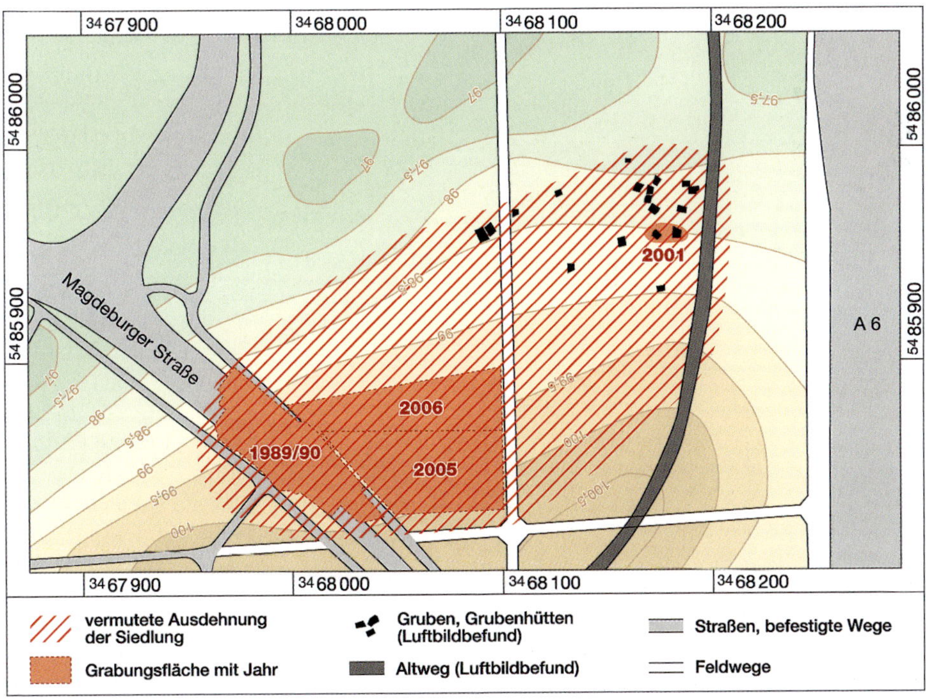

Abb. 145 Mannheim-Vogelstang. Vermutete Ausdehnung der mittelalterlichen Wüstung mit Eintrag der Grabungsflächen und entzerrter Luftbildbefunde.

Abb. 146
Mannheim-Vogelstang. Gesamtplan der Grabungsfläche mit Phasengliederung. Die Grabungsfläche der Jahre 1989/90 ist nicht vollständig ausgewertet.

Befunde unbeobachtet zerstört worden sind. Da jedoch die Siedlungsspuren nach Südosten anscheinend ausdünnten, besteht Grund zur Annahme, dass sich die Verluste auf einen vergleichsweise kleinen Zwickel zwischen besagtem Feldweg und nördlicher Baugrenze beschränken.

Die untersuchte Fläche fiel 2006 mit 0,18 ha merklich kleiner aus als im Vorjahr mit 0,24 ha (Abb. 146). Der Grund dafür liegt weniger in den zeitweise widrigen klimatischen Bedingungen als vielmehr in der Tatsache, dass mit der Kampagne offensichtlich ein Kernbereich der Siedlung mit einer besonders hohen Funddichte erfasst wurde. So bewegen sich sowohl die Anzahl der 2006 vergebenen Befundnummern als auch die geborgene Fundmenge – darunter ein vergleichsweise hoher Anteil an

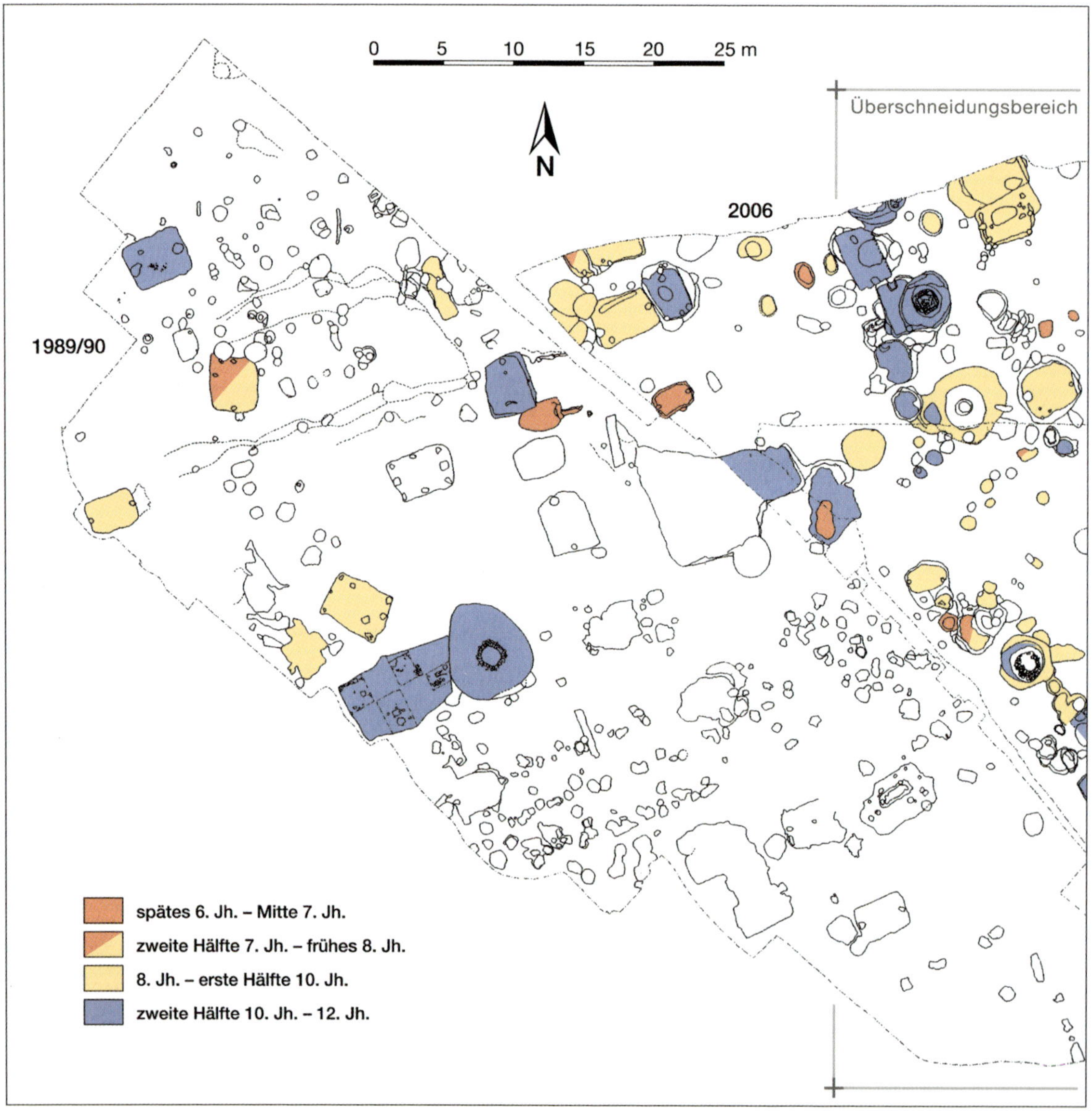

gut erhaltenen Eisenfunden (Abb. 147) – in den Größenordnungen des Vorjahres.

Erste Auswertungsergebnisse zu Siedlungsstruktur und -entwicklung

Der anhand einer ersten Durchsicht des Fundmaterials erstellte vorläufige Phasenplan (Abb. 146) ermöglicht erste Aussagen zur räumlichen Entwicklung des Siedelareals. Als „Leitfossilien“ für die Datierung der einzelnen Phasen dienen dabei die Warengruppen der naturgemäß zahlreich geborgenen Keramik. Die frühesten Siedlungsbefunde enthielten „klassische“ merowingerzeitliche Keramik, d. h. Scherben von Wölbwand- und, in weit geringerem Umfang, Knickwand-

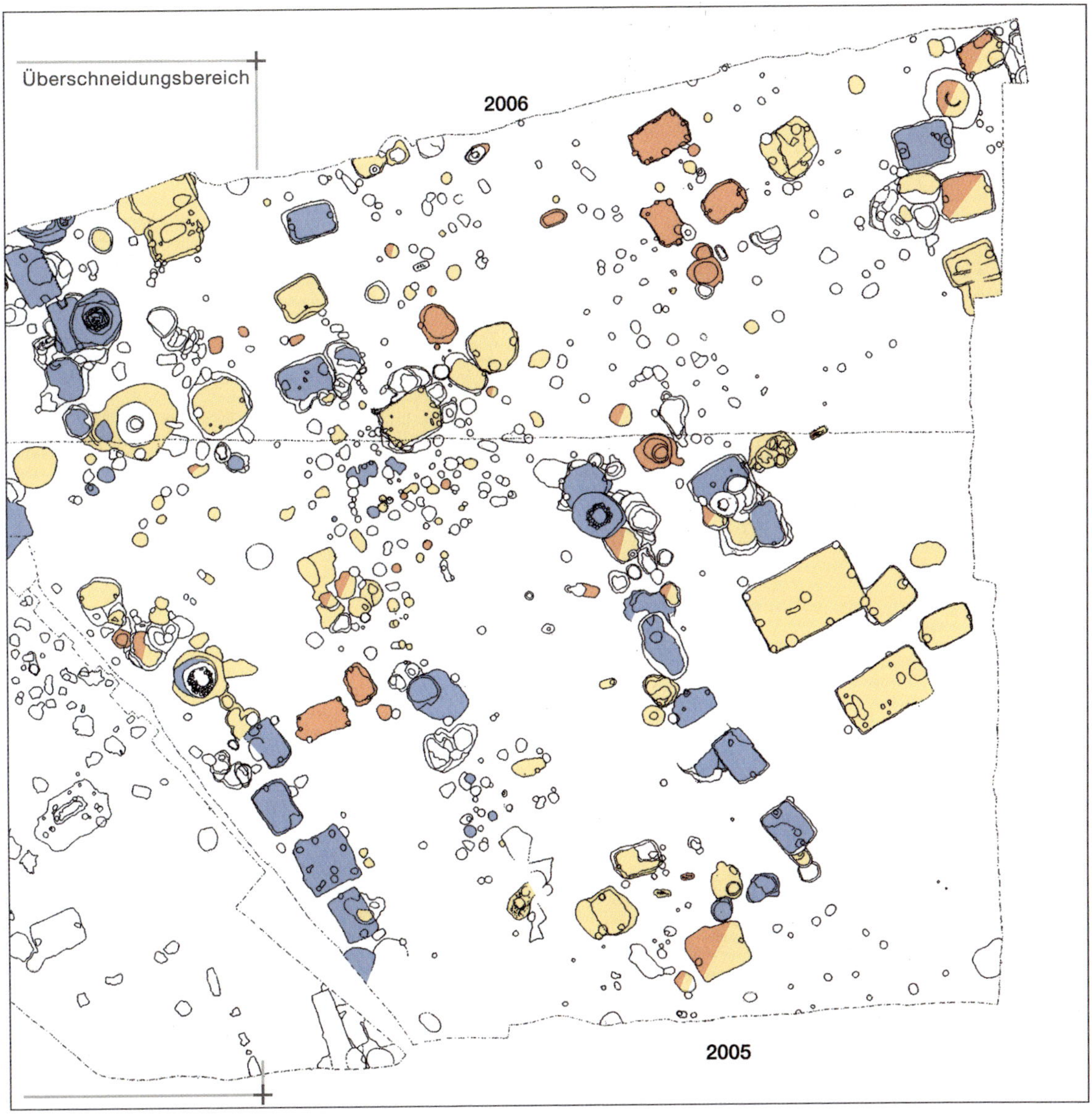

Abb. 147 Mannheim-Vogelstang. Eisenfunde aus dem Siedlungsbereich: Schlüssel, verschiedene Messer und ein frühes Hufeisen.

töpfen des späten 6. und 7. Jahrhunderts. Ab dem fortgeschrittenen 7. Jahrhundert finden sich diese mit der frühesten Fazies der älteren, gelben Drehscheibenware vergesellschaftet. Letztere blieb bis in die erste Hälfte des 10. Jahrhunderts die absolut vorherrschende Warenart.

Keramik der Älteren Merowingerzeit fehlt im Fundbestand. Die für das 6. Jahrhundert anzunehmenden Hofstellen müssen demnach außerhalb des über die Jahre untersuchten Bereiches gelegen haben. Hier hat sich wohl in der Tat die Siedlung über eine größere Strecke hinweg verlagert. Für die Zeit etwa ab 600 legt der Befund (Abb. 146) indes eine vergleichsweise ortsfeste, bestenfalls durch kleinräumige Verschiebungen gekennzeichnete Siedlungsentwicklung nahe. Dabei hat es den Anschein, dass das genutzte Areal im späten 7. Jahrhundert nach Südosten ausgedehnt wurde.

Das Befundbild wird geprägt durch die zahlreichen Grubenhütten, aber auch einige Brunnen lassen sich schon in die Zeit vor der Jahrtausendwende datieren. Hinweise auf ebenerdige Großbauten ergeben sich aus einigen Pfostenlochreihungen. Bereits in den frühesten Siedlungsphasen muss daneben auch mit auf Schwellbalken errichteten Häusern gerechnet werden.

In diesem Zusammenhang sind kurz die Siedlungsbestattungen anzusprechen, deren Anzahl sich mit der Kampagne 2006 weiter erhöht hat. Bei den zehn durch J. Wahl untersuchten Skeletten handelt es sich – abgesehen von einem 30- bis 35-jährigen, wohl weiblichen Individuum – um im Alter zwischen einem bis zwei und fünf bis sechs Jahren verstorbene Kinder, meist wahrscheinlich Mädchen. Drei der Gräber enthielten Scherben von Wölbwandtöpfen bzw. älterer, gelber Drehscheibenware. Ein Teil der Bestattungen scheint am Rand des in diesen Phasen besiedelten Areals angelegt worden zu sein.

Die jüngste, hochmittelalterliche Siedlungsphase wird im Fundgut durch die ältere, graue Drehscheibenware, Glimmerware, Kugeltöpfe sowie echte Pingsdorfer Keramik repräsentiert. In den zugehörigen Befunden zeichnet sich eine veränderte räumliche Organisation ab (Abb. 146). Ein Großteil der Grubenhütten ist in seiner Orientierung um 90° gedreht und – teils mit einem Brunnen – deutlich in Reihen angeordnet. Dahinter stehen sicher Hofareale, auf deren über längere Zeit andauernde intensive Nutzung einzelne „verschachtelte" Grubenkomplexe hinweisen. In den Freiräumen zwischen den eingetieften Befunden ist mit den zugehörigen, ebenerdigen Großbauten zu rechnen, die sich aufgrund ihrer Konstruktionsweise einem archäologischen Nachweis entziehen. Eine mögliche Differenzierung der hochmittelalterlichen Hofstellen nach wirtschaftlicher Tätigkeit könnte sich etwa im Verteilungsmuster der Eisenschlacken andeuten.

Das archäologisch nachweisbare Ende der Siedlung noch im 12. Jahrhundert fügt sich gut ein in das regionale Bild einer ausgeprägten hochmittelalterlichen Wüstungsphase.

Das siedlungsgeschichtliche Umfeld

Der wissenschaftliche Wert der Ausgrabungen in Mannheim-Vogelstang, „Hinter der Nachtweide" (Abb. 148 Nr. 1) gründet sich nicht allein auf die Tatsache, dass hier die Möglichkeit besteht, auf – für südwestdeutsche Verhältnisse – vergleichsweise großer Fläche bei gleichzeitig hoher Befunddichte die Entwicklung eines Siedlungsareals nachzuvollziehen. Die Fundstelle ist darüber hinaus eingebettet in eine reiche, durch die langjährigen Aktivitäten des Mannheimer Museums gut beobachtete Fundlandschaft.

Abgesehen von den Siedlungsfunden an der Peripherie von Wallstadt und Straßenheim sind westlich der Grabungsstelle in Richtung des Mannheimer Ortsteils Käfertal mindestens zwei weitere früh- bis hochmittelalterliche Siedlungskomplexe auszumachen (Abb. 148 Nr. 2; 4).

R. Schreg vermutet, dass es sich bei Letzteren um einen einzigen „großen fluktuierenden Siedlungskomplex" handelt. Die räumlich deutlich voneinander abgesetzten Fundkonzentrationen machen es indes wahrscheinlicher, dass wir es hier mit mehreren „geschlossenen Systemen" mit eigener – mehr oder weniger durch kleinräumige Verlagerungen geprägter – Siedlungsentwicklung zu tun haben. Dies wird umso deutlicher, wenn man von der Vogelperspektive einer großmaßstäblichen aktuellen topografischen Karte zu einer näheren Betrachtung des Naturraums umschaltet. So liegen etwa die Siedelareale „Hinter der Nachtweide" (Abb. 148 Nr. 1) und Chemnitzer Str./„Hinter der Muld" (2) etc. beiderseits eines Neckaraltarmes, der bis zu den Zeiten der Flurbereinigung als landschaftlich gliederndes Element wahrnehmbar war.

Die durch die Fundbeobachtungen erschlossene Größe der Siedelareale legt nahe, dass deren räumliche Entwicklung etwa ab der Jüngeren Merowingerzeit zwar innerhalb eines bestimmten Bereiches verlief, aber nicht

Abb. 148
Die früh- bis hochmittelalterlichen sowie völkerwanderungszeitlichen Fundstellen im Bereich Vogelstang – Wallstadt – Straßenheim, Stadt Mannheim. Erklärung der Ziffern im Text (zu den restlichen Fundstellen vgl. Arch. Ausgr. 2005, 178 Abb. 167).

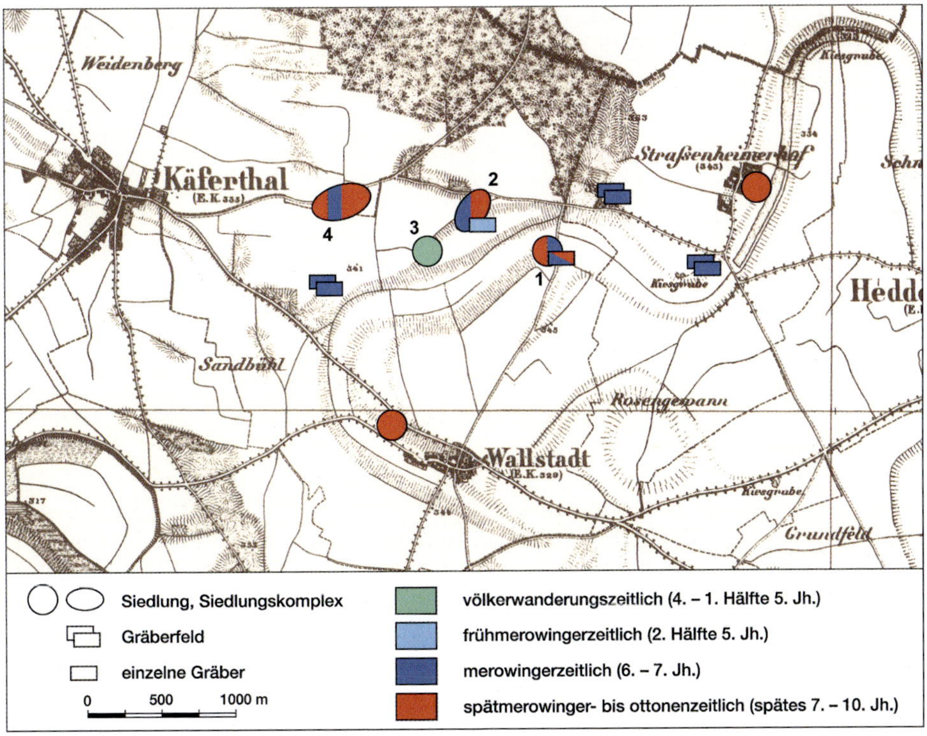

unbedingt die gleiche Konstanz aufweist wie die Fundstelle „Hinter der Nachtweide“. Bemerkenswert scheint die deutliche Orientierung der Areale am vorindustriellen, sicherlich aber noch weiter rückschreibbaren Straßennetz.

Großräumigere Siedlungsverschiebungen in früheren Epochen manifestieren sich möglicherweise in der abseitigen, rein naturräumlich determinierten Lage der völkerwanderungszeitlichen Fundstelle „Sachsenstraße“ (Abb. 148 Nr. 3) unmittelbar am Ufer des alten Neckarlaufes. Ein siedlungsgeschichtlicher Zusammenhang mit einem der jüngeren Komplexe in der Umgebung muss dabei natürlich reine Spekulation bleiben.

Von einer möglichen übergeordneten Beziehung der Siedlungskomplexe zueinander könnten die im regionalen frühmittelalterlichen Fundbild keineswegs eindeutigen Lagebezüge zwischen Gräberfeldern und Siedlungen zeugen. Dies deutet darauf hin, dass im Einzelfall Bestattungsplätze von den Bevölkerungen mehrerer Siedlungen genutzt wurden. Vor diesem Hintergrund stellt sich die – von R. Schreg zurecht aufgeworfene – Frage, wie historisch überlieferte Siedlungsnamen – im vorliegenden Fall wohl Kleinwallstadt – mit dem archäologischen Fundbild abzugleichen sind.

Neben einer vertieften Auswertung der vorgestellten Grabung bleibt zur weiteren Erforschung der mittelalterlichen Siedlungsentwicklung in dieser reichen Fundlandschaft die Aufarbeitung der bislang in der Literatur kaum zugänglichen Mannheimer Altfundbestände ein wesentliches Desiderat. So sollte es möglich sein, die bekannten Fundareale sowohl in ihrer exakten Ausdehnung als auch in ihrer gesamten chronologischen Entwicklung bis hinein in das hohe und eventuell späte Mittelalter besser zu fassen.

Folke Damminger, Uwe Gross

Literaturhinweise

F. Damminger, Arch. Ausgr. Baden-Württemberg 2005, 177–181 (mit weiterer Lit.); R. Schreg, Dorfgenese in Südwestdeutschland – Das Renninger Becken im Mittelalter. Materialh. Arch. Baden-Württemberg 76 (Stuttgart 2006) 255–258.

Kelten und Alamannen auf dem Kügeleskopf bei Ortenberg, Ortenaukreis

Das Regierungspräsidium Freiburg, Referat Denkmalpflege, und die Volkshochschule Offenburg führten im Sommer 2006 im Ortenaukreis eine archäologische Lehrgrabung durch. Neben der Erforschung der Regionalgeschichte verfolgte die Grabung weitere Ziele: interessierte Bürger über die Grabung an die Archäologische Denkmalpflege heranzuführen, um sie als Ehrenamtliche Beauftragte der Denkmalpflege zu gewinnen. Neben der Bürgerstiftung St. Andreas unterstützte ferner die Sr. Georgette-Stiftung das Vorhaben, sie ermöglichte, dass Interessierte aus der polnischen Partnerstadt Olsztyn an diesem Projekt teilnehmen konnten. Die örtliche Grabungsleitung lag in den Händen von Michael Hoeper.

Als Objekt für die Grabung wurde der Kügeleskopf bei Ortenberg ausgewählt.

Es handelt sich dabei um eine Wallanlage, die bisher nicht eindeutig datiert werden konnte. Funde aus dem Innenbereich, die bei Windbruch zutage traten, legten eine Interpretation als alamannische Höhensiedlung nahe. Durch das Anlegen eines neuen Forstweges am nördlichen Hang des Berges vor einigen Jahren waren Wall und Graben an einer Stelle durchschnitten und zerstört wor-

Abb. 149
Ortenberg, Kügeleskopf. Luftbild von Süden.

den. Wind und Wetter und der immer mehr zunehmende Windbruch taten das Ihre und gefährdeten dieses Bodendenkmal zusehends. In der frisch angeschnittenen Böschung war unterhalb der westlichen Terrasse eine erodierte Kulturschicht mit Holzkohle und Hüttenlehm zu erkennen, in der vor allem Keramik frühalamannischer Zeit gefunden wurde, aber auch hallstattzeitliche Keramikgefäßfragmente, die erstmals auf eine Besiedlung des Berges in dieser Zeit hinwiesen.

Lage und Topografie

Der Kügeleskopf befindet sich am nördlichen Ausgang des Kinzigtales zur Rheinebene hin. Die Kuppe des Kügeleskopfes, die sich etwa 200 m über die Rheinebene erhebt, wird gebildet durch einen schmalen Ost–West verlaufenden Bergrücken von etwa 50 m Länge, der auf allen Seiten durch steile Berghänge begrenzt wird (Abb. 149). Nur im Nordosten verbindet ein schmaler Sattel die Kuppe des Kügeleskopfes mit den weiteren Schwarzwaldrandbergen. Dieser Sattel ist durch einen heute noch deutlich sichtbaren Wall mit vorgelagertem Graben abgeriegelt. Während der schmale Kamm des Kügeleskopfes eher als siedlungsungünstig zu bezeichnen ist, bieten zwei dem Bergkamm im Westen vorgelagerte Terrassen geeigneten Siedlungsraum.

Wissenschaftliche Vorgeschichte

Im Jahre 1988 belegten Lesefunde erstmals, dass der Kügeleskopf im 4./5. Jahrhundert n. Chr. besiedelt war und bewiesen, dass die dortige Anlage zur Gruppe der frühalamannischen Höhensiedlungen zu zählen ist, die im südlichen Oberrheingebiet in regelmäßigem Abstand am Schwarzwaldrand im unmittelbaren Vorfeld der spätrömischen Kastelle am Rhein errichtet wurden. Zu diesen zentralörtlichen und repräsentativen Anlagen gehören am südlichen Oberrhein neben dem Kügeleskopf der unmittelbar benachbarte Geißkopf bei Berghaupten, der Zährin-

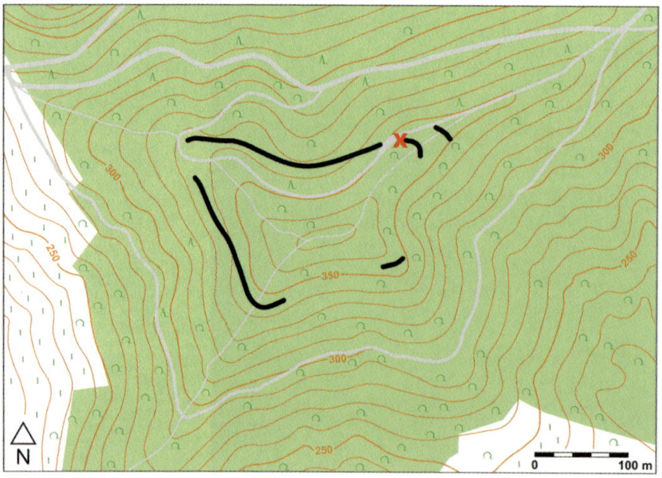

Abb. 150 Ortenberg, Kügeleskopf. Die den Berg umgebende Befestigung (schwarz) mit der Grabungsfläche (rotes Kreuz) im Nordosten der Anlage

ger Burgberg bei Freiburg und der Hertenberg bei Rheinfelden.

Die von Studierenden der FH Karlsruhe unter Anleitung von Dipl.-Ing. Dieter Müller im Frühjahr 1996 durchgeführte archäologisch-topografische Geländeaufnahme des Landesdenkmalamtes Baden-Württemberg für den „Atlas der obertägig sichtbaren archäologischen Denkmale“ zeigte, dass es sich bei dem Wall auf dem Kügeleskopf jedoch nicht nur um einen Abschnittswall, sondern um eine den ganzen Berg umschließenden Befestigungsanlage handelte (Abb. 150).

Im Bereich des am Nordhang durch den Forstweg angeschnittenen Walls wurde ein Schnitt gelegt. Sichtbares anstehendes Felsgestein im unteren Bereich der Böschung zum Wall und auch im Forstweg zeigten, dass der Wall in diesem Bereich bis auf den gewachsenen Boden abgeschoben war. Mit dem Wallschnitt sollte die Konstruktion eines im Wall möglicherweise noch erhaltenen Befestigungswerkes, seine Datierung und Bauphasen untersucht werden (Abb. 151).

Die Befestigungsanlage und ihre Bauphasen

Der im Gelände noch heute sehr gut sichtbare Wall verläuft im Bereich der Grabungsfläche von Süden nach Norden steil hangabwärts. Diese Tatsache hat zur Folge, dass die in den angelegten Plana erkennbaren hangabwärts verlaufenden Schichten und Befunde in Richtung des Wallverlaufs nach einem Meter im Planum verschwanden. Dennoch ließ sich durch die Zusammenschau von Plana und Profilen eine zweiphasige Befestigungsanlage rekonstruieren und durch eine große Zahl von Keramikfragmenten in den Schichten auch datieren.

Danach besteht die ältere Bauphase aus einer nur noch 40 cm hoch erhaltenen Holz-Erde-Mauer, die in einer Tiefe von 1,70 m, gemessen von der Wallkrone, auf dem gewachsenen Boden aufsitzt. Die hölzerne Vorderfront dieser Konstruktion war als 30 cm breites und 50 cm tief in den gewachsenen Boden eingetieftes Gräbchen vor der ehemaligen Erdfüllung der Holzkastenkonstruktion erkennbar. Die erhaltene Breite dieser ersten Befestigungsmauer von der Außenfront nach innen betrug 1,40 m. Überdeckt wird diese erste Mauer von dem Versturz einer jüngeren Befestigungsbauphase.

Diese jüngere Befestigungsmauer wurde, nach innen versetzt, teilweise auf und hinter den Resten der ersten Bauphase errichtet. Ihre Breite beträgt 1,50 m und ihre noch erhaltene Höhe ca. 1 m. Im Gegensatz zur ersten Mauer wurde sie überwiegend aus Holzbalken und Steinen errichtet. Dies belegen sowohl Pfostenlöcher im Innen- und Außenbereich als auch durch den Mauerkörper laufende Querbalken. Diese jüngere Bauphase war im Innenbereich mit einer schrägen Anschüttung versehen, die auf der ehemaligen Humusoberfläche des Berges aufliegt. Überdeckt wird diese Anschüttung vom Versturzmaterial der jüngeren Bauphase.

Datierung der Bauphasen

Da zum augenblicklichen Zeitpunkt noch keine ^{14}C-Daten der genommenen Holzkohleproben vorliegen, kann eine Bestimmung der verschiedenen Bauphasen vorläufig nur durch die Keramik erfolgen. Während in den Befunden der ersten Bauphase und ihrem Versturz keine Funde zutage kamen, konnte in der Steinkonstruktion der zweiten Bauphase, ihrer Hinterfüllung sowie dem Versturz eine für einen Wallschnitt eher unübliche große Zahl von Keramikgefäßfragmenten geborgen werden. So ließen sich in allen Schichten der zweiten Bauphase Keramikscherben der Hallstatt-/Frühlatènezeit (60 %) und der frühalamannischen Zeit (40 %) nachweisen. Offenbar wurden beim Bau der zweiten Mauer zahlreiche Siedlungsbefunde der Hallstatt/-Frühlatènezeit zerstört und die Keramik gelangte somit in die Mauer. Nach diesen Erkenntnissen kann davon ausgegangen werden, dass in der Hallstatt- /Frühlatènezeit eine erste Befestigungsanlage auf dem Kügeleskopf errichtet wurde. Rund 1000 Jahre später wurde diese bereits verfallene Anlage im 4./5. Jahrhundert n. Chr. durch die frühen Alamannen im Bereich des Abschnittswalles erneut ausgebaut.

Der Graben

Der im Gelände noch gut als leichte Mulde vor dem Wall sichtbare Graben liegt mit seiner heutigen Sohle ca. 3,70 m unter der Wallkrone. Der Graben war durch den Abtrag der verwitterten anstehenden Gesteinsmassen bis auf den massiven Felsuntergrund in ca. 1,50 m Tiefe entstanden. Die abgewitterten Formen des Felsuntergrundes legen nahe, dass er länger offen gelegen hat. Erstmals angelegt in Verbindung mit der älteren Befestigungsbauphase, ließ sich durch die Keramikfunde in der Verfüllung nachweisen, dass der Graben in frühalamannischer Zeit erneut vom Versturz der älteren Bauphase befreit und ausgeräumt wurde.

Aussichten und Dank

Durch die Ausgrabungen auf dem Kügeleskopf konnte erstmals im südlichen Oberrhein-

Abb. 151
Ortenberg, Kügeleskopf. Übersichtsfoto des Wall-/Grabenschnittes von Nordwesten.

gebiet eine Befestigungsanlage des 4./5. Jahrhunderts auf einer frühalamannischen Höhensiedlung nachgewiesen werden. Zwar kennen wir die gewaltigen Terrassierungen auf dem Zähringer Burgberg, doch konnten auf dem Geißkopf und dem Hertenberg bei Rheinfelden bisher keine Befestigungsbauten festgestellt werden. Dadurch ergeben sich neue Fragen zur frühalamannischen Höhensiedlung auf dem Kügeleskopf, die vor allem den genauen Zeitpunkt der Errichtung dieser Anlage sowie ihrer Beziehung zum gegenüberliegenden Geißkopf betreffen. Das Fundmaterial des unbefestigten Geißkopfes lässt eher eine Interpretation als Heerlager zu.

Danken möchten wir vor allem der Gemeinde Ortenberg für ihre Unterstützung durch Forst und Bauhof. Unser ganz besonderer Dank gilt der Volkshochschule Offenburg, namentlich Manuel Yupanqui, die dieses Projekt mit organisiert, betreut und unterstützt hat. Vor allem sei auch den Grabungsteilnehmern gedankt, die als Laien in der Archäologie mit ihrem unermüdlichen Einsatz wesentlich zum Erfolg dieses Projektes beigetragen haben. Das Projekt wurde von Dieter Müller eng begleitet.

Andrea Bräuning, Michael Hoeper

Literaturhinweise

M. Hoeper/D. Müller, Fundber. Baden-Württemberg 22/2, 1998, 210–213; M. Hoeper, Völkerwanderungszeitliche Höhenstationen am Oberrhein. Geißkopf bei Berghaupten und Kügeleskopf bei Ortenberg. Arch. u. Gesch. – Freiburger Forsch. 1. Jahrtausend Südwestdeutschland 12 (Ostfildern 2003) 127 ff.

Handwerk, Keller und Gruben. Archäologische Ausgrabungen in Offenburg, Ortenaukreis

Im Zuge einer achtwöchigen Rettungsgrabung konnte im Frühjahr 2006 ein knapp 1000 m^2 großes Gelände an der Glaserstraße im Zentrum der Altstadt archäologisch untersucht werden. Da ein Katasterplan aus dem 19. Jahrhundert für zwei der vier untersuchten Parzellen seit dem großen Stadtbrand von 1689 anscheinend keine Neubebauung ausweist, erhöhte sich die Wahrscheinlichkeit, hier intakte mittelalterliche Strukturen vorzufinden. Es bot sich somit eine weitere Möglichkeit, den Kenntnisstand zur Stadtgründung Offenburgs – die historischen Quellen schweigen hierzu – zu erweitern sowie die Bedeutung und das Siedlungsbild des Stadtviertels zu ergründen.
Erstmals gibt es nun auch Hinweise auf eine prähistorische Besiedlung des heutigen Stadtgebietes: Eine langovale, tief in den Boden reichende Grube dürfte aufgrund ihrer Machart ins Neolithikum datieren.

Da der römische *vicus* entlang der bis ins Hochmittelalter frequentierten Fernstraße im Westen der Altstadt lokalisiert wurde, überraschte es nicht, auf der gesamten Fläche keinerlei Befunde dieser Epoche zu entdecken. An dieser Fernstraße konnten letztes Jahr die bisher ältesten mittelalterlichen Siedlungsspuren aus dem 11. Jahrhundert dokumentiert werden.

Keller, Gruben, keine Häuser?

Durch die moderne Nutzung des Geländes sind auf dem gesamten Areal jegliche älteren Lauf- und Nutzungsschichten zerstört worden. Dies erschwert die direkte chronologische Verzahnung der einzelnen Befunde, und es ergeben sich gewisse Ungenauigkeiten für ihre tatsächliche Tiefe.
Die frühe Bebauung ist durch sieben kleine

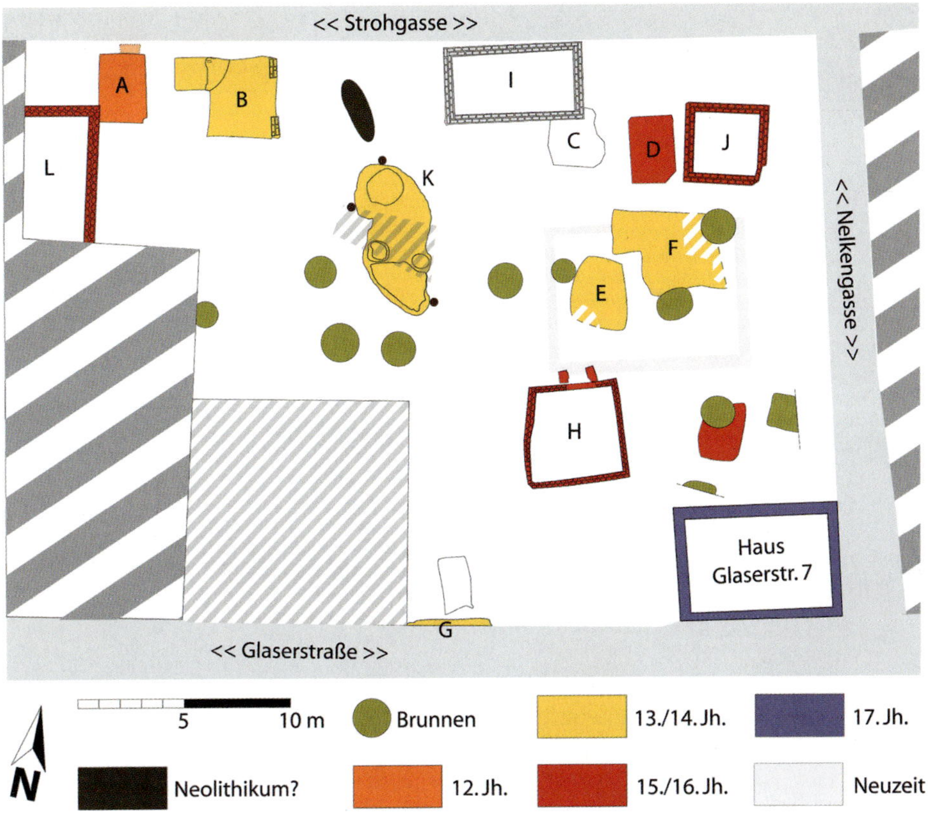

Erdkeller fassbar (Abb. 152). Der älteste Keller (A), dessen Aufgabe über die Keramik in das 12. Jahrhundert zu datieren ist (Abb. 153), weist holzversteifte Wände auf und hat seinen Eingangsbereich zur Strohgasse hin. Indirekt lässt sich schon für diese frühe Besiedlungsphase die Verwendung von Backsteinen als Baustoff nachweisen.

Bei dem nachfolgenden jüngeren Keller (B) wurden für die Befestigung des Kellerabgangs Lehmziegel verwendet. Die ursprüngliche Holzverschalung wurde nachträglich an drei Ecken mit kleineren vermörtelten Ziegelsäulen verstärkt. Die zu den Kellern gehörende aufgehende Bebauung muss man sich mit deutlich größeren Ausmaßen vorstellen. Da aber keinerlei Hinweise auf tiefere Stein- oder Holzfundamentierungen dieser Gebäude vorliegen, handelte es sich wahrscheinlich um Fachwerkbauten auf einer Schwellbalkenkonstruktion.

„Durch diese hohle Gasse …"

Der Straßenzug der Strohgasse wird in variablen Abständen von der mittelalterlichen Bebauung bereits berücksichtigt. Ihr Niveau hat sich im Laufe des Mittelalters bis zu einem Meter unter die heutige Straßenhöhe in den anstehenden Lösslehm eingetieft. So hat man sich eine Art Hohlweg ohne Belag mit hochgezogenem Straßenrand vorzustellen, der erst im Spätmittelalter wieder auf das heutige Niveau aufgeschüttet wurde.

Im Gegensatz zur Strohgasse liegt im heutigen Verlauf der Glaserstraße ein hochmittelalterlicher Kellerbefund (G). Zusammen mit

Abb. 152
Offenburg, Glaserstraße. Gesamtplan mit den wichtigsten Befunden.

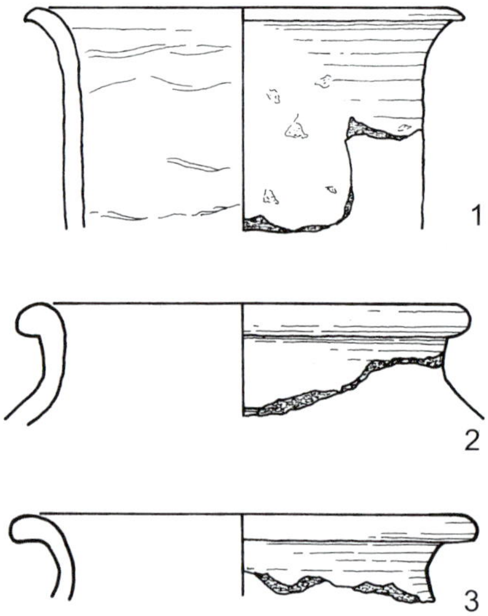

Abb. 153 Offenburg, Glaserstraße. Keramik des 12. Jhs. (Keller A): 1 nachgedrehte Becherkachel; 2, 3 nachgedrehte Gefäßkeramik mit Lippenrand.

einem Grubenbefund, der vor drei Jahren westlich des Grabungsgeländes ebenfalls mitten in dieser Straße dokumentiert wurde, dürfte die heutige Straße im Hochmittelalter allenfalls eine sehr schmale Gasse gewesen sein.

Vom Brunnen zum Latrinenschacht

Insgesamt befinden sich neun Schächte auf dem Gelände, die originär als Brunnen konzipiert waren. Für die Ansprache der Schächte als Brunnen spricht ihre größere Tiefe sowie das Fehlen charakteristischer Ausfällungen und Fäkalanhaftungen im oberen Bereich. Die bisher in Offenburg dokumentierten Latrinen reichen höchstens vier Meter in den anstehenden Löss und mussten dementsprechend immer wieder geleert werden. Analog zu anderen Brunnen in Offenburg wurden auch die hier untersuchten Brunnen ab dem Spätmittelalter sekundär als Latrinen verwendet und schließlich ab dem 16. Jahrhundert mit mehreren Metern Lehm und Bauschutt komplett versiegelt. Es liegt nahe, dass in diesem Zeitraum die allgemeine Wasserversorgung der städtischen Haushalte umgestellt wurde und nicht mehr über den Brunnen auf der eigenen Parzelle erfolgte.
Über die Lage dieser Brunnen im Hinterhofbereich erschließt sich indirekt eine Parzellenunterteilung in eine Nord- und eine Südhälfte.

Von Phosphat und Bronzeschrott

Dass das Gelände im Mittelalter primär einer gewerblichen Nutzung unterlag, unterstreicht der Fund einer sieben Meter langen, ovalen Grube (K), die nur im 13. und 14. Jahrhundert in Funktion war und während dieses Zeitraums unterschiedlichen Gewerben diente.

Abb. 154 Offenburg, Glaserstraße. Schnitt durch die Befeuerungsanlagen der Grube K von Norden. Im oberen Bereich eine über 2 m große Feuerungsmulde mit einer mächtigen Brandschicht.

In ihrer ursprünglichen Form ist die Grube mehrfach unterteilt angelegt, begleitende Pfosten dürften einer Dachkonstruktion angehören. Trotz der noch ausstehenden Analysen der Bodenproben deuten die Phosphatausfällungen an den Wänden und Böden der Anlage auf ein Textil- oder Lederhandwerk hin.
Nach Aufgabe dieser ersten Gewerbe diente die Nordhälfte der Anlage einige Jahre als Abfallgrube einer Schlachterei oder Leimsiederei, bei der Unmengen an zerhackten Knochenabfällen anfielen.
Die letzte Nutzungsphase der Grube ist durch Verarbeitung von Buntmetall charakterisiert. Hierzu wurde die Nordhälfte der Grube aufplaniert und im Süden Ofen- und Befeuerungsanlagen eingerichtet (Abb. 154).
Zwei der Feuerstellen konnten in situ mit verziegelten Wandungen freigelegt werden, während die Vorgänger nur durch die Reste verglaster Auskleidungen und Schlacken nachzuweisen sind. Fehlende Spuren von Erzverhüttung und die Funde von Hackbronze und Gusstropfen legen den Schluss nahe, dass hier Buntmetallschrott recycelt wurde (Abb. 155).

Die Bebauung im Spätmittelalter und der frühen Neuzeit

Erst im Spätmittelalter wurden kleine Steinkeller errichtet. Neben reinem Ziegelmauerwerk wurde hierzu auch das für Offenburg typische Mischmauerwerk aus großen Wacken und Bruchsteinen verwendet. Interessanterweise gibt es für spätere Überwölbungen dieser ehemals flachgedeckten Keller, wie sie im frühneuzeitlichen Offenburg eigentlich zu erwarten wären, keinerlei Anzeichen. Im Gegensatz zu dem barocken Gewölbekeller aus Backstein des heute noch existierenden Hauses Glaserstr. 7, das erst nach dem Stadtbrand von 1689 errichtet wurde, befinden sich die Kellerstrukturen des Spätmittelalters noch im hinteren Bereich der Grundstücke.

Abb. 155
Offenburg, Glaserstraße. Verglaste Ofenwandung und Bronzefragmente; im Vordergrund rechts das Bruchstück eines Bronzegefäßes.

Fazit

Mit der diesjährigen Grabung verstärkt sich das Bild, dass das Offenburger Altstadtgebiet bereits im 12. Jahrhundert großflächig besiedelt ist. Vergleicht man die neuen Ergebnisse mit anderen, prominenteren Stadtteilen, ist das Gelände zwar kontinuierlich, aber bis in moderne Zeiten nie wirklich dicht bebaut. Vielmehr gibt es für das Hochmittelalter eindeutige Indizien einer gewerblichen Nutzung. So konnten beispielsweise Buntmetallhandwerker ihre Feuerstellen für die Weiterverarbeitung von Altbronze bereits in eine bestehende Infrastruktur einbauen.
Es ist auffällig, dass sich unter den Funden, die aus den Gruben, Kellern und Brunnenschächten geborgen wurden, nur wenige Fragmente von verzierter Ofenkeramik (Blatt- und Nischenkacheln) und von Glasgefäßen höherer Qualität (Nuppenbecher und Stangengläser) finden. Dies steht im Kontrast zu den bisher aus der Altstadt bekannten Fundspektren und muss zusammen mit der fehlenden signifikanten Wohnbebauung im Kontext eines städtegesellschaftlichen Gefälles gesehen werden.

Thilo Jordan, Matthias Reinauer, Johann Schrempp

Literaturhinweise
B. Köpfer, Arch. Ausgr. Baden-Württemberg 1998, 261–264; 1999, 204–206;
M. Rauschkolb/J. Schrempp, Arch. Ausgr. Baden-Württemberg 2005, 143–146.

Von der Jungsteinzeit bis ins hohe Mittelalter – Neue Ausgrabungen in der Siedlung Sülchen bei Rottenburg am Neckar, Kreis Tübingen

Vor den Toren der Stadt, etwa eineinhalb Kilometer nordöstlich des Doms, liegt am Rande des Neckartals die dem heiligen Martin geweihte Sülchenkirche, die Mutterkirche von Rottenburg (Abb. 156 Nr. 1). Urkundlich wird der vermutlich ins frühe Mittelalter zurückreichende Bau 1213 erstmals genannt, sein heutiges, spätgotisches Erscheinungsbild geht auf Umbauarbeiten des Jahres 1513 zurück. Seit 1868 dient das altehrwürdige Gotteshaus als Friedhofskirche und Grablege der Bischöfe von Rottenburg.

Dorf Sülchen und der Sülchgau

Einst war die Sülchenkirche Pfarrkirche des Dorfes Sülchen, einer der bedeutendsten früh- bis hochmittelalterlichen Siedlungen im oberen Neckarraum und Hauptort des Sülchgaus. Dieser gehörte zu den kleineren Gauen Alemanniens und umfasste ein Gebiet, das im Westen von Ergenzingen, im Süden von Dußlingen und im Osten von Kirchheim, einem Ortsteil von Kirchentellinsfurt, begrenzt wurde.

Die älteste Erwähnung von Sülchen und dem Sülchgau findet sich in einer St. Galler Handschrift aus dem 10. Jahrhundert mit der Lebensbeschreibung des karolingischen Heiligen Meinrad. Dort ist zu lesen, dass seine Eltern aus dem Sülchgau stammten, der nach dem Dorf Sülchen seinen Namen habe *(„… in pago quem ex villa Sulichi Sulichkewe vocavit antiquitas …“).* Meinrad wurde um 800 geboren und starb 861 als Einsiedler in der Schweiz eines gewaltsamen Todes. Seine Einsiedelei bildete die Keimzelle des 934 gegründeten Klosters Einsiedeln.

Wenig berichten die Urkunden über die Bewohner des Dorfes Sülchen und dessen Geschichte. Als Graf Albert von Hohenberg Ende

Abb. 156 Rottenburg am Neckar. Luftbild des nordöstlichen Stadtrandes von Rottenburg (die gelbe Umrisslinie bezeichnet die ungefähre Ausdehnung der früh- und hochmittelalterlichen Siedlung Sülchen). 1 Sülchenkirche; 2 römische Fernstraße; 3 römische Siedlungsreste; 4 Töpferöfen, 5. Jh.; 5 Neubaugebiet und Grabungsareal 2006; 6 Fibeln, 4. Jh.; 7 Argonnensigillaten, 5. Jh.

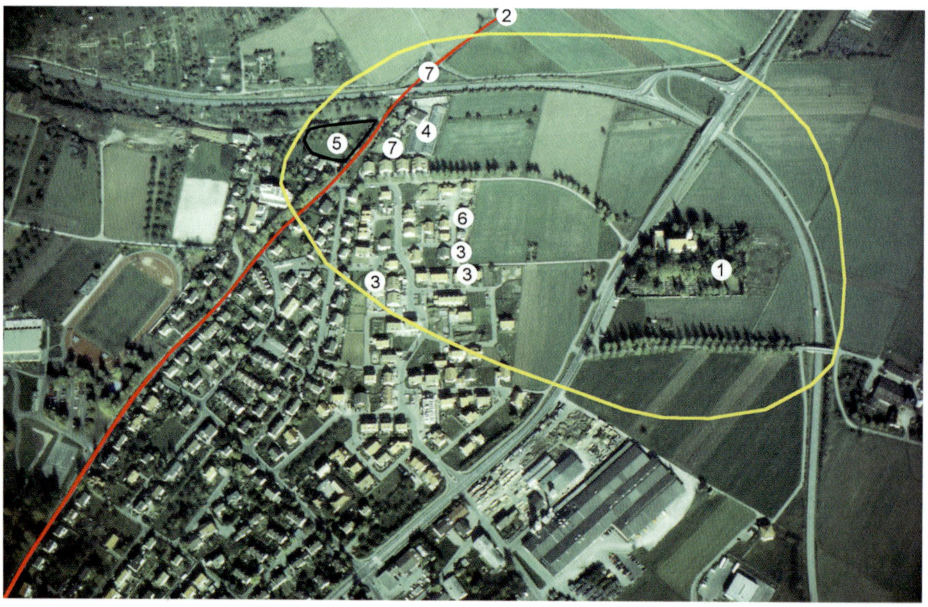

Abb. 157 Rottenburg am Neckar, Siedlung Sülchen. Grubenhäuser und Pfostengruben in der Straßentrasse.

des 13. Jahrhunderts das hochmittelalterliche Rottenburg gründete und mit einer Stadtmauer umgab – die *civitas nova,* wie sie in den Sindelfinger Annalen genannt wird –, verliert Sülchen an Bedeutung und wird schließlich aufgegeben. Der Sülchgau als Verwaltungsbezirk bestand seit dem 11. Jahrhundert nicht mehr und war im 13. Jahrhundert bereits in Vergessenheit geraten.

Sprachwissenschaft und Archäologie

Der renommierte Ortsnamenforscher Lutz Reichardt hat den Namen Sülchen, das 1057 als Sulicha erstmals urkundlich erwähnt wird, von Solicinum oder Solicianum nach dem Gentilnamen Solicius abgeleitet und geht davon aus, dass das mittelalterliche Dorf Sülchen seinen Namen von einem in der Nähe gelegenen römischen Gutshof erhalten habe, dem Solicianum des Solicius. Bei den Grabungen im Bereich der Osttangente von Rottenburg und im Neubaugebiet „Lindele" am nordöstlichen Rand der Stadt sind an mehreren Stellen römische Baubefunde zutage gekommen, die auf einen Gutshof hinweisen und der Herleitung des Namens Sülchen durch Lutz Reichardt archäologische Argumente hinzufügen (Abb. 156 Nr. 3). Anzumerken bleibt, dass Reichardt die romanische Herleitung des Ortsnamens Sülchen in der Zwischenzeit revidiert hat und jetzt an eine germanische Ableitung denkt, mit der Bedeutung „das Sumpfige" oder „beim Sumpfigen". Diese Deutung vermag aus archäologischer Sicht nicht ganz zu überzeugen, denn der Kern des frühmittelalterlichen Dorfes Sülchen lag nicht in der damals möglicherweise sumpfigen und feuchten Talniederung, sondern siedlungsgünstig an einem leichten, nach Südosten in das Neckartal abfallenden Hang.

Erste Grabungen in der Wüstung Sülchen

Der Bau der sogenannten Osttangente, der Ostumfahrung von Rottenburg, und die Ausweisung eines Neubaugebietes am nördlichen Stadtrand führten in den Jahren 1982–1990, 2003 und 2004 im Areal der Wüstung

Abb. 158 Rottenburg am Neckar, Wüstung Sülchen. In Trockenmauertechnik errichteter Brunnen.

Sülchen zu umfangreichen und großflächigen Ausgrabungen, deren Ziel es war, gesicherte Erkenntnisse und Aufschlüsse über die Größe, Struktur und Geschichte des Dorfes zu gewinnen.

Als eines der Grabungsergebnisse kann festgehalten werden, dass das Siedlungsareal größer war als erwartet und eine gerundete Fläche einnimmt mit einem Durchmesser von etwa 600 m (Abb. 156). Das Dorf Sülchen war demnach mindestens gleich groß, wenn nicht größer als das spätmittelalterliche Rottenburg. Von Interesse ist, dass die Sülchenkirche nicht im Zentrum der Siedlung, sondern in deren Südosthälfte liegt.

Bei den Häusern handelt es sich um ebenerdige Pfostenbauten mit lehmverstrichenen Wänden und strohgedeckten Satteldächern, die als Wohngebäude gedient haben. Eines der größten war 5,50 m breit und über 12 m lang. Die sogenannten Grubenhäuser, die im nördlichen Siedlungsteil weniger als zehn Quadratmeter Grundfläche aufweisen, können als Vorratsgebäude beziehungsweise Werkstätten angesprochen werden. Tönerne Webgewichte weisen auf Webhütten hin. Pfostenbauten und Grubenhäuser gehören zu Gehöften, die, so sind die ergrabenen Baubefunde zu interpretieren, dicht aneinandergereiht das gesamte Siedlungsareal eingenommen haben, das durch Straßen und Wege gegliedert war. Hinweise auf massive Steinbauten haben sich nicht ergeben, lediglich in der Südosthälfte des Dorfes finden sich größere Grubenhäuser mit Steineinbauten, die bautypologisch am Übergang von reinen Grubenhäusern zu unterkellerten Gebäuden stehen. Zum Baumaterial gehörten unter anderem sorgfältig bearbeitete, sogenannte Handquader aus Stubensandstein, die von römischen Steinbauten stammen dürften. Trocken gemauerte Steinbrunnen und Zisternen dienten der Wasserversorgung.

Im nordwestlichen Siedlungsteil wurden 2003 und 2004 neben mehreren, um 1,5 m in den anstehenden Löss eingeschachteten Vorratsgruben und Grubenhäusern mit Grundflächen zwischen vier und fünfzehn Quadratmetern vier frühmittelalterliche Töpferöfen ausgegraben. Sie gehören zu einem Handwerkerquartier am nordöstlichen Rand des ältesten Siedlungskerns von Sülchen (Abb. 156 Nr. 4). Die dort hergestellte Keramik gehört zeitlich in die zweite Hälfte des 5. Jahrhunderts.

Das Fundmaterial der Grabungen zwischen 1982 und 2004, hauptsächlich Keramik, umspannt einen Zeitraum, der vom 4./5. Jahrhundert bis ins 12./13. Jahrhundert reicht, in eine Zeit also, die auf das Ende der römischen Stadt *Sumelocenna* folgt und bis zur Gründung des hochmittelalterlichen Rottenburg reicht. Deutlich wird, dass das Ende von Sülchen in Zusammenhang steht mit dem Entstehen und Aufblühen der „Neuen Stadt“ an der „Porta Suevica“, der schwäbischen Pforte.

Frühbronzezeitliche Siedlungsreste am Westrand des Dorfes Sülchen

Die Ausweisung eines Baugebietes nördlich der Hochschule für Kirchenmusik und westlich der Grabungsfläche von 2003 und 2004 machte nun eine erneute archäologische Untersuchung notwendig, da zu vermuten war, dass sich die Siedlung Sülchen bis in das Plangebiet hinein erstreckt hat. Das Baugelände liegt unmittelbar westlich der römischen Straße, es fällt sanft nach Osten in die

Talaue ab und wird im Norden von einer Einsenkung begrenzt, durch die einst ein schmaler Bach in Richtung Neckar floss (Abb. 156 Nr. 5).
In einem ersten Grabungsabschnitt von August bis Ende Oktober wurde die Ost–West verlaufende, etwa 110 m lange Straßentrasse untersucht. Auf einer Fläche von ungefähr 700 Quadratmetern zeigten sich zahlreiche Baubefunde, darunter Gruben und Pfostengruben sowie sechs Grubenhäuser (Abb. 157). Am Westende des Baugebietes wurde der Rand des Dorfes Sülchen erreicht. Vollständige Grundrisse von Holzbauten konnten bislang nicht erfasst werden. Bei den Grubenhäusern handelt es sich um vier- bis sechspfostige Kleinbauten unterschiedlicher Orientierung, mit Grundflächen zwischen sieben und zwölf Quadratmetern. Herdstellen oder Öfen wurden in den Grubenhäusern nicht angetroffen. In der Verfüllung eines Grubenhauses fanden sich zahlreiche Webgewichte. Ein aus handlichen Steinquadern sorgfältig aufgeführter Brunnen konnte aus Zeitgründen leider nicht bis zum Grund ausgehoben werden (Abb. 158).
Am Ostende der Grabungsfläche, wenig westlich der heutigen Alten Wurmlinger Straße und der römischen Fernstraße wurde ein etwa 3,5 m breiter und noch 1,30 m tiefer Sohlgraben freigelegt. Seine Datierung ist nicht gesichert, es ist aber nicht ausgeschlossen, dass er wesentlich älter ist als die mittelalterliche Siedlung. Frühbronzezeitliche Scherben aus der ersten Hälfte des 2. Jahrtausends v. Chr., die wenig westlich des Grabens aus dem Boden kamen, könnten ein Hinweis in diese Richtung sein (Abb. 159). Diese Scherben sind übrigens der erste Nachweis einer frühbronzezeitlichen Siedlung im Rottenburger Raum. Der möglicherweise zu dieser Siedlung gehörende Bestattungsplatz liegt etwa 500 m südwestlich, in der Herderstraße, wo 1991 bei Baumaßnahmen zehn frühbronzezeitliche Gräber entdeckt und ausgegraben wurden. Auf eine Ansiedlung des 11. vorchristlichen Jahrhunderts weisen Scherben der spätbronzezeitlichen Urnenfelderkultur hin. Zu den ältesten Funden aus dem Bereich der Straßentrasse gehört ein jungsteinzeitliches Steinbeil des 4./3. Jahrtausends v. Chr., das in der Verfüllung eines Grubenhauses gefunden wurde. Der Einzelfund ist mit einem jungsteinzeitlichen Siedlungsareal am nordöstlichen Stadtrand und im Baugebiet „Lindele" in Verbindung zu bringen.
Die dem Dorf Sülchen zuzurechnenden keramischen Funde reichen vom 4./5. Jahrhundert über die zweite Hälfte des 5. Jahrhunderts bis in die karolingische Zeit im 9. bis 10. Jahrhundert (Abb. 159). Die Funde und Befunde des 4. und 5. Jahrhunderts liegen der römischen Straße am nächsten und belegen zusammen mit Funden und Befunden der Grabung 2003/2004, dass in diesem Bereich der älteste Teil der Siedlung Sülchen gelegen hat (Abb. 156 Nr. 2; 4). Hierfür sprechen auch zwei Fibeln des 4. Jahrhunderts und importierte sogenannte Argonnensigillaten des 5. Jahrhunderts, die im nördlichen Teil der Siedlung gefunden wurden (Abb. 156

Abb. 159
Rottenburg am Neckar, Wüstung Sülchen. Frühbronzezeitliche und frühmittelalterliche Scherben. Gefäß des 9./10. Jhs. (ältere gelbtonige Drehscheibenware) aus einem Grubenhaus.

Nr. 6; 7). Von dieser Kernzone dehnte sich das Dorf Sülchen nach Süden und Südosten in Richtung Sülchenkirche aus.
Von den archäologischen Untersuchungen der einzelnen Baugrundstücke, die im Jahr 2007 erfolgen, können weitere Erkenntnisse zu den vorgeschichtlichen und mittelalterlichen Siedlungsstrukturen erwartet werden.

Für die sehr gute Zusammenarbeitung und Unterstützung danken wir der Grund- und Bauverwaltung des Bischöflichen Ordinariats, dem Stadtplanungsamt der Stadt Rottenburg und dem Rottenburger Ingenieurbüro für Bauwesen und Umwelttechnik Raidt und Geiger.

Hartmann Reim

Literaturhinweise

A. Gaubatz-Sattler, Spätrömische und frühalamannische Funde aus Rottenburg am Neckar (Lkr. Tübingen). In: Im Dienste Roms. Festschrift für Hans Ulrich Nuber (Remshalden 2006) 109–124; U. Gross/E. Schmidt, Arch. Ausgr. Baden-Württemberg 2003, 172–174; dies., Archäologische Untersuchungen im Randbereich des abgegangenen Dorfes Sülchen. Der Sülchgau 47/48, 2003/2004, 1–14; E. Schmidt, Die Notgrabung im Gebiet der Wüstung Sülchen auf Gemarkung Rottenburg. Der Sülchgau 26, 1982, 4–13; ders., Arch. Ausgr. Baden-Württemberg 1983, 215–217; 1985, 201–203; 1989, 271–274.

Die Innere Brücke in Esslingen

Mitte 2006 konnte die Sanierung der Inneren Brücke in Esslingen abgeschlossen werden. Vor allem eindringende Salze hatten dem Bauwerk in jüngerer Zeit geschadet. Da für die Trockenlegung und Abdichtung teilweise recht tief in den Bestand des Baus eingegriffen werden musste, sind die Arbeiten auf Veranlassung des Regierungspräsidiums Stuttgart, Landesamt für Denkmalpflege, auch unter bauarchäologischen Aspekten begleitet worden. Die Maßnahme wurde vom Tiefbauamt der Stadt Esslingen finanziell unterstützt. Einige Befunde sollen hier unabhängig von einer späteren ausführlichen Darstellung vorgestellt werden.

Ein mittelalterlicher Brückenbau

Bereits um 1259 wird in den Quellen eine Brücke über den Neckar erwähnt. Es ist jedoch nicht klar, ob sich die Nachricht auf die äußere Pliensaubrücke oder die Innere Brücke, auch innere Pliensaubrücke genannt, bezieht. Nach derzeitigem Forschungsstand kann mit einem Baubeginn vor 1286 gerechnet werden. Damit gilt die Innere Brücke zusammen mit der äußeren Pliensaubrücke als eine der ältesten mittelalterlichen Steinbrücken nördlich der Alpen. Der Bau verband die Kernstadt mit der ummauerten Pliensauvorstadt in der Neckaraue und liegt im Verlauf eines wichtigen Handelsweges über den Neckar (Abb. 160). Die jeweiligen Stadteingänge waren mit Torbauten gesichert, welche ursprünglich sicher turmartig erhöht waren. Vor der Pliensau befand sich das äußere Brücken- oder Kreuztor, welches erstmals 1396 erwähnt und erst 1837 abgebrochen worden ist. Vor der Kernstadt, beim heutigen Palmschen Bau, befand sich das innere Brückentor, später auch als Finsteres Tor bezeichnet, welches um 1348 erstmals genannt ist und beim Stadtbrand 1701 so beschädigt wurde, dass es 1706 abgebrochen werden musste. Nicht verschwunden ist dagegen die kleine Brückenkapelle St. Nikolaus aus dem 14. Jahrhundert. Prägend wurde die spätere randliche Bebauung der Brücke, welche sich seit dem 18. Jahrhundert besonders reizvoll auf der Südostseite mit den kleinen, barocken Einzelhäusern präsentiert. Man hat das Gesamtbauwerk schon mit dem „Ponte Vecchio" in Florenz verglichen.

Ein über 160 Meter langer Bau

Zwischen den beiden Torbauten überspannt die Innere Brücke mit insgesamt elf Bögen die ehemalige Neckaraue (Abb. 161). Der über 160 Meter lange Bau ist ausschließlich mit Werksteinquadern aus Stubensandstein errichtet worden. Im Zuge der Sanierungen zeigte sich schnell, dass bei früheren Leitungsverlegungen und Reparaturen alle älteren Straßenbeläge beseitigt worden waren. Dies erklärt, warum fast keine Funde aus mittelalterlicher Zeit geborgen werden konnten. Auch die heutigen Brüstungen sind in den letzten Jahrhunderten verändert worden. Dagegen waren die Fundamente der beiden Torgebäude noch in gutem Zustand. Bei vorbereitenden Kellerbegehungen der Nachbargebäude konnte festgestellt werden, dass die Buckelquader der Außenwände in der

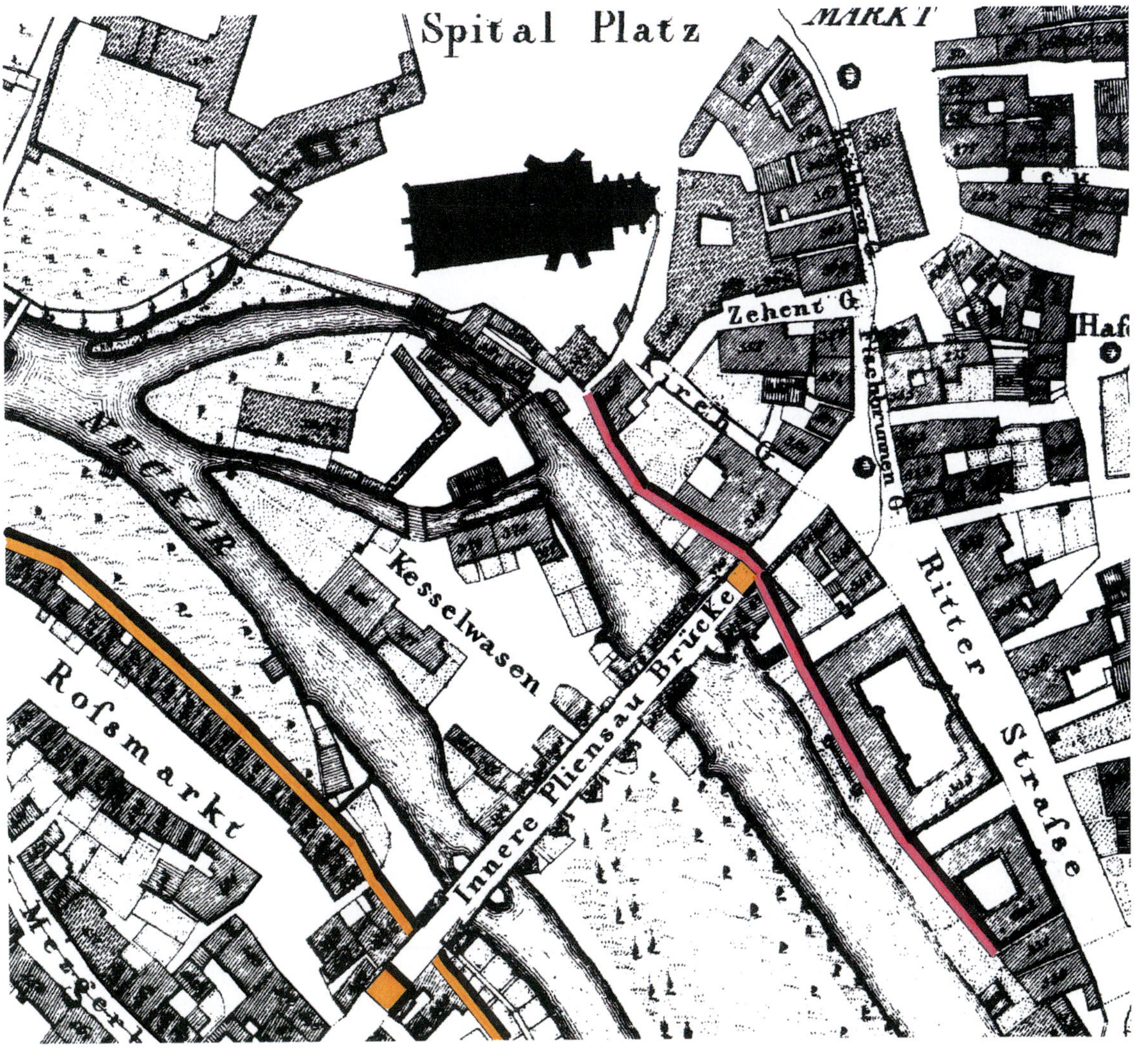

Abb. 160
Esslingen, Innere Brücke. Katasterplan von 1828 mit Lage der Torbauten und Stadtmauer.

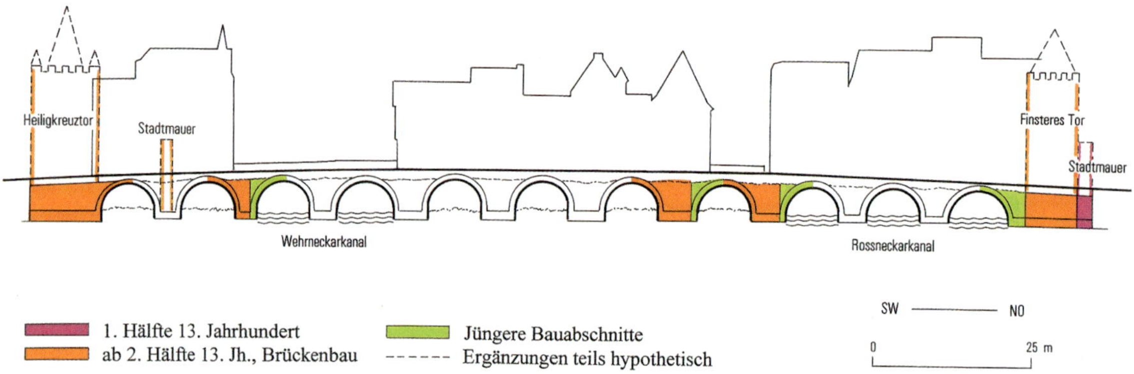

Abb. 161 Esslingen, Innere Brücke. Längsschnitt Südwest–Nordost mit Befund.

heutigen Bebauung wiederverwendet wurden und teilweise noch einsehbar sind.

Es wurde von Süden nach Norden gebaut

Im Verlauf der Brücke konnten an mehreren Stellen sehr grobe, provisorisch wirkende Endvermauerungen der Zwickelmauerwerke über den Pfeilern festgestellt werden. Der nächste Bogen ist dann erst in einem weiteren Bauabschnitt von Norden her dagegengesetzt worden. Die Brücke wurde offensichtlich beginnend mit dem äußeren Brücken- oder Kreuztor bei der Pliensauvorstadt in mehreren Bauabschnitten nach Norden, in Richtung der Kernstadt vorangetrieben, um schlussendlich mit dem letzten Bogen gegen das innere Brückentor oder auch Finstere Tor fertiggestellt zu werden. Leider lassen die Quellen und auch die wenigen jetzt geborgenen Funde keine genauere Datierung des Baufortgangs in der zweiten Hälfte des 13. Jahrhundert zu.

Abb. 162 Esslingen, Innere Brücke. Nördliche Wange des älteren Tores in der Stadtmauer beim sog. Finsteren Tor.

Ein älteres Stadttor

Erfreulich zeigte sich der Befund beim sogenannten Finsteren Tor. Hier wurde die ab 1200 errichtete Stadtmauer der Kernstadt aus Buckelquadern angetroffen. Diese ist auch in den anschließenden Gebäuden im Fundamentbereich noch größtenteils erhalten. Die Mauer besaß hier ein Tor (Abb. 162), welches bereits zu einem Flussübergang geführt haben dürfte, der vor dem Bau der Inneren Brücke hier existierte. Dieses Tor war bisher nicht bekannt. Beide Torlaibungen waren noch ca. 60 cm hoch erhalten, selbst zwei eiserne Klammern im Mauerwerk für die Befestigung der ehemaligen Torflügel konnten noch festgestellt werden.
Erst später, zusammen mit der Steinbrücke, entstand hier ein vorgelagerter, rechteckiger Torbau mit massiven Buckelquaderwänden (Abb. 163). Das ursprünglich tiefere Oberflächenniveau muss in dieser Zeit erheblich angehoben worden sein. Dennoch zeigen die

Abb. 163
Esslingen, Innere Brücke. Buckelquadermauerwerk des vorgelagerten Torbaus beim sog. Finsteren Tor.

Werksteine innen wie außen bis in den Fundamentbereich hinein markante Buckel mit Randschlag. Fast durchgehend können recht einfache Steinmetzzeichen beobachtet werden. Manche der Quader besitzen auf der Oberseite Bohrungen für den sogenannten Wolf, ein mittelalterliches Hebewerkzeug.
Bei der Sanierung der Brücke konnte auf alle wichtigen Steinbefunde, soweit nicht schon durch ältere Maßnahmen gestört, vollständig Rücksicht genommen werden. Dies war unter den gegebenen Umständen mit erweiterten Leitungstrassen und notwendigen Drainageeinbauten nicht immer leicht, aber mit der Flexibilität aller beteiligten Stellen trotzdem erfolgreich. Die beiden Torbauten sind übrigens im neuen Granitpflaster farblich markiert.

Michael Weihs

Von Dynamit und Baggerschaufeln – Spuren der Stadtbefestigung im „Roth-Carré" und im „Oetingerhaus-Areal" in Göppingen

Der städtebaulichen Entwicklung hinderlich

Die Brandkatastrophe vom 25. August 1782 vernichtete die Bausubstanz der mittelalterlichen Stadt Göppingen fast vollständig. Christoph Nikolaus Kleemann fertigte damals ein Ölgemälde der niedergebrannten Stadt an – das Szenario ist mit dem einer durch Bomben zerstörten Stadt vergleichbar. Außer dem Schloss und der Stadtkirche waren im gesamten Stadtgebiet lediglich einzelne Bürgerhäuser, das Liebenstein'sche Haus, der Marstall, die Kellerei, der Freihof sowie der Stifts- und Pflegfruchtkasten erhalten geblieben. In der Folge wurde die Stadt im Auftrag von Herzog Carl Eugen von Württemberg nach klassizistischen Bauprinzipien grundlegend neu gestaltet. Der Generalplan

Abb. 164 Göppingen, Roth-Carré. Ausschnitt aus einer Ansicht Göppingens von Matthäus Merian d. Ä. aus dem Jahr 1643. Die äußere Mauer der Stadtbefestigung zwischen Schloss und Oberem Tor mit vorstadtartiger Gebäudegruppe. Der ausgegrabene Mauerabschnitt ist rot markiert.

mit seinem orthogonalen Straßennetz nahm auf die mittelalterlich-neuzeitlichen Strukturen kaum noch Rücksicht. Für eine kurze Zeitspanne bildete jedoch die weniger stark in Mitleidenschaft gezogene Stadtbefestigung noch einmal die Außenbegrenzung der neu entstehenden Stadt.
Die bis in das 13. Jahrhundert zurückreichende Befestigungsanlage bestand bis zum zweiten Stadtbrand aus einer Hauptmauer mit mehreren Tortürmen, einem breiten Graben und einem vor diesen gesetzten zweiten Mauerring. Im November 1782 wurde angeordnet, die innere Stadtmauer und die ausgebrannten Türme zu schleifen. Bereits 1784 waren das Obere Tor im Westen, das Untere Tor im Süden und das Neue Tor im Osten abgetragen. Mit Ausnahme des Pfaffentors im Norden wurden nun alle Toranlagen zur äußeren Mauer hin verschoben und neu errichtet. Den Stadtgraben verfüllte man zunächst im Umfeld der neuen Zugänge mit Brandschutt, so dass sich eine Instandsetzung der Brücken erübrigte. Mit der sukzessiven Auffüllung des gesamten Stadtgrabens wurde in der Folgezeit auf der ehemaligen Grabensohle ein Ringkanal zur Entwässerung angelegt. 1835 wurde die der weiteren baulichen Entwicklung im Wege stehende Stadtbefestigung fast vollständig abgerissen.
Im Rahmen von Baumaßnahmen kamen immer wieder Spuren dieser Anlage zutage, die jedoch nur unzureichend dokumentiert wurden. Bei den Bauarbeiten zur Gestaltung der „Neuen Mitte“ Göppingens konnten 2003 wenigstens Teile der Toranlagen im Westen und Osten genauer erfasst werden.
Das im nordwestlichen Randbereich der Altstadt stehende Schloss wurde direkt auf die innere Stadtmauer gesetzt, so dass der Stadtgraben um dessen West- und Nordflanke herumführte. Südlich des 1568 vollendeten Schlosses folgt an der inneren Stadtmauer die 1617 erbaute Stadtkirche. Im Anschluss daran befand sich im Bereich der Einmündung der Hauptstraße in den Schillerplatz das Obere Tor. In dessen Vorfeld entstand eine kleinere Ansammlung von Gebäuden, die auf einer Stadtansicht Matthäus Merians aus dem Jahr 1643 erkennbar ist. Nördlich dieser Zone zeigen alle seit dem 17. Jahrhundert entstandenen Stadtansichten unbebautes Gelände (Abb. 164).

Befunde im „Roth-Carré“

In dieser Zone liegt heute westlich der Stadtkirche zwischen Haupt-, Schiller- und Pfarrstraße das „Roth-Carré“. Anfang 2006 wurde ein Teil des entlang der Hauptstraße zu unterschiedlichen Zeiten errichteten Gebäudekomplexes abgerissen. Anschließend begannen die Aushubarbeiten für ein neues Wohn- und Geschäftshaus. In enger Absprache mit dem Landesamt für Denkmalpflege führte die Kreisarchäologie Göppingen im Februar und März eine baubegleitende Untersuchung durch.
Im Zwickel zwischen der Haupt- und der Schillerstraße wurde die Nordostecke eines Gebäudes angeschnitten, das zu der vorstädtischen Bebauung gehörte. Einzelne Gefäßbruchstücke stammen aus dem 18. und 19. Jahrhundert.

Ein unbekanntes Vorwerk

Am Südrand der Baugrube trat eine noch 2,10 m hohe und 2 m breite Mauer zutage, die aus exakt geschnittenen Sandsteinquadern aufgebaut war. Auf der Baugrubensohle war der Verlauf dieser massiven Mauer in ostnordöstliche Richtung anhand von Ausbruchspuren des Fundaments erkennbar. In der Wand eines nicht abgerissenen Gebäudeteils war das Mauerwerk dann wieder bis zu einer Höhe von fast drei Metern erhalten. Unmittelbar vor der südlichen Baugrubenwand knickte die Mauer in Richtung Schillerplatz ab. Bei diesem Befund handelt es sich um eine bisher unbekannte Barbakane, die aufgrund der Bautechnik wohl erst im Verlauf der Neuzeit als Flankenschutz für das Obere Tor angelegt wurde. Zu diesem direkt mit der Stadtmauer verbundenen Vorwerk gehören auch zwei kürzere Mauerbefunde bisher unklarer Funktion, die 2003 bei Bauarbeiten auf der Hauptstraße und am Ostrand des Schillerplatzes beobachtet werden konnten.

Der im südlichen Teil der Baugrube freigelegte Abschnitt des Vorwerks wurde bereits beim Bau des jetzt abgerissenen Gebäudeteils im Jahr 1953 undokumentiert beseitigt. Klärung brachte ein Fotoalbum des Bauherrn mit Abbildungen, die den Befund in der damaligen Baugrube zeigen. Diese Fotos machen auch deutlich, wie man damals mit den Resten dieses stadtgeschichtlich hoch interessanten Bauwerks verfuhr. Zwei der Bildunterschriften lauten: „Vorbereitung zur Sprengung der alten Stadtmauer" und „Achtung, es knallt gleich!".

Die äußere Stadtmauer

Die Grenze zwischen dem „Roth-Carré" und dem Areal der Stadtkirche bildet bis heute der Verlauf der äußeren Mauer der Stadtbefestigung. Im Zuge der Aushubarbeiten wurde dieser Mauerzug entlang der östlichen Baugrubenwand über eine Länge von 55 m freigelegt. Dabei überraschten die gewaltigen Ausmaße der dem Stadtgraben vorgelagerten Mauer (Abb. 165). Das 2,30 m breite und 3,85 m hohe Fundament war auf dem anstehenden Fels gegründet. Feldseitig bestand ein 0,50 m breiter Sims zwischen dem Fundamentsockel und der 1,80 m breiten und noch 1,40 m hohen Sandsteinmauer. Auf der Landseite waren mehrere quadratische Gerüstbalkenlöcher erhalten. Auf dem Mauerstumpf saß eine nur noch 1,00 m breite und 0,80 m hoch erhaltene Mauer auf. Nach den Schriftquellen wurde die ältere Wehrmauer 1782 teilweise abgetragen und durch eine weniger massive Mauerkonstruktion ersetzt.

Vor der Mauer verlief ein 1,40 m breiter Graben, der zur Entwässerung des nach Süden abschüssigen Geländes diente. Ein gewölbter Kanal im Fundamentsockel leitete das Wasser nach innen in den Stadtgraben ab. Im Zuge der Neugestaltung der äußeren Stadtbefestigung wurde dieser Graben mit Brandschutt verfüllt und das Niveau des Au-

Abb. 165
Göppingen, Roth-Carré. Die äußere Mauer der Stadtbefestigung mit Fundamentsockel sowie älterer und jüngerer Bauphase. Nach dem Stadtbrand von 1782 wurde im Bereich eines älteren Kanals im Fundamentsockel ein Brunnen angesetzt.

Abb. 166
Göppingen, Roth-Carré. Kleiner bronzener Wasserhahn aus dem Brandschutt vor der äußeren Mauer der Stadtbefestigung.

ßengeländes massiv erhöht. Gleichzeitig errichtete man im Bereich des nun zugemauerten Kanals einen an die Mauer angelehnten Brunnen (Abb. 165), der nach Aussage von Funden aus der Verfüllung erst zu Beginn des 20. Jahrhunderts aufgegeben wurde.
Der planierte Brandschutt aus den Ruinen der Stadthäuser enthielt ein interessantes Spektrum an spätmittelalterlichen und neuzeitlichen Gefäß- und Ofenkachelbruchstücken. Neben Scherben von Gläsern und Butzenscheiben liegen auch zahlreiche Tierknochen vor. Zu den wenigen Metallfunden gehört ein kleiner Wasserhahn aus Bronze mit einem Griff in Form eines Hahns (Abb. 166).

Befunde im „Oetingerhaus-Areal"

In der Kellereistraße wurden im November nach dem Abriss des Oetingerhauses Reste der inneren Stadtmauer angeschnitten. Die Stadtbefestigung war hier bereits durch einen 1961 abgetragenen Vorgängerbau des 19. Jahrhunderts stark gestört und bei der Errichtung des Neubaus von 1962 fast vollständig beseitigt worden. Am westlichen Rand der Baugrube und im östlichen Baugrubenprofil war die 3,00 m breite Mauer jedoch noch bis zu einer Höhe von zwei Metern erhalten geblieben. Vereinzelt fanden sich Gefäßbruchstücke des späten Mittelalters und der Neuzeit.

Bei den Freilegungsarbeiten halfen ehrenamtliche Mitarbeiter, Tübinger Fachstudenten und Mitglieder der Archäologie-AG des Göppinger Mörike-Gymnasiums. Für die konstruktive Zusammenarbeit und Unterstützung ist der Stadtverwaltung Göppingen, der Projektentwicklungsgesellschaft Bechtle und Widder, dem Architekturbüro Flaig, der ArchitektenWerkgemeinschaft Weinbrenner Single, der Baufirma Leonhard Weiss, der Firma Robert Roth und den Vermessungsbüros Steeb und Jahn sowie Mainolf Kurz zu danken.

Reinhard Rademacher

Literaturhinweise

R. Rademacher, Baubegleitende archäologische Untersuchungen in der „Neuen Mitte" in Göppingen. Hohenstaufen/Helfenstein. Hist. Jahrb. Kreis Göppingen 13, 2003 (2005), 207 ff.; ders., Die Siedlungstopografie von Göppingen im Spiegel archäologischer Quellen. In: W. Ziegler (Hrsg.), Stadt, Kirche, Adel. Göppingen von der Stauferzeit bis ins späte Mittelalter. Veröff. Stadtarchiv Göppingen 45 (Göppingen 2006) 103 ff.

Denkmalpflegerischer „worst case" in Rauenberg-Rotenberg, Rhein-Neckar-Kreis: Die undokumentierte Teilzerstörung der Stadtmauer einer der kleinsten mittelalterlichen Städte Deutschlands

Die archäologische Notbergung, über die im Folgenden zu berichten ist, muss bedauerlicherweise auf Neudeutsch als „worst case" bezeichnet werden; hinsichtlich des gesamten Ablaufs, des Informationsflusses und der Zerstörung von Denkmalsubstanz hätte es kaum schlechter laufen können. Im Februar 2006 wurde in Rauenberg, Ortsteil Roten-

Abb. 167
Rauenberg-Rotenberg. Die Konsolsteine, eingemauert in der neuzeitlichen Scheune im Jahr 1996.

berg, in der Schloßstraße 5 ein landwirtschaftliches Anwesen abgerissen. Dem Ortschaftsrat war bekannt, dass in einer dortigen Scheune sechs Konsolsteine mit Fratzenköpfen des mittelalterlichen, im Jahr 1776 abgebrochenen unteren Stadttors eingemauert waren (Abb. 167). Man beschloss zwar, diese von einem Abbruchunternehmer für das örtliche Museum bergen zu lassen, unterließ aber eine Benachrichtigung der amtlichen Denkmalpflege. Somit waren Nachforschungen nach weiteren Spolien im Mauerwerk unmöglich, die zwei besten Konsolsteine wurden überdies sogar von Unbekannten entwendet. Die noch vorhandenen Fratzenköpfe können stilistisch durch Vergleichsfunde z. B. aus der Burg Dauchstein bei Binau am Neckar grob um die Mitte des 14. Jahrhunderts datiert werden; sie stammen also aus der Zeit, in der das zum Hochstift Speyer gehörende Rotenberg als Gegenpol zum kurpfälzischen Wiesloch zur Stadt erhoben und wohl auch wenig später ummauert wurde (1338).

Nach Bekanntwerden dieses bedauerlichen Vorfalls wurden diverse Stellen und Personen gebeten, alle weiteren Baumaßnahmen auf dem Grundstück sofort zu melden. Aber auch dies erfolgte nicht: Der gesamte Nordteil des Grundstücks wurde ohne Benachrichtigung Anfang Juli überbaut, im südlichen Bereich nahm man zudem Ende des Monats eine über 2,5 m tiefe Ausschachtung auf einer Fläche von mehr als 200 Quadratmetern vor. Dabei wurde auf über 14 m Länge das noch mehr als 2 m hoch erhaltene Fundament der Stadtmauer einfach abgebaggert und viele weitere Befunde zerstört.

Nur per Zufall erfuhr der Berichterstatter von den teilweise baurechtlich noch gar nicht genehmigten Aktivitäten; der gesamte Aushub, die Verfüllung der tieferen Schichten mit Schotter und die Betonierung der Bodenplatte waren jedoch schon erfolgt. Wenigstens konnte unter sehr erschwerten Bedingungen und ohne Unterstützung seitens der Bauherrschaft an den Baugrubenwänden noch eine Notdokumentation durchgeführt werden, die zu sehr überraschenden Ergebnissen führte.

Erste urkundliche Ortsnennungen und älteste Funde

Im Jahr 1184 wird in einer Tauschurkunde ein Berg *„Rotemberch"* genannt, dessen Lokalisierung sehr umstritten ist. Ebenso lässt sich das 1213 bis 1315 belegte Ministerialengeschlecht der Streif von Rotenberg bisher nicht zwingend auf ein bestimmtes Rotenberg festlegen. Nach den örtlichen Bezügen der Archivalien könnten aber Konrad von Rotenberg (1189–1196) und Heinrich von Rotenberg (1260–1273) aus dem Ort im Waldangelbachtal stammen. Die erste eindeutige Nennung datiert vom 19. Januar 1272, als der Speyrer Bischof Heinrich von Leiningen (1245–1272) u. a. die früher von ihm erworbenen Burgen *„Horrenburch"* (Horrenberg), *„Rothenburch"* (Rotenberg) und *„Horenberch"* (Hornberg am Neckar) Treuhändern unterstellt.

Die Stadtmauer

Im Jahr 1338 erhob das Hochstift Speyer Rotenberg zur Stadt, und vermutlich bereits wenig später erfolgte die Ummauerung. Wie schon erwähnt, wurde das Fundament dieser Mauer auf über 14 m ohne jegliche Dokumentation zerstört. Dies ist umso bedauerlicher, als die beiden Anschnitte in den gegenüberliegenden Baugrubenwänden einen um 27 Grad veränderten Verlauf hatten, also

Abb. 168
Rauenberg-Rotenberg. Fundament der Stadtmauer an der südlichen Baugrubenwand.

die Mauer dazwischen einen Knick aufgewiesen haben muss, an dem ein Turm gestanden haben könnte. Die Mauer war 110 cm breit und mit einer über 2 m tiefen, qualitätvollen Fundamentierung aus Blöcken von einheimischen Keupersandsteinen von bis zu 54 cm Größe erbaut worden, die eine sehr intensive Verbindung mit Kalkmörtel aufwiesen (Abb. 168). Im nördlichen Bereich war sie nur noch durch eine mit Abrissschutt verfüllte Ausbruchsgrube nachweisbar.

Der Kanal

Ab dem späteren 12. Jahrhundert führte ein drei Meter breiter, an den Seiten mit Steinsetzungen befestigter Kanal durch das Gelände. Kanal und Stadtmauer liefen in spitzem Winkel von 55 Grad aufeinander zu und treffen hypothetisch 4 m außerhalb der Baugrube aufeinander. Die als geringmächtige Mudde erhaltene Sohle erbrachte hauptsächlich Funde des 13. bis späten 15. Jahrhunderts (siehe unten). Im späten 15. oder frühen 16. Jahrhundert muss durch ein großes Schadensfeuer ein Gebäude mit Hohlziegeldeckung in den Kanal hineingestürzt sein, der danach seine Funktion verlor. Ebenso fand sich südlich des Kanals eine wohl zeitgleiche Brandschicht mit vielen Ofenkacheln. Einige Zeit danach, im frühen bis mittleren 16. Jahrhundert, setzte in dem Areal in zwei Phasen eine umfangreiche Überdeckung durch groben Keuperkies ein, die auf sehr extreme Starkregenereignisse hinweist – was gut mit den für Süddeutschland belegten Wetterdaten und anderen Befunden der beginnenden Neuzeit aus dem Raum Wiesloch übereinstimmt.

Die Funde

Die tiefsten, bei der Notbergung gerade noch einsehbaren Schichten enthielten einige Scherben aus der frühen Phase der Älteren gelben Drehscheibenware, zusammen mit

Knochenabfällen und dem Fäkalien anzeigenden Mineral Vivianit. Daher müssen die Anfänge der mittelalterlichen Besiedlung Rotenbergs bis mindestens in die Karolingerzeit zurückverlegt werden.
Die auf der Sohle des Kanals geborgene Keramik besteht – neben geringen Anteilen des späten 12./frühen 13. Jahrhunderts – ganz überwiegend aus Gefäßen der unglasierten Jüngeren Drehscheibenware des 14./15. Jahrhunderts. Unter den nichtkeramischen Funden seien außer dem Boden einer gestauchten Glasflasche ein feuervergoldetes Kupferblech und ein nur leicht beschädigtes eisernes Vorhängeschloss erwähnt. Organische Reste stammen von hölzernen Daubenbechern, botanische sind in Gestalt von Eicheln, Walnüssen und Weintraubenkernen vorhanden.

Schlusswort

Trotz des äußerst unglücklichen Verlaufs konnten durch die Notbergung doch wichtige neue Erkenntnisse zur ältesten Vergangenheit Rotenbergs gewonnen werden.
Ganz offensichtlich muss nun die früh- und hochmittelalterliche Besiedlungsgeschichte des unteren Waldangelbachtales neu geschrieben werden, denn nicht nur Rotenberg ist mehrere Jahrhunderte älter als die erste sichere urkundliche Erwähnung; Ähnliches konnte im Jahr 2003 für Rauenberg (Erstnennung 1303 bzw. 1317) mit der Aufdeckung einer ottonischen Silberhütte aus dem 10. Jahrhundert nachgewiesen werden. Der Grund dürfte darin zu suchen sein, dass der Talabschnitt relativ lange Königsgut war oder zum salischen Hausgut gehörte, Schenkungen von kleineren Grundherren an Klöster wie Lorsch, Weißenburg oder Fulda also nicht stattfinden konnten, wie sie bachaufwärts für die Orte Mühlhausen, Eichtersheim und Michelfeld im 8. und 9. Jahrhundert aber belegt sind.
Ein Zusammenhang des festgestellten Schadensfeuers mit den Ereignissen des Bauernkriegs ist durchaus zu vermuten, denn am 21. Mai 1525 wurden Burg und Stadt Rotenberg von aufständischen Bauern eingenommen. Jedoch mussten diese sich nur zwei Tage später kurpfälzischen Truppen auf Gnade oder Ungnade ergeben. Die Burg wurde besetzt und dabei mit Johann von Dalheim sogar einer der Anführer des Bauernheeres gefangen genommen.

Für die Mithilfe vor Ort ist den Herren Pfarrer Volker Reinhard und Georg Wittmer zu danken.

Ludwig H. Hildebrandt, Uwe Gross

Literaturhinweis
L. Hildebrandt, Eine Silberhütte des 10. Jahrhunderts in Rauenberg und Überlegungen zu Besitzverhältnissen im Montanrevier Wiesloch. Kraichgau 19, 2003, 17–36.

Neues aus Heidelberg „vor dem großen Brand" – Archäologische Untersuchungen im und um das Palais Nebel

Ausgangssituation

Das Stöbern in einem Bücherregal mit „Heidelbergiaca" bringt, abgesehen von Zeitgeschichtlichem, einiges an Romantik, etwas zur Zerstörung der Stadt in den Jahren des Pfälzer Erbfolgekrieges, viel zum Schloss, aber nur wenig zur mittelalterlichen Stadt selbst zutage. Nicht nur in der Literatur, auch im Bewusstsein der Planer scheint das mittelalterliche und frühneuzeitliche Heidelberg – auf eine an einem sich nicht zuletzt

Abb. 169 Heidelberg. Stadtpanorama von Matthäus Merian aus dem Jahr 1620. Ausschnitt mit dem Bereich Untere Straß (heute Heiliggeiststraße)/Semmelsgasse. Die Bebauung im Bereich des späteren Nebel'schen Anwesens ist farbig markiert.

durch das Historische definierenden Ort fast merkwürdige Art – verschüttet. Im „Ernstfall" bleibt es Sache der Archäologie, die materiellen Hinterlassenschaften dieser Epoche – meist unter großem Staunen der Zuschauenden – ans Tageslicht zu holen.

Eine solche Gelegenheit zur Erkundung von Siedlungsstrukturen aus der Zeit vor dem „großen Brand" des Jahres 1693 ergab sich 2005/06 im Zuge der Sanierung des Palais Nebel und der damit verbundenen, im städtischen Umfeld kontrovers diskutierten Bebauung in dessen rückwärtigem Bereich.

Topografisches und Historisches

Das jetzige Palais Nebel liegt inmitten der mittelalterlichen Gründungsstadt des 13. Jahrhunderts, mit seiner „Schauseite" an die südlich davon verlaufende Heiliggeiststraße (früher Untere Straß, dann Hirschstraße) grenzend. Diese mündet einen Block weiter westlich in die Nordostecke des Marktplatzes. Im Westen wird das Anwesen durch die hinunter zum Neckar führende Semmelsgasse begrenzt. Im späten Mittelalter lag in diesem Bereich der Stadthof der Landschad von Steinach.

Ein Bild der in ihrer Struktur (und sicher auch in ihrem Bestand) im Mittelalter wurzelnden Bebauung aus der Zeit vor der Zerstörung 1693 vermittelt einmal mehr der – fast schon unvermeidliche – Merianstich (Abb. 169). Auf dem Stadtpanorama von 1620 wird das Gelände des späteren Nebel'schen Besitzes noch von einer größeren Anzahl an Gebäuden eingenommen – dem mit der Traufseite zur Unteren Straß gelegenen Eckhaus folgt die Semmelsgasse hinunter eine Zeile von je zwei giebel- und traufständigen Bauten. Sicherlich muss man gerade in solchen Bereichen von untergeordneter topografischer Bedeutung mit einem gewissen Maß an Stilisierung rechnen, doch zeugt die Darstellung zweifelsfrei von einer dichten Bebauung des Areals.

Nach Ende des Orléan'schen Krieges erwarben der Universitätsprofessor und Stadtphysicus Daniel Nebel, Spross einer hoch angesehenen Heidelberger Medizinerfamilie, und seine Frau Loysa Sara Catharina, geborene de Spina, im Jahr 1709 einen Hausplatz in der „Unteren Straß, hinter dem Hirsch gelegen, sonsten der Landschadische Hof genannt" sowie drei daran anreihende Hausplätze. Mit seinem Schwager Carl Ernst de Spina ließ Nebel das heute noch bestehende Palais Nebel errichten – eigentlich ein Doppelpalais, dessen östliches Portal von dem mit der Jahreszahl 1710 gerahmten Familienwappen gekrönt wird. Zuschnitt und Bebauung des geteilten Anwesens findet sich auf dem Lagerbuchplan von 1770 dargestellt.

Im Jahr 1872 vereinigte der Rechtsanwalt Eduard Leonhard durch Kauf von den Nebels beide Parzellen in seinem Besitz. Auf dem Urkataster von 1880 erscheinen sie als ein Grundstück, das in der Folgezeit dann wiederum mehrfach aufgeteilt wurde.

Baubestand und Bauarchäologie

Ein Blick in das Untergeschoss des Palais Nebel zeigt, dass der barocke Neubau anscheinend auf den erhalten gebliebenen Kellern der älteren, 1693 zerstörten Bebauung aufgeführt wurde.

Die Westpartie des Palais ist nur in ihrem Nordteil auf ganzer Hausbreite, im Süden dagegen nur knapp zur Hälfte unterkellert. Auch wenn eine intensivere baugeschichtliche Untersuchung aussteht, liegt die Vermutung nahe, es könne sich ehemals um die Keller zweier nebeneinanderliegender schmaler Häuser gehandelt haben, die erst mit Bau des Palais verbunden und vom Hof her erschlossenen wurden.

Auch im östlichen Teil des Gebäudes stimmen die Grundrisse von Unter- und Erdgeschoss nicht überein. Zwischen dem Ostabschluss des Kellers und der Außenwand des Palais klafft eine Lücke von rund drei Metern. Im Rahmen der Sanierung des Palais ergab sich im Januar 2005 nach der vollständigen Entfernung der Böden im Erdgeschoss die Möglichkeit, unter anderem auch diesen Bereich archäologisch zu untersuchen (Abb. 170). Es zeigte sich, dass hier auf der Flucht des östlichen Kellerabschlusses noch letzte Reste der Außenmauer des Vorgängerbaus erhalten geblieben waren. In ihrer jüngsten Phase wies diese eine Stärke von 0,7–0,8 m auf und war in jeweils rund 3,5 m Abstand von drei aus flachen Backsteinen gemauerten Lichtschächten durchbrochen, die mit den drei Jochen des Kellers korrespondieren. Die Maueraußenseite und die Laibungen der Lichtschächte trugen noch Putzreste. Das Laufniveau wurde durch ein nur teilweise aufgedecktes, offensichtlich zu einer 1709/10 überbauten Gasse gehöriges Sandsteinpflaster markiert. Wie weit dieses nach Osten reichte, ließ sich aufgrund der Störung durch einen jüngeren Kanal nicht mehr ermitteln.

In der Mauerkonstruktion deutete sich eine Mehrphasigkeit des Vorgängerbaus an. Eine wohl zu einem Fachwerkbau gehörige Mau-

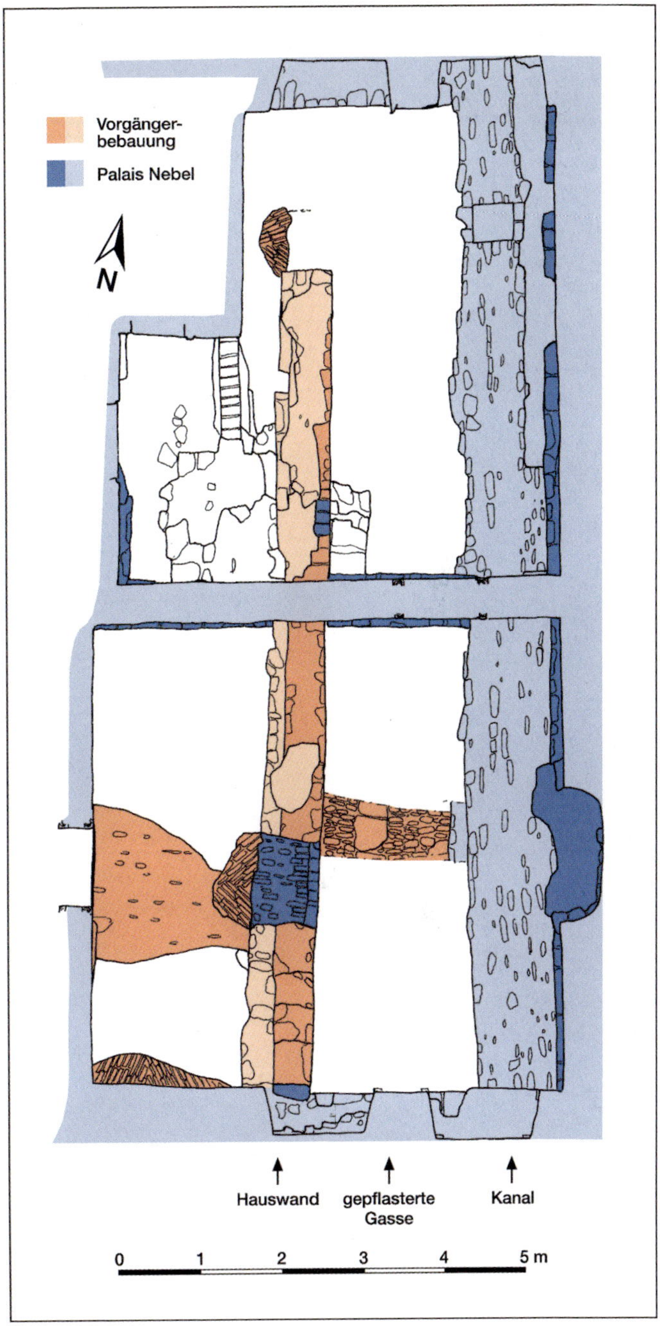

Abb. 170
Heidelberg. Archäologischer Befund im Osttrakt des Palais Nebel.

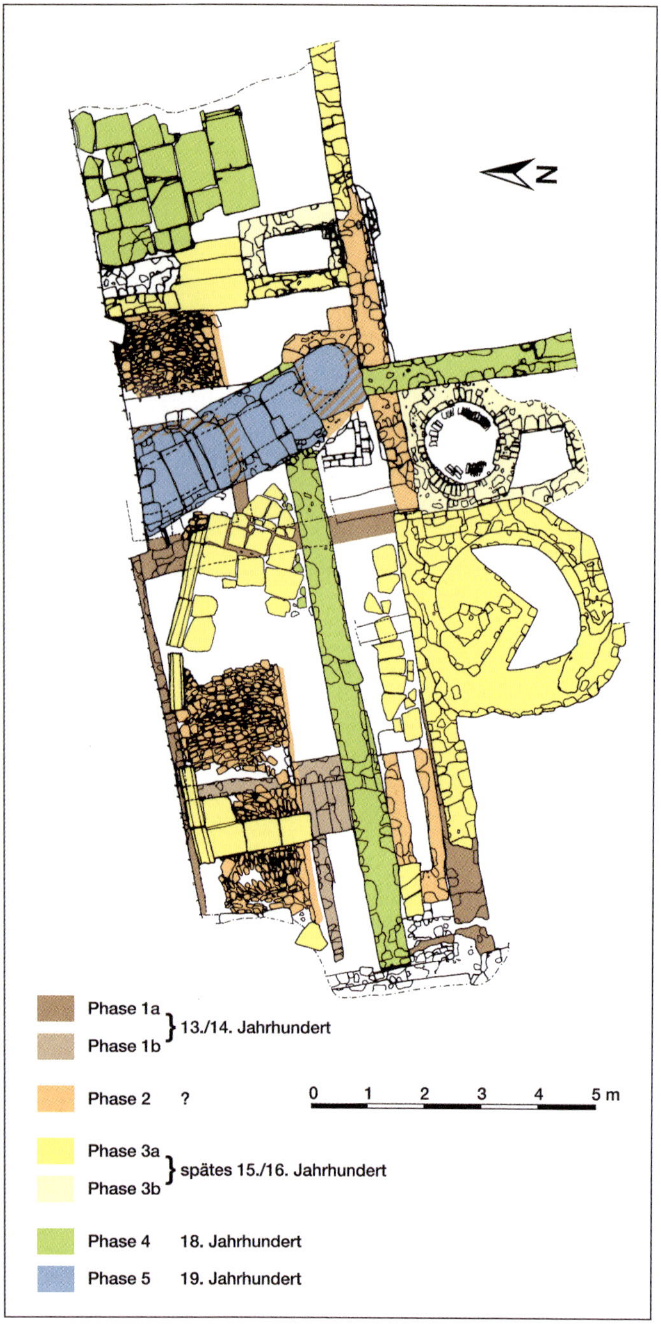

Abb. 171
Heidelberg. Semmelsgasse. Versuch einer Phasengliederung der archäologischen Befunde im Nordbereich der Nebel'schen Gärten.

er von 0,5 m Breite war nachträglich auf die oben genannte Stärke verbreitert worden. Möglicherweise ging damit eine Ausführung des Baus in Stein einher. Sollten diesem die aus dem Bauschutt geborgenen Reste eines Traufgesimses zuzuordnen sein, ließe sich die Maßnahme in das späte 16./frühe 17. Jahrhundert datieren.

Archäologische Untersuchungen im Außenbereich

Die im Nordteil des Grundstücks geplante Bebauung machte die archäologische Untersuchung einer an der Semmelsgasse gelegenen, etwa 8 m × 16 m großen Fläche nötig. Dies war im August 2006 leider nur im Rahmen einer dreiwöchigen Notbergung möglich. Der dabei angetroffene hochkomplexe Befund kann hier nur stark verkürzt dargestellt werden (Abb. 171).

Phase 1: Als ältester Bau wurde ein an die Semmelsgasse grenzendes, ca. 5,5 m breites und 8 m tiefes Haus festgestellt. Vom Nutzungsniveau zeugt das stellenweise erhaltene Mörtelbett der Bodenplatten aus Buntsandstein. Über eine recht qualitätvoll ausgeführte Steintreppe gelangte man in den unter dem Nordwestteil gelegenen, später eingebauten Steinkeller. Eine außen an die östliche Hauswand angesetzte Latrine bezieht sich sicher auf diesen frühesten Bau. Sie wurde jedoch nicht tief genug „ausgelöffelt", um den Beginn der bis in das 17. Jahrhundert reichenden Nutzung absolutchronologisch fassen zu können. Auch sonst mangelt es an der stratigrafischen Einbindung der Baubefunde in fundführende Schichten. Eine Datierung kann daher nur analog zu den Resultaten der jüngsten Grabungen am Karlsplatz und im Rathaus in das 13./14. Jahrhundert vorgeschlagen werden.

Phase 2: Das Haus erfuhr – unter Abriss der östlichen Abschlusswand und Verfüllung des Kellers – eine Verlängerung um mindestens 5 m in die Grundstückstiefe hinein. Entlang der Längsachse ließ sich eine Fachwerkwand als Binnenteilung nachweisen. Nördlich davon war der Boden mit einem Steinpflaster befestigt, das sich auch über die spätestens bei dieser Gelegenheit überwölbte Latrine erstreckte. Entlang der Südwand fanden sich, kurz nach dem zu vermutenden Eintritt von der Semmelsgasse her, Fundamentreste einer Treppe zum ersten Obergeschoss. Möglicherweise zu dieser Bauphase gehört ein heute noch wasserführender Brunnen im rückwärtigen Hausbereich.

Phase 3: Die abermalige Vergrößerung des Hauses dürfte mit einer Ausdehnung des Anwesens auf die beiderseits benachbarten Parzellen einhergegangen sein. Der an der Südwand angebaute repräsentative Treppenturm (Abb. 172) nutzt eine zu einem aufgegebenen Keller gehörige Mauer als Fundament. Der Rest dieses Grundstücks diente als Hofbereich und war, abgesehen von einem östlich an den Treppenturm angebauten Backofen, frei von Bebauung. Mit der neuen Erschließung des Obergeschosses ging die Aufgabe der alten Treppe einher. Deren Reste wurden von großen Steinplatten bedeckt, die sich im gesamten, nun nicht mehr unterteilten Inneren des untersuchten Haustraktes der Phase 3 fanden. Der rückwärtige Bereich des bis zur östlichen Grundstücksgrenze hin erweiterten Gebäudes wurde unterkellert. Ein ehemaliger Zugang zu einem heute im nördlich benachbarten Haus liegenden Keller belegt, dass auch diese Parzelle in die Erweiterung einbezogen war. Aufgrund des polyedrischen Treppenturmes lässt sich Phase 3 in das späte 15./16. Jahrhundert datieren.

Phase 4: Nach der Zerstörung der Bebauung wurde das Gelände einplaniert und als Garten des Nebel'schen Anwesens genutzt. In diese Zeit, d.h. in das 18. Jahrhundert, gehört eine rechtwinklig abknickende Mauer, die die auf dem Lagerbuchplan von 1770 eingetragene Grenze zwischen den beiden Grundstückshälften markierte. Sie begrenzte einen Weg, der die östliche Parzelle von der Semmelsgasse her erschloss. In die Ecke der Grenzmauer hat man den offensichtlich weiter genutzten spätmittelalterlichen Brunnen einbezogen.

Abb. 172
Heidelberg. Semmelsgasse. Fundamente des Treppenturms der Phase 3. Blick nach Süd.

Phase 5: Mit Aufgabe der Grenzmauer wurde das Gelände auf das rezente Niveau angeschüttet und der Brunnen mit einer mächtigen Steinplatte bedeckt. Die jüngsten Funde aus der Anschüttung gehören in den durch die Archivalien abgesteckten zeitlichen Rahmen.

Fazit

Mit den Untersuchungen in und um das Palais Nebel wurden Siedlungsbefunde ans Tageslicht gebracht, die das von Merian geprägte Bild einer dichten Bebauung in der Zeit vor den verheerenden Zerstörungen des Jahres 1693 bestätigen. In etlichen, hier nicht im Einzelnen zu diskutierenden Details ist dieses Bild jedoch zu korrigieren. Zudem repräsentieren die zahlreichen Befunde eine zeitliche Tiefe, die die Momentaufnahme Merians nicht liefern kann. Dies zeigt einmal mehr die Bedeutung der Archäologie bei der Rekonstruktion der urbanen Siedlungsentwicklung.

Folke Damminger

Literaturhinweis
J. Goetze/H. W. Lehmann u. a., Palais Nebel. Barockpalais – Pavillons – Garten. Geschichte und Bedeutung eines Kulturdenkmals in der Heidelberger Altstadt (Heidelberg 2004); W. Seidenspinner/M. Benner, Heidelberg. Archäologischer Stadtkataster Baden-Württemberg 32 (Esslingen am Neckar 2006) 217.

Dem Nichts ein Stückchen näher – eine Kultur löst sich in Luft auf

Eine Pfeifenbäckerwerkstatt des 17. Jahrhunderts in Mannheim

Dem passionierten Raucher wird der in der Frankfurter Allgemeinen Sonntagszeitung vom 24. Dezember 2006 unter dem obigen Titel abgedruckte Artikel wehmütige Erinnerungen und dunkle Vorahnungen beschert haben, und Archäologen werden in ferner Zukunft die Ursachen einer veränderten Fundlandschaft zum Anlass intensiver Diskussionen machen. Wie glücklich dürfen sich daher heute tätige Archäologen schätzen, noch umfangreiche Reste vom „Rauchschlürfen“ und „Tabaktrinken“ aus vergangenen Zeiten ausgraben zu dürfen, in der das Rauchen geradezu emphatisch von Vertretern aller Gesellschaftsschichten getätigt wurde.

Zusammen mit dem Abriss eines Wohngebäudes wurden im Juni 2006 auf dem heutigen, nur ca. 5,4 m breiten und ca. 15,5 m tiefen Grundstück in Mannheim, H 3.15, neben einem intakten Keller mit Tonnengewölbe nicht unterkellerte Areale bis auf wenige, aber aussagekräftige Reste zerstört. Die vorläufige Auswertung von Befund und Fundmaterial bestätigt den Anfangsverdacht, dass an dieser Stelle Tonpfeifen hergestellt wurden. Die Werkstatt zerstörte nach 1684 ein Feuer, das wohl im Zusammenhang mit der Belagerung Mannheims im Pfälzischen Erbfolgekrieg 1689 zu sehen ist.

Abb. 173 Mannheim. Rückseitig glasierte Tonplatte mit Tüpfeln, vermutlich als Brennhilfe im Töpferofen verwendet. 18. Jh.

Nach Stadtplänen und Schriftquellen ist das Grundstück bereits 1616/17 nachweisbar. Bei der Einnahme Mannheims 1622 blieb das Haus unzerstört. Belege für Nutzung und Bebauung setzen erst 1658 wieder ein. Von 1682 bis 1698 gehörte das Anwesen dem Pfeifenmacher Jakob Grittmann, 1699 seinen Erben. Die Teilung der Liegenschaft in H 3.15 und H 3.16 erfolgte möglicherweise erst nach 1719. Als Bewohner wird ein Franz Crottez erwähnt, der wohl mit dem Hafnermeister Franz Grode identisch ist. Nach seinem Tod erbte seine Frau die Parzelle H 3.16, das Grundstück H 3.15 gehörte 1735 nun dem Schreinermeister Johann Simon Jentscht.

Die Abrissarbeiten hinterließen ein desaströses Bild der Befundsituation. Am Ende der Parzelle zeigten Planierschichten und darin eingetiefte und mit Abfällen aller Art verfüllte Gruben einen Hofbereich an. Aus der Verfüllung einer dieser Gruben stammte eine einseitig glasierte Tonplatte mit Tüpfeln, die beim Brennen von Tonwaren benutzt worden sein kann (Abb. 173). Im straßenseitigen Bereich wurden die Reste von zwei Gebäuden ausgegraben. Der als Werkstatt interpretierte Raum wurde auf einer Fläche von ca. 3 m² freigelegt. Zwei Sandsteinmauern bildeten die

Fundamente dafür, von denen das jüngere, nur 0,25 m breite Fundament stumpf gegen eine in das 17. Jahrhundert zu datierende Grundmauer (Breite 0,6 m) an der historischen „GEIGERGASZ" ansetzte. Die Länge des Werkstattraumes betrug ca. 9 m bei einer Mindestbreite von 1,8 m. Die ursprüngliche Raumbreite war nicht zu ermitteln. Ein erster Fußboden bestand aus dem anstehenden Lehmboden mit einer dünnen Auflage von aschehaltigem Material, in den verschiedentlich Tonpfeifen eingedrückt waren (Abb. 174). Die Grundlage für einen zweiten Fußboden bestand aus Sand, der durch die Hitzeeinwirkung des Feuers verglüht war. Auf der Sandbettung lagen parallel angeordnete Langhölzer eines Dielenfußbodens, der verbrannt war, jedoch noch in Originallage angetroffen wurde. Auf dem Holzfußboden lagen Reste von umgestürzten Wänden mit Lehm- und Mörtelverputz sowie in einer Mächtigkeit von ca. 0,3–0,4 m verbrannter Bauschutt. Dieser bestand aus Backsteinen, Hohl- und Flachziegeln einer Dachbedeckung, Hüttenlehm, Eisennägeln, Fensterglasscheiben und Bauholzfragmenten. Massive Balken einer Tragkonstruktion oder von aufgehendem Fachwerk fehlten weitgehend. Die Sortierung und anschließende Planierung des verbrannten Bauschuttmaterials diente offensichtlich dazu, für das Fundament eines Neubaus aus Ziegelsteinen auf der Parzelle H 3.16 (nach 1700) einen möglichst soliden Baugrund zu schaffen.

Den Befund als Werkstattraum zur Herstellung von Tonpfeifen zu interpretieren, erfolg-

Abb. 174
Mannheim. Das Backsteinfundament von H 3.16 auf einer Bauschuttplanierung. Darunter ein verkohlter Dielenboden auf einem grauen Lehmestrich.

te auf der Grundlage von ca. 2000 Fragmenten von Fersenpfeifen aus Ton, die mit dem planierten Bauschutt auf dem verbrannten Dielenboden vermischt waren. Zudem fand sich auf Dielenbodenniveau etwa in Raummitte an der Außenmauer ein großer Klumpen von hellgrauem Ton (mind. 7,5 dm^3), der als Werkstoff erkannt wurde. Um eine mögliche Herkunft des Tones bestimmen zu können, wurden aus zwei tertiären Tongruben in und um Eisenberg (Rheinland-Pfalz), das ca. eine halbe Autostunde von Mannheim entfernt liegt und als nächstliegendes Tonvorkommen in Frage kommt, Vergleichsproben gezogen, deren mineralogische Zusammensetzung analysiert wurde. Es zeigte sich, dass der mineralogische Fingerabdruck bei allen drei Proben identisch war. Die geologische Expertise warnte jedoch davor, alleine die Eisenberger Tongruben voreilig als Herkunftsort der Mannheimer Porzellanerde anzunehmen, da kaolinhaltige Tone in ihrer mineralogischen Zusammensetzung keine regionaltypischen Alleinstellungsmerkmale mehr aufweisen. Auch andere Tongruben mit kaolinhaltigen Tonen könnten als Lagerstätten in Frage kommen. Wir gehen jedoch bis zum Beweis des Gegenteils davon aus, dass die Mannheimer Pfeifenbäcker wegen der Nähe von Eisenberg aus mit weiß brennenden Tonen beliefert wurden, auch wenn Importe von Ton über den Wasserweg nicht auszuschließen sind.

Die Tonpfeifen gehören nach Kopf- und Verzierungsform zu mindestens vierzehn verschiedenen Typen, die drei namentlich bekannten Pfeifenbäckern zugewiesen werden können. Pfeifen von Hans Henrich trugen die folgenden drei Umschriften: A: HANS HENRICH, B: RISWICH/RISWICK (Herkunftsbezeichnung?), C: MANHEIM1684. Pfeifen von HANS PHILIP VINTZLER, ehemals wohnhaft in H 3.8, wiesen als Fersenmarke ein „HPV" und als Umschrift seinen Namen „PHILIP VINSLR" in einer dritten Schreibweise dieses Namens auf. Ob zwei Pfeifen, deren Fersenmarken die Buchstaben „I C (G ?)" zeigen, dem Grundstücksbesitzer von H 3.15, Jacob Grüttmann (Krüttmann, Krippmann), zuzuweisen sind, wird derzeit noch untersucht. Viele ungemarkte, jedoch wunderbar verzierte Tonpfeifen lassen sich noch keinem der drei Pfeifenbäcker direkt zuweisen, wenngleich Hans Henrich als Produzent hoch im Kurs steht. Von Philip Vintzler ist bekannt, dass er nach 1661 in Frankenthal produziert hat, während Jakob Grüttmann als Pfeifenmacher, sein Bruder Joseph als in Mannheim tätiger Hafner, aber auch als Pfeifenmacher bezeichnet wird. Hans Henrich war aus Schriftquellen bisher nicht bekannt geworden, hat sich jedoch durch seine auf den Pfeifenstielen eingedrückten Personalstammdaten als ein weiteres Mitglied der Mannheimer Pfeifenmacher eindrucksvoll verewigt.

Im frühen 18. Jahrhundert wurde H 3.15 mit einem schmalen Häuschen über einem tonnengewölbten Keller errichtet. Als Kellerfundament verwendete man auf einer Seite das Mäuerchen der ehemaligen Pfeifenbäckerwerkstatt. Ungefähr gleichzeitig errichtete man auf H 3.16 einen Neubau mit Backsteinmauerwerk. Beide Häuser trennte eine schmale Hofeinfahrt.

Nach dem Ofenkachelfund aus dem Jahre 2005 im Quadrat H 3.11 gelang es erstmalig, eine Pfeifenbäckerwerkstatt mit archäologischen Mitteln festzustellen. Dieser Fund verdeutlicht einmal mehr, dass es sich lohnt, um jede Baustelle innerhalb der Stadt Mannheim zu kämpfen, auch wenn das geltende Baurecht der Zerstörung von Kulturdenkmalen in vielen Fällen Vorschub leistet.

Unser Dank für grenzenloses Engagement geht an: S. Dorer, U. Gerlach, U. Jung-Hagendorn, H.-P. Kraft und seine Werkstatttruppe, C. Mehn, Z. Perhoc, S. Rehbein, T. Rehberger, P. Rothe, N. Schoof, B. Stadler, S. Tesch und H. Unser.

Klaus Wirth, Friedrich Teutsch

Die Baugeschichte der evangelischen Kirche in Kleinkems, Gde. Efringen-Kirchen, Kreis Lörrach

Auf einem exponierten Sporn über der Rheinebene steht oberhalb des einst zwischen Rheinauen und Berghang eingezwängten Dorfs Kleinkems ein verhältnismäßig kleines Kirchengebäude mit westlich vorgelagertem Turm und Emporenaufgang, einem Langhaus von etwa 9 m auf 7 m und einem polygonal geschlossenen, asymmetrisch platzierten Chor von 5,7 m Länge (Abb. 175; 177 unten). Im Auftrag der Vermögen und Bau Baden-Württemberg, veranlasst durch das Regierungspräsidium Freiburg, Referat Denkmalpflege, ging der Erneuerung der Heizungsanlage im Sommer 2005 eine archäologische Sondage im Mittelgang des Langhauses voraus. Im Rahmen von Sanierungsarbeiten im Dachraum und der Erneuerung des Außenputzes auf der Nordseite wurden im Herbst 2004 und Frühjahr 2006 bauhistorische Untersuchungen und Dendro-Datierungen vorgenommen. Die Entfernung des Außenputzes auf der gesamten Südseite und flache Aushebungen im Bereich der Fundamente blieben leider ohne wissenschaftliche Beobachtung. Im Folgenden werden nur die frühesten Bauphasen der Kirche kurz vorgestellt.

Spuren vormittelalterlicher Besiedlung

Unweit der Kirche befindet sich das neolithische Silexbergwerk von Kleinkems, weshalb zumindest für diese Epoche mit Fundmaterial zu rechnen war. Bedingt durch die mittelalterlichen Überprägungen des Geländes im Kircheninnenraum belegen jedoch nur sehr wenige neolithische und spätbronzezeitliche Keramikfragmente eine Besiedlung, oder vorsichtiger formuliert, Nutzung des Hangsporns in prähistorischer Zeit.

Um 1812 war man nahe der Kirche auf römische Baustrukturen und Fundmaterial gestoßen. Leider erbrachte die archäologische

Abb. 175
Kleinkems. Kirche von Süden im aktuellen Zustand und in einer Handzeichnung um 1829 mit Fensteröffnungen unterschiedlichster Zeitstellung und Dachreiter um 1458/59 (d) (Landesvermessungsamt Karlsruhe, Trigonometrische Hochpunkte IV/13).

Untersuchung keinerlei Überreste aus römischer Zeit, möglicherweise, weil diese beim Bau der Kirche beseitigt wurden. Zudem war die Grabungsfläche mit 3,5 m^2 sicherlich nicht aussagekräftig genug.

Ältester Baubestand

Das Langhaus stellt den ältesten erkannten Baubestand dar (Abb. 176; 177). Sein Mauerwerk ist aus grob hammerrecht zugehauenen Bruchsteinen in einigermaßen regelmäßigen Lagen aufgebaut mit gelegentlich schräg aneinander gelehnten Steinreihen *(opus spicatum)*. In den grob abgezogenen Mauermörtel *(pietra rasa)* wurden Kellenstriche gezogen, an der Nordseite soweit erkennbar nur in horizontaler Richtung. Zur Südwand des Langhauses sind in dieser Hinsicht keine Aussagen möglich, denn angeblich waren hier in der Hauptsache Wacken vermauert, wogegen auf der Nordseite und im Dachraum kein einziger beobachtet werden konnte.

Im Dachraum sind die Reste der zugehörigen Giebeldreiecke zu finden. Am östlichen davon kann noch die vormals flachere Dachneigung abgelesen werden. Hier findet sich auch eine winzige dreieckige Öffnung aus gegeneinandergestellten flachen Steinen (vgl. Bad Krozingen, Glöcklehof-Kapelle). Auf der Ostseite liegen Abdrücke horizontal eingemauerter Balkenabschnitte, die offensichtlich an den Traufen vorkragten und mit einem gleichermaßen auskragenden Dachgebälk korrespondierten. Demzufolge dürften die Traufwände damals etwas höher gereicht haben als heute.

In der nördlichen Außenwand kam die vermauerte Öffnung des Eingangsportals zum Vorschein. Der gewaltige monolithische Sturzstein ohne weitere Merkmale besteht aus blaugrauem Sandstein, wie er an den einsehbaren Teilen der Kirche sonst nicht mehr beobachtet werden konnte. Von den seitlichen Laibungssteinen waren nur noch die Abdrücke zu finden. Die Lage der Türöffnung passt zur örtlichen Situation, wo der Zugang zur Kirche von Norden her erfolgt war. Reste bauzeitlicher Fenster kamen nicht zum Vorschein, wobei spätere Fensteröffnungen deren Platz eingenommen haben können. In einer Zeichnung des Jahres 1829 ist in der Südwand eine kleine, hochliegende Rundbogenöffnung zu erkennen, die der Bauzeit zugeschrieben werden könnte.

Der Triumphbogen in der Ostwand ist im Gegensatz zum bestehenden Chorraum nach der Mittelachse des Langhauses ausgerichtet und beschreibt einen Rundbogen. Er öffnete sich einst in einen sehr viel kleineren Chorraum, dessen Lage und Höhe an einem Mauerausbruch im Ostgiebel des Langhauses abgelesen werden kann. Da eine Verzahnung bestanden hatte, ist davon auszugehen, dass Langhaus und Chorbau gemeinsam errichtet worden sind. In der Nordwand des bestehenden Chorbaus hat sich seitlich einer vermauerten Türöffnung ein ganz schmaler Mauerrest erhalten, der in Verbindung mit dem Ausbruch eine halbrunde Konche rekonstruieren lässt.

Ein Knick in der Innenflucht der bestehenden Chorwand gibt Anlass zur Annahme, dass die Konche bündig an den Triumphbogen anschloss, womit aber ihre Mauerstärke deutlich stärker als die des Langhauses gewesen wäre. Zudem endet ihr Mauerausbruch unterhalb des Triumphbogenscheitels. Mauerstärke und Höhendifferenz zufolge, war die Konche wahrscheinlich eingewölbt und die Dachdeckung direkt aufgemörtelt oder deren Traghölzer aufgelegt.

Knapp 30 cm unterhalb des heutigen Bodenniveaus ließ sich in Resten ein älterer Fußboden in Form eines Ziegelbodens mit einem Unterbau aus Kalkmörtel nachweisen. Ein knapp 10 cm starkes Schichtpaket aus mehreren Trampel- und Bauhorizonten trennte ihn vom gewachsenen Boden.

Im Dachraum zeigen die Mauersteine auffallende Rötungen und Abplatzungen, welche sich auf starke Hitzeeinwirkung als Folge eines Gebäudebrands zurückführen lassen. Diese Schadstellen werden teilweise von einem Fugenmörtel überdeckt, der ebenfalls

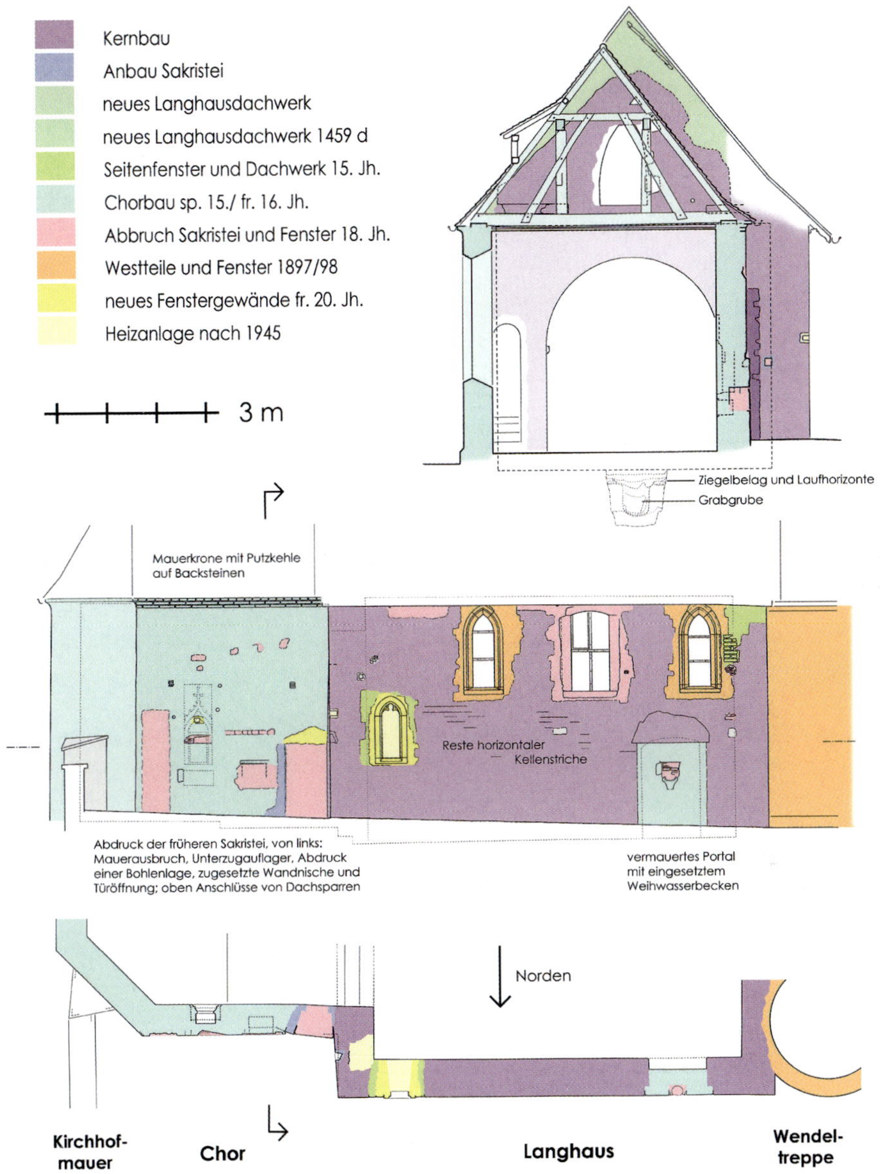

Abb. 176
Kleinkems, Kirche. Grundriss und Ansicht vom angetroffenen Baubestand der Nordwand und Querschnitt durch den Chor; die Farben nehmen Bezug auf die an der Oberfläche liegenden Baumaterialien (Mauersteine, Werkstein, Mauermörtel), weshalb bei vermauerten Öffnungen die Zeit ihrer Zusetzung dargestellt ist (Farblegende nach: G. Eckstein, Empfehlungen für Baudokumentationen, LDA Arbeitsheft 7, 1999).

Kellenstriche aufweist, die sich von denjenigen an der nördlichen Außenseite dadurch unterscheiden, dass sie mit horizontalen und vertikalen Strichen und mit deutlich größerer Sorgfalt ausgeführt worden sind. Außerdem tritt dieser Befund nur partiell auf, weshalb nur eine Überarbeitung stärker geschädigter Bereiche anzunehmen ist. Dies ist noch in Bezug zur flacheren Dachneigung geschehen. Angeziegelte Reste eines Lehmbodens, die sich in den auf dem gewachsenen Boden aufliegenden Bauhorizonten befanden, dürften ebenfalls von diesem Brandereignis herrühren.

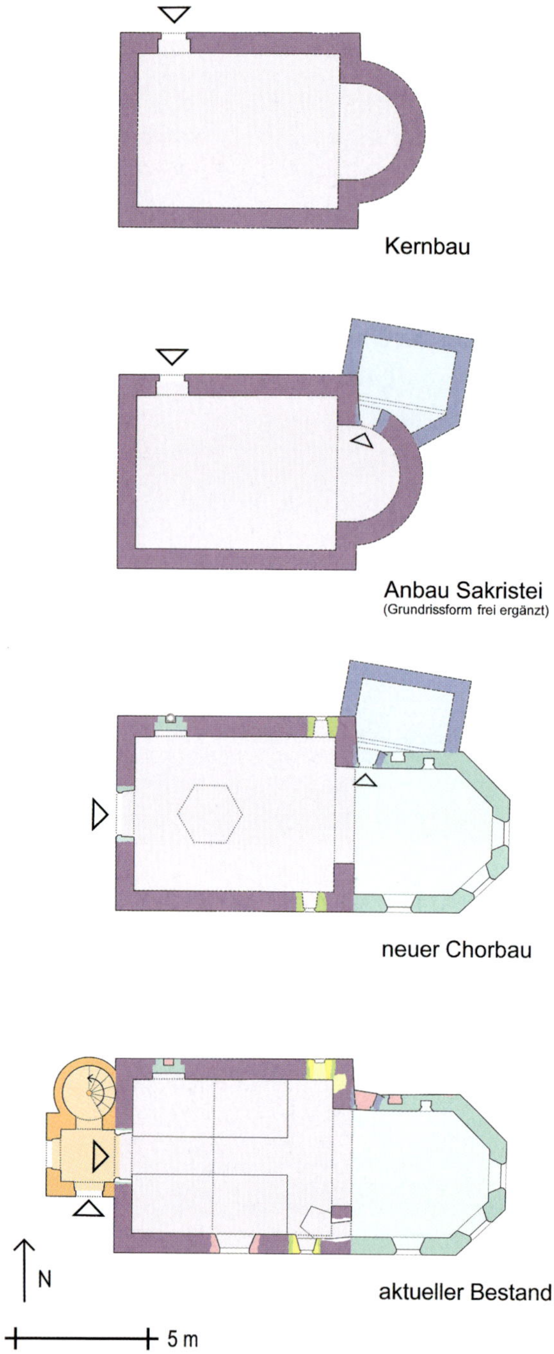

Abb. 177
Kleinkems, Kirche. Rekonstruktion verschiedener Bauzustände; Farblegende siehe Abb. 176.

Sakristeianbau

Auf der Nordseite wurde der Konche nachträglich eine Sakristei in Form eines kleinen Anbaus angefügt (Abb. 176; 177). In der Nordwand des bestehenden Chors zeigte sich noch deren Querschnitt mit zugesetzter Türnische, Umriss der gemauerten Ostwand, Abdrücken von Unterzug und aufgelegten Bohlen und vier Anschlüssen von Dachsparren. Das Gegenauflager des Unterzugs fand sich in der Langhausostwand. Die schräge Ausrichtung des Unterzugs sowie die schiefen Abdrücke und die Höhenstaffelung der Sparrenanschlüsse machen deutlich, dass der Baukörper in seiner Ausrichtung der Konche folgte und die Sparren deren Mauerkrone aufgelegen hatten. Seine westliche Außenflucht konnte durch eine Bohrsondierung in orthogonaler Ausrichtung zum Verlauf des Unterzugs gemutmaßt werden.
Die Sakristei wurde beim späteren Neubau des Chors übernommen und ihr Mauer- und Holzwerk dafür so weit wie nötig zurückgestutzt. Die Zugangstür wurde mit wenig umgebendem Mauerwerk darin einverleibt. In diesem Vorgang dürfte auch die nach Süden verschobene Stellung des Chors ihre Ursache haben. Im Laufe des 18. Jahrhunderts wurde die Sakristei schließlich abgetragen.

Umbauten bis zum 19. Jahrhundert

Die weitere Baugeschichte in Stichworten (Abb. 176; 177): Zweimalige Errichtung eines neuen Langhausdachwerks mit steilerer Neigung, das zweite um 1458/59 dendrodatiert mit stattlichem, sechseckigem Dachreiter; Durchbruch von Fenstern für die Seitenaltäre wohl im 15. Jahrhundert; Errichtung eines größeren Chorbaus im ausgehenden 15. oder beginnenden 16. Jahrhundert mit Maßwerkfenstern und Tabernakelnische in spätgotischen Formen sowie Zusetzung des alten Nordportals; neue Langhausfenster mit Bezug auf eine Empore im 18. Jahrhundert; 1897/98 weitere Emporenfenster und Anfü-

gung einer gewendelten Treppe und eines Westturms, der erst nach Beschädigungen im Zweiten Weltkrieg seinen heutigen Fachwerkaufsatz erhielt.
Wie im Chorraum angebrachte Epitaphe berichten, wurden im 17. und 18. Jahrhundert mehrfach Bestattungen in der Kirche vorgenommen. Im Grabungsschnitt konnten in allerletzten Resten zwei sich überschneidende Gräber nachgewiesen werden, von denen eines mit einer Silbermünze und zwei Gewandhäkchen datierbare Funde erbrachte, die zeitlich ins 16./ 17. Jahrhundert fallen. Die Profile im östlichen Teil der Sondage lassen für den Bereich unmittelbar vor dem Chor weitere Gräber vermuten.

Zwar wurde kein vor den heute noch bestehenden Strukturen datierender Baukörper aufgedeckt, doch hat sich mit dieser außergewöhnlich kleinen Kirche eine Bauform im Aufgehenden erhalten, wie sie als Vorgänger größerer Kirchen oft nur noch archäologisch nachweisbar ist.

Stefan King, Thilo Jordan

Literaturhinweis

F. X. Kraus, Die Kunstdenkmäler des Kreises Lörrach. Die Kunstdenkmäler des Grossherzogthums Baden 5 (Tübingen 1901) 27 f.

Bauarchäologische Untersuchungen im Freiburger Münster

Der vordere Altarbereich des Freiburger Münsters „Unserer Lieben Frau“, das seit 1827 nicht nur Pfarrkirche, sondern auch erzbischöfliche Kathedrale ist, wurde 2006 aus liturgischen Gründen umgestaltet. Die bei dieser Gelegenheit untersuchten beiden kleinen Grabungsbereiche mit einer Gesamtfläche von 16 m^2 lieferten grundlegend neue Erkenntnisse zur Entwicklung des Bauwerks, denn die beiden Schnitte liegen an einer bauhistorisch wichtigen Schnittstelle – zwischen dem Chor der ersten Kirche, dem spätromanischen Neubau und dem spätgotischem Langchor. Es zeigte sich, dass Vierung, Chor und Sanktuarium (Hochaltarbereich) einst völlig anders aussahen und das uns heute so vertraute Aussehen erst infolge vielfältiger Umbauten entstand. Damit können die Erkenntnisse aus den Grabungen von 1932 und 1969 um wichtige Befunde zur Innengestaltung des Münsters ergänzt werden.
Für die vorgesehene neue, breitere Stufenanlage mussten der Dreikönigs- und der Annenaltar entfernt werden. Die beiden Altäre flankierten die Choröffnung zur Vierung. Ihre spätgotischen Retabeln (Altaraufsätze) werden im Münster wieder aufgestellt. Die steinernen Altartische (Mensa und Stipes mit Reliquienbehältern) samt Fundament und Treppe wurden vollständig ausgebaut und in der Münsterbauhütte eingelagert. Der Abbau der Altäre wurde auf Veranlassung und mit Unterstützung des Regierungspräsidiums Freiburg, Referat 25 Denkmalpflege und im Auftrag des Erzbischöflichen Dompfarramtes bauarchäologisch begleitet (Juli bis Oktober 2006). Abgesehen vom Abbruch der Altäre schonte man beim Umbau die historische Bausubstanz weitgehend. Daher beschränkten sich die Untersuchungen auch auf die beiden Altarbereiche und sichtbare Baubefunde an den umliegenden Wänden (Abb. 178). Bodenradarmessungen im Querhaus (GGU, Karlsruhe) rundeten die bauarchäologischen Ergebnisse ab.

Das romanische Münster – Gründung und Ausbau

Die ersten Baumaßnahmen an der Pfarrkirche begannen bald nach der Marktrechtsverleihung 1120. Von dieser unter Herzog Konrad von Zähringen begonnenen Pfarrkirche („konradinisches" Münster, Bauphase I) hat sich oberhalb des heutigen Bodens nichts erhalten, aber sie bestimmt maßgeblich den Grundriss des heutigen Münsters (Abb. 179). Ihr breites Mittelschiff mündete im Osten in das Chorquadrat, das mit dem Sanktuarium in der Apsis abschloss. Seitlich standen zwei Nebenapsiden. In der aktuellen Ausgrabung konnte der zugehörige Bauhorizont freigelegt werden. Außerdem fand sich die Innenseite der nördlichen Chormauer – bisher war nur die Außenseite dokumentiert.

Zu Anfang des 13. Jahrhunderts wird unter Herzog Bertold V. ein aufwendiger Neubau errichtet. Von diesem „bertoldinischen" Münster (Bauphase II) blieben das hohe Querhaus mit Vierungskuppel und ein Teil des Sanktuariums zwischen den „Hahnentürmen" erhalten. Die Vierung liegt an der Stelle des Chores des Vorgängerbaus. Die Binnengliederung war damals völlig anders als heute, wie nun anhand der aktuellen Grabungen rekonstruiert werden kann: Mauern trennten die Vierung vom Langhaus und von den Querhausarmen im Norden und Süden (Abb. 180). Sie waren nötig, weil die Vierung 1,80 m höher lag als die Querschiffarme. Indizien für das ehemalige Bodenniveau sind spätere Steinauswechselungen an den Vierungspfeilern sowie die hoch liegenden Basen und Türen im romanischen Sanktuarium (freundlicher Hinweis K. Becker). Zur erhöhten Vierung führten zwei seitliche Treppenaufgänge hinauf, deren Fundamente und untere Stufen in der Grabung zutage kamen. Zwei weitere Aufgänge vom Mittelschiff des Langhauses aus sind archivalisch belegt. Zwischen ihnen stand ein Johannesaltar. Ein Bartholomäusaltar war vermutlich im Nordquerhaus vor dem seitlichen Treppenaufgang zur Vierung aufgestellt, ein Annenaltar hatte seinen Platz an entsprechender Stelle im südlichen Querhausarm. Die Archivalien belegen auch die Nutzung der hochgelegenen Vierung: Sie diente als Chor und ergänzte so das relativ kleine Sanktuarium mit dem Hochaltar im Osten. Die die Vierung umgebenden Mauern waren also Chorschranken. Sie scheinen eine anspruchsvolle farbige Architektur mit figürlichem Schmuck aufgewiesen zu haben – in der Grabung 1932 fanden sich entsprechende Fragmente.

Unter der hochgelegenen Vierung war keine Krypta vorhanden – dieser oft geäußerten These widersprechen die aktuellen Grabungsergebnisse eindeutig. Möglicherweise war sie geplant, wurde dann aber nicht ausgeführt. Der hochgelegene Chor deutet eher darauf hin, dass hier die Gründung eines Kollegiatsstifts geplant war, das den Raum für das Chorgebet nutzen sollte. Inmitten des Chorgestühls ist dann das Grab Bertolds V. zu vermuten – das „bertoldinische" Münster als Grabkirche des letzten Zähringers. Bertold V. wurde 1218 tatsächlich im Chor bestattet, doch zu der Errichtung eines Stifts kam es

Abb. 178
Freiburg, Münster. Südlicher Grabungsbereich (Schnitt 1) nach Abbruch des Annenaltars.

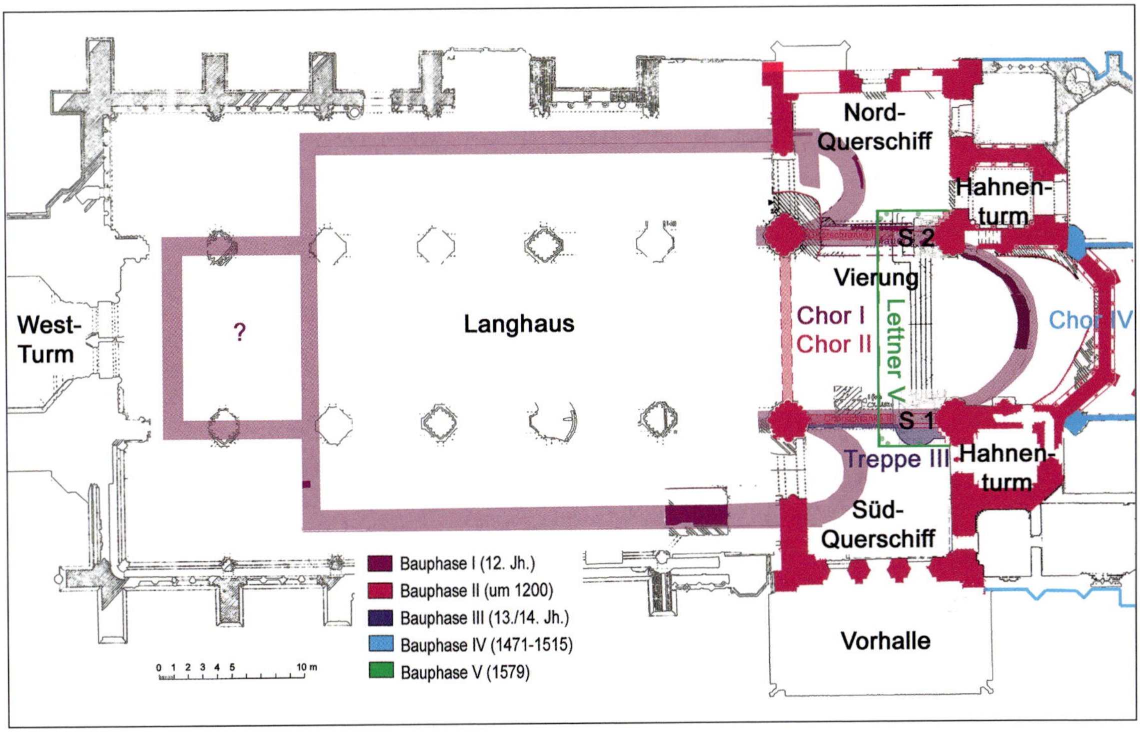

Abb. 179
Freiburg, Münster. Grundriss mit Eintrag der Grabungsbefunde 1932, 1969 und 2006 (S 1, S 2: Grabungsschnitte 2006)

nicht mehr. Den damals wohl schon teilweise errichteten hohen Chorbereich behielt man dagegen bei. Ein separierter Chor mit Stiftergrab findet sich auch in anderen städtischen Pfarrkirchen, so zum Beispiel im Villinger Münster. Ansonsten erinnert die Anlage stark an die Straßburger Bischofskirche, wo ebenfalls eine hochgelegene Vierung (über einer älteren Krypta) als Chor des Domkapitels diente. Andere Teile der spätromanischen Kirche zeigen Parallelen zu dem um 1200 fertig gestellten Basler Münster. Diese Orientierung an den damals modernsten Großbauten am Oberrhein zeigt den Anspruch, den Bertold V. mit dem Bau seiner Pfarr- und Grabkirche verfolgte.

Langchor, Lettner, Aufklärung – das Münster verändert sein Gesicht

Die südliche Treppe zur hoch liegenden Vierung wurde noch im Mittelalter architektonisch aufgewertet, indem eine halbrunde, über drei Meter breite Treppenanlage vorgebaut wurde (Bauphase III). Die unterste Stufe konnte in Schnitt 1 teilweise freigelegt werden (Abb. 178; 179). Möglicherweise stand der Treppenumbau in Zusammenhang mit den Neuplanungen zum gotischen Langhaus (ab 2. Viertel 13. Jahrhundert) oder zum spätgotischen Chor (ab 1354). Auf der Nordseite der hochgelegenen Vierung wurde auf eine solche Treppenanlage verzichtet. Der Umbau ist ein Zeichen für die besondere Bedeutung des südlichen Querschiffs als Haupteingang, neben dem nur an Festtagen geöffneten Westportal. Die Treppe betonte diese Bedeutung im Inneren, die aufwendigere Gestaltung des südlichen Querhausgiebels und der Bau der Vorhalle 1620 zeigen es außen.
Mit der Vollendung des spätgotischen Chores (Weihe 1513) veränderte sich die Situation im Inneren des Münsters grundsätzlich. Die hoch gelegene Vierung senkte man auf das Niveau der Querhausarme ab; die Chor-

Abb. 180
Freiburg, Münster. Rekonstruktion der Vierung im 13. Jh. Die Chorschranken um die hochgelegene Vierung waren vermutlich aufwendig geschmückt.

schranken wurden eingerissen und bis auf die in der Grabung freigelegten Reststücke an den östlichen Vierungspfeilern beseitigt. Die Altäre der Hl. Anna und des Hl. Bartholomäus, die seitlich der Chorschranken standen, wurden 1515 in spätgotischer Form erneuert und neu geweiht (Phase IV).
Nach 1579 errichtete man einen Lettner in Renaissanceformen (Bauphase V), der den Chor zum Querhaus abschloss. Der Bartholomäus- und der Annenaltar standen im Nord- bzw. Südjoch des fünfjochigen Hallenlettners. Mittig kam der Johannesaltar zu stehen. Zwischen den Altären gelangten die Geistlichen über zwei Treppen zum spätgotischen Chor. Die Neuerrichtung eines Lettners dürfte auf die Wünsche des Basler Domkapitels

Abb. 181
Freiburg, Münster. Reliquienbehälter im Annenaltar nach Entfernung der Steinplatte und des sichernden Eisenbügels.

zurückgehen, das seit der Basler Reformation 1529 im Freiburger Exil residierte und die Freiburger Pfarrkirche als „Ersatzkathedrale" nutzte.
1789 wird der Lettner im Zuge der „Verschönerung" des Münsters abgeräumt und als „Musikantenchor" in den Querhausarmen wieder aufgestellt. Der Annen- und der Bartholomäusaltar wurden nun vor die nahe gelegenen östlichen Vierungspfeiler gesetzt (Bauphase VI). Diesen Standort behielten die spätgotischen Altäre bis zum Abbruch 2006 bei. Beim Abbau fand sich in vermauerten Nischen jeweils ein Rippenbecher aus grünem Glas. In ihnen lagen Knochenstückchen und Beizettel von 1515, die die Funde als Reliquien der Hl. Anna und des Hl. Bartolomäus auswiesen (Abb. 181).

Zum Erfolg der Grabung hat die vertrauensvolle Zusammenarbeit mit dem kirchlichen Bauherrn, vertreten durch Anton Bauhofer und Eberhard Wittekind (Erzbischöfliches Bauamt Freiburg), wesentlich beigetragen, ebenso wie die Unterstützung durch Thomas Laubscher, Christian Leuschner und Heike Mittmann von der Münsterbauhütte Freiburg. Für Hilfe und Anregungen danke ich auch Karl Becker, Jürgen Fischer, Stefan Lamperts, Peter Schmidt-Thomé und Barbara Volkmer, Regierungspräsidium Freiburg, Referat 25 Denkmalpflege. Danken möchte ich auch anderen Kollegen, die sich konstruktiv an der Diskussion der Grabungsbefunde beteiligt haben; stellvertretend seien hier genannt Thomas Flum, Eberhard Grether, Volker Osteneck und Heinfried Wischermann. Nicht möglich gewesen wäre die Ausgrabung ohne die sachgerechte Vorgehensweise von Helmut Schuler und seinen Mitarbeitern (Baufirma Grafried, Freiburg) und ohne die Hilfestellung der Münstermesner Bernd Altdorf, Oliver Grimm, Peter Kopp und Klaus Riester.

Frank Löbbecke

Literaturhinweise
W. Erdmann, Die Ergebnisse der Rettungsgrabung 1969 im Münster Unserer Lieben Frau zu Freiburg im Breisgau. Nachrichtenbl. Denkmalpfl. Baden-Württemberg 13, 1970, 1–24;
V. Osteneck, Die romanischen Bauteile des Freiburger Münsters und ihre stilgeschichtlichen Voraussetzungen. Studien zur spätromanischen Baukunst am Oberrhein (Köln, Bonn 1973);
B. Schaufelberger, Wie die Freiburger ihr Münster bauten. Eine Zeitreise in historisch präzisen Zeichnungen (Freiburg 2000).

„inter duas ripas" – Archäologie rund um das ehemalige Predigerkloster in Freiburg

Die Sparkasse Freiburg plant den Abriss ihres Verwaltungsgebäudes am Fahnenbergplatz, das einem Neubau weichen soll. Im Mittelalter standen an dieser Stelle die Klausur und die Kirche des Prediger- oder Dominikanerklosters, dessen Areal ein Gebiet zwischen Unterlinden, der Merianstraße, dem Kleinen Friedrichring und dem Fahnenbergplatz umfasste. Die Prediger waren die ersten der zahlreichen Medikantenorden, die innerhalb der Stadtmauern von Freiburg ein Kloster erbauten. Vor der eigentlichen Klostergründung existierte bereits um 1230 eine Niederlassung, die sich vermutlich bereits an

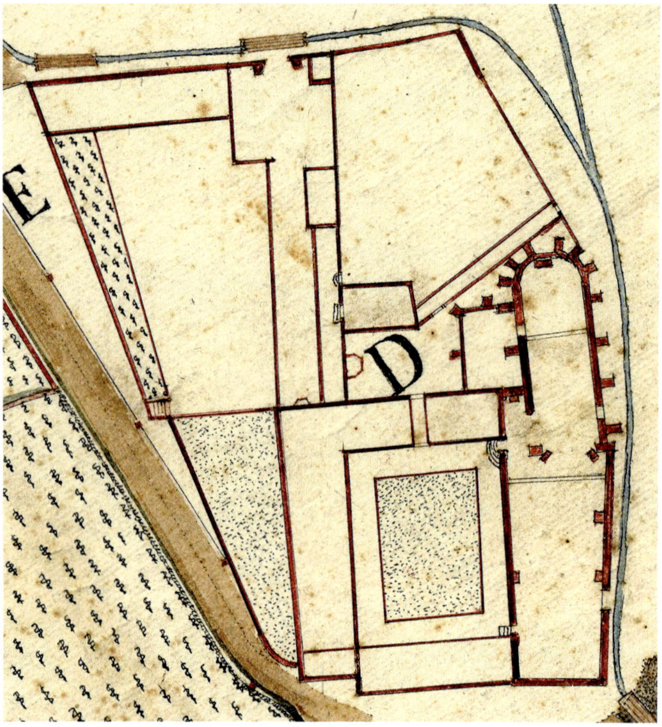

Abb. 182
Freiburg. Grundplan des Predigerklosters aus dem Jahre 1800 mit der Klosterkirche, Ausschnitt.

der Stelle der späteren Konventbauten befand. Die eigentliche Klostereinrichtung ging einher mit dem 1237 begonnenen und in der Mitte des 13. Jahrhunderts vollendeten Bau der ersten Klosterkirche. Bereits ein Jahrzehnt später erfolgte ein Chorneubau, der 1282 beendet war. Nach verschiedenen Darstellungen ab dem 16. Jahrhundert handelte es sich um einen gotischen Hochchor über einem Sieben-Zehntel-Grundriss (Abb. 182). Nach der 1790 erfolgten Säkularisierung wurde der Klosterkomplex 1804 zum Teil abgerissen und neu parzelliert. Damals entstanden die Gutenberg- und die Predigerstraße, wovon Letztere quer über den abgegangenen Chor führt. Reste des Langhauses und der Klausur blieben, im Vinzentiushaus integriert, zunächst erhalten und wurden erst infolge von Kriegsschäden 1952 ohne denkmalpflegerische Betreuung abgerissen.

Für den geplanten Sparkassenneubau, der an derselben Stelle entstehen soll, ist eine mehrstöckige Tiefgarage vorgesehen, weshalb im Vorfeld ein neues Mischwasserkanalsystem mit veränderter Laufrichtung notwendig wurde.

Um Aufschlüsse über Verlauf und Erhaltung der zu erwartenden Klosterstrukturen für die nächstes Jahr zu projektierende Ausgrabung zu erhalten, wurden die Kanalarbeiten archäologisch beobachtet, die in Unterlinden, der Prediger-, Gutenbergstraße und dem Kleinen Friedrichring durchgeführt wurden (siehe Abb. 184).

Ein hochmittelalterliches „Bächle"

Ähnlich wie im südlich benachbarten Gauchstraßenareal liegen die ältesten mittelalterlichen Kulturschichten in Unterlinden 2 m bis 2,4 m unter der heutigen Oberfläche. Auf der Höhe des Unterlindenbrunnens war es möglich, ein 3,1 m mächtiges und ungestörtes Schichtprofil in der Straßenmitte aufzunehmen, das neue Aussagen zum hochmittelalterlichen „Bächlesystem" und den mittelalterlichen Straßenaufschüttungen erlaubt (Abb. 183). Auf die glazialen Dreisamablagerungen, die ab einer Tiefe von 2 m anstehen, folgt eine 35 cm mächtige humose Kulturschicht, die unter anderem Keramik des 12. Jahrhunderts und Hüttenlehmfragmente enthielt. In einer Tiefe von ca. 1,6 m wurde diese Schicht von einem ersten Straßenpflaster aus Wacken überlagert. Zur Straßenmitte hin fiel das Pflaster 25 cm ab und stand in Verbindung mit einer 4 cm mächtigen wannenförmigen Lehmauskleidung, auf der stark zersetzte und längs zum Befund ausgerichtete Holzfasern beobachtet werden konnten – offenbar Reste einer offenen Holzleitung. In der Verfüllung der Lehmwanne lagen hochmittelalterliche Scherben der Nachgedrehten Ware. Bei dem dokumentierten Befund handelte es sich um eine Versorgungseinrichtung für Fließwasser, wie das Holzgerinne mit Lehmabdichtung an der Basis erkennen lässt. Die Position in der Straßenmitte entspricht dabei dem bis in die frühe Neuzeit üblichen Verlauf der Freiburger Bächle.

Das erste Straßenpflaster wurde zweimal um insgesamt 25 cm angehoben. Erst über diesen jüngeren Straßenhorizonten, aus denen scheibengedrehte graue Irdenware vorliegt, erfolgte eine einmalige Aufschüttung, die das heutige Straßenniveau erreichte.
In einer Urkunde von 1238 heißt es, die Prediger hätten *inter duas ripas* gewohnt, und es bleibt zu erwägen, ob diese Nachricht nicht unter anderem auf das neu entdeckte mittelalterliche „Bächle“ in Unterlinden zu beziehen ist.

Klosterstrukturen in der Predigerstraße

Im Süden der Predigerstraße traten erwartungsgemäß die Chorfundamente zutage (Abb. 184). Das südliche Fundament bestand aus einem Gussmauerwerk, das eine Breite von 3 m aufwies. Die nördliche Chorwand, die in ca. 9,6 m Entfernung angetroffen wurde, war mit 2,4 m etwas schmaler. Unerwartet war indessen, dass im Chorinneren ein 7,7 m breiter, eingetiefter Raum lag, der mit Bauschutt verfüllt war. Dessen Südwand wurde von einer 1,2 m breiten Mauer gebildet, die von Norden her gegen das Erdreich gesetzt worden war. Der Boden wurde trotz einer Sohlentiefe des Kanalgrabens von ca. 3,8 m nicht erreicht. Aufgrund seiner ungewöhnlichen Tiefe und der Lage im Chor ist dieser kellerartige Befund als Gruft anzusprechen.
Im Norden stieß ein etwa 5 m breiter Raum stumpf an den Chor. Die Westwand des Raums stand mit einer Mauer im Verband, die noch auf ca. 9 m Länge im Westprofil des Kanalgrabens verfolgt werden konnte und dort schließlich mit einer glatten Kante abschloss. Pläne aus der Zeit um 1800 verzeichnen an dieser Stelle die Sakristei, die direkt östlich der Klausur lag (Abb. 182).
Kurz vor der Einmündung der Gutenbergstraße schnitt die Kanaltrasse zwei in einem Abstand von 3 m parallel zueinander verlaufende Fundamente, die 0,75 m breit waren. Diese Struktur ist mit einer Baulichkeit gleichzusetzen, die auf einem Plan des 18. Jahrhunderts als „gedeckter Gang“ verzeichnet ist. Über dem Gang dürften sich Wohnräume befunden haben, da der Abbruchschutt Nischen- und Tellerkacheln verschiedener Kachelöfen aus dem 14./15. Jahrhundert enthielt.

Vorklösterliche Bebauungsstrukturen

Die nach 1804 entstandene Gutenbergstraße nimmt die Struktur des einstigen Klosterhauptzugangs auf, der von Osten durch den Wirtschaftstrakt auf die Klausur zuführte. Da der „gedeckte Gang“ (siehe oben) als südliche Begrenzung der Klosterzufahrt fungierte und im 14. Jahrhundert in Benutzung war, dürften die im Straßenverlauf zum Vorschein gekommenen Baubefunde älter sein und einer vorklösterlichen Bebauung angehören.
Etwa 25 m östlich der Predigerstraße wurde ein 2,5 m breites Fundament angeschnitten. Im Westen schloss sich ein Keller an, dessen Ost-West-Ausdehnung 2,4 m betrug. Da die westliche Kellerwand lediglich eine Stärke von 0,8 m aufwies, ist von ursprünglich zwei unterschiedlichen Baukörpern auszugehen,

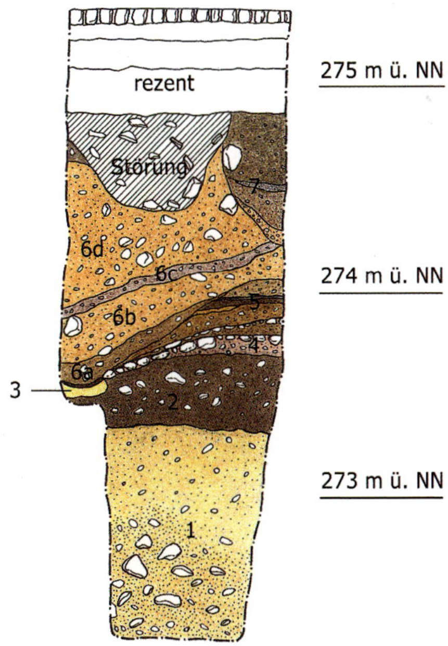

Abb. 183
Freiburg, Predigerkloster. Ostprofil in Unterlinden.
1 Glaziale Dreisamsedimente; 2 alter Humushorizont; 3 „Bächle“ (Holzgerinne mit Lehmabdichtung); 4 hochmittelalterliches Straßenpflaster; 5 Straßenschichten; 6a–d Aufschüttungsschichten zur Niveauanhebung; 7 neuzeitliche Ausbruchsgrube (17. Jh.).

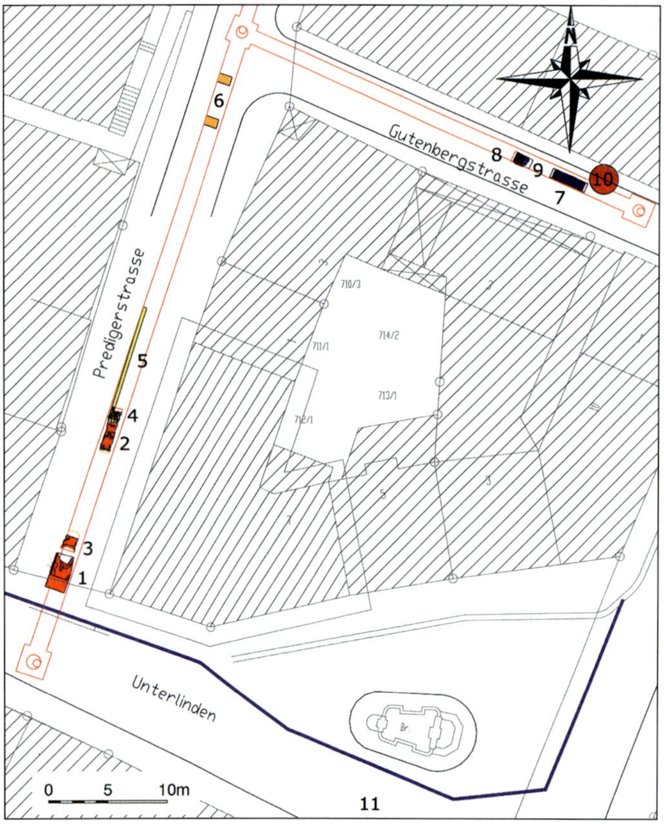

Abb. 184
Freiburg, Predigerkloster. Befundübersichtsplan. 1 Klosterkirche, südliches Chorfundament; 2 Klosterkirche, nördliches Chorfundament; 3 Klosterkirche, südliche Mauer der Gruft; 4 Sakristeimauer; 5 westliche Außenmauer der Klausur; 6 Strukturen des „gedeckten Ganges"; 7 Fundament (2,5 m); 8 Fundament (0,8 m); 9 jüngerer Keller mit vorgeblendeter Wackenmauer; 10 Latrine; 11 ungefähre Lage des Ostprofils (siehe Abb. 183) in Unterlinden.

die erst in einer späteren Phase zusammengefasst wurden. Dazu wurde beiden Wänden zum Kellerinneren hin eine 0,3 m breite Wackenmauer vorgeblendet. Weder der Kellerboden noch die Fundamentunterkanten wurden trotz einer Kanaltiefe von rund 2,8 m erfasst. Nur etwa 0,6 m weiter östlich, direkt vor dem Eingang von Haus Nr. 2, wurde durch den Kanalgraben eine Latrine angeschnitten, die einen Durchmesser von 2,5 m hatte. Sie bestand aus einem sorgsam aus Bruchsteinen trocken gesetzten Schacht, der nach oben in einem falschen Gewölbe abschloss. Die Verfüllung stand erst 3,45 m unter der Kanalsohle an. Rund 1,5 m weiter östlich lag das nächste Gebäude, von dem jedoch nur die Nordwestecke in der Kanaltrasse erfasst werden konnte.

Die geringen Ausschnitte, die Kanalarbeiten mit Spundwandverbau erlauben, erbrachten unerwartete Aufschlüsse zur frühen Stadtstruktur Freiburgs. In Hinblick auf die kommende Projektierung einer archäologischen Plangrabung ist von Bedeutung, dass trotz der Unterkellerung des Sparkassengebäudes mit aussagekräftigen Baustrukturen des Predigerklosters und einer Vorgängerbebauung zu rechnen ist. Mit dem geplanten Neubau ergibt sich anders als 1952 die allerletzte Chance, die Überreste des ältesten Freiburger Klosters zu dokumentieren.

Unser Dank für die gute Zusammenarbeit gilt der ausführenden Firma C. Pontiggia und ihren Arbeitern sowie der Badenova.

Mark Rauschkolb, Martin Strotz

Literaturhinweise

J. Sauer, Das Predigerkloster in Freiburg i. Br. und seine Kunst. Zeitschr. Ges. Beförderung Geschkde. Freiburg 38, 1925, 111–150;
J. Steinhart, Ein unbekannter Brief des Konstanzer Bischofs Heinrich von Tanne an die Freiburger Dominikaner aus dem Jahre 1237. Schau-ins-Land 101, 1982, 47–64; M. Untermann, Archäologische Beobachtungen zu den Freiburger Altstadt-Straßen und zur Entstehung der „Bächle". Schau-ins-Land 114, 1995, 9–26.

Ausgrabung im ehemaligen Mönchsfriedhof des Klosters Reichenau-Mittelzell, Kreis Konstanz

Die seit langem geplante Erweiterung der vom Winzerkeller Reichenau genutzten Lagerräume im Untergeschoss der Friedhofshalle in Reichenau-Mittelzell war Auslöser für eine begrenzte archäologische Untersuchung (Abb. 185). Bereits beim Bau dieses Gebäudes 1971/72 waren bei den Erdarbeiten zahlreiche Bestattungen bemerkt, leider aber nicht weiter untersucht worden. Entgegen der damaligen Auffassung der Gemeinde standen sie in keinem Zusammenhang mit dem heutigen Friedhof, der südlich des Gebäudes auf mehreren ansteigenden Terrassen liegt. Die unterste dieser Terrassen, an deren nördlichem Rand das Bauwerk steht, entstand als künstliche Anschüttung beim Neubau des südlich der Klosterkirche gelegenen neuzeitlichen Klosters unter Bischof Jakob Fugger 1605–1611. Dabei wurde der auf tieferem Niveau gelegene ältere Friedhof zu großen Teilen überdeckt. Bereits mehrfach waren östlich und südlich des Münsterchores bei Aufgrabungen für Versorgungsleitungen Gräber angeschnitten worden. Durch die Forschungen von Alfons Zettler ist die Lage des Mönchsfriedhofes östlich und südlich des Münsterchores zweifelsfrei belegt, seine Ausdehnung jedoch nur ungefähr abschätzbar.

Bei den Ausgrabungen im Frühsommer 2006 wurde unmittelbar unter der modernen Schotterlage als Trennschicht auf dem Vorplatz der Lagerräume der Rest der ehemaligen Geländeoberfläche angetroffen. In diese eingetieft wurden insgesamt zehn, mit einer Ausnahme (Grab 6) weitgehend erhaltene Bestattungen festgestellt (Abb. 186). Sie waren annähernd parallel zueinander in zwei Reihen angeordnet, den Blick nach Osten. Die Ausrichtung etwa West–Ost bis Nordwest–Südost entspricht ziemlich genau der Kirchenachse. Grab 7 ist in seiner Anordnung aus der Reihe verschoben. Die Gruben der Gräber 1 und 3, die beide unterschiedlich stark aus der Achs-

Abb. 185
Reichenau-Mittelzell. Luftbild der Klosteranlage (2002). Oberhalb des Zeltdaches der Friedhofshalle am oberen Bildrand liegt die Untersuchungsfläche.

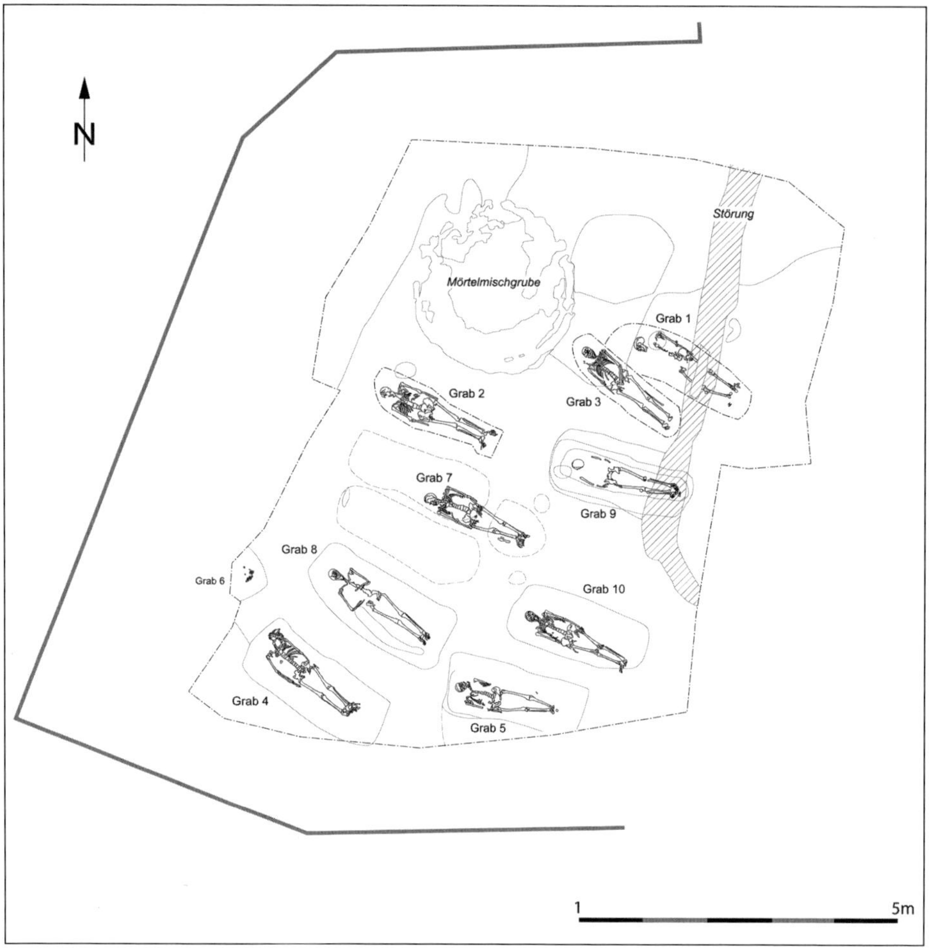

Abb. 186 Reichenau-Mittelzell. Übersichtsplan der Grabungsfläche.

linie nach Norden ausweichen, berühren einander. Aus dieser Anordnung der Gräber möchte man schließen, dass mit Ausnahme der Gräber 1, 3 und 7 die Bestattungen noch mit sicherer Kenntnis der benachbarten Grabplätze stattfanden, also eine relativ dichte zeitliche Abfolge der Belegung vorliegt.

Die Grabsohlen wiesen überwiegend ein leichtes West-Ost-Gefälle auf, was wohl auf die nicht mehr sicher feststellbare originale Oberfläche zurückzuführen ist. Die Grabtiefe war ebenso von dem zur Benutzungszeit bestehenden Grundwasserspiegel bestimmt, denn dicht unterhalb der Grabsohlen war der allmählich verlandete und durch die natürliche Hangerosion überlagerte frühere Ufersaum des Sees feststellbar. Dieser Befund entspricht der von H. Schlichtherle und A. Zettler im Bereich der Kirche rekonstruierten nacheiszeitlichen Uferlinie. Dort, wo das Grundwasser Teile der Skelette erreichte, waren diese nahezu vollständig zersetzt (Gräber 1, 3, 9).

Grabbeigaben wurden mit zwei Ausnahmen keine festgestellt: Auf den Befund bei Grab 7 wird J. Wahl im folgenden Beitrag eingehen. Im Beckenbereich von Grab 3 fand sich unter den Handknochen eine Silexpfeilspitze. Eine Erklärung hierfür steht noch aus.

Ein weiterer Befund überraschte die Ausgräber: Im Nordosten der Grabungsfläche wurde unmittelbar unter der humosen Deckschicht eine runde Mörtelplatte von wenig über 2 m Durchmesser freigelegt (Abb. 186; 187). Sie wies sich durch die bei ähnlichen Befunden vielfach festgestellten konzentrischen Riefen und eine Fehlstelle im Zentrum als der Rest einer Mörtelmischanlage aus. Der andernorts mehrfach beobachtete Randsaum war nicht erhalten. Ebenso waren alle weiteren konstruktiven Merkmale durch die spätere Bodenbearbeitung verschwunden. Es fällt auf, dass der Bereich der Mörtelscheibe von den Gräbern nicht berührt wird.

Da sich die Grabung ausschließlich auf den Baubereich beschränken musste, bleibt die weitere Ausdehnung des Mönchsfriedhofs ungewiss. Die eher lockere Belegung und die Tatsache, dass keine Überschneidungen stattfanden, spricht vielleicht für eine Randlage. Die Auswertung der historischen Quellen durch A. Zettler und ein Baubefund an der südlich und östlich verlaufenden Klostermauer (erbaut unter Abt Friedrich von Wartenberg nach 1447) machen wahrscheinlich, dass in der eigentümlich geformten Südwestecke derselben die Überreste der Laurentiuskirche zu erkennen sind. Diese wurde vor 1056 durch Graf Eberhard von Nellenburg als Grablege des Grafengeschlechtes gestiftet. Von ihr heißt es, dass sie *„in cymiterio"* erbaut sei. Zwischen 1561 und 1595 wurde sie abgebrochen. Dies dürfte auch den Zeitpunkt für die Aufgabe des Friedhofs angeben. Die kaum 15 m entfernt gefundene Mörtelplatte dürfte im Zusammenhang mit der Erbauung der Kirche stehen. Die nächstgelegenen Bauten von Kirche und Konvent sind mehr als doppelt so weit entfernt. Alle bisher bekannt gewordenen Befunde von Mörtelmischanlagen liegen in oder unmittelbar neben den zugehörigen Bauwerken. Sie werden bislang durchweg in die Zeit vor dem 12. Jahrhundert datiert.

Für die Datierung des Friedhofs liegen kaum sichere Anhaltspunkte vor. Sein Fortbestand ist zumindest indirekt belegt seit den frühesten Steinbauperioden der Klosterkirche im ausgehenden 8. Jahrhundert. Sein Fortbestand lässt sich bis ins späte Mittelalter durch Stiftungen in Memorialkapellen auf dem Friedhof belegen. A. Zettler nimmt an, dass erst die Inkorporation des Inselklosters in das Konstanzer Domstift im beginnenden 16. Jahrhundert den Mönchsfriedhof überflüssig machte. Der Abbruch der Laurentiuskirche Mitte des 16. Jahrhunderts dürfte den Zeitpunkt für seine endgültige Auflassung bezeichnen.

Unser Dank für die erwiesene Unterstützung gilt der Gemeinde Reichenau, dem Winzerkeller Reichenau und Herrn Architekt Michael Wössner, Reichenau.

Peter Schmidt-Thomé

Abb. 187
Reichenau-Mittelzell. Mittelalterliche Mörtelmischanlage.

Literaturhinweise

H. Schlichtherle, Zur Besiedelung der Insel Reichenau von den Anfängen bis in vorklösterliche Zeit. In: Klosterinsel Reichenau im Bodensee. UNESCO Weltkulturerbe. Landesdenkmalamt Baden-Württemberg Arbeitsheft 8 (Stuttgart 2001) 147–155; A. Zettler, Die frühen Klosterbauten der Reichenau. Arch. u. Gesch. – Freiburger Forsch. 1. Jahrtausend Südwestdeutschland 3 (Sigmaringen 1988).

Gut genährt und hoch gewachsen – Die Mönche von der „Gemüseinsel" Reichenau, Kreis Konstanz

Im Anschluss an die von P. Schmidt-Thomé vorgestellten Grabungsbefunde aus Reichenau-Mittelzell „Winzerkeller" sollen an dieser Stelle die vorläufigen anthropologischen Befunde der im Frühsommer 2006 hinter der Aussegnungshalle aufgedeckten früh- bis hochmittelalterlichen Grablegen präsentiert werden. Es handelt sich dabei um zehn mehr oder weniger komplett geborgene Bestattungen, die dem frühen Klosterfriedhof zuzuordnen sind.

Die in gestreckter Rückenlage beigesetzten Verstorbenen können durchweg als männlich bestimmt werden, wobei die relevanten Merkmale am Schädel sowie am Becken keinen Zweifel an der Geschlechtsdiagnose lassen. Das Sterbealter der Männer liegt zwischen ca. 30 Jahren (Grab 8) und etwa 70 Jahren (Grab 5), im Durchschnitt bei über 50 Jahren. Sie sind damit rund fünfzehn (!) Jahre älter geworden als ihre Geschlechtsgenossen in der „Normalbevölkerung". Als mittlere Körperhöhe ergibt sich ein Wert von knapp 1,76 m, die Variationsbreite schwankt zwischen 1,70 m und 1,80 m. Demnach überragten sie die Männer ihrer Zeit um durchschnittlich fünf Zentimeter.

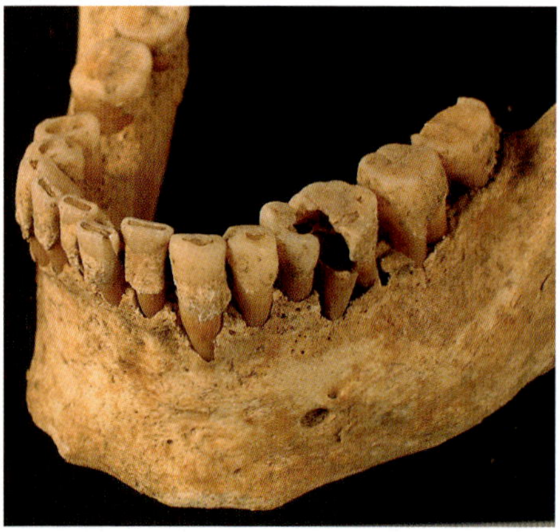

Abb. 188 Reichenau-Mittelzell. Unterkiefer des Mannes aus Grab 10 mit auffallend starken Zahnsteinanhaftungen im Bereich des Frontgebisses.

Daneben weisen die Bestatteten einen vergleichsweise robusten Knochenbau und die Knochen gleichzeitig ein relativ markantes Muskelmarkenrelief auf. Die Skelettreste der Älteren zeigen z. T. heftige degenerative Veränderungen vor allem im Bereich der Wirbelsäule, Hüft- und Kniegelenke ebenso wie verknöcherte Sehnenansätze, die auf chronische Polyarthritis und/oder körperliche Belastungen, möglicherweise im Rahmen landwirtschaftlicher Tätigkeiten, zurückgehen könnten. Ebenso erwähnenswert sind der außergewöhnlich starke Zahnsteinbefall (Abb. 188) sowie hohe Raten an Karies und intravitalem Zahnverlust bei gleichzeitig weitgehendem Fehlen von Schmelzhypoplasien und anderen Hinweisen auf Mangelsituationen in jungen Jahren. Aus dieser Symptomatik ergibt sich das Bild einer wohlgenährten Männergruppe, deren Mitglieder zwar arbeiten mussten, aber weder in ihrer Kindheit noch später nennenswerten Hungerphasen oder Versorgungskrisen ausgesetzt waren. Sie dürften somit eher eine höhere Sozialschicht repräsentieren. Die massiven Zahnsteinablagerungen deuten zudem auf mangelhafte Mundhygiene sowie einen hohen Anteil protein- und fettreicher Nahrung, eventuell auch einen stärkeren Obstkonsum hin. Im frühen Mittelalter kämen diesbezüglich z. B. Feige, Kirsche, Pflaume, Pfirsich, Kornelkirsche und Wein in Frage. Salat und Gemüse scheinen nach bisherigen Untersuchungen an zeitgenössischen Pollenproben im Allgemeinen zwar eher eine untergeordnete Rolle gespielt zu haben, die vorliegende Populationsstichprobe könnte diesbezüglich jedoch eine Ausnahme gewesen sein. Über den Anteil tierischer Nahrungsressourcen würde erst eine Isotopenanalyse nähere Aufschlüsse liefern können. Alles in allem spricht Einiges dafür, dass die Knochenreste tatsächlich von Mönchen stammen.

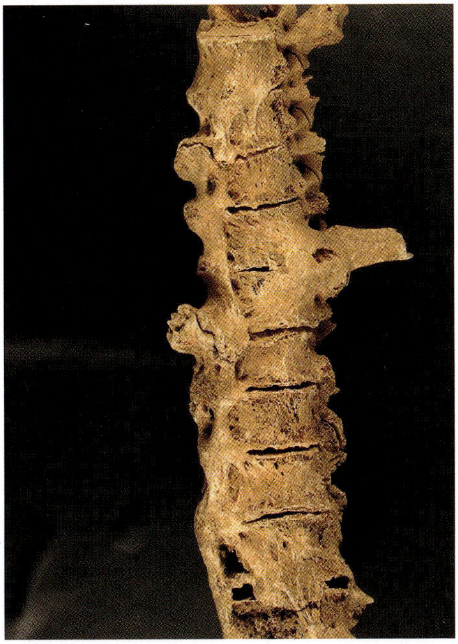

Unter den Einzelbefunden besonders interessant ist der asymmetrische Hirnschädel des Mannes aus Grab 10, der etwa 40 Jahre alt geworden ist. Es handelt sich dabei um einen sogenannten Schiefschädel („Plagiozephalus"), der in diesem Fall aber nicht durch eine traumatisch verursachte oder genetisch veranlagte, vorzeitige, einseitige Nahtverschmelzung erklärt werden kann, sondern auf einseitige Lagerung bzw. eine harte Unterlage im Säuglingsalter oder entsprechenden intrauterinen Lagerungsdruck zurückzuführen sein dürfte. Ähnliche Verformungen sind auch als Folgeerscheinung von Rachitis bekannt, es fehlen jedoch jegliche anderen Anzeichen in dieser Richtung. Dazu kommen bei diesem Individuum noch Knochendefekte an Schädel, Wirbelsäule, Becken und Langknochen, die auf einen vom Knochenmark ausgehenden Tumor („Plasmozytom") hinweisen, der in realiter am häufigsten bei älteren Männern in Erscheinung tritt.

Außerdem bemerkenswert sind Hinweise auf eine chronische Nasennebenhöhlenentzündung bei dem Mann aus Grab 1, eine verheilte Rippenfraktur bei dem über 60-Jährigen aus Grab 3, Symptome von „Morbus Scheuermann" bei dem Individuum aus Grab 2 sowie die über weite Teile versteifte Wirbelsäule (Abb. 189) und entzündliche Veränderungen am Übergang vom Kreuz- zum Darmbein des Mannes aus Grab 7, der zusätzlich einen Trümmerbruch des rechten Oberschenkelknochens (Abb. 190) sowie eine abgeheilte Fraktur und Spuren einer Knochenmarkentzündung am rechten Schienbein erkennen lässt.

Letztere Befunde deuten auf eine multiple und massive Beinverletzung hin. Schliffusuren an Femurkopf und Hüftgelenkspfanne zeigen weiterhin, dass der Gelenkknorpel zumindest teilweise zerstört war. Das rechte Bein war um fünf bis sechs Zentimeter kürzer als das linke. Aufgrund dieser massiven Beeinträchtigungen war der Mann beim Gehen höchstwahrscheinlich auf eine Krücke oder einen Stock angewiesen. Überreste davon sind möglicherweise in dem seitlich des Schienbeins angetroffenen, nur in kleinen Splittern zu bergenden und laut Grabungsprotokoll als „unregelmäßig rechteckige, feinfaserige Struktur" bezeichneten Holzrest zu sehen.

Abb. 189
Reichenau-Mittelzell. Zu drei Teilblöcken verwachsener Wirbelsäulenabschnitt (insgesamt zehn Wirbel vom 4. Brust- bis 1. Lendenwirbel) des etwa 60-Jährigen aus Grab 7.

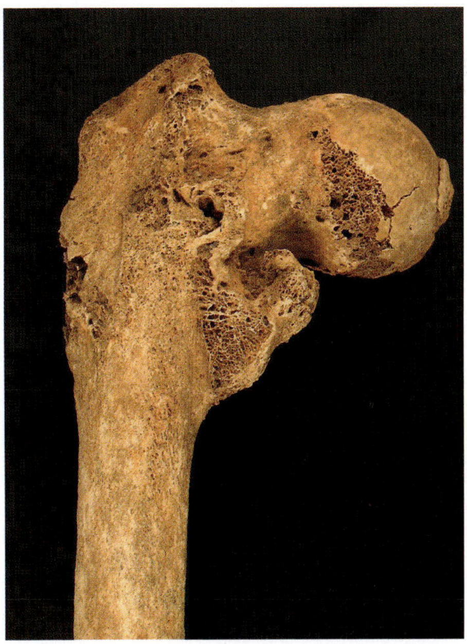

Abb. 190
Reichenau-Mittelzell. Verheilte Trümmerfraktur im proximalen Schaftbereich des rechten Oberschenkels des Mannes aus Grab 7.

Vom Erscheinungsbild her auffällig dürfte auch der bereits erwähnte senile Mann aus Grab 3 gewesen sein. Sein Unterkiefer war gegenüber dem Oberkiefer vorgeschoben, eine erblich bedingte Fehlbildung (als „Progenie" bezeichnet), die am Lebenden mit einer mehr oder weniger deutlich hervortretenden Unterlippe einhergeht.

Joachim Wahl

Literaturhinweise

M. Rösch, Die Gärten der Alamannen. Denkmalpfl. Baden-Württemberg 35/3, 2006, 166–171; S. Ulrich-Bochsler/E. Schäublin, Anthropologische Befunde. In: P. Eggenberger/ S. Ulrich-Bochsler/E. Schäublin, Beobachtungen an Bestattungen in und um Kirchen im Kanton Bern aus archäologischer und anthropologischer Sicht. Zeitschr. Schweizer. Arch. u. Kunstgesch. 40/4, 1983, 232–240.

Ein Schiff am Ufer der Klosterinsel Reichenau, Kreis Konstanz

Im Winter 2006 fiel nach einem niederschlagsarmen Herbst der Wasserstand des Bodensees auf einen Rekordtiefstand ab. Im kalten und trockenen Januar wich der See weit vom Ufer zurück, und ab Februar waren große Teile des Untersees vereist. Hartgefrorene, weitläufige Uferplatten und das blanke Eis luden Touristen und Einheimische zu ausgedehnten Spaziergängen und Schlittschuhfahrten ein. Anlässlich eines solchen Ausfluges beobachtete Dr. H. Linzmeier, Anwohner aus Reichenau-Niederzell, unmittelbar unter der Eisdecke die Umrisse eines Schiffswracks. Er meldete seine Beobach-

Abb. 191 Reichenau. Forschungstaucher bei der Dokumentation des Spantenskeletts von Wrack W341.

tung der Fachabteilung Feuchtboden- und Unterwasserarchäologie des Landesamtes für Denkmalpflege in Hemmenhofen.

Erste Beobachtungen zur Konstruktion

Die Überprüfung der Fundmeldung durch archäologische Forschungstaucher im Frühsommer ergab, dass es sich um das Wrack eines teilweise unter Sedimentbedeckung liegenden, offenbar vollständig aus Eiche gebauten Holzschiffes handelt. Am augenfälligsten ragen aus dem Seeboden die paarweise angeordneten Spanten hervor (Abb. 191). Das Schiffsskelett erstreckt sich bei einer Breite von 1,5 m über mindestens 8 m Länge. Darüber hinaus liegen an einem Ende des Wracks aber auch Teile des Schiffsbodens und der Seitenbeplankung frei. Hier gelang es, erste Hinweise auf schiffbauliche Eigenheiten des Wasserfahrzeugs, das in unseren Akten nun als W341 geführt wird, zu gewinnen.
Alle beobachteten konstruktiven Verbindungen sind ausschließlich als Holzverbindungen und ohne die Zuhilfenahme von Eisen hergestellt. Dabei wurden in großem Umfang Holzdübel eingesetzt. Entsprechende Verbindungselemente wurden sowohl bei Spant-Plankenverbindungen als auch im Übergang zwischen Seitenbeplankung und Boden beobachtet. Wie geborgene Bauteile belegen, wurden Holzdübel außerdem in großem Umfang zur Verbindung kraweel verbauter, d. h. auf Stoß aneinandergefügter Planken verwendet. Die Zapfen stecken hier vertikal in den Schmalseiten der Planken (Abb. 192).
Letzteres stellt eine besondere Überraschung dar. Zwar gilt Kraweelbauweise unter Verwendung von Bolzen oder Nägeln für den Schiffbau des Bodensees als geradezu kennzeichnend. Bei den entsprechenden, frühneuzeitlichen Konstruktionen sind aber bislang nur Eisenbauteile als Verbindungselemente nachgewiesen worden. In dieser Hinsicht stellt W341 also ein Unikat dar. Die dendrochronologische Datierung der gewonnenen Proben scheiterte bislang an einer zu geringen Anzahl von Jahrringen der tangential aus den Stämmen geschnittenen Hölzer. Ob die eigentümliche Bauweise also mit einem höheren Alter des Schiffes zu tun hat, bleibt abzuwarten.

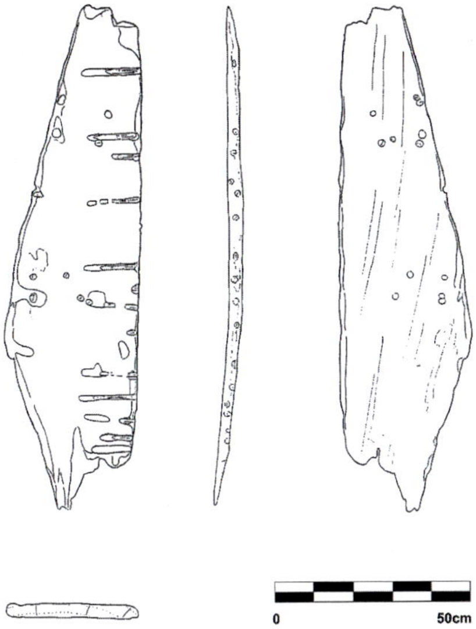

Abb. 192 Reichenau. Fragment einer Seitenplanke von Wrack W341 mit quer verlaufenden Bohrungen und Holzdübeln.

Erhaltung und Gefährdung

Schon als wir im Frühjahr 2006 zum ersten Mal vor Ort waren, wurde ersichtlich, dass zur Dokumentation und Rettung des Unterwasserdenkmals wenig Zeit bleiben würde. Um das Spantskelett herum fanden sich am Seeboden zahlreiche Bauteile, die sich bereits aus dem Konstruktionsverband gelöst hatten. Offenbar hatte der Extremniedrigwasserstand des Winters bereits seinen Tribut gefordert und beträchtliche mechanische Schäden angerichtet. Anlässlich einer Kontrolle vier Monate später erwies sich dann, dass das Wrack in kurzer Zeit weitere Einbußen erlitten hatte. Teile des im Frühjahr noch im Verbund freiliegenden Schiffsendes waren nun im rechten Winkel abgeknickt und weggerissen. Einen nicht zu übersehenden Hinweis auf die Schadensursache bilden Ankerspuren, die die seichte Bucht, in der

das Wrack liegt, vielfach durchschneiden. Bleibt ein Anker an einem der exponierten Bauteile hängen, reißt dieses ab. Zu den Gefahren des Winters mit seinen niedrigen Wasserständen, damit verbundener beschleunigter Erosion und Eisgang kommen im vorliegenden Fall also im Sommerhalbjahr zusätzliche, erhebliche Risiken hinzu. Im kommenden Jahr sollen deshalb Rettungsmaßnahmen durchgeführt werden, die dem drohenden Totalverlust zuvorkommen.
Bei W341 handelt es sich nicht um das einzige Unterwasserdenkmal im Umfeld der Insel. In unmittelbarer Nähe konnten wir ein kleines Pfahlfeld aus Koniferen- und Eichenpfählen dokumentierten, das vielleicht das Relikt einer hier archivalisch bezeugten, frühneuzeitlichen Lände darstellt. Weitere Pfähle, bei denen es sich wohl um einen Abschnitt des die Klosterinsel umfassenden mittelalterlichen Palisadenrings handelt, wurden im Frühsommer 2006 aus einer benachbarten Bucht gemeldet. Auch hier stellten wir mit schräg gedrückten und einzelnen abgerissenen Pfählen frische Schäden fest. Bereits seit einigen Jahren bekannt ist ein bislang noch undatiertes Schiffswrack, das in der Flachwasserzone bei Oberzell liegt. Es wird damit immer deutlicher, dass die Weltkulturerbestätte Reichenau nicht an der Uferlinie endet, und dass rund um die Klosterinsel noch mit weiteren archäologischen Denkmalen zu rechnen ist.

Martin Mainberger, Helmut Schlichtherle

Literaturhinweise

M. Mainberger/A. Müller/H. Schlichtherle, Arch. Ausgr. Baden-Württemberg 1994, 325–330;
M. Mainberger/A. Müller/G. Schröder, Arch. Ausgr. Baden-Württemberg 1998, 291–294;
Klosterinsel Reichenau im Bodensee. UNESCO-Weltkulturerbe. Landesdenkmalamt Baden-Württemberg Arbeitsheft 8 (Stuttgart 2001);
H. Schlichtherle/M. Mainberger, Klimawandel. Probleme für das archäologische Kulturgut unter Wasser. Nachrichtenbl. Arbeitskr. Unterwasserarch. NAU 13, 2006, 59–63.

Archäologische und baugeschichtliche Beobachtungen im Umfeld des Schlosses Gondelsheim, Kreis Karlsruhe

Schloss und Kirche

Zu Zeiten, als eine Fahrt mit dem Schnellzug von Mannheim nach Stuttgart noch vergleichsweise beschaulich und zudem weitgehend obertägig verlief, fiel der Blick des wachsamen Reisenden am Rande des inmitten des Kraichgaus gelegenen Ortes Gondelsheim auf ein bemerkenswertes architektonisches Ensemble. Über einem Schloss, aus dem man jeden Moment erwartet, Margaret Rutherford als Miss Marple heraustreten zu sehen, thront ein einsamer Turm, offenbar der letzte Rest einer alten Kirche.
Besagtes Schloss geht auf einen ritterschaftlichen Gutshof zurück, der im 18. Jahrhundert von der Familie von Mentzingen in badische Hand überging. Unter der Ägide Ludwigs, Sohn des gleichnamigen badischen Großherzogs und Graf von Langenstein, wurde 1857–61 die alte Anlage (Abb. 193) durch den Architekten Georg Jakob Schneider im viktorianischen Stil „überarbeitet". Über Erbschaft gelangte das Anwesen schließlich an die durch Heirat mit den Grafen von Langenstein verbundenen Grafen Douglas. Die Schlossanlage erhielt 1905–07 ihre heutige Gestalt. Im Auftrag Graf Wilhelms integrierte der Karlsruher Architekt Emil Schweickhardt den neugotischen Hauptbau in zwei ebenfalls stilistische Anleihen beim Mittelalter nehmende Jugendstilflügel.

Abb. 193
Gondelsheim. Ansicht des Dorfes mit Gutshof, alter und neuer Pfarrkirche. Lithographie von Ludwig Kuntz, um 1850.

Auf dem Gelände des Schlosses und früheren Gutshofes lag auch die ehemalige Pfarrkirche Gondelsheims, deren früheste Geschichte ebenso im Dunkel liegt wie die des Dorfes selbst, der – für einen -heim Ort im Altsiedelland höchst ungewöhnlich – erst im Jahr 1257 seine früheste schriftliche Erwähnung findet. Auf einem Ortspanorama aus der Zeit um 1850 (Abb. 193; 196) ist sie noch neben dem 1842 errichteten Kirchenneubau zu sehen. 1857/58, d. h. mit der Erneuerung des Schlosses, wurde das Langhaus abgerissen, und lediglich der auf einem rechteckigen Untergeschoss ruhende achteckige Chorturm blieb, mittelalterlich umgestaltet, als Belvedere erhalten.

Bemerkenswert erscheint ihre exponierte Lage außer- und oberhalb des Dorfes – eine für eine Pfarrkirche ungewöhnliche topografische Situation, die andernorts im Kraichgau ihre mögliche Erklärung in der Entstehung der Pfarre aus einer ursprünglich auf einem frühmittelalterlichen Gräberfeld gelegenen Coemeterialkirche findet.

Denkmalpflege

Aktuelle Gestaltungsvorhaben rund um Schloss und Kirche riefen die Denkmalpflege in fast der gesamten Bandbreite ihrer Tätigkeiten – von Bau- und Kunstdenkmalpflege, Restaurierung und Bauforschung bis hin zur Archäologie – auf den Plan. Anlässlich der geplanten Wiederherstellung des historischen englischen Gartens auf dem Hang oberhalb des Schlosses durchgeführte Baggersondagen stießen nicht, wie erhofft, auf Beet- und Wegfassungen des 19. Jahrhunderts, stattdessen auf fast vergessene Gewölbe und unbekannte Mauern im Bereich der Kirche (Abb. 194). Die zutage getretenen Befunde wurden, so weit nötig, freigelegt und dokumentiert. Weitere Untersuchungsmöglichkeiten ergaben sich aus weniger gestalterisch als vielmehr konservatorisch bedingten Erdbewegungen. Um in Zukunft das weitere Eindringen von Feuchtigkeit in den Bau zu verhindern, mussten jüngere Ablagerungen am Fuß des Kirchturmes entfernt werden.

Abb. 194
Gondelsheim. Archäologische Befunde im Umfeld des Turmes der ehemaligen Pfarrkirche.

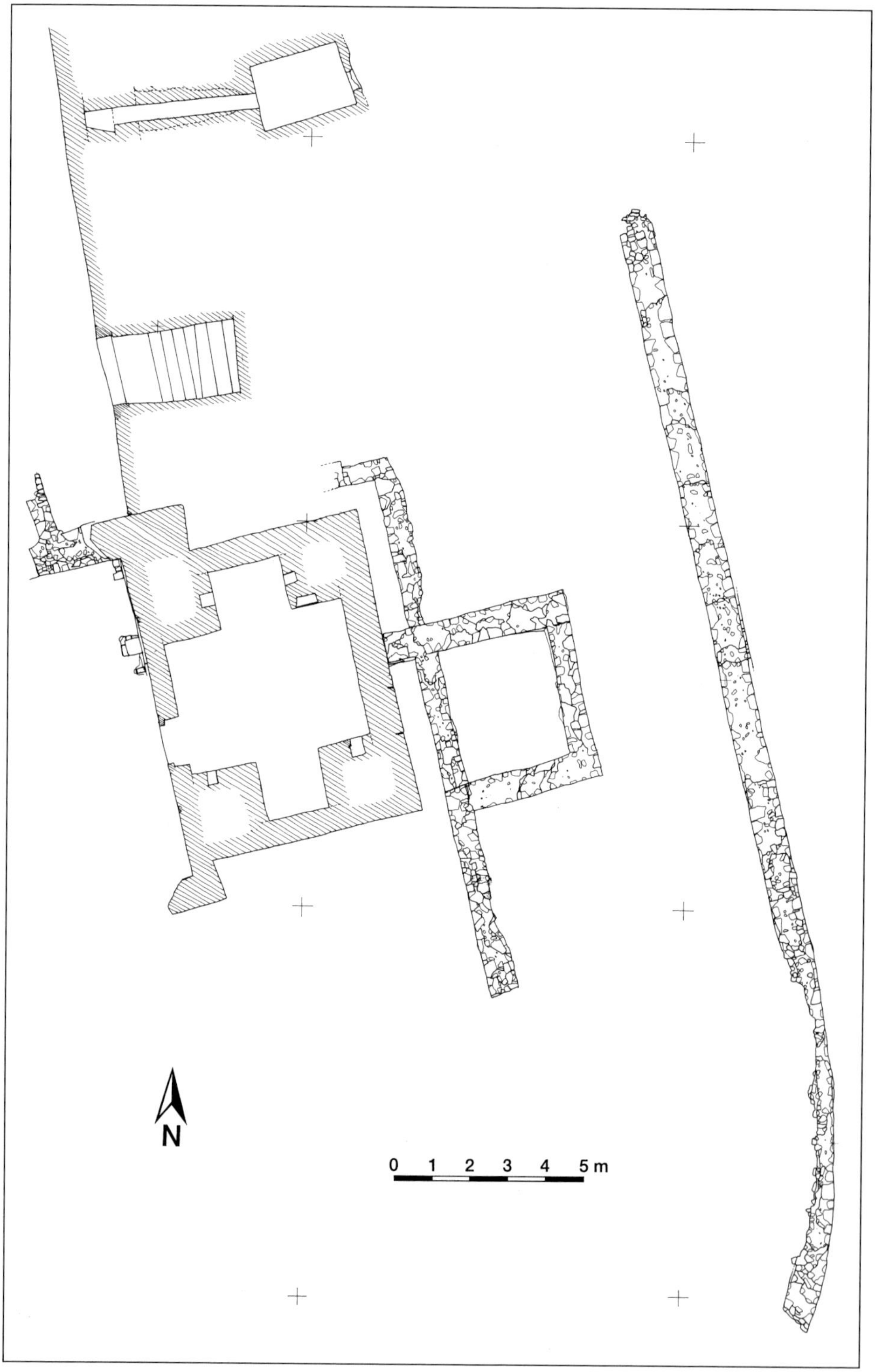

Die Feuchtigkeit im Mauerwerk ist einer der Gründe für den beklagenswerten Zustand der im Turminneren aufgebrachten qualitätvollen Wandmalereien aus dem späten 14. Jahrhundert, die unter anderem einen Apostelzyklus umfassen.

Beobachtungen in der ehemaligen Kirche und ihrem Umfeld

Schon eine oberflächliche Betrachtung der Westwand des Turmes ergibt erste Hinweise auf die Baugeschichte der gesamten Kirche (Abb. 195). Eingemauerte Sandsteingewände zeugen hier von einem älteren Triumphbogen, der – sofern man ihn zu einem Rundbogen ergänzen möchte – in die Zeit der Romanik zu datieren ist. Der zugehörige Turm dürfte aufgrund seiner recht geringen Mauerstärke nur einen in Fachwerk ausgeführten Oberbau getragen haben.
Zu einem späteren Zeitpunkt wurde der Triumphbogen durch eine Unterfangung der Seiten verschmälert und gleichzeitig mittels eines aus Ziegeln gemauerten Korbbogens erhöht. Diese Maßnahme war durch den Einbau massiver Eckpfeiler im Turm (Abb. 194) notwendig geworden, die die Last des nun in Stein ausgeführten, achteckigen Oberbaus aufnahmen (Abb. 196). Diese Pfeiler tragen die oben genannten Wandmalereien, womit sich die zweite Bauphase in das 14. Jahrhundert datieren lässt.
Die Zumauerung des Triumphbogens repräsentiert einen Zustand, der sich auf den ältesten erhaltenen Plänen der Kirche von 1785/87 (Abb. 197) dargestellt findet. Der Innenraum des Turms wurde nicht mehr als Chor genutzt, der Altar stand nun im Langhaus. Vermutlich mit Abriss des Langhauses im 19. Jahrhundert verschloss man den Durchschlupf zum Turm mit einer Pforte, der man – ganz im Geist der Romantik – ein mittelalterliches Gepräge gab. Zwei wohl von der Kirche stammende Gewändereste wurden durch neue Werksteine zu einem Spitzbogen ergänzt.

Abb. 195
Gondelsheim. Westwand des Kirchturmes der früheren Pfarrkirche mit ehemaligen Triumphbögen.

Im westlich an den Turm anschließenden Bereich haben sich unter den Anschüttungen die Ansätze des abgerissenen Langhauses erhalten. Im verbliebenen Rest der nördlichen Außenwand zeichnete sich dabei – entsprechend den Eintragungen auf dem Grundrissplan des 18. Jahrhunderts (Abb. 197) – ein Durchgang ab. Dieser wurde zwar sicher bis zum Abriss der Kirche genutzt, sein Alter ließ sich indes nicht bestimmen. Von den jüngeren Nutzungsphasen zeugen darüber hinaus Reste des Innenputzes und des Fußbodens. Die deutliche Höhendifferenz zum Ansatz des ältesten Triumphbogens legt nahe – selbst wenn man eine Stufe zum Chor hin berücksichtigt –, dass das mittelalterliche Fußbodenniveau etwas höher lag und sich somit dem archäologischen Nachweis entzieht.
Der Ansatz der Südwand reichte noch bis zum ersten Fenster, erkennbar an der Sohlbank und dem Mauerfalz zur Aufnahme des seitlichen Laibungssteins.

Abb. 196
Gondelsheim. Alte Pfarrkirche. Ausschnitt von Abb. 193.

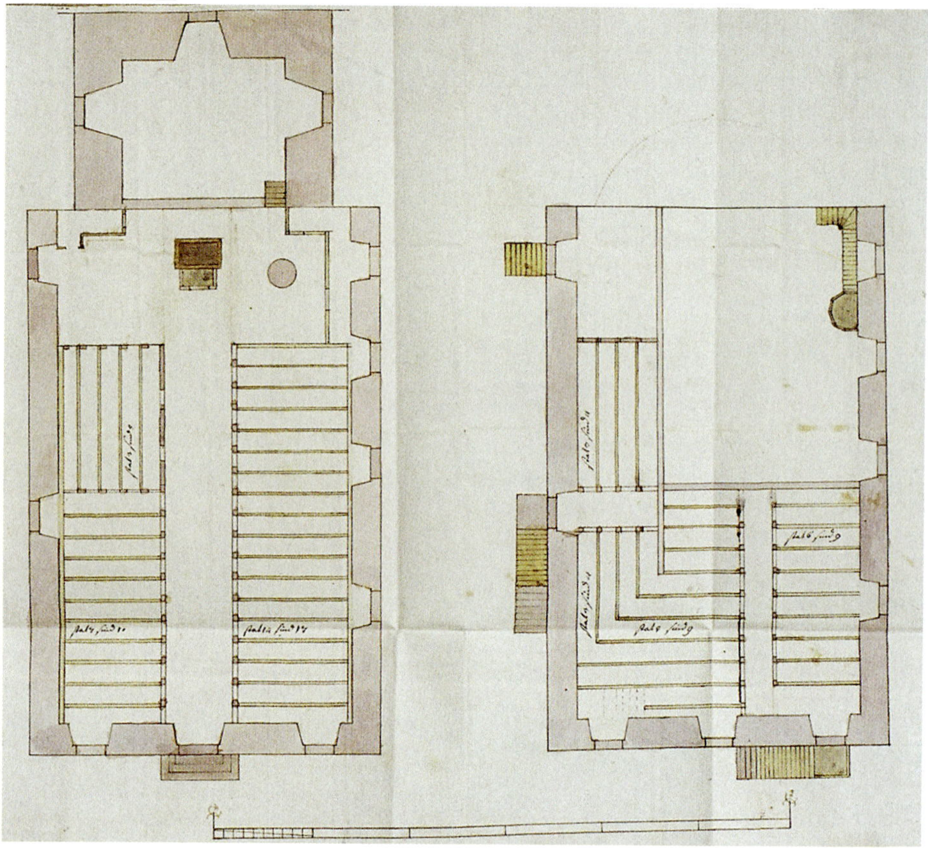

Abb. 197 Gondelsheim. Grundrissplan der ehemaligen Pfarrkirche, um 1785/87.

Auf die ungewöhnliche topografische Situation der Kirche wurde bereits hingewiesen. Bei den Erdarbeiten im Umfeld des Turmes kamen zwar verlagerte menschliche Knochen vom alten Friedhof zutage, allerdings nichts, was auf Reihengräber hinweisen würde. Mit einer frühmittelalterlichen Entstehung kann somit die Lage – zumindest nach derzeitigem Kenntnisstand – nicht erklärt werden.

In anderer Hinsicht zeigten sich die Ausgrabungen dort ertragreicher, wurden doch zahlreiche, bislang unbekannte Mauerreste aufgedeckt (Abb. 194). Ein stumpf an die Ostseite des Turmes stoßender Anbau ist mit Sicherheit als Sakristei anzusprechen. Vom ehemaligen Chor aus war dessen 4,2 m × 3,5 m messender, verputzter Innenraum durch einen später zugesetzten Durchgang erschlossen, der in seiner Flucht nicht mit dem bemalten Südostpfeiler der zweiten Bauphase (14. Jahrhundert) korrespondiert. Ohne eine qualifizierte Befunderhebung im Turminneren lassen sich jedoch keine verbindlichen Aussagen zur baugeschichtlichen Einordnung der Sakristei treffen. Es scheint indes plausibel, ihre Aufgabe in Zusammenhang mit der Zumauerung des Chores (Bauphase 3) zu stellen, der dann als Sakristei zur Verfügung gestanden hätte. Nach seinem Abriss wurde der Anbau von einer Mauer überlagert, die momentan nur als Substruktion gegen den Hang hin zu deuten ist.

Neben den eigentlichen Kirchenbauten selbst konnten östlich des Turmes auf rund 30 m Länge Reste der ehemaligen Kirchhofmauer aufgedeckt werden. Mit einer Stärke von 0,8–0,9 m trägt diese durchaus Befestigungscharakter.

Archäologie im Landschaftsgarten

Am Waldrand weit oberhalb der Kirche brachten die zum Zweck der Rekonstruktion des ehemaligen Landschaftsgartens durchgeführten Baggerschürfungen einen für die Archäologie nicht alltäglichen Befund zutage. Inmitten zweier konzentrischer runder Steinfundamente von 9,5 m bzw. 13,5 m Durchmesser stieß man auf einen von Osten durch einen Treppenabgang erschlossenen Gewölbekeller (Abb. 198).
Zweifelsohne handelt es sich um die Überreste eines noch auf dem Gemarkungsatlas von 1862–65 verzeichneten Pavillons. Seine Errichtung – es handelt es sich wohl um das in den Quellen als Hirschhaus geführte Jagdgebäude – dürfte in die Zeit von 1806–09 fallen, als der spätere badische Großherzog Ludwig den Englischen Garten oberhalb von Schloss und Kirche sowie die hangaufwärts anschließenden, weitläufigeren „oberen Anlagen" schaffen ließ. Dort, am Waldrand, ist der Bau auch auf der Lithografie von Ludwig Kuntz (Abb. 193; 199) zu erkennen. Der dargestellte Bau scheint auf den ersten Blick eher völkerkundlich als durch die klassische Antike inspiriert, doch belegen auch schriftliche Zeugnisse, dass das Hirschhaus mit Kornstroh gedeckt war. Offensichtlich hat man in den bewusst naturnah gestalteten „oberen Anlagen" die Antike im Sinne der Bukolik interpretiert.

Herzlicher Dank gebührt Herrn Thomas Albert für die tatkräftige Unterstützung der archäologischen Untersuchungen und Herrn Axel Graf Douglas für die Finanzierung der Baggerarbeiten. Ein Teil der Abbildungsvorlagen wurde dankenswerterweise von Herrn Thomas Adam zur Verfügung gestellt.

Folke Damminger

Literaturhinweise

H. Diruf, Mittelalterliche Malereien im Chorraum der Dorfkirche. In: Th. Adam (Hrsg.), Gondelsheim. 750 Jahre Geschichte im Saalbachtal (Ubstadt-Weiher 2006) 74–75; F. Hofmann, Der Umbau des Amtshauses in Gondelsheim zum herrschaftlichen Schloss mit „Englischer Parkanlage". Ebd. 109–114;
A. Steudle, Die Baugeschichte von Schloss Gondelsheim im 19. und 20. Jahrhundert. Ebd. 118–124.

Abb. 199
Gondelsheim. Pavillon in den sog. oberen Anlagen des Schlosses. Ausschnitt von Abb. 193.

Abb. 198
Gondelsheim. Fundamente des Pavillons in den sog. oberen Anlagen des Schlosses. Blick von Südwest.

Ausgrabung auf dem Veitsberg, Stadt Ravensburg

Abb. 200
Ravensburg. Blick von der Veitsburg nach Norden auf das Schussental.

Von der Spitze des Veitsbergs schweift der Blick weit übers Land, bei klarer Sicht von den Schweizer Alpen im Südwesten über die Niederung des Bodensees. Gegen Westen, Norden und Nordosten begrenzen die eiszeitlichen Moränenrücken Oberschwabens das Blickfeld. Unmittelbar zu Füßen liegen der Altstadtkern der Stadt Ravensburg und das Schussental (Abb. 200), das gerade hier eine leichte Verengung aufweist, bevor es sich zum Bodensee hin wieder weitet. Der Veitsberg selbst präsentiert sich als schmaler, nach Norden gerichteter Sporn mit steil abfallenden Flanken zwischen der Schussen im Westen und dem Flattbachtal im Osten. Gegen Süden wird das etwa 200 m lange und bis 80 m breite Bergplateau durch einen natürlichen, ehemals vielleicht durch Befestigungsanlagen überformten Sattel begrenzt. Die topografische Situation bietet natürlichen Schutz und zugleich eine beherrschende Position an verkehrsgeografisch günstiger Stelle. Es verwundert nicht, dass hier die Welfen ihren Stammsitz wählten und auch Reste vorgeschichtlicher Höhenbesiedlung anzutreffen sind.

Den Anlass zu einer neuerlichen Grabung auf dem Veitsberg gab, wie bei der ersten Untersuchung 1980, ein Erweiterungsvorhaben der dortigen Jugendherberge. Konzentrierte sich die Grabung damals auf die Nordspitze des Bergsporns innerhalb der mittelalterlichen Burganlage, so lag das Untersuchungsgebiet nun auf dem Plateau außerhalb der spätmittelalterlichen Burg.

Bauspuren des Mittelalters

Erst die spätmittelalterliche Veitsburg beschränkt sich auf die Nordspitze des Berges. Die Grabungsbefunde im knapp 400 Quadratmeter großen Grabungsareal machen deutlich, dass die mittelalterliche wie die vorgeschichtliche Besiedlung dagegen weit über den heutigen Burgbereich hinausgriff und das gesamte, rund 1,7 ha große Bergplateau eingenommen haben dürfte. Besonders bemerkenswert sind die Spuren eines sicherlich repräsentativen Bauwerks von 9 m × 13 m Ausdehnung, das auf einem massiven, aus Steingeröllen geschichteten Fundament ruhte. Bis auf geringe Reste war dieses allerdings ausgebrochen worden. Man verwendete die Steine wohl als Baustoff für die Mauern der mittelalterlichen Burganlage. Das Gebäude dürfte dem 11. Jahrhundert angehört haben, denn die wieder einplanierten Ausbruchgruben des Fundaments wurden von einem Grubenhaus überlagert, in dem sich keramische Reste des 12./13. Jahrhunderts fanden. Mehrere solcher wohl vorrangig handwerklichen Zwecken dienenden Grubenhäuser konnten im Grabungsausschnitt 2006 erfasst werden. Eine große Zahl an Pfostengruben unterstreicht schließlich die umfangreiche Siedlungs- und Bautätigkeit während des Mittelalters. Möglicherweise deutet sich eine Gliederung des Veitsbergplateaus an, mit einer herrschaftlichen Kernburg auf der Nordspitze und einem zugehörigen Wirtschaftsbereich im Rückraum. Spannend wird bei der Auswertung der Funde und Beobachtungen sein, wann die mittelalterliche Besiedlung des Berges außerhalb der Veitsburg aufgegeben wurde und wie sich dies in der Siedlungsgeschichte der Stadt Ravensburg spiegelt.

Wohl in der Zeit nach Aufgabe der Burgsiedlung auf dem Bergplateau angelegt und ebenfalls mit Baumaßnahmen in der Burg zu verknüpfen ist ein Kalkbrennofen mit einer Brennkammer von 3,8 m Durchmesser. Der Baustelle benachbart wurde Kalktuff gebrannt; der gelöschte Kalk diente zur Zubereitung des benötigten Mörtels.

Vorgeschichtliche Höhenbesiedlung

Schon bei der Grabung 1980 hatte sich der Veitsberg auch als prähistorische Höhensiedlung gezeigt. Zwar dominierten die Funde der Früh- und Mittelbronzezeit, es konnte aber auch eine Besiedlung während der Urnenfelderzeit und der Späthallstattzeit erkannt werden. Einzelfunde sprachen dafür, dass der Veitsberg auch in römischer Zeit aufgesucht worden war. Einige wenige Funde ließen schließlich bereits jungsteinzeitliche Besiedlung ahnen. Immer wieder scheinen die geschützte Lage und die zugleich beherrschende Situation des Berges an verkehrsgeografisch günstiger Stelle eine bedeutende Rolle gespielt zu haben.

Die neuen Ausgrabungen haben den Bestand an prähistorischen Funden beträchtlich erweitert. Erneut liegen reichlich früh- bis mittelbronzezeitliche Funde vor, eine Grube erbrachte ein breites Keramikspektrum der späten Urnenfelderzeit, und vor allem gewinnt die neolithische Besiedlung des Berges schärfere Kontur. Aus einem wohl als Grubenhaus zu deutenden Befund sowie aus mehreren Gruben stammt ein Fundbestand, der die kennzeichnenden Merkmale der endneolithischen Goldberg-III-Gruppe Oberschwabens trägt, mit Silex- und Knochengerät, einer aus alpinem Edelserpentin gefertigten Beilklinge, ferner mit charakteristischer Gefäßkeramik, u. a. sogenannter „mattengerauter" Ware. Schließlich liegen mehrere aus Hirschgeweih geschnittene Zwischenfutter zur Schäftung von Steinbeilklingen vor (Abb. 201). Gut vergleichbar sind Fundspektren vom nahen Schreckensee oder aus dem Federseegebiet. Schon für das 3. vorchristliche Jahrtausend deutet sich die Passage durch das Schussental als wesentliche Verkehrsachse vom Bodensee zur Donau an.

Befestigungen

Für den mittelalterlichen Burgbereich an der Nordspitze des Veitsberges ist eine Befestigung seit dem 10. Jahrhundert erwiesen. Einer frühesten Palisadenumwehrung folgt dann wohl bereits im 11. Jahrhundert eine Steinmauer. Besonderes Augenmerk musste

Abb. 201 Ravensburg, Veitsburg. Zwischenfutter aus Hirschgeweih der Goldberg-III-Gruppe.

nun der Frage einer Randbefestigung entlang der Plateaukante außerhalb der Veitsburg gelten. Ungünstiger Bewuchs ließ aber leider nur eine räumlich beschränkte Sondage zu. Klare Hinweise auf Befestigungswerke – auf Holz-Erde-Mauern, Palisaden oder Steinmauern – ergaben sich bislang nicht, weder für die mittelalterliche noch für vorgeschichtliche Besiedlungsphasen. Vielmehr reichen die prähistorischen und mittelalterlichen Siedlungsbefunde wie Grubenhäuser und Gruben bis unmittelbar an den Rand des heutigen Plateaus heran. Sollten hier tatsächlich unbefestigte Bergsiedlungen vorliegen bzw. der Steilhang einen Flankenschutz durch aufwendige Befestigung überflüssig gemacht haben? Wurde die Hangkante verändert oder haben Rutschungen zum Verlust archäologischer Spuren geführt?

Die Fragen bleiben. Vielleicht können baubegleitende archäologische Beobachtungen zur Klärung beitragen. Eine ergänzende Untersuchung ist für 2007 vorgesehen. Vor der Veitsburg ist heute noch eine leichte Grabenmulde zu erkennen. Hier soll geprüft werden, ob der Graben bereits in der Frühzeit der mittelalterlichen Burg angelegt wurde, und ob eine mehrkammrige Burganlage vorliegt, wie sie mehrfach gerade auch im oberschwäbischen Raum bekannt ist.

Dank gebührt insbesondere der Stadt Ravensburg für vielfältige Unterstützung. In bewährt gutem Zusammenwirken gelang es, das Bauprojekt und die Belange der Archäologie in Einklang zu bringen und gute Voraussetzungen für eine vertiefte Kenntnis der Frühgeschichte des Ravensburger Raumes zu schaffen.

Friedrich Klein

Literaturhinweise

D. Ade-Rademacher/R. Rademacher, Der Veitsberg bei Ravensburg. Forsch. u. Ber. Arch. Mittelalter Baden-Württemberg 16 (Stuttgart 1993). – H. Schlichtherle, Die Goldberg-III-Gruppe in Oberschwaben. In: Hemmenhofener Skripte 1 (Freiburg 1999) 35–48.

Fortsetzung der Grabungen in der frühschwäbischen Hochadelsburg in Wolfsölden, Gde. Affalterbach, Kreis Ludwigsburg

Wie bereits im letztjährigen Bericht angekündigt wurde, dauerten die Grabungen in Wolfsölden bis Ende 2006. Es konnten so noch weitere Flächen der Kernburg – unter reger Anteilnahme der Öffentlichkeit – untersucht werden. Einen Höhepunkt stellte der Besuch des Regierungspräsidenten Dr. Andriof am 6. September mit entsprechender Beteiligung der Presse dar.

Ergänzung zur Historie

Zum Beitrag des letzten Jahres ist ergänzend zu vermerken, dass die Familie der Wolfsöldener, die sich gegen Ende des 11. Jahrhunderts an diesem Ort ansiedelte, ihre Burg nicht im Niemandsland erbaute. Wie P. Sauer bereits 1972 dargelegt hat, deutet der Ortsname „Wolfsölden“ auf eine Behausung eines königlichen Wolfsfängers. Es ist also anzunehmen, dass ein solcher in Wolfsölden saß, bevor sich ein Zweig der Hessonen hier niederließ.

Archäologische Befunde

Wie sich im Lauf des Jahres zeigte, ist die Periodisierung der Burggeschichte wesentlich differenzierter, als es der vereinfachte Plan von 2005 darstellte (Abb. 202; 203).

Frühe Burgenphase, um bzw. kurz nach 1100
Zu den Anfängen der Burg Wolfsölden gehörten zweifelsfrei der Wohnturm, die Umfassungsmauer, ein weiteres steinernes Haus und (mindestens) zwei Lehmgebäude (Abb. 202). Die Umfassungsmauer (1) wurde im Wesentlichen bereits im letzten Band erläutert. Sie wurde weiterhin im äußersten Norden der Grabung noch in Resten erfasst, allerdings ohne das Abknicken nach Osten feststellen zu können.
Der Wohnturm (2) konnte an seiner Ostseite so weit verfolgt werden, dass man als Innenmaß etwa 9 m in West-Ost-Richtung und 8 m in Nord-Süd-Richtung angeben kann, bei einer Mauerstärke von ca. 2,3 m. Eine Ergänzung der Fluchten ergibt einen leicht trapezoiden Grundriss.
Von einem Steinhaus (3) wurde lediglich die Südmauer nachgewiesen, einschließlich der östlichen Mauerecke mit dem Knick nach Norden. Da sich das Gebäude an die Umfassungsmauer anlehnt, beträgt das west-östliche Innenmaß 3,5 m. Nach Norden wird das Haus von einer späteren massiven West-Ost-Mauer geschnitten, jenseits derselben finden sich lediglich Reste einer Nord–Süd verlaufenden Mauerausbruchgrube. Da das Wohnen der Burginsassen im Wohnturm stattgefunden haben wird, ist mit diesem Gebäude ein Wirtschaftsbau (Küche?) angeschnitten.
Zwei Lehmbauten zählen ebenfalls zur frühen Phase der Burg. Einer (4) lehnt sich südlich des Steinhauses ebenfalls an die Außenmauer, eine Feuerstelle mit dahinter liegendem Rauchabzug (?) aus Lehmwülsten, der wohl in der ersten Umfassungsmauer als Kamin seine Fortsetzung fand, weist ihn wahrscheinlich als Schmiede aus. Ihre Maße betrugen etwa 3,5 m × 3,5 m.
Der zweite Lehmbau (5) liegt weiter östlich und lässt sich mit Pfosten, Schwellgräbchen und zugehörigem Estrich nachweisen, wenn auch der Befund stark gestört ist. Eine Innenteilung in West-Ost-Richtung ist anhand von kleineren Pfosten und Steckenspuren festzustellen. Die Art der Benutzung bleibt, auch aufgrund fehlender entsprechender Funde, ungewiss.
Weitere Befunde wie Pfostenlöcher, Steckenspuren und Schwellgräbchen im Nordwesten stammen wohl aus derselben Zeit.

Abb. 202
Affalterbach-Wolfsölden. Befundplan: Vorburgzeitliche Siedlungsreste, frühe Burgen- und Ausbauphase.

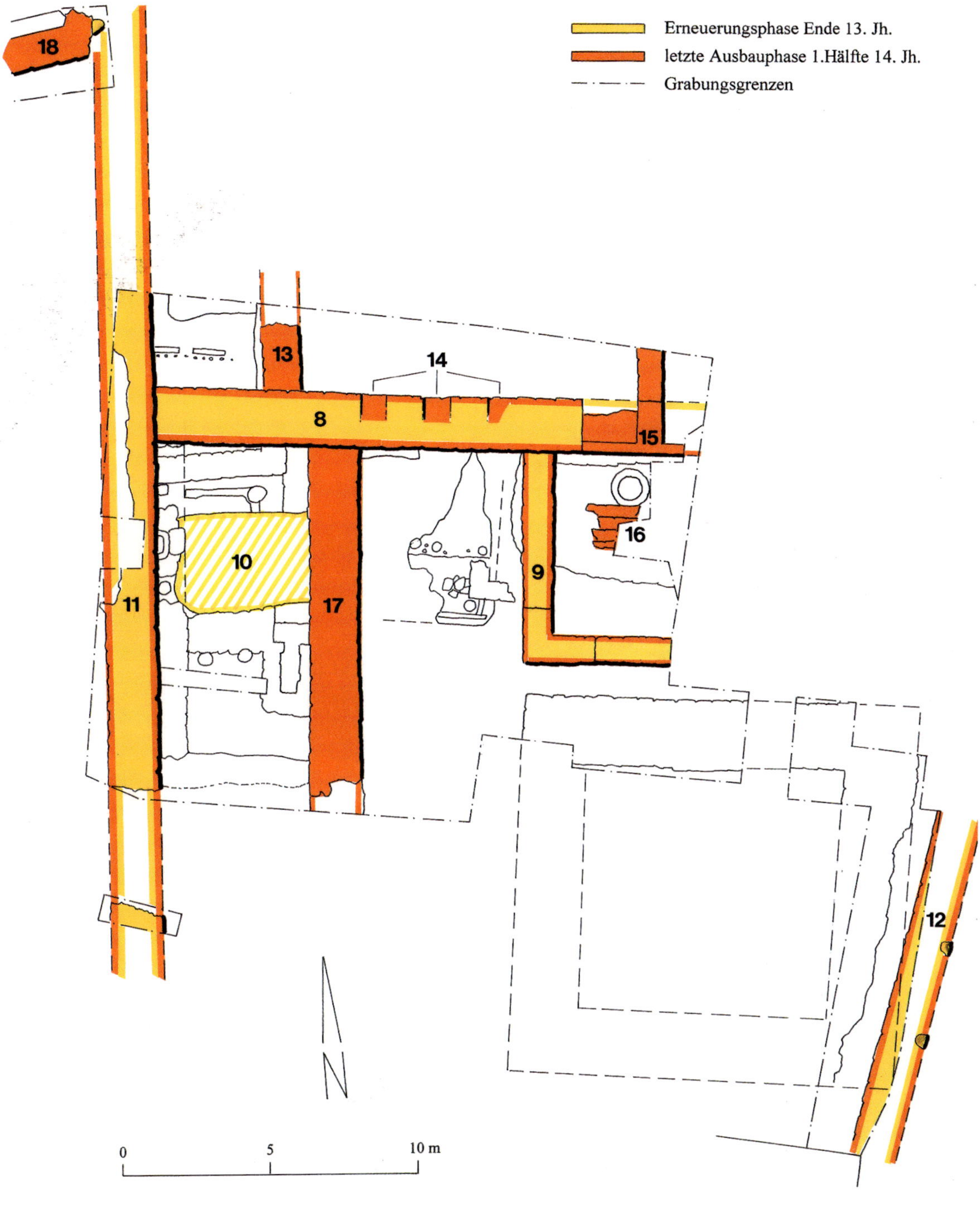

Abb. 203
Affalterbach-Wolfsölden. Befundplan: Erneuerungsphase und letzte Ausbauphase.

Ausbauphase, 2. Hälfte 12. Jahrhundert

Zur Ausbauphase der frühen Burg gehören die Luftheizung und die Zisterne samt Überbau (Abb. 202).

Der Ofen (6) wurde ebenfalls an der genannten Stelle ausführlich vorgestellt, genauso das ihm zuzuordnende Gebäude. Da man mit Sicherheit davon ausgehen kann, dass hier keine Wohnnutzung vorliegt (Wohnturm!), handelt es sich hier um ein Nebengebäude. Die Zisterne (7), die schon im letzten Band besprochen wurde, wurde nun vollständig freigelegt (Abb. 204). Die Tonummantelung des gemauerten Schachtes, der insgesamt in einer Höhe von 2,30 m erhalten war, zeigte unten eine Öffnung, die das gefilterte Wasser in diesen hineinströmen ließ.

Das Ende dieser Burgenphase kennzeichnet wohl eine umfassende Zerstörung, die umfangreiche Neubaumaßnahmen notwendig machte.

Abb. 204
Affalterbach-Wolfsölden. Zisterne: Schöpfschacht mit Tonmantel und Zulauföffnung, Tonauskleidung und Filterschicht. Rechts Reste der provisorischen Treppe, links Sandsteinschwelle.

Erneuerungsphase, Ende 13. Jahrhundert

Im Norden wird die Zisterne durch die bereits mehrmals genannte massive West-Ost-Mauer (Abb. 203 Nr. 8) geschnitten, die im Westen an die Umfassungsmauer stumpf anschließt und zu einem Gebäude gehört, das sich nach Norden bis zur dort sicher zu postulierenden Umfassungsmauer erstreckt. Das würde eine Innenausdehnung in Nord-Süd-Richtung aufgrund des nördlichsten Befundes im Westen von etwas mehr als 10 m bedeuten. Die Mauer kann eventuell mit einem Neubau eines Wohngebäudes, eines „Palas", in Verbindung gebracht werden, zumindest bietet sich derzeit keine andere Erklärungsmöglichkeit an.

Die aufgegebene Zisterne wird ummauert (stumpf anschließend an die „Palas-Mauer", Verlauf Nord–Süd, dann im 90-Grad-Winkel weiter verlaufend nach Osten), wohl zur Sicherung der verfüllten früheren Baulichkeit. Diese Mauer (9) ist nicht sehr massiv ausgeführt und diente sicher nicht als Fundament eines Gebäudes.

Für ein weiteres dieser Phase angehörendes Gemäuer spricht ein Keller (10), der sowohl die „Schmiede" der ersten Zeit als auch den Ofen mit dazugehörigen Befunden schneidet. Er durchstößt zudem eine in diesem Bereich lokal begrenzt vorhandene Brandschicht, die darauf hinweisen kann, dass das „Badhaus" durch ein Feuer zerstört wurde.

Als auffällige Maßnahme wird auch die Umfassungsmauer (11) neu aufgesetzt, was deutlich in einem Qualitätsunterschied der Mauertechniken zu verfolgen ist. In vergleichbarer Manier ist auch die Ostmauer der Burganlage (12; östlich des Wohnturms) errichtet, was auf eine Gleichzeitigkeit schließen lässt und die Zerstörung des Wohnturms voraussetzt.

Letzte Ausbauphase, 1. Hälfte 14. Jahrhundert

Nach einer offensichtlich starken Beeinträchtigung der Baulichkeiten kann man nun nochmals eine umfassende Bautätigkeit feststellen (Abb. 203).

Der sogenannte „Palas" im Norden erfährt eine Umgestaltung derart, dass nun ein Keller eingefügt wird (Abb. 205). Dazu wird eine Nord–Süd verlaufende Abmauerung eingebracht (13), Lichtschächte (14) in die West-Ost-Mauer eingefügt und ein aufwendiger Zugang aus Schwellen und Gewänden aus

Abb. 205
Affalterbach-Wolfsölden. Blick nach Süden aus dem Palaskeller über die Treppe, im Hintergrund Reste des Wohnturms.

Sandstein für einen doppelten Zugang in dieses Geschoss (15), jedoch in zwei verschiedene Räume, angelegt. Der Boden besteht aus gewachsenem Fels.
Von diesem Zugang weg führt nach Süden eine sehr provisorisch anmutende steinerne Treppe (16), die über der verfüllten Zisterne liegt.
Ausgehend vom Palas im Norden wird in ca. 5 m Abstand parallel zur Außenmauer eine neue errichtet, die vorläufig als Westflügel (17) angesprochen wird. Da das Eintiefungsniveau dieses Fundamentmauerwerks nicht erhalten ist, gibt es keine weiteren Erkenntnisse wie ehemalige Niveaus oder Inneneinteilungen. Ebenfalls ist seine Ausdehnung nach Süden hin nicht erfasst.
Im äußersten Norden der Grabungsfläche wurden die Reste eines ehemaligen Turmes (18) angeschnitten, der stumpf an die westliche Außenmauer anschließt. Da das Gelände nach Norden stark abfällt, ist hier kaum mehr als eine Steinlage erfasst und jede zeitliche Einordnung Spekulation, von der Funktion her ist man jedoch eher geneigt, ihn in eine der beiden letzteren Phasen zu datieren.

Vorburgzeitliche Befunde
Im Zwickel zwischen dem Keller des Nordflügels und der Umfassungsmauer wurden einige Befunde freigelegt, die sich stratigrafisch eindeutig in die Zeit vor der frühen Burg einordnen lassen. Dies ist z. B. ein Grubenhaus (19), dessen südwestliche Ecke angeschnitten wurde. Hier zeigen sich Reste der Behausung des (ottonischen?) Wolfsjägers, der sich anhand der Ortsnamensforschung erschließen lässt.

Keramik

Nach der vorläufigen Durchsicht des Fundmaterials durch U. Gross beginnt die Keramik mit dem Ende des 10. Jahrhunderts (mit einigen wenigen älteren verstreuten, bis in die Karolingerzeit datierenden Fundstücken) und endet in der Masse im 14. Jahrhundert. Neben burgenspezifischen Funden, die z. T. bereits im letzten Band vorgestellt wurden, fällt auf, dass erst im späten Fundmaterial Hohlziegel auftauchen, dagegen konnte aus den frühen Schichten eine Unzahl von kleinen Nägeln geborgen werden, die für eine Deckung der Gebäude mit Holzschindeln sprechen.

Gedankt sei nochmals sehr herzlich den vielen Personen, Institutionen und Behörden, die sich für die Grabungen und gegen eine Überbauung der für die Burgenforschung so wichtigen frühschwäbischen Burgreste eingesetzt haben. Wie mit dem Grundstück weiter verfahren wird, ist noch in der Diskussion. Für ein „Freilichtmuseum" scheinen die Befunde jedoch wenig geeignet aufgrund ihrer rudimentären Erhaltung und der z. T. großen Tiefen (Zisterne, Keller!), die erreicht werden.

Susanne Arnold

Literaturhinweis

S. Arnold, Arch. Ausgr. Baden-Württemberg 2005, 230 ff. mit weiterer Lit.

Archäologisches zur mittelalterlichen Wasserburg in Wurmlingen, Stadt Rottenburg am Neckar, Kreis Tübingen

Wurmlingen liegt auf einem seichten Geländerücken, der das Neckartal mit dem Ammertal verbindet. Im Osten der Ortschaft erhebt sich der Kapellenberg mit seinem dem Heiligen Remigius geweihten, altehrwürdigen Gotteshaus. Seit 1971 gehört Wurmlingen als Teilgemeinde zu der wenige Kilometer südwestlich gelegenen Großen Kreisstadt Rottenburg am Neckar.

Zwei Siedlungen

Der im 12. Jahrhundert erstmals urkundlich genannte Ort mit heute etwa 2500 Einwohnern wuchs aus zwei Teilen zusammen, die auf dem Ortsplan aus dem Jahr 1819 deutlich zu erkennen sind (Abb. 206). Der größere, westliche Teil liegt an der alten Straße, die von Rottenburg ins Ammertal führt und wenig östlich der vom römischen Rottenburg, dem antiken *Sumelocenna,* in den mittleren Neckarraum ziehenden römischen Fernstraße verläuft. Das Zentrum des östlichen Ortsteils bildet die heutige Pfarrkirche St. Briccius. Die beiden Siedlungskerne werden durch den Kirchweg, die heutige Bricciusstraße, miteinander verbunden.

Wasserschloss im Talgrund

Die Gewannbezeichnung „Schlossgärten" in der Talniederung südlich des Kirchweges, zwischen den beiden Siedlungsteilen, weist auf das Wasserschloss oder die Wasserburg, den Sitz der Ortsherren von Wurmlingen hin (Abb. 206). Die Burganlage wurde vom Ortsbach, dem Lacherweggraben, umflossen. Der Burggraben soll um die Wende zum 20. Jahrhundert noch zu sehen gewesen sein.
Über die Erbauungszeit des Wasserschlosses gibt es keine schriftlichen Überlieferungen, die erste urkundliche Erwähnung fällt in das Jahr 1373. Einem hohenbergischen Lehensverzeichnis von 1389/90 ist zu entnehmen, dass die „Veste" seinerzeit zwei Besitzer hatte: Heinrich von Stahler aus Rottenburg und Fritz von Wurmlingen. An die Adelsfamilie der Megenzer aus Felldorf, die das Schloss 1478 erwarben, erinnert der Gewannname „Megezergärten" nördlich des Kirchweges.

Abb. 206
Rottenburg a. N.-Wurmlingen. Verkleinerter Ortsplan von 1819 (aufgemessen von Geometer Seeger). 1 Mauerreste der Wasserburg im Gewann „Schlossgärten"; 2 Gasthaus Rössle.

Dass das Schloss in „einem schönen Weiher und Wassergraben" stehe, berichtet 1609 der Rottenburger Chronist Christoph Lutz von Lutzenhartt. Wenig später, im Dreißigjährigen Krieg, brannte es ab, wurde renoviert, um dann im 18. Jahrhundert endgültig abgerissen zu werden. Steine des herrschaftlichen Wohnhauses sollen 1823 beim Bau des Gasthauses Rössle verwendet worden sein (Abb. 206 Nr. 2). Als 1907 die neue Rottenburger Straße mitten durch die „Schlossgärten" geführt wurde, war von der herrschaftlichen Burg oberirdisch nichts mehr zu sehen.

Buckelquader aus Sandstein

Der erste archäologische Nachweis der Wasserburg wird der Aufmerksamkeit eines Wurmlinger Bürgers verdankt, der die Archäologische Denkmalpflege verständigte, als bei den Ausschachtungsarbeiten für ein Bauvorhaben in der Hirschauerstraße am Westrand der Baugrube Mauerreste zum Vorschein kamen. Die Sohle der Baugrube reichte etwa 2,60 m unter die heutige Bodenoberfläche. Bei einer kleinen archäologischen Untersuchung, die im Juli und September 2006 stattfand, konnte die Mauer auf eine Länge von knapp 7 m freigelegt werden (Abb. 207). Dabei zeigte es sich, dass die östliche Außenmauer und die Südostecke eines Gebäudes angeschnitten worden waren. Das Zweischalenmauerwerk besitzt eine Stärke von 1,70 m bis 1,80 m und war noch bis zu einer Höhe von 2 m bis 2,20 m erhalten. Der Mauerkern bestand aus kleinteiligen Muschelkalksteinbrocken in Mörtelbindung. Das aufgehende Mauerwerk begann wenige Zentimeter über der Baugrubensohle, die Funda-

Abb. 207 Rottenburg a. N.-Wurmlingen. Blick von Südosten auf die freigelegte Mauer in der Hirschauerstraße. Im Vordergrund die Gebäudeecke mit Buckelquadern aus Stubensandstein.

mentunterkante konnte nicht freigelegt werden. Als Baumaterialien waren Muschelkalk-, Tuff- und Stubensandsteine verwendet worden (Abb. 207). Die Tuffsteine dürften aus einem Kalktuffvorkommen im Neckartal zwischen Wurmlingen und Hirschau stammen, die Stubensandsteine vom Kapellenberg beziehungsweise vom wenig höher gelegenen westlichen Ausläufer des Spitzberges. An der Gebäudeecke waren ausschließlich Stubensandsteinquader verbaut worden. Es handelt sich um zum Teil nahezu 90 cm lange, zwischen 30 cm und 40 cm breite und bis zu 40 cm hohe Buckelquader mit flach ausgeprägten Buckeln und einem bis zu 10 cm breiten Randschlag (Abb. 207).

Keramische oder sonstige Funde kamen bei der Untersuchung nicht zum Vorschein, doch erlauben die Buckelquader an der Südostecke eine Datierung des Gebäudes, bei dem es sich um einen der Zentralbauten der Wasserburg gehandelt haben dürfte, in das 13. Jahrhundert. Es ist geplant, im Rahmen von geophysikalischen Messungen weitere Erkenntnisse über die Größe und den Grundriss des Gebäudes zu gewinnen.

Dem Bauträger aus Rottenburg-Ergenzingen und der Baufirma aus Lossburg-Lombach gilt unser Dank für die gute und komplikationslose Zusammenarbeit, Herrn Heiner Schall, Wurmlingen, danken wir für den umsichtigen Hinweis, der die archäologische Untersuchung in den „Schlossäckern" ermöglichte.

Hartmann Reim

Literaturhinweise

D. Ade-Rademacher/R. Rademacher, Vor- und frühgeschichtliche Siedlungsspuren und mittelalterliche Burgen auf der Gemarkung von Wurmlingen. In: K. Geppert (Hrsg.), 900 Jahre Wurmlingen. Vom Dorf am Fuße der Kapelle (Rottenburg am Neckar-Wurmlingen 2000) 23–49; Hans Peter Müller, Vom Hochmittelalter bis zum Ende des Alten Reiches, ebd. 50–100, bes. 59 ff., 74 ff.

Zum Fortgang der Grabungen in der Burgruine Löffelstelz in Dürrmenz, Stadt Mühlacker, Enzkreis

Im Mai und November 2006 wurden die zwei Jahre zuvor begonnenen archäologischen Begleituntersuchungen in der Burgruine Löffelstelz fortgesetzt. Im Blickfeld der Untersuchungen stand nun – dem Fortgang der Sanierungsarbeiten der Umfassungsmauern entsprechend – vor allem der Innenbereich der Burganlage vor der östlichen Schildmauer. Starke Schäden an den Umfassungsmauern, vor allem im südlichen Bereich der öst-

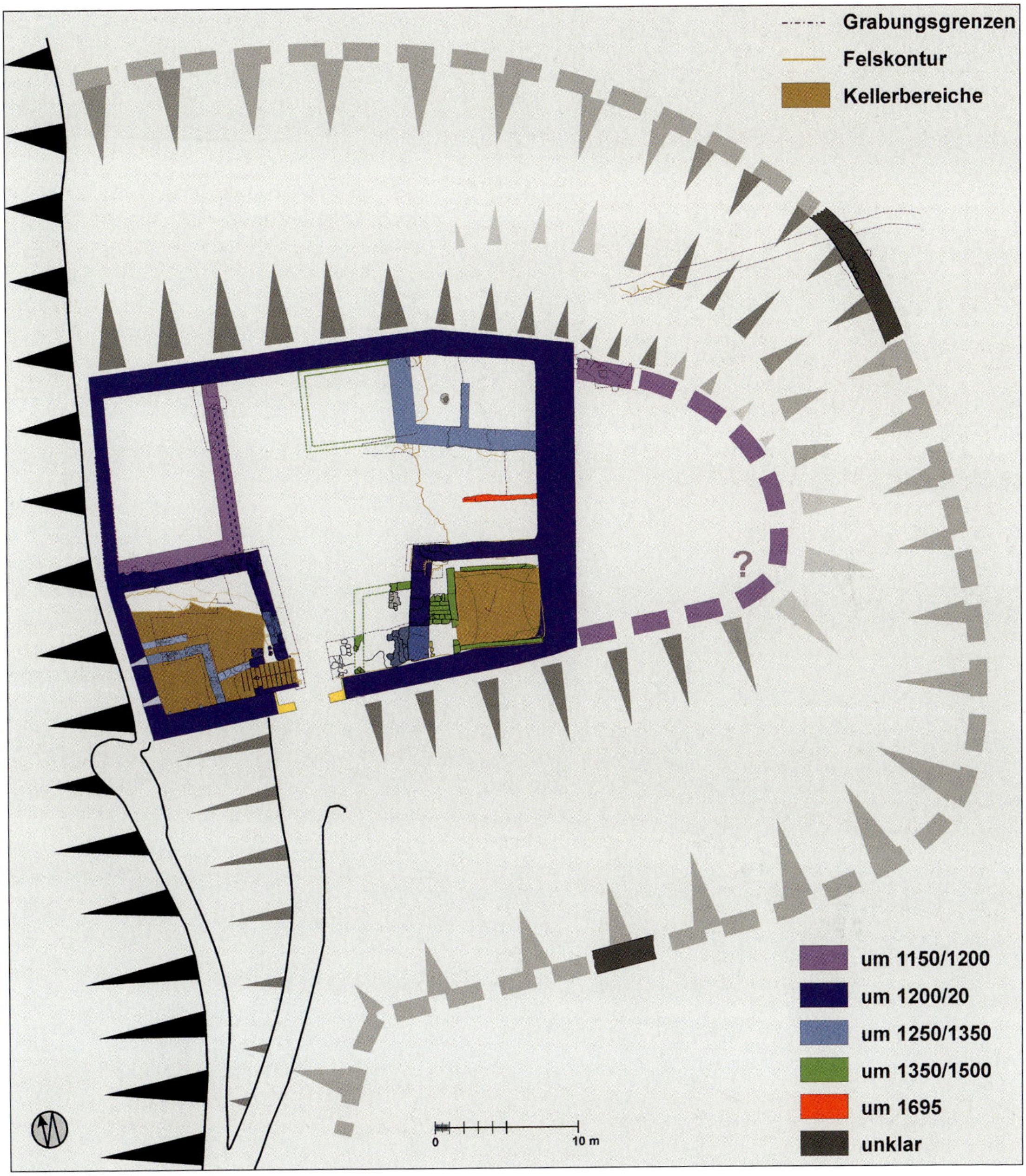

lichen Schildmauer, ließen die Standsicherheit der etwa 2,7 m starken Schildmauer fraglich erscheinen. Aus diesem Grund wurde eine Freilegung des Mauerwerks bis zur Basis beschlossen, welche die archäologischen Un-

Abb. 206
Mühlacker-Dürrmenz, Burg Löffelstelz. Gesamtplan der Grabungsbefunde mit rekonstruiertem Verlauf der Grabenbefestigung (Stand Nov. 2006).

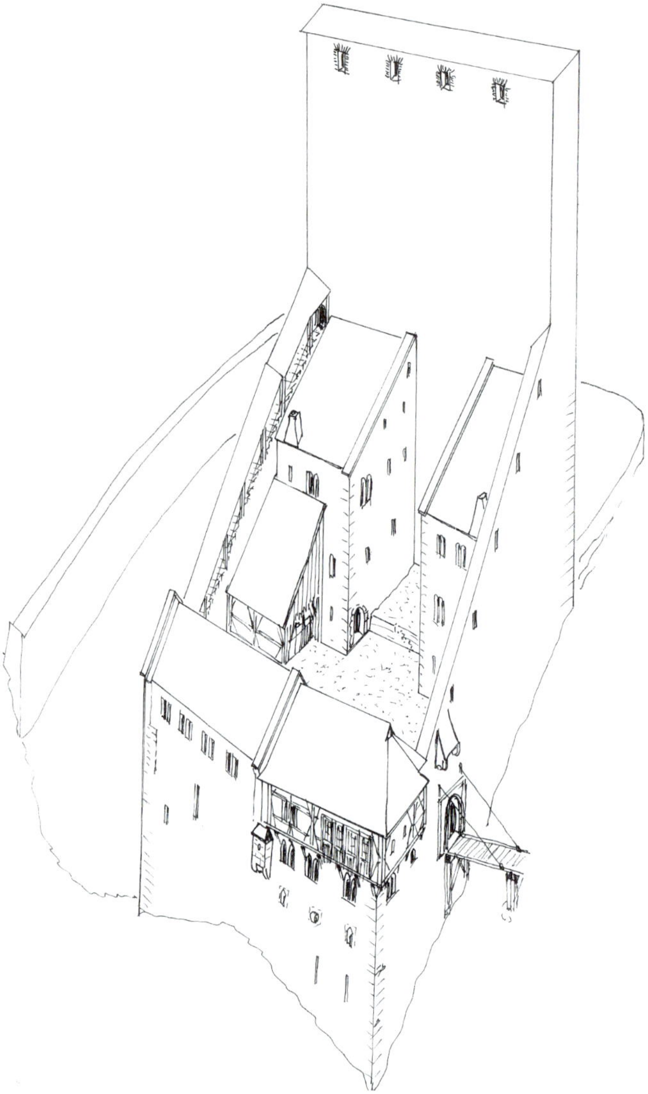

Abb. 209
Mühlacker-Dürrmenz, Burg Löffelstelz. Rekonstruktionsskizze der Burganlage im 14./15. Jh.

tersuchungen erforderlich machte. Weitere Befunde wurden im Zuge der nachfolgenden Innengestaltung der Burg angeschnitten (Abb. 208). Ein bereits während der Grabung im Mai 2006 im Südosten angeschnittener eingestürzter Gewölbekeller stellte eine weitere statische Problemzone dar und musste deshalb im November 2006 vollständig freigelegt werden.

Neues zur ältesten Burganlage

Bei den Untersuchungen 2004/05 konnten bereits erste Reste einer älteren Burganlage erkannt werden, die von der heute erkennbaren Schildmauerburg abgelöst wurde. Im nordöstlichen Außenbereich fand sich das Teilstück einer Ringmauer, die von der Baugrube der Schildmauer geschnitten wurde. Im Innenbereich der bestehenden Kernburg wurden an der Nordseite des ehemaligen Südwestbaus die Überreste eines nordwestlich gelegenen Steingebäudes erfasst, das ebenfalls bei Anlage der Umfassungsmauer abgebrochen wurde. Bei den nun erfolgten Untersuchungen traf die Baggerschaufel im nordwestlichen Bereich des Burginneren unmittelbar unter der Humusdeckschicht auf einen 1,2 m breiten Mauerwerksstreifen, der sicher zu diesem Gebäude gehört. Die Befundsituation deutet darauf hin, dass der Massivbau später durch einen Holzbau ersetzt wurde.
Konkrete Hinweise zur Datierung der ältesten Burganlage ergaben sich auch bei den jüngsten Grabungen leider nicht. Aus der relativen Bauabfolge ergibt sich ein zeitlicher Ansatz vor 1200/20. Dagegen lassen die ältesten Keramikfunde aus dem Burginneren sowie aus dem unmittelbaren Umfeld eine Entstehung der Vorgängerburg vor Mitte des 12. Jahrhunderts kaum möglich erscheinen.

Aufschlüsse zur Grabenbefestigung

Die Anlage eines Leitungsgrabens, der den ehemaligen Burggraben vollständig durchquert, ergab bemerkenswerte Aufschlüsse zur Grabenbefestigung.
Wie erwartet war der Burggraben in den anstehenden Fels eingearbeitet. Die nur in den Randbereichen erfasste Grabensohle steigt zur Burg hin flachstufig an. Demnach bestand nur an der Außenseite eine Grabenmauer, deren 1,5–1,6 m mächtiges Mauerwerk trocken aufgeschichtet wurde. Damit stimmt das Mauerwerk, das im Profil des

Leitungsgrabens noch eine Höhe von 1,1 m besaß, mit einem zuvor schon erfassten Teilstück an der südlichen Grabenseite überein. Die mörtelfreie Bauweise im erdberührenden Bereich der Mauer überrascht, da auf einer Ansicht der Burganlage aus der Zeit um 1810 der südliche Teil der Grabenmauer als eine mehrere Meter hoch aufgehend erhaltene Wehrmauer dargestellt ist.

Die Innenbebauung der Schildmauerburg

Im Zuge der Untersuchungen konnten in allen vier Ecken des Mauergevierts Gebäude nachgewiesen werden. Außer den beiden schon 2004/05 erfassten Bauten im Westen wurden im Laufe der 2006 erfolgten Untersuchungen im Osten zwei weitere Massivbauten aufgedeckt, die jeweils durch spätere Anbauten nach Westen erweitert worden waren. In der letzten Ausbauphase ähnelte das Innere der Burganlage schließlich einem dicht bebauten Stadtviertel mit tiefer Straßenschlucht (Abb. 209).

Zur ursprünglichen Schildmauerburg gehörten der Südostbau, der zunächst nur ein- oder zweigeschossige Südwestbau und ein Nebengebäude im Nordwesten. Vermutlich infolge von Erb- oder anderweitiger Eigentumsteilungen wurde der Südwestbau später zu einem zweiten Wohnbau umgebaut und der Nordostbau als drittes Wohngebäude errichtet. Damit handelte es sich bei der Burg Löffelstelz spätestens im 14. Jahrhundert um eine regelrechte Ganerbenburg.

Der Südostbau

Von dem vermutlich ersten Wohngebäude der neuen Burg zeugen Mauerreste in der Südostecke. Das über einem trapezförmig verzogenen Grundriss von 7,9 m × 6,1 m (lichte Weite) errichtete Gebäude war verteidigungstechnisch günstig im Schutz der einst sicher deutlich über 20 m hohen Schildmauer angelegt.

Die Mauerstärken von bis zu 1,20 m im Norden und 1,45 m im Westen lassen für den Südostbau einen mehrgeschossigen Aufbau vermuten, dessen vertikale Ausdehnung infolge der Ausflickungen der östlichen und südlichen Wehrmauern nicht mehr feststellbar ist. Wie alle Massivbauten im Burginneren gründen auch die Außenwände des Südostbaus direkt auf dem anstehenden Fels, hier ausnahmsweise sogar mit einer leicht eingetieften Fundamentgrube.

Am südlichen Ende zeigt das Mauerwerk der Westwand einen 2,3 m breiten, im Norden scharf abgegrenzten Bereich mit ebener Oberfläche, bei dem es sich um den ursprünglichen Gebäudezugang handeln könnte. Die Mauerreste im westlich anschließenden Gelände wären dann vielleicht als Überbleibsel einer Brückenkonstruktion zum ehemaligen Hocheingang der Burg zu interpretieren.

Der im November 2006 freigelegte Gewölbekeller des Hauses stellte sich als nachträglicher Einbau heraus. Deutlich wird dies an der gut erhaltenen Kellertreppe, deren Treppenstufen mit der Stirnwand (Westwand) des Gewölbekellers verzahnt sind, westlich aber stumpf gegen die Außenwand des Hauses stoßen. Zudem besitzt der Gewölbekeller einen annähernd rechtwinkligen Grundriss von 5,9 m × 5,0 m, der auffallend vom verzogenen Gebäudegrundriss abweicht und sich teil-

Abb. 210 Mühlacker-Dürrmenz. Der Drache der Burg Löffelstelz: zum Fundort passende Verzierung auf dem Fragment einer grün glasierten Nischenkachel des 14./15. Jhs.

Abb. 211
Mühlacker-Dürrmenz, Burg Löffelstelz. Bodenfliese des frühen 13. Jhs. mit Rekonstruktion des Ornamentmusters.

weise sogar unter die Innenfluchten der südlichen und östlichen Wehrmauern schiebt. Die lichte Scheitelhöhe des Kellergewölbes von etwa 2,7 m erforderte eine zusätzliche Abtiefung in den Fels. Als Auflager der Gewölbeschale dienen die Kellerlängswände, die den Felswänden vorgemauert wurden.
Fundmaterial aus der Errichtungszeit des Kellers konnte leider nicht geborgen werden. Die erste Auffüllschicht über den Treppenstufen enthielt neben Schüsselkachelfragmenten des 15. Jahrhunderts Teile von mehrfarbig bemaltem Wandputz. Aus der Kellerverfüllung, die aus grobem Bauschutt mit zahlreichen Hohlziegel- und Backsteinfragmenten bestand, stammen vor allem Keramikstücke des 14./15. Jahrhunderts, darunter das Eckstück einer reizvollen Nischenkachel (Abb. 210). Demnach könnte der Einbau des Gewölbekellers im Laufe des 14. Jahrhunderts erfolgt sein.
Westlich des Gebäudes konnten zwei kurze Mauerstücke einer Ost–West und einer Nord–Süd verlaufenden Wand aufgedeckt werden, die auf einen westlichen Anbau hindeuten.
Im Bereich unmittelbar nordöstlich des bestehenden Burgportals wurde am Ende der Grabung im November eine Planierschicht mit zahlreichen Hohlziegeln angeschnitten, welche die bislang ältesten Funde aus dem Burginneren barg. Neben Resten von Keramiktöpfen und Becherkacheln des ausgehenden 12./frühen 13. Jahrhunderts fand sich eine ornamentierte Bodenfliese, welche formal dem Typ Landgraf J49 ähnelt (Abb. 211).

Der Nordostbau

Einige Zeit nach Errichtung der Schildmauerburg wurde auch im Nordosten des Mauergevierts ein im Lichten 8,7 m × 5,0 m großes Steingebäude errichtet (Abb. 208), das wie alle anderen Wohnbauten einer größeren Brandkatastrophe zum Opfer fiel. Zur späteren Anbindung der Westwand wurden in der nördlichen Umfassungsmauer einzelne Steine ausgebrochen. Durch die Feuerrötung des unverdeckten Mauerwerks ist der Wandanschluss noch heute als Negativabdruck deutlich ablesbar. Das Bruchsteinmauerwerk der Südwand besitzt eine Stärke von 1,4–1,5 m. Konsolsteine ehemaliger Gebälklagen in der nördlichen Umfassungsmauer weisen auf einen mindestens drei Massivgeschosse in die Höhe ragenden Baukörper, dessen Erdgeschoss in zwei Räume unterteilt war. Da keine statische Gefährdung der Umfassungsmauern vorlag, konnte auf eine vollständige Entnahme der Verfüllungshorizonte in der östlichen Zone verzichtet werden. In der freigelegten westlichen Zone, ebenso in den südlich anschließenden Außenbereichen diente die Felsoberfläche als ursprüngliches und zugleich letztes Laufniveau vor Aufgabe der Burg.
Auch hier wurde später westlich ein Holzbau angefügt, von dem neben der Brandrötung der nördlichen Umfassungsmauer der Anschlag seines von West nach Ost ansteigenden Pultdachs zeugt.
Zur zeitlichen Einordnung der Gebäude liegen keine konkreten Hinweise vor. Lediglich der Zeitpunkt der Bauaufgabe kann anhand der Keramik aus den Verfüllschichten in das ausgehende 15. oder beginnende 16. Jahrhundert eingeordnet werden.
Damit deutet sich bei allen Wohnbauten der Burganlage eine Brandzerstörung in den Jahrzehnten um 1500 an, die in Zusammenhang

mit den Auseinandersetzungen im Rahmen des Bayerischen Erbfolgekrieges gebracht werden kann. 1504 sollen u.a. die Dörfer Dürrmenz und Mühlacker von Herzog Ulrich von Württemberg niedergebrannt worden sein, was nun auch für die Burg Löffelstelz anzunehmen ist.
Für die Nachfolgezeit sind nur noch am Südwestbau Hinweise auf eine Erneuerung erkennbar, im frühen 17. Jahrhundert war schließlich auch dieses letzte Wohngebäude auf der Löffelstelz abgängig.

Die Burgruine als Teil der Eppinger Linien

Ein schmales, Ost–West orientiertes Schwellfundament im mittleren Bereich der Grabungsfläche vor der Schildmauer stammt eindeutig aus der Zeit nach Aufgabe der Burg. Offenbar handelt es sich um den Unterbau einer Plattform, die in einem Längsschnitt der Burgruine aus dem Jahre 1695 dargestellt ist. Die Zeichnung findet sich auf einem Plan der 1695–97 errichteten „Eppinger Linien“ um Mühlacker und Dürrmenz, der Befestigungsanlage des Markgrafen Ludwig Wilhelm von Baden gegen die Franzosen im Rahmen des Pfälzer Erbfolgekrieges.

Die Grabungen, die vom Verschönerungsverein Mühlacker finanziell unterstützt wurden, wären ohne den unermüdlichen Einsatz der „Löffelstelzer Scherbenbuzzer“, einer vor allem aus Ruheständlern gebildeten Arbeitsgemeinschaft, nicht durchführbar gewesen. Für ihren ehrenamtlichen Einsatz, der mittlerweile über 7500 Stunden beträgt, sei auch im Namen des Bauleiters Gerd Schäfer herzlichst gedankt.

Tilmann Marstaller

Literaturhinweise
Arch. Ausgr. Baden-Württemberg 2005, 234–237. – E. Landgraf, Ornamentierte Bodenfliesen des Mittelalters in Süd- und Westdeutschland 1150–1550. Forsch. u. Ber. Arch. Mittelalter Baden-Württemberg 14 (Stuttgart 1993).

Mittelalterliche Pflanzenfunde aus der Burgruine Löffelstelz in Dürrmenz, Stadt Mühlacker, Enzkreis

Die Burgruine Löffelstelz thront auf steilem Muschelkalkfelsen in beherrschender Lage über dem Enztal, gegenüber dem am rechten Enzufer gelegenen Dorf Dürrmenz. Heute gehören beide zur Stadt Mühlacker. Der Steinbruchbetrieb des 19. Jahrhunderts zum Gewinn von Schotter für den Eisenbahnbau hatte die exponierte Lage über dem Prallhang der Enz zusätzlich verstärkt und zeitigte nun als mutmaßliche Spätfolge eine zunehmende statische Instabilität der Anlage, was Sanierungsarbeiten unumgänglich machte. Begleitend zu diesen langwierigen Maßnahmen wurden seit 2004 archäologische Untersuchungen erforderlich, die neue Einblicke in die Entstehungs-, Bau- und Nutzungsgeschichte dieser Burg ergaben (siehe Beitrag T. Marstaller, S. 250 ff.). Aufgrund der Lage und geologischen Gegebenheiten waren wenige Befunde zu erwarten, die Möglichkeit zur Bergung und Untersuchung von pflanzlichen Resten bieten würden. Erfreulicherweise gelang es den Ausgräbern dennoch, aus zwei hochmittelalterlichen Planierschichten östlich der Schildmauer und aus den spätmittelalterlichen Verfüllschichten des kleineren Kellers unter dem Südwestbau Bodenmaterial zu bergen, das trotz geringer Funddichte qualitative Aussagen zur pflanzlichen Ernährung auf der Burg in der ersten

Abb. 212
Mühlacker-Dürrmenz, Löffelstelz. Verkohltes Roggenkorn *(Secale cereale)*, frühes 13. Jh.

und zweiten Hälfte des 13. und am Ende des 15. Jahrhunderts ermöglicht.

Getreide

In verkohltem Zustand wurden die Körner von drei Getreidearten erfasst. Für alle Zeithorizonte ist Roggen *(Secale cereale)* belegt (Abb. 212). Er wurde normalerweise als Winterfrucht angebaut und war das wichtigste Brotgetreide des hohen Mittelalters und frühen Spätmittelalters. Die Bevorzugung von Roggen in dieser Zeit mutet fast wie eine Modeerscheinung an. Sie betraf weite Teile Europas und führte dazu, dass Roggen selbst auf schweren, vornehmlich für Weizen geeigneten Böden angebaut wurde. Die Gründe hierfür liegen im Dunkeln. Möglicherweise erschwerte vielerorts zunehmende Bodenversauerung infolge Übernutzung und unzureichender Düngung den Anbau von Weizenarten. Erst nach 1400, in der spätmittelalterlichen Klimaverschlechterung und nach pestbedingtem Bevölkerungsrückgang, verlor der Roggenanbau zugunsten von Dinkel und Hafer an Boden, ein Prozess, der in Südwestdeutschland von Süden nach Norden fortschritt.

In der Kellerfüllung des Spätmittelalters wurde als weiteres Getreide Hafer *(Avena)* gefunden, eine Art, die im späten Mittelalter große Bedeutung erlangte. Es ist ein Sommergetreide, dass einen großen Feuchtigkeitsbedarf hat. Hafer ist nicht backfähig und wurde meist zu Mus und Suppen verarbeitet. Mittelalterliche Hafervorräte stammen durchweg aus Burgen oder Städten, wo Getreide eher verbraucht als erzeugt wurde. Bei Burgen wird ein Zusammenhang mit der Pferdehaltung vermutet.

Das dritte Getreide auf der Löffelstelz ist nicht, wie aufgrund der allgemeinen Häufigkeit im Mittelalter vielleicht zu erwarten, Dinkel, sondern sein Vetter Emmer *(Triticum dicoccon)*. Es stammt ebenfalls aus der spätmittelalterlichen Kellerfüllung. Emmer gehört zu den ältesten Getreiden der Alten Welt und wurde bereits im Verlauf des neunten und achten Jahrtausends im Vorderen Orient domestiziert, ausgehend vom dort heimischen Wildemmer. Die Art war auch in der Frühzeit der mitteleuropäischen Landwirtschaft in der Jungsteinzeit von herausragender Bedeutung. Später ging ihr Anbau nach und nach zurück. Im Mittelalter ist Emmer von allen gebräuchlichen Getreidearten am seltensten. Ein möglicher Grund ist die fortschreitende Bodenverschlechterung, insbesondere Bodenversauerung, die sich beim ohnehin relativ ertragsschwachen Emmer möglicherweise gravierender auf die Erträge auswirkte als bei Roggen, Gerste oder auch Einkorn. Emmer wird vorwiegend als Sommerfrucht angebaut und ist ein hochwertiges Brotgetreide mit hohem Proteingehalt, das sich heute in der biologischen Landwirtschaft wachsender Beliebtheit erfreut.

In dem Verfüllungsmaterial des Kellers konnte weiterhin der äußerst seltene Fall eines verkohlt erhaltenen Moosästchens registriert werden (Abb. 213). Es handelt sich um das Eichhornschwanzmoos *(Leucodon sciuroides)*, das epiphytisch auf der Borke lebender Bäume wächst, und als lichtliebende und relativ trockenheitstolerante Art im Gegensatz zu vielen anderen epiphytischen Moosen auch in der heutigen Kulturlandschaft sehr verbreitet ist, beispielsweise auf der Borke von Obstbäumen. Hier wäre anzumerken, dass man sich die mittelalterliche Kulturlandschaft wesentlich wald- und gehölzärmer vorzustellen hat als unsere heutige. Moose sind in archäologischem Kontext besonders unter Feuchtbodenbedingungen recht häufig. Anstelle der

Abb. 213
Mühlacker-Dürrmenz, Löffelstelz. Verkohlte Moosästchen *(Leucodon sciuroides)*, um 1500.

heute üblichen industriellen Zellstoffprodukte wurden sie im Hausbau und Haushalt für verschiedene Zwecke verwendet.

Andere Nahrungspflanzen

In unverkohltem, aber mineralisiertem Zustand sind zwei weitere Nahrungspflanzen belegt. Aus der Planierschicht des späten 13. Jahrhunderts und aus der spätmittelalterlichen Kellerverfüllung stammt eine Obstart, deren Hauptbedeutung nicht im Genuss der frischen oder getrockneten Früchte liegt, sondern in dem Getränk, das aus ihnen gewonnen werden kann. Es handelt sich um die Weinrebe (Abb. 214). Im hohen und noch im späten Mittelalter war Traubenwein Volksgetränk, und der Weinbau reichte viel weiter nach Norden als heute und auch in größere Höhen. Man kann davon ausgehen, dass damals die Hänge des Enztals mindestens hinauf bis Pforzheim in stärkerem Maße mit Reben bestockt waren, als sie das heute noch von Mühlhausen und Roßwag an talabwärts sind.

Die hochmittelalterliche Planierschicht enthielt einen Samen der Gartenmelde *(Atriplex hortensis)*. Diese wurde früher wie Spinat oder Mangold als Blattgemüse genutzt und gehört wie die beiden Genannten zur Familie der Gänsefußgewächse *(Chenopodiaceae)*.

In der Planierschicht des frühen 13. Jahrhunderts wurden drei weitere Pflanzenarten in unverkohltem und nicht mineralisiertem Zustand gefunden. Da es sich um Pflanzen mit besonders hartschaligen Samen oder Früchten handelt, spricht trotz der für unverkohlte Erhaltung wenig günstigen Bodenbedingungen einiges dafür, dass sie ebenfalls alt sind und seit sieben Jahrhunderten im Boden überdauert haben. Zwei davon sind potenzielle Nahrungspflanzen, nämlich die Haselnuss *(Corylus avellana)* und der Traubenholunder *(Sambucus racemosa)*. Heutzutage wird davon nur die Haselnuss zu Nahrungszwecken genutzt. Der Traubenholunder gilt, im Gegensatz zu seinem Verwandten, dem Schwarzen Holunder, als ungenießbar, ja giftig. Im Mittelalter sahen das die Leute vielleicht anders. Ein nicht näher bestimmbares Bruchstück eines Holundersamens wurde auch in der Planierschicht des späten 13. Jahrhunderts gefunden. Die übrigen Arten sind keine Nahrungspflanzen, sondern Unkräuter. Davon ist der Erdrauch *(Fumaria cf. officinalis)* aus der Familie der Mohngewächse, gefunden in der Planierschicht des frühen 13. Jahrhunderts, allerdings eine potenzielle Heilpflanze. Aus der Planierschicht des späten 13. Jahrhunderts kam eine Frucht des Kletten-Labkrauts *(Galium aparine)* zutage.

Manfred Rösch

Abb. 214
Mühlacker-Dürrmenz, Löffelstelz. Mineralisierter Traubenkern *(Vitis vinifera)*, um 1500.

Literaturhinweise

J.-P. Frahm/J. Wiethold, Die Moosflora des Mittelalters und der frühen Neuzeit in Mitteleuropa nach archäologischen Funden zusammengestellt. Herzogia 17, 2004, 303–324; U. Körber-Grohne, Nutzpflanzen in Deutschland (Stuttgart 1987); T. Marstaller/G. Schäfer, Archäologische Begleituntersuchungen bei der Sanierung der Burgruine Löffelstelz in Dürrmenz, Stadt Mühlacker, Enzkreis. Arch. Ausgr. Baden-Württemberg 2005, 234–237; M. Rösch, Landwirtschaft und Kulturlandschaft im Enztal während acht Jahrtausenden. In: Stadtarchiv Mühlacker (Hrsg.), Historische Streiflichter aus Mühlacker 2 (Ubstadt-Weiher 2005) 69–93; ders. in: RGA² 33 (2006) s. v. Wein und Weinbau; ders./S. Jacomet/S. Karg, The history of cereals in the region of the former Duchy of Swabia (Herzogtum Schwaben) from the Roman to the Post-medieval period: results of archaeobotanical research. Veget. Hist. Archaeobot. 1, 1992, 193–231.

Archäologische Beobachtungen während der Sanierung der Ruine Hiltenburg bei Bad Ditzenbach, Kreis Göppingen

Abb. 215 Bad Ditzenbach, Hiltenburg. Der Schlossberg mit der Ruine Hiltenburg am Rand des Filstals. Rechts ist im Tal Bad Ditzenbach erkennbar, links der Ortsteil Gosbach.

Historie

Oberhalb von Bad Ditzenbach liegt auf dem Schlossberg die erstmals 1289 als helfensteinischer Beamtensitz sicher nachweisbare Hiltenburg. In einer Urkunde der Königin Irene aus dem Jahr 1208 wird jedoch ein Eberhard von Ditzenbach erwähnt, der vielleicht schon mit dieser Höhenburg in Verbindung steht. 1396 wurde die Burg Hauptwohnsitz und Herrschaftszentrum der Helfensteiner. Wohl aufgrund eines Versehens gab die Burgbesatzung 1516 einen Kanonenschuss auf das Lager des vorbeiziehenden Herzogs Ulrich von Württemberg ab. Die Verweigerung einer sofortigen Übergabe hatte zur Folge, dass der Herzog die Hiltenburg erstürmen und anzünden ließ. Der verheerende Großbrand bedeutete das Ende dieser eindrucksvollen mittelalterlichen Wehranlage hoch über dem Filstal. Graf Ulrich XVII. von Helfenstein ließ 1555 in Wiesensteig eine neue und zeitgemäße Residenz errichten.

Die Anlage

Von der Hochfläche der Schwäbischen Alb schiebt sich der Schlossberg in nördlicher Richtung in den Zwickel zwischen Fils- und

Ditztal (Abb. 215). Der durch eine markante Einsenkung vom Hinterland abgetrennte Bergsporn umfasst eine langovale Fläche von 35 Ar. Entlang der Hangkante verläuft die durch Erosion stark gefährdete Umfassungsmauer der Burg. Die Innenfläche ist durch einen in Südost-Nordwest-Richtung ziehenden Graben und eine Mauer in zwei Hälften geteilt, da die Hiltenburg zeitweise von mehreren gräflichen Familien bewohnt wurde. Dementsprechend versah man auch beide Burghälften mit einem Bergfried. Von den beiden nur noch etwa sechs Meter hoch erhaltenen Türmen weist der im südwestlichen Teil stehende Turm Buckelquadermauerwerk auf, so dass es sich hier wohl um den ursprünglichen Bergfried der Burg handelt. In der obersten Hangzone sind die Reste einer äußeren Zwingermauer erkennbar, die vermutlich erst im 14. Jahrhundert angelegt wurde. Davor lagen im Südwesten und im Osten noch zwei kleinere Vorwerke.

Von der Innenbebauung sind nur noch ganz wenige Mauerreste sichtbar, denn nach der Zerstörung wurde die Ruine seit dem 16. Jahrhundert immer wieder als Steinbruch missbraucht.

Entlang der Umfassungsmauer sind im Nordostteil der Burg zwei und im Südwestteil ein Keller erhalten geblieben.

Sanierungsmaßnahmen im Burgareal

Die Gemeinde Bad Ditzenbach bemüht sich seit 1998 in vorbildlicher Weise darum, die heute noch vorhandenen Mauerreste der Hiltenburg dauerhaft zu konservieren. Dabei wird sie durch den 2004 gegründeten Förderverein Burgruine Hiltenburg e. V. unterstützt. Das in mehrere Bauabschnitte aufgeteilte Vorhaben wird vom Landesamt für Denkmalpflege und von der Denkmalstiftung Baden-Württemberg finanziell gefördert. Es ist vorgesehen, die teilweise schon massiv ausgebrochene Hauptmauer der Burg vom Bewuchs zu befreien und zu sichern. Der innen verfüllte Turmstumpf im Südwesten soll ausgeräumt und das Mauerwerk gefestigt werden. Im Rahmen der Renovierung ist auch geplant, die drei verschütteten Gewölbekeller wieder vollständig freizulegen und begehbar zu machen. Als im Umgang mit

Abb. 216
Bad Ditzenbach, Hiltenburg. Der teilweise freigelegte kleine Keller an der südöstlichen Umfassungsmauer der Burg. Das Portal des verschütteten Aufgangs ist dekorativ aus Tuffsteinen gemauert.

historischer Bausubstanz erfahrene Architekten wurden Wolfgang Hartmann und Walter-Gerd Fleck gewonnen, die unter Einbeziehung auch der archäologischen Befunddokumentation einen neuen Gesamtplan der Anlage erstellen. Die Sanierungsarbeiten werden seit 2005 in enger Absprache mit dem Landesamt für Denkmalpflege durch die Kreisarchäologie Göppingen begleitet.

Kellerbefunde

Bereits 2005 wurde der mit einer Längsseite an die südöstliche Umfassungsmauer angesetzte Keller im Nordostteil des Burgareals ausgeräumt und instand gesetzt. Der 12,10 m lange und 6,25 m breite Keller besitzt ein Tonnengewölbe und ist über einen mit einer Treppe versehenen Durchlass mit einem etwas höher liegenden zweiten Keller verbunden. Dieser nordöstlich anschließende kleinere Keller war oberflächlich nicht mehr erkennbar. Er wurde bei Außenarbeiten am Mauerwerk des größeren Kellers angeschnitten. Bei den daraufhin eingeleiteten ersten Freilegungsarbeiten zeigte sich, dass sein Gewölbe beim Brand der Burg von herabfallenden Bauteilen durchschlagen und zerstört worden war. Auch dieser Keller war mit einer Schmalseite an die Umfassungsmauer angesetzt. Der Zugang erfolgte über einen gewölbten Gang, dessen kellerseitiges Portal aus tertiärem Tuffgestein dekorativ gestaltet ist (Abb. 216). Der gesamte Keller und auch sein verschütteter Zugang sollen im Rahmen der Renovierungsarbeiten 2007 vollständig freigelegt und gesichert werden.

Im Mai 2006 wurde an der südwestlichen Umfassungsmauer der dritte Keller im Burgareal aufgedeckt. Der 8,50 m lange und 5,00 m breite Keller besitzt ein spitzbogiges Gewölbe mit einem vermutlich sekundär angelegten Lichtschacht , das jedoch nur noch in der südöstlichen Hälfte erhalten war. Der ebenfalls eingewölbte schlauchartige Zugang befindet sich an der nordwestlichen Schmalseite und war ursprünglich mit einer steilen Lehmrampe versehen (Abb. 217).

Abb. 217
Bad Ditzenbach, Hiltenburg. Der Keller mit teilweise erhaltenem Spitzbogengewölbe und Zugang an der südwestlichen Umfassungsmauer.

Funde

Wie in einer so bedeutenden Burganlage nicht anders zu erwarten, kamen zahlreiche Fundobjekte zutage, die das Alltagsleben der Burgbewohner anschaulich dokumentieren. Die in großer Zahl geborgenen Keramikfragmente verteilen sich überwiegend auf den Zeitraum des 14. und 15. Jahrhunderts. Mehrere Gefäß- und Becherkachelbruchstücke verweisen auf die Anfangszeit der Burg im frühen 13. Jahrhundert. Ein kleines Spektrum an glasierter Ware stammt aus Zeit kurz vor der Zerstörung der Hiltenburg im beginnenden 16. Jahrhundert. Hierher gehören auch die Fragmente glasierter und verzierter Ofenkacheln. Sie zeigen, dass die Burg noch in ihrer Endphase mit neuester Heizungstechnik ausgestattet wurde. Unverzierte und mit Blattornamenten versehene Tonfliesen stammen von den Fußböden der repräsentativen Räume.

Zahlreiche Tierknochen und Geweihteile verraten nicht nur Interessantes über den Speisezettel der Burgbewohner, sondern dokumentieren auch die handwerkliche Verarbeitung solcher Materialien vor Ort. Die Scherbe eines großen Stangenglases mit Nuppenbesatz belegt wie auch das Bruchstück eines tönernen Signalhorns, das mit floralen Mustern verzierte Fragment vermutlich eines Brustpanzers und ein Armbrustbolzen die herrschaftliche Hofhaltung (Abb. 218). Überraschend kamen jedoch auch einzelne sekundär verlagerte Gefäßbruchstücke zutage, die zeigen, dass der Burgberg nicht erst seit dem Mittelalter besiedelt war. Eine genaue Datierung ist anhand des Fragments eines handgemachten Schrägrandgefäßes und einer Wandscherbe mit Schlicküberzug möglich. Diese grobkeramische Ware ist typisch für die Stufe Ha B der Urnenfelderzeit Südwestdeutschlands. Im Landkreis Göppingen sind zeitlich entsprechende Höhensiedlungen auf dem Waldenbühl und auf dem Messelstein bei Donzdorf sowie auf dem Hohenstaufen bekannt.

Besonderer Dank für die gute Zusammenarbeit gebührt der Gemeinde Bad Ditzenbach mit Herrn Bürgermeister Gerhard Ueding, den Herren Architekten Wolfgang Hartmann und Walter-Gerd Fleck, den Fachbaufirmen Dengel und Gansloser, dem Förderverein Burgruine Hiltenburg e. V. sowie Frau Marlies Barteit-Klopp, Frau Lisa Rademacher und Herrn Winfried Poldrack.

Reinhard Rademacher

Abb. 218
Bad Ditzenbach, Hiltenburg. Verziertes Fragment vermutlich eines Brustpanzers (oben), Scherbe eines großen Stangenglases mit Nuppenbesatz, Bruchstück eines tönernen Signalhorns und Armbrustbolzen aus den Kellerverfüllungen.

Literaturhinweise

H.-M. Maurer, Burgen und Adel in staufischer und nachstaufischer Zeit. In: W. Ziegler (Hrsg.), Der Kreis Göppingen[2] (Stuttgart 1985) 126 ff., bes. 148–150.

Archäologische Untersuchungen in der befestigten Höhensiedlung auf dem Rinkenkopf bei Baiersbronn, Kreis Freudenstadt

Die Rinkenmauer

Über dem an der Ostabdachung des Schwarzwaldes am Zusammenfluss von Murg und Forbach gelegenen Ort Baiersbronn erhebt sich der Rinkenkopf bis auf eine Meereshöhe von rund 757 m. Der langgezogene, im Südwesten vom Murgtal, im Nordosten von der Niederung des kurz unterhalb von Baiersbronn mündenden Tonbachs begrenzte Bergrücken (Abb. 219) trägt eine der rätselhaftesten Höhenbefestigungen der Region, die Rinkenmauer. Die aus zum Teil lagenweise mit Ausgleichssteinen verlegten, grob gebrochenen Buntsandseinblöcken aufgeführte Befestigung umschließt eine rund 110 m lange und an der weitesten Stelle rund 40 m breite Fläche am südöstlichen Ende des Höhenzuges (Abb. 220). Während die Mauer auf weite Strecken der 753-m-Isohypse folgt, verläuft sie an ihrem Nordwestende gerade über den Bergrücken. Hier ist im Gelände eine – allerdings stark gestörte – Torsituation sichtbar. Der Rinkenkopf findet erstmals im Schenkungsbuch des 1082 nur wenig murgabwärts gegründeten Hirsauer Tochterklosters Reichenbach Erwähnung. Eine Urkunde aus der Zeit um 1100 nennt einen *„... monte ... qui Rincga vocatur"*. Die Ringmauer auf dem Berg muss zu dieser Zeit schon bestanden haben, gab ihm diese topografische Besonderheit doch seinen Namen. Mangels archäologischer Funde und flächenhafter Untersuchungen blieb die Frage nach ihrer Errichtungszeit bislang genauso unbeantwortet wie die nach dem Zweck der Anlage. Die in den jüngeren Beiträgen zur Rinkenmauer geäußerten Vermutungen gehen in Richtung einer früh- bis hochmittelalterlichen Datierung. Die Befestigung wäre demnach als Zeuge der Erschließung und herrschaftlichen Erfassung des strategisch günstig gelegenen Baiersbronner Raumes aufzufassen. Sie würde so die Frühphase eines Prozesses markieren, in dessen weiterem Verlauf schließlich das Kloster Reichenbach gegründet wurde.

Ausgrabungen im Jahr 2006

Die beherrschende Lage des weithin sichtbaren Rinkenkopfes über dem oberen Murgtal an einem Wendepunkt des Flusslaufs und dem Zusammenfluss mehrerer Gewässersysteme machte ihn nicht nur für die Erbauer der beschriebenen Befestigungsanlage strategisch und verkehrsgeografisch interessant, sondern weckte in jüngerer Zeit auch die Begehrlichkeiten von Rundfunkanstalten und Mobilfunknetzbetreibern. So „zieren" bereits

Abb. 219 Baiersbronn. Luftansicht des Rinkenbergs von Südost. Links des Berges ist das Murgtal, rechts das Tonbachtal zu erkennen.

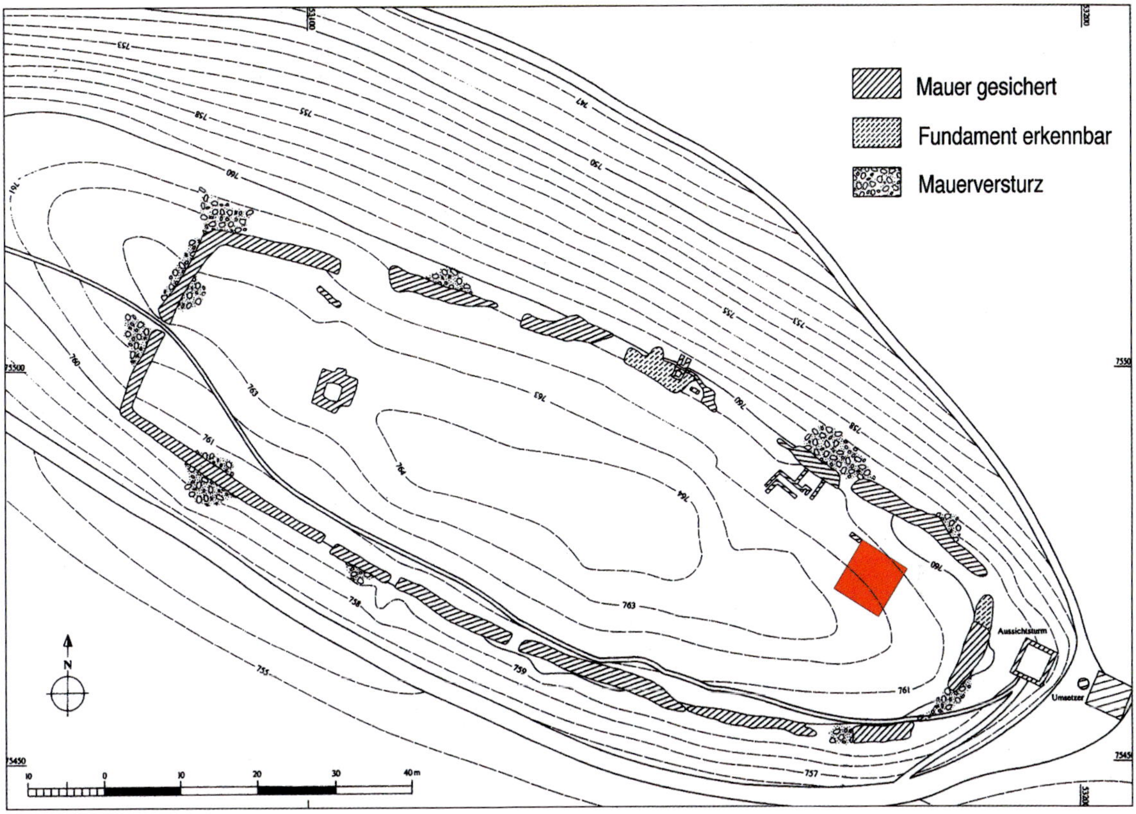

einige Antennen den zu Beginn des letzten Jahrhunderts aus naheliegendem Grund auf dem Berg errichteten Aussichtsturm; zudem besteht in dessen unmittelbarer Nachbarschaft ein Radiosendemast.

Als im Jahr 2006 die Errichtung eines weiteren Mobilfunksendemasts – immerhin mit der vagen Option eines zukünftigen Rückbaus der bestehenden Sendeanlagen – beantragt wurde, wurde seitens der Archäologischen Denkmalpflege eine vorherige Untersuchung des Fundamentbereichs zur Auflage gemacht. Das Baufeld lag innerhalb des durch die Rinkenmauer umfriedeten Gipfelplateaus unweit des Aussichtsturmes (Abb. 220). Das definierte Ziel war eine räumlich begrenzte Klärung der Situation im Innenraum der Anlage, verbunden mit der Hoffnung auf datierbares Fundmaterial und die Möglichkeit einer funktionellen Einordnung.

Resultate der archäologischen Untersuchungen

Die archäologischen Ausgrabungen wurden auf die Aushubgrube für den neuen Sendemast, also eine Fläche von 7 m × 7 m beschränkt (Abb. 220; 221).

In den dunklen, humosen, sandigen Deckschichten kamen neuzeitliche Funde zutage, die vermutlich mit den modernen Bauwerken zusammenhängen, andererseits fanden sich aber auch Müllanhäufungen, die vermutlich von Erholungssuchenden vergraben worden waren. Darunter kam heller humoser Sand zum Vorschein, der als junge Deckschicht im gesamten Gipfelplateau in Erscheinung tritt und auf Fels oder über älteren braunen Bodenbildungen lagert. Auch in Fugen der Rinkenmauer lässt er sich häufig beobachten. Anscheinend ist das Bindemit-

Abb. 220
Baiersbronn, Rinkenberg. Lageplan der Rinkenmauer mit Eintrag der Untersuchungsfläche von 2006.

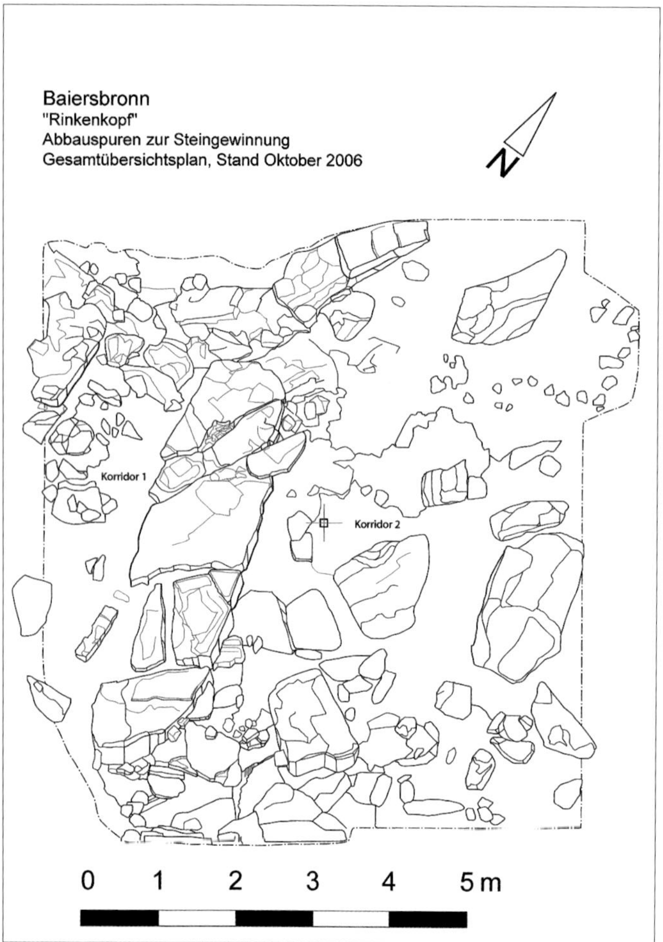

Abb. 221 Baiersbronn, Rinkenberg. Untersuchungsfläche von 2006. Befund unter Planum 2 mit Spuren des Steinabbaus.

tel des hier vorkommenden Sandsteines nicht sehr verwitterungsresistent, so dass er sich rasch von der Oberfläche her zersetzt, sobald er den Atmosphärilien ausgesetzt ist. Innerhalb des Grabungsareals kam der Sand in unterschiedlicher Mächtigkeit vor und hatte ehemalige Unebenheiten nivelliert.

Darunter traten sehr markant ausgesparte Felsriegel des gewachsenen geologischen Untergrundes in Erscheinung und dazwischen ausgeräumte Korridore (Abb. 221), die auf Materialentnahme zurückgeführt werden. Die Felsriegel gehen auf ehemals massive Sandsteinbänke zurück. Sie zeigen teils ausgeprägte Kluftlinien, wobei die Hauptkluftlinie schräg durch die Grabungsfläche in nördlicher Richtung verlief. Zusätzlich gab es Querklüfte. Die Klüfte waren von der Oberfläche her teils weit aufgerissen und mit Lehm oder Steinbröckchen verfüllt. Dank der tief reichenden natürlichen Zerstückelung dürfte es leicht möglich gewesen sein, aus diesem Ausgangsmaterial geeignete Stücke herauszubrechen und direkt für den Bau der hangabwärts liegenden Mauer zu verwenden. Vermutlich erst sekundär lagerte sich später besonders an den Fehlstellen der Verwitterungssand an.

Die bei der Grabung festgestellte natürliche Klüftung liefert in Größe und Aussehen vergleichbare Blöcke, wie sie in der Mauer verbaut sind. Die Zwischenräume zwischen den verbliebenen Felsen weisen vergleichbare Dimensionen auf. Wie sich aus den zurückgelassenen Felsriegeln erkennen lässt, zerbricht das Gestein in ca. 1,40 m lange, überwiegend langrechteckige oder ovale Blöcke. An Größe und Gestalt übereinstimmende Formen bilden die Grundlage der Rinkenmauer. Auch von der geologischen Zusammensetzung her handelt es sich um identisches Material. Es besteht kein Zweifel, dass die Rinkenmauer aus am Plateau anstehendem Gestein errichtet wurde.

Die natürliche Zerklüftung lieferte ausreichend Baumaterial, das nicht weiter behauen werden musste. Die gewonnenen und unbehauenen Steinblöcke wurden lose so übereinander gestapelt, dass sie allein durch ihr Gewicht und gelegentliche Keilsteine eine tragfähige Mauerkonstruktion erlaubten, die nicht ohne Weiteres zum Einsturz zu bringen war. Durch geschickte Einbeziehung der Geländemorphologie ließ sich mit wenigen übereinanderliegenden Steinlagen ein überzeugender fortifikatorischer Effekt erzielen, auch wenn die Mauer nicht sehr sorgfältig ausgeführt ist. Musste sie eilig errichtet werden? Durch die Grabung wurde mit hoher Wahrscheinlichkeit der „Negativabdruck" ehemaliger Steingewinnung am Gipfelplateau freigelegt. Künstlich erscheinende Hangkanten im gesamten Gipfelbereich werden zwanglos ebenfalls der Steingewinnung zugeordnet.

Zumindest im untersuchten Ausschnitt fanden sich darüber hinaus keine Spuren wie Terrassierungen zu Wohnzwecken oder künstlich eingetiefte Pfostenstellungen, die auf eine dauerhafte Siedlungstätigkeit schließen lassen. Auch Siedlungskeramik oder Speiseabfälle wie Knochen ließen sich nicht nachweisen, dies kann aber auch mit dem sehr sauren pH-Wert des Bodens zusammenhängen, der eine Funderhaltung über einen längeren Zeitraum erschwert oder verhindert. Die Datierung der Anlage ist noch nicht abschließend gelungen. Möglicherweise kann aber eine Holzkohleprobe, die sich bei Redaktionsschluss noch in Untersuchung befand, Anhaltspunkte liefern. Das Material fand sich innerhalb einer Kluftfüllung zwischen den stehengelassenen Felsen.

Der Vodafone D2 GmbH gilt Dank für die Übernahme sämtlicher bei den Ausgrabungen angefallenen Kosten.

Guntram Gassmann, Folke Damminger

Literaturhinweise
Ch. Morrissey/D. Müller, Die Rinkenmauer bei Baiersbronn. Atlas archäologischer Geländedenkmäler in Baden-Württemberg 2. Vor- und frühgeschichtliche Befestigungen 19 (Stuttgart 2006).

Steinhügel auf der „Buchhalde" bei Westerstetten, Alb-Donau-Kreis

Steinhügel, in großen Gruppen und über weite Flächen verstreut, sind eine geläufige Erscheinung in Waldungen der Schwäbischen Alb und in der Randzone des Schwarzwaldes. Nur selten ergaben sich jedoch bislang die Gelegenheit und die Notwendigkeit, diese charakteristische Denkmälergruppe zu untersuchen. Auch vom Wald „Buchhalde" oberhalb des Lonetals nördlich Westerstetten sind Steinhügel bekannt. Berichtet wird zudem von einem rechteckigen Befestigungswerk sowie von hallstattzeitlichen Siedlungsresten.

Die Steinhügel liegen in lockerer Streuung am leichten, gegen Nordosten geneigten Hang. Den Kuppenbereich über dem Steilabfall zum Lonetal nimmt, südwestlich benachbart, ein rechteckiges Grabenwerk ein (Abb. 222). Nur mit Mühe ist die topografische Gesamtsituation noch nachvollziehbar, denn ein Steinbruch schneidet tief in die Landschaft ein. Dessen Erweiterung drohte nun rund ein Dutzend der Steinhügel zu zerstören. Es bot sich also an, der Untersuchung gefährdeter Steinhügel eine Sondage

Abb. 222
Westerstetten. Steinhügel und Grabenviereck auf der „Buchhalde". Schematisierter Übersichtsplan.

Abb. 223 Westerstetten, „Buchhalde". Profilschnitt durch einen freigelegten Steinhügel.

an der Rechteckanlage anzuschließen, um auch deren Funktion und Datierung näherzukommen.

Die Steinhügel

Mit etwas bemoosten, lockeren Steinen und nur schütterem Bewuchs heben sich die Steinhügel markant vom sonst kaum steinhaltigen Waldboden ab. Wenigstens 40 solcher bis etwa 0,5 m hohen Hügelchen von 3–4 m Durchmesser sind auf der „Buchhalde" zu zählen. Fünf dieser im Erweiterungsgebiet des Steinbruchs gelegenen Hügel wurden näher untersucht, freigelegt, mit einem Profilschnitt durch die Hügelmitte versehen und abgetragen (Abb. 223). Alle zeigten ein entsprechendes Bild: Regellos sind die Steinbrocken aufgeworfen, besonders schwere Steinblöcke erscheinen bisweilen angelehnt. Es handelt sich um örtlich anstehenden Weißjurakalk. Massenkalke und plattiges Gestein treten vermischt auf. Scharfkantige Steine fehlen; die Stücke zeigen ringsum Verrundungserscheinungen. In die Zwischenräume zwischen den lockeren Steinen ist Waldhumus eingedrungen. Unter dem Hügel ist über geringmächtigem Verwitterungslehm mit einzelnen Steinen der ehemalige Oberboden erhalten. Kompakter Fels ist nach etwa 20 cm erreicht. Bisweilen reicht der Felsgrund an die Oberfläche. Hinweise auf Bestattungen ergaben sich nicht, weder ebenerdige Begräbnisse oder Nachbelegungen noch Grabgruben; Funde fehlen. Holzkohle, angeziegelter Boden oder verbrannte Knochen, die Brandgräber andeuten könnten, waren ebenfalls nicht zu beobachten.

Regellos ist auch die Anordnung der Steinhügel. Die geringsten Abstände zwischen den Hügeln betragen etwa 3–5 m. Reihungen oder Gruppierungen zeichnen sich nicht ab. Nur einmal tritt ein länglicher Steinriegel von etwa 8 m Länge auf. Lediglich ein Lagebezug ist zu erkennen, dass nämlich die Steinhaufen bevorzugt dort anzutreffen sind, wo massiver Fels in geringer Tiefe ansteht oder gar die Bodenoberfläche durchstößt.

Das vermischte Steinmaterial in lockerer, ungeregelter Lage sowie das kantengerundete, der Verwitterung ausgesetzte Gestein aus dem oberflächennahen Bodenbereich – dies lässt eine natürliche Entstehung ausschließen. Offensichtlich liegen Lesesteinhaufen vor, auf denen man Steinmaterial aus nächster Umgebung zusammengetragen hatte. Mühsam hatte man der Landschaft bewirtschaftbaren Grund abgerungen, einen ackerbaulich nutzbaren Verwitterungslehm mit teilweise geringer Lössauflage.

Das Grabenviereck

Eine Untersuchung der Steinhügel erschien umso interessanter, da ein Zusammenhang mit einer rechteckigen Befestigungsanlage gegeben schien, deren Interpretation vom römischen Lager über eine spätkeltische Viereckschanze bis zum umfriedeten mittelalterlichen Gehöft reichte. Beschrieben wurde sie als Schanze mit flach wallartiger Steinanhäufung. Tatsächlich ist sie aber zutreffender als Grabenviereck von etwa 90 m Seitenlänge zu charakterisieren. Bei einem Befestigungswerk würde man den Grabenaushub an der Innenseite erwarten. Auf der „Buchhalde" ist allerdings zu erkennen, dass das ausgebrochene Steinmaterial meist außerhalb, stellenweise beidseitig den Grabenrand begleitet. Eine Interpretation als Schanze scheidet deshalb aus. Um einer Deutung näher zu kommen, wurde ein Profilschnitt angelegt. Rasch verengt sich der oben 2 m breite und noch etwa 40 cm tiefe Graben zur schmalen Rinne, die rund 1,2 m tief in den Felsgrund reicht. In dieser Rinne war eine Pfostenspur zu erkennen, an der Sohle aschehaltiger Boden und in der steinigen, lehmigen Verfüllung etwas Holzkohle. Zu denken ist somit an eine Umfriedung mit Pfahlwand, für deren Anlage Wald gerodet wurde.

Datierung und Deutung

Bei der Untersuchung der Steinhügel fanden sich einige vorgeschichtliche Scherben, wohl Siedlungsreste der Latènezeit. Einige uncharakteristische Silices deuten ferner an, dass das Gelände bereits während der Jungsteinzeit Siedlungs- und Wirtschaftsfläche war. Eine vorgeschichtliche Datierung der Steinhügel ist daraus aber nicht abzuleiten. Die vereinzelt anzutreffenden Funde stammen ausschließlich aus dem Übergangsbereich zwischen dem unter den Hügeln konservierten ehemaligen Humus und dem Verwitterungslehm. Andererseits fand sich in einen Hügel ein alter Markstein gesetzt, der in die Mitte des 19. Jahrhunderts zurückführt, als der vormalige Bauernwald in Gemeindebesitz umgewandelt wurde. Auf ein beträchtliches Alter der Steinhügel lässt jedoch der Waldhumus schließen, der sich zwischen den Steinen angereichert hat. Der Eindruck verfestigt sich, dass die Steinhügel dem Mittelalter angehören, vielleicht dem frühen bis hohen Mittelalter, als man sich gezwungen sah, die Landwirtschaftsfläche auszuweiten und auch Böden minderer Qualität für den Ackerbau nutzbar zu machen.
Deutung und Datierung des Grabenvierecks müssen vorerst ebenfalls noch offen bleiben. Sowohl eine Befestigungsanlage als auch eine vorgeschichtliche Zeitstellung sind auszuschließen. Zahlreiche Siedlungsreste der Hallstattzeit tragen zur Datierung des Gevierts nichts bei. Sie finden sich im dünnen Waldhumus über kompaktem Felsgrund innerhalb wie außerhalb der Anlage und mussten so auch in die Verfüllung des Grabens gelangen. Ein Zusammenhang von Grabenviereck und Steinhügeln scheint ebenfalls nicht zu bestehen, denn auch innerhalb des Gevierts sind mehrere Steinhügel anzutreffen.
Der Grabungsbefund lässt einen massiven Pfostenzaun vermuten. Das Grabenviereck von Westerstetten dürfte der variantenreichen Gruppe von Einhegungen des späten Mittelalters und der Frühneuzeit angehören, für die eine Deutung als Viehhöfe erwogen wird. Der Wald hat auf der „Buchhalde“ die Kulturlandschaft prägende Relikte unterschiedlicher Zeitschichten überliefert. Offenkundig haben aber weder solche Umfriedungen noch Steinhügel einen Niederschlag in der historischen Überlieferung oder in Archivalien gefunden. Deutlich wird, dass es ein dringendes Desiderat ist, diesen Denkmälergruppen nachzugehen, um die mittelalterliche Landnutzung besser kennenzulernen.

Sehr zu danken ist der Betreiberfirma SWS Steinwerk Schelklingen für die gute Zusammenarbeit, der Gemeinde Westerstetten für ihre Unterstützung, Herrn R. Vogt für geologische und bodenkundliche Begleitung, schließlich vor allem den Mitgliedern der Gesellschaft für Vor- und Frühgeschichte in Württemberg und Hohenzollern e. V. aus dem Ulmer Raum für ihre tatkräftige Mithilfe.

Friedrich Klein

Literaturhinweise

Beschreibung des Oberamts Ulm 2 (Stuttgart 1897) 357; 367. – Ch. Seewald, Archäologischer Fundkatalog. Der Stadt- und der Landkreis Ulm, Beiheft (Ulm 1972) 115. – G. Wesselkamp, Die bronze- und hallstattzeitlichen Grabhügel von Oberlauchringen, Kr. Waldshut. Materialh. Vor- u. Frühgesch. Baden-Württemberg 17 (Stuttgart 1993). – J. Klug-Treppe, Steinhügel in Bubsheim, Kr. Tuttlingen. Arch. Ausgr. Baden-Württemberg 1998, 138–141. – R. Schreg, Land als Ressource. Arch. Deutschland 2/2006, 24 f.

Fundmünzen aus Württemberg

Es lagen ungefähr 100 Münzen zur Bearbeitung vor. Davon entfielen 45 auf die römische Zeit sowie die Spätantike, 28 auf das Mittelalter und 18 auf die Neuzeit. Neun Stücke waren keine Münzen oder unbestimmbar. Die römischen und spätantiken Gepräge stammten fast ausschließlich aus Grabungen der Archäologischen Denkmalpflege in Güglingen (Kreis Heilbronn), Herbrechtingen (Kreis Heidenheim), Hessigheim (Kreis Ludwigsburg), Kleinglattbach (Kreis Ludwigsburg), Köngen (Kreis Esslingen) und Welzheim (Rems-Murr-Kreis). Bei den mittelalterlichen Münzen handelte es sich neben einigen Streufunden aus Wannweil (Kreis Reutlingen) und Affalterbach (Kreis Ludwigsburg) durchweg um Einzelstücke von verschiedenen Orten. Am Übergang vom Mittelalter zur Neuzeit steht ein kleiner Münzschatz aus Pfullingen (Kreis Reutlingen), während die weiteren neuzeitlichen Stücke ebenfalls vor allem aus Wannweil kommen. Im Bild kann hier eine Auswahl von 64 Münzen vorgestellt werden, die um zehn Stücke aus der letztjährigen Grabung in Osterburken (Neckar-Odenwald-Kreis) ergänzt wird.

Römische Fundmünzen aus Güglingen und Osterburken

Vier der insgesamt fünf Münzen aus Güglingen sind „Nachzügler" der Grabungen von 1999 bis 2005, wie Asse des Hadrian (Abb. 224 a) und seines kurzfristigen Mitregenten Aelius (Abb. 224 b) sowie ein Sesterz des Antoninus Pius (Abb. 224 c). Schließlich kam 2006 gleichsam als „Schlussmünze" unter dem untersten Stein der Treppe des Mithräums noch ein As aus dem letzten Regierungsjahr des Commodus zum Vorschein (Abb. 224 d). Die zehn Stücke aus Osterburken verdeutlichen noch einmal, dass die Münzen dort einem recht aggressiven „Milieu" ausgesetzt waren. Es hat bei den Bronzemünzen die Oberfläche angegriffen und bei den meist subäraten Silbermünzen zu starker Korrosion geführt. Fünf Bronzeprägungen konzentrieren sich mit je einem Sesterz des Antoninus Pius (Abb. 224 e) und des Mark Aurel (Abb. 224 h), je einem As der Faustina I. und II. (Abb. 224 f und g) sowie einem Dupondius des Commodus (Abb. 224 i) ganz auf Angehörige des antoninischen Kaiserhauses. Vier Denare verteilen sich auf eine unter Caracalla hergestellte Prägung der Julia Domna (Abb. 224 k) und drei Ausgaben des Severus Alexander, die alle im Jahre 226 n. Chr. entstanden sind (Abb. 224 l–n). Den Schluss macht die späteste Münze der Grabung, ein Antoninian des Philippus Arabs von 244–247 n. Chr. (Abb. 224 o). Im Aushub der Osterburkener Grabung wurden nachträglich noch vier Stücke von Hadrian, Mark Aurel und Faustina II. sowie eine mittelalterliche Tuchplombe gefunden.

Römische und keltische Fundmünzen aus Köngen, Herbrechtingen und weiteren Orten

Die zehn Münzen, die in der „Schubertstraße" in Köngen zutage kamen, reichen von einem As des Domitian (Abb. 225 a) bis zu einem Sesterz des Severus Alexander (Abb. 225 k) und umfassen somit einen Zeitraum von etwa 150 Jahren. Die weiteren Fundstücke

Abb. 224
Güglingen und Osterburken. Römische Fundmünzen. Asse des Hadrian (a) und Aelius (b), Sesterz des Antoninus Pius (c) und As des Commodus (d) aus Güglingen. Sesterz des Antoninus Pius (e), Asse der Faustina I. (f) und Faustina II. (g), Sesterz des Mark Aurel (h), Dupondius des Commodus (i), Denare der Julia Domna (k) und des Severus Alexander (l–n) sowie Antoninian des Philippus Arabs (o) aus Osterburken. M. 1:1.

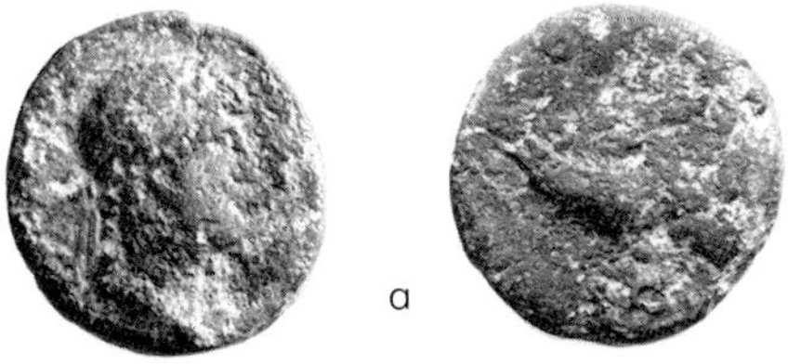
a

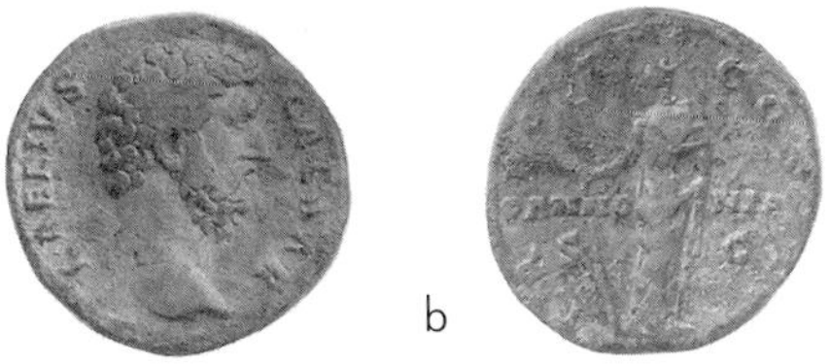
b

c

d

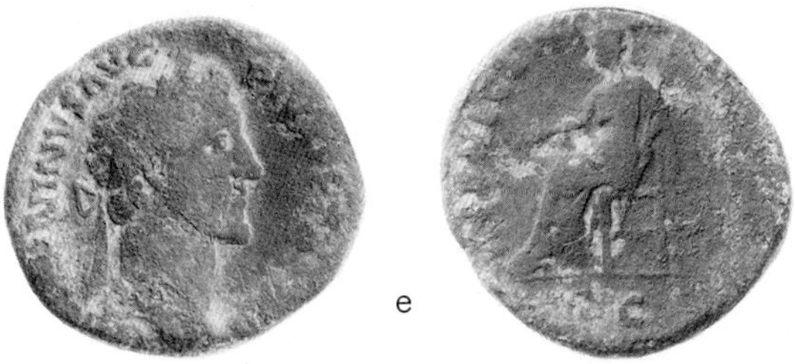
e

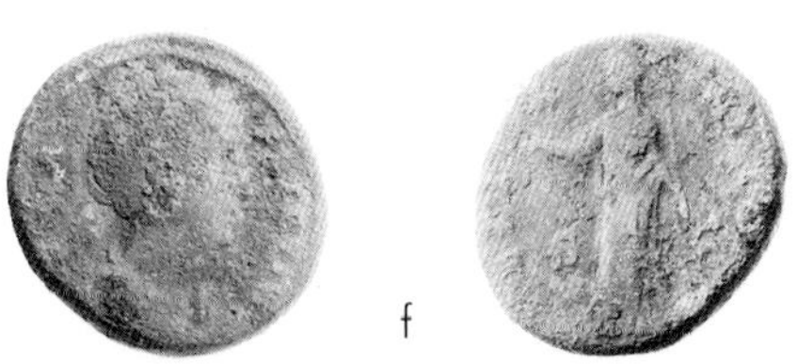
f

g

h

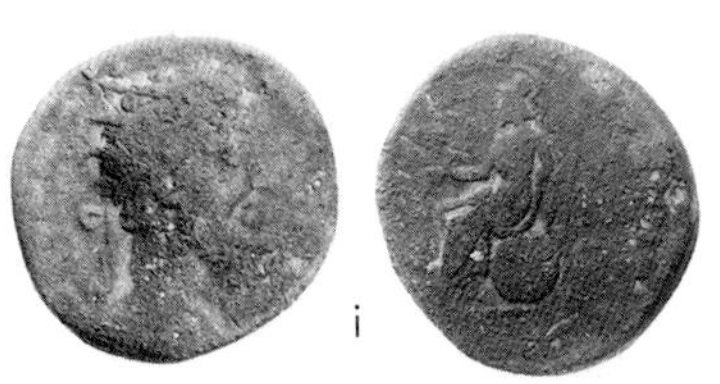
i

k

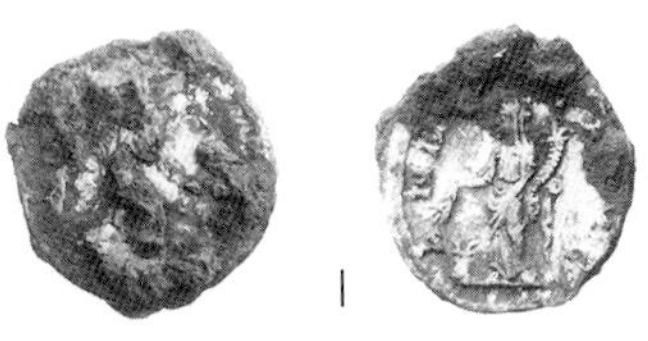
l

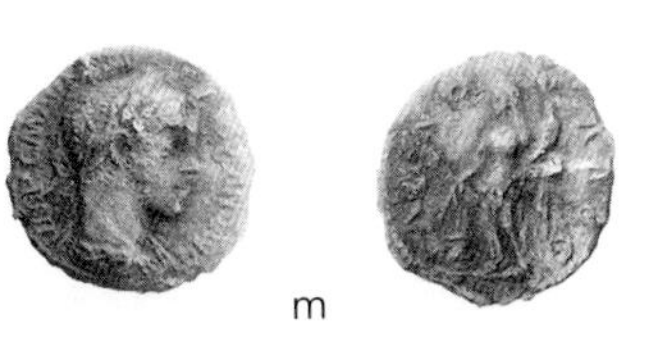
m

n

o

a
b
c
d
e
f
g
h
i
k
l
m
n
o
p
q
r
s
t

sind eine nicht mehr bestimmbare Bronzeprägung vom Ende des 1. Jahrhunderts, zwei mäßig erhaltene Ausgaben des Nerva, ein Dupondius des Trajan (Abb. 225 b), ein As der Faustina II. (Abb. 225 e), ein Sesterz des Clodius Albinus (Abb. 225 h) sowie je ein Denar des Hadrian (Abb. 225 c) und des Elagabal (Abb. 225 g). Aus Herbrechtingen kamen als römische Münzen ein sehr gut erhaltener Dupondius ganz vom Ende der Regierungszeit des Trajan (Abb. 225 l) und ein Dupondius des Antoninus Pius (Abb. 225 n). Unter neun sehr schlecht erhaltenen Fundstücken mit teilweise fraglicher Münzeigenschaft aus dem Westkastell von Welzheim ließen sich vier Denare des Mark Anton, des Mark Aurel, der Faustina II. und des Severus Alexander wenigstens immerhin noch ihren „Münzherren" zuordnen. Ebenfalls nicht mehr weiter zu bestimmen war ein As des Vespasian aus Kleinglattbach. Einzelfunde römischer Münzen, die von privater Seite vorgelegt wurden, waren zwei Denare des Severus Alexander von zwei Höhlen an der oberen Donau (Abb. 225 i und m) sowie als recht späte Stücke aus der Zeit nach dem „Limesfall" ein Antoninian des Tetricus aus Heilbronn-Biberach (Abb. 225 o) und eine Kleinbronze des Magnentius aus Bietigheim-Bissingen (Abb. 225 p). Von weiteren Plätzen an der oberen Donau stammen auch zwei keltische Silbermünzen des sogenannten Schönaicher Typs mit Lockenkopf und Kreuz (Abb. 225 d und f).

Merowingerzeitliche Münzen aus Hessigheim

Eine bemerkenswert hohe „Ausbeute" von gleich zehn Münzen erbrachte die Untersuchung des merowingischen Gräberfelds in Hessigheim. Sie gliedern sich in zwei Gruppen zu je fünf Stück. Vier Münzen der ersten Gruppe bestehen aus älteren Geprägen, die keine Geldfunktion mehr hatten, sondern gelocht und zu Schmuckzwecken verwendet wurden. Sie reichen bis zum Beginn des 1. Jahrhunderts n. Chr. zurück und sind dementsprechend schlecht erhalten. Am Anfang steht ein subärater Denar des Augustus (Abb. 226 a). Dann folgen ein platt geschlagener Antoninian wohl der Otacilia Severa, der Frau des Philippus Arabs (Abb. 226 b), und ein weiterer Antoninian offensichtlich des Gallienus (Abb. 226 c). Noch recht gut erkennbar sind die Darstellungen der vierten Münze, einer um 348/350 n. Chr. geprägten Kleinbronze des Constans mit Kaiserbüste und Phönix (Abb. 226 h). Das fünfte Stück der ersten Gruppe ist wesentlich später und gleich von vornherein als „Schmuckmünze" angefertigt worden (Abb. 226 k). Es gehört typologisch zu einer Serie von Imitationen spätrömischer Siliquen mit Büste und Vota-Legende in einem Kranz. Diese Nachahmungen, die in die zweite Hälfte des 5. Jahrhunderts n. Chr. datiert werden, wurden vermutlich gleich bei der Herstellung gelocht und mit einer Öse versehen (die hier nicht mehr vorhanden ist). Bei der Platzierung der Öse hat man bemerkenswerterweise auf die Stellung der Münzbilder keine Rücksicht genommen. Diese „Schmuckmünzen" zeigen auf der Vorderseite eine von Schriftresten umgebene, nach rechts gerichtete Büste und auf der Rückseite ein Ankerkreuz innerhalb eines mit vier „Juwelen" geschmückten Kranzes. Ähnliche Stücke sind aus Gräbern in Krefeld-Gellep, Sülm (Kreis Bitburg), bei Soissons in Frankreich und vor allem in Graben-Neudorf (Kreis Karlsruhe) bekannt geworden. Sie stammen vielleicht alle aus ein und derselben Werkstatt, die im römisch-fränkischen Teilreich der Machthaber Ägidius und Syagrius zu suchen ist. Das 1974

Abb. 225
Antike, mittelalterliche und neuzeitliche Fundmünzen von verschiedenen Orten. As des Domitian (a), Dupondius des Trajan (b), Denar des Hadrian (c), As der Faustina II. (e), Denar des Elagabal (g), Sesterze des Clodius Albinus (h) und Severus Alexander (k) aus Köngen. Dupondien des Trajan (l) und Antoninus Pius (n) sowie bayerischer Kreuzer (t) aus Herbrechtingen. Keltische Kreuzmünzen (d; f) sowie Denare des Severus Alexander (i; m) von der oberen Donau. Antoninian des Tetricus aus Heilbronn-Biberach (o). Kleinbronze des Magnentius aus Bietigheim-Bissingen (p). Heller von der oberen Donau (q) und aus Esslingen (r). Kurpfälzischer Kreuzer aus Ravensburg (s). M. 1:1.

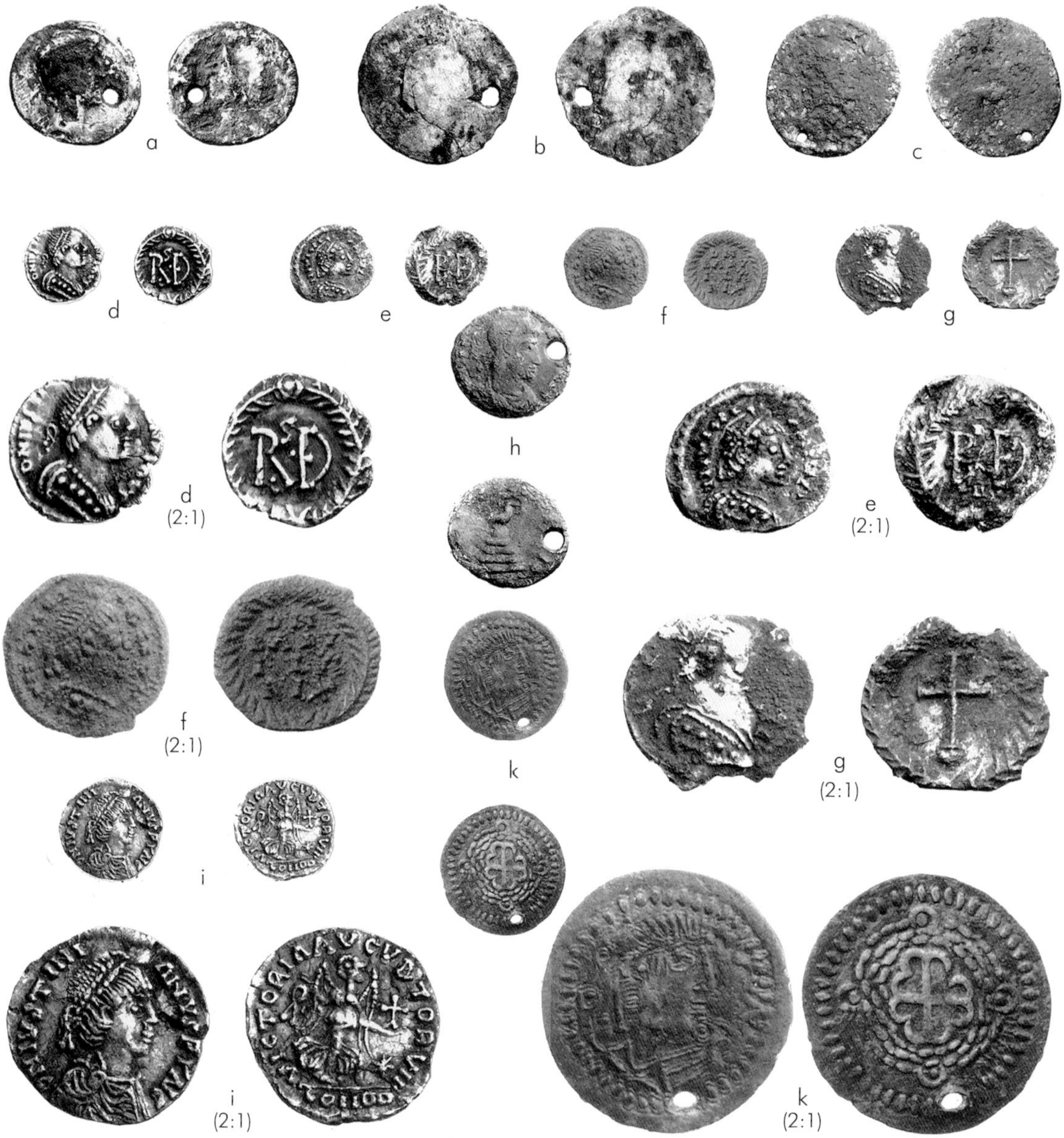

Abb. 226
Hessigheim. Merowingerzeitliche Fundmünzen. Denar des Augustus (a), Antoniniane der Otacilia Severa (b) und des Gallienus (c). Viertelsiliquen des Theoderich (d), der Amalasuntha (e) und des Baduila (f) sowie Halbsiliqua des Justinian I. (g). Kleinbronze des Constans (h). Silberabschlag eines Tremissis des Athalarich (i). Schmuckanhänger nach spätrömischem Vorbild (k). M. 1:1 und zum Teil auch 2:1.

entdeckte Frauengrab von Graben-Neudorf enthielt ein Schmuckgehänge mit insgesamt 22 Anhängern, unter denen sich acht Exemplare des vorliegenden Typs befanden. Im Vergleich mit ihnen stellt das Hessigheimer Fundstück insofern eine bisher nicht registrierte Variante dar, als das Ankerkreuz auf der Rückseite im Zentrum und in den Winkeln keinen zusätzlichen Zierrat in Form von Ringeln und Punkten aufweist.

Die zweite Gruppe der Hessigheimer Fundmünzen umfasst vier Prägungen der Ostgoten aus der ersten Hälfte des 6. Jahrhunderts und eine anschließende Ausgabe Justinians I. aus Oberitalien. Sie setzen mit einer Viertelsiliqua ein, die den Namen des Justinus I. und das Monogramm Theoderichs trägt (Abb. 226 d). Sie wurde nach 518 von Theoderich (493–526) selbst oder auch erst unter seinem Nachfolger Athalarich (526–534) geprägt. An sie schließt sich ein typengleiches Stück mit einer etwas verwilderten Justinian-Umschrift und leicht verändertem Monogramm an, das vermutlich Theoderichs Tochter Amalasuntha (534–535) zuzuschreiben ist (Abb. 226 e). Deutlich ist der Name Justinians dagegen auf dem vermutlich subäraten „Silberabschlag" eines (an sich aus Gold bestehenden) Tremissis zu lesen, der unter Athalarich oder seinen unmittelbaren Nachfolgern entstanden ist (Abb. 226 i). Bei diesem Stück fragt man sich, ob es in diesem Metall, durch das es im Zahlungsverkehr sofort als Fälschung aufgefallen wäre, speziell zur Verwendung als Grabbeigabe angefertigt wurde. Die vierte ostgotische Münze ist eine Viertelsiliqua des Baduila (541–552), bei der dem Porträt auf der Vorderseite eine Anastasius-Umschrift beigegeben ist und die auf der Rückseite eine vierzeilige Inschrift mit dem Titel und Namen des Königs trägt (Abb. 226 f). Am Ende dieser Gruppe steht eine subärate Halbsiliqua Justinians I., die zwischen 552 und 565 in Ravenna geprägt wurde (Abb. 226 g). Auch bei dieser Münze, deren Silberüberzug nur noch teilweise vorhanden ist, stellt sich die Frage, ob sie jemals für den Geldumlauf bestimmt war.

Streufunde aus Wannweil und Affalterbach

Bei einer Grabung, die anlässlich von Renovierungsmaßnahmen in der Turmkapelle der Johanneskirche in Wannweil durchgeführt wurde, kamen insgesamt 19 Münzen zutage. Größere Befunde und Funde waren an dieser Stelle nicht mehr zu erwarten, da zwölf dort ehemals in zwei Ebenen vorhandene Grablegen bereits 1883 ohne eine Dokumentation ausgeräumt worden waren. Dennoch belegen die Münzen eindrucksvoll die lange Geschichte des Platzes. Sie setzen mit einem Sesterz des Mark Aurel von 163/164 n. Chr. (Abb. 227 a) und einem Denar des Commodus von 190/191 n. Chr. (Abb. 227 b) ein. Das Mittelalter ist mit einer gefaltet gewesenen und somit entwerteten zeitgenössischen Fälschung eines Tübinger Pfennigs des 12./13. Jahrhunderts (Abb. 227 c), zwei sozusagen unvermeidlichen Hellern des Radkreuz-Typs aus dem 14. Jahrhundert (Abb. 227 d und e), einem Rottenburger Heller der Grafschaft Hohenberg nach dem Münzvertrag von 1396 (Abb. 227 f), zwei Ulmer Pfennigen nach dem Münzvertrag von 1423 (Abb. 227 g und h) und einem fragmentarisch erhaltenen Berner Hohlringheller des 15. Jahrhunderts (Abb. 227 i) vertreten. Dann klafft eine große zeitliche Lücke, bis ein bayerischer Pfennig von 1824, ein Schweizer Rappen von 1853 und ein württembergischer Kreuzer von 1867 (Abb. 227 k) zu sieben 1-Pfennig-Stücken des deutschen Kaiserreichs und der Weimarer Republik aus der Zeit von 1874 bis 1931 überleiten.

Auch die fünf Fundmünzen von der ehemaligen Burg Wolfsölden in Affalterbach zeigen ein zeitlich weit gespanntes Spektrum. Den antiken Auftakt bildet hier das abgehackte Teilstück eines nicht mehr näher bestimmbaren Sesterz des Trajan der Jahre 104 bis ca. 114 n. Chr. Dann folgen aus dem Mittelalter ein Ulmer Pfennig des 11. Jahrhunderts und ein Heller des Balkenkreuztyps aus dem vierten Viertel des 13. Jahrhunderts, während ein mittelalterlich/neuzeitliches Stück mehr-

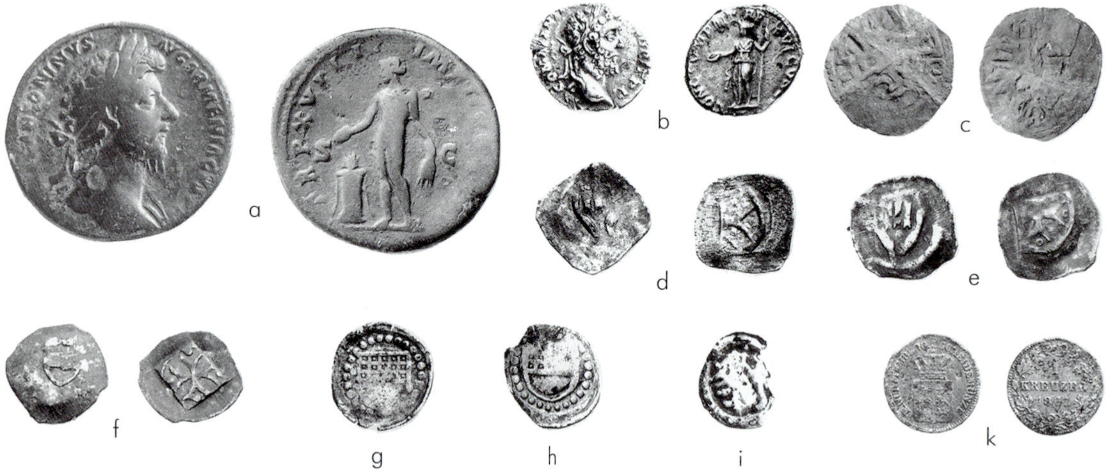

Abb. 227
Wannweil. Fundmünzen aus der Turmkapelle der Johanneskirche. Sesterz des Mark Aurel (a), Denar des Commodus (b), Fälschung eines Tübinger Pfennigs (c), Heller aus Schwäbisch Hall (d; e) sowie der Grafschaft Hohenberg (f), Ulmer Pfennige (g; h), Berner Hohlringheller (i) und württembergischer Kreuzer (k). M. 1:1.

fach zerbrochen und nicht mehr bestimmbar ist. Am Schluss steht ein Nürnberger Rechenpfennig aus der Werkstatt des Johann Adam Dietzel (gest. 1762/1768), dessen Betrieb auch noch von seiner Witwe fortgeführt wurde.

„Auswärtige" und einheimische mittelalterliche Fundmünzen

Vom geringen, aber doch existierenden Geldverkehr im frühen und hohen Mittelalter künden die Einzelfunde von vier „auswärtigen" Prägungen aus Herbrechtingen, Bad Rappenau (Kreis Heilbronn) und Bad Krozingen (Kreis Breisgau-Hochschwarzwald). Neben den beiden römischen Münzen wurden in Herbrechtingen auch je eine mittelalterliche und neuzeitliche Münze gefunden. Beim mittelalterlichen Stück handelt es sich um einen Obol Karls des Kahlen (840–877) mit der Herkunftsbezeichnung AQVI-TANIA, der zwischen 848 und 864, vermutlich aber auch noch später im Gebiet südlich der Loire geprägt wurde (Abb. 228 a). Trotz seiner mäßigen Erhaltung bereichert er die bisher recht spärliche Reihe karolingischer Fundmünzen aus dem württembergischen Raum. Die bei der Auffindung zunächst ebenfalls als „mittelalterlich" eingestufte vierte Münze aus Herbrechtingen entpuppte sich nach der Reinigung als ein Kreuzer des bayerischen Kurfürsten Maximilian III. Joseph von 1757 (Abb. 225 t). Dass sich das Umlaufsgebiet der Pfennige der mittelrheinischen Münzstätten im 11. Jahrhundert entsprechend den Bistumsgrenzen bis in den fränkisch-schwäbischen Raum erstreckte, beweisen zwei Einzelfunde aus Bad Rappenau. Im Bauaushub von der Mühlbach-Niederung im Ortszentrum wurde eine Wormser Prägung Ottos III. (983–1002) entdeckt (Abb. 228 b), und aus Bad Rappenau-Oberbiegelhof stammt eine Speyerer Ausgabe Heinrichs III. (1039–1056) (Abb. 228 c). Vom Referat Denkmalpflege des Regierungspräsidiums in Freiburg wurde zur nochmaligen Erfassung ein Breisgauer Pfennig vom Glöcklehof in Bad Krozingen vorgelegt, der schon 2003 in diesem Jahrbuch (S. 199, Abb. 165) kurz erwähnt und (um 90 Grad verdreht) abgebildet worden war

(Abb. 228 d). Zwar trifft die dort gegebene Charakterisierung als „Breisgauer Silberpfennig des 12. Jahrhunderts“ durchaus zu, aber sie ist doch insofern zu präzisieren, als es sich um eine bisher nicht bekannte Variante des sogenannten Strichelhauben-Pfennigs handelt, die man je nachdem auch als einen selbstständigen Münztyp einstufen kann. Der erst durch den 1980 entdeckten Schatzfund von Müllheim (Kreis Breisgau-Hochschwarzwald) in größerer Zahl greifbar gewordene Strichelhauben-Pfennig zeigt als beidseitige, aber meist nur auf einer Seite deutlich ausgeprägte Darstellung ein nach links gerichtetes Brustbild. Seine spezifischen Merkmale sind ein großes mandelförmiges Auge, eine linear gezeichnete, kastenförmige Halspartie und als Kopfbedeckung eine Art Strichelhaube, die oben in einer Kugel endet und von der nach hinten zwei pendilienartige Bänder abstehen. Außerdem befindet sich vor dem Kopf ein mehrstrahliger Stern. Im vorliegenden Fall ist die Darstellung dagegen nach rechts gewandt, wobei von der Halspartie infolge einer gewissen Dezentrierung nur der hintere Ansatz sichtbar ist. Eindeutig zu erkennen sind dagegen zwei Sterne, die über und unter den zwei Bändern hinter dem Kopf angebracht sind. Zum zeitlichen Ansatz und zur Lokalisierung dieses Pfennigs wie auch des Strichelhauben-Typs allgemein ist noch einmal zu beto-

Abb. 228
Mittelalterliche Fundmünzen von verschiedenen Orten. Obol Karls des Kahlen aus Herbrechtingen (a). Wormser (b) und Speyerer (c) Pfennig aus Bad Rappenau. Breisgauer Pfennig aus Bad Krozingen (d). M. 1:1 und 2:1.

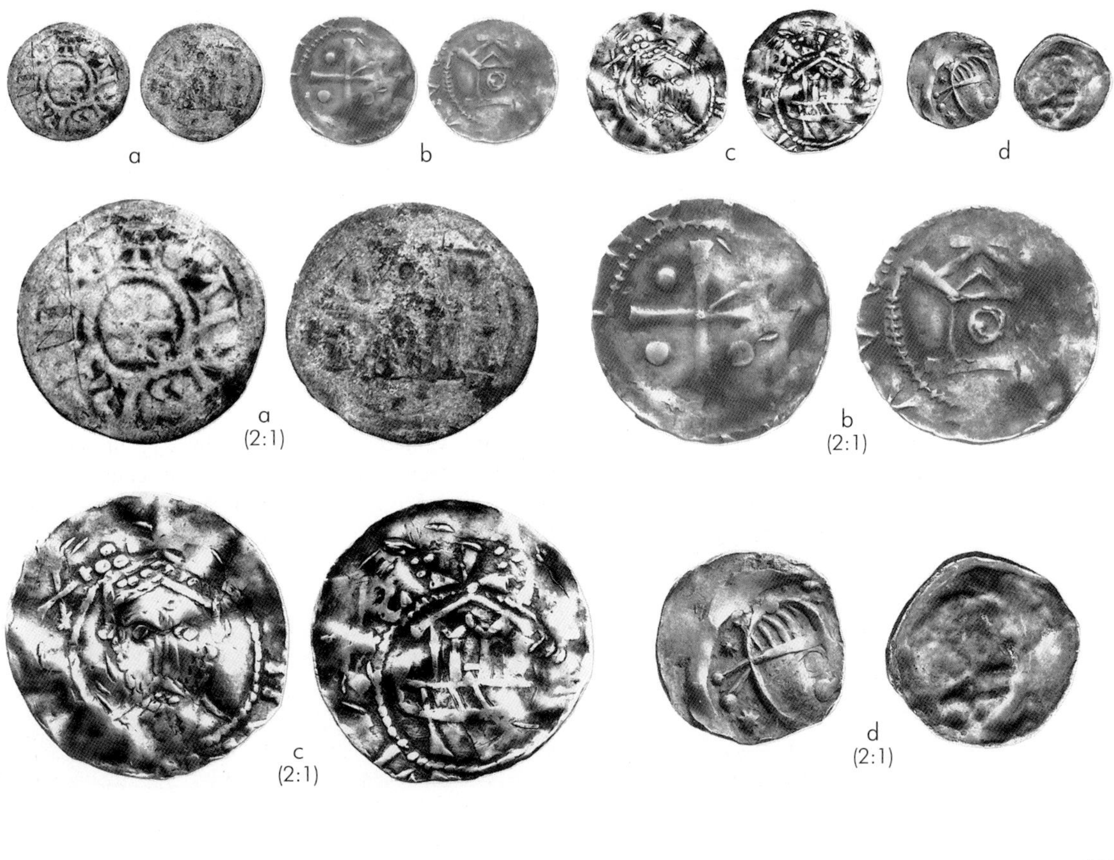

nen, dass er durch die Datierung zweier estnischer Münzschätze, neuere Funde aus dem Breisgau und Freiburg selbst sowie durch seine spezifische Machart als früheste Freiburger Prägung der Zähringer aus der Zeit bald nach 1120 zu gelten hat.
Weiterhin waren als Einzelfunde „schwäbischer" Mittelaltermünzen noch zwei Heller des 14. Jahrhunderts zu registrieren. Der eine stammt von einer der schon angesprochenen Höhlen an der oberen Donau (Abb. 225 q), und der andere kam bei der Renovierung der inneren Brücke in Esslingen zum Vorschein (Abb. 225 r). Leider ist seine Vorderseite so schwach ausgeprägt, dass nicht zu erkennen ist, ob sie irgendein spezifizierendes Beizeichen aufweist. Ein weiteres süddeutsches Einzelstück war ein Amberger Schwarzpfennig aus der Mitte des 15. Jahrhunderts, der an einer Baustelle in Weil der Stadt (Kreis Böblingen) entdeckt wurde.

Ein Münzschatz aus Pfullingen

In einem außerhalb der geschlossenen Bebauung gelegenen Garten in Pfullingen wurde ein kleiner Münzschatz aus der Zeit des Bauernkriegs (um 1525) gefunden. Er umfasste 16 Münzen ausschließlich in Groschengröße, die noch weit ins 15. Jahrhundert zurückreichen. Auch in der Erhaltung der Münzen zeichnet sich deutlich ab, dass sie einem Zeitraum von weit mehr als 100 Jahren angehören. Das älteste Stück ist ein Groschen der Mailänder Herren Bernabo und Galeazzo II. Visconti, die von 1354 bis 1378 gemeinsam regierten (Abb. 229 a). Diese Münze ist ein später Beleg dafür, dass die Mailänder Groschen seit etwa 1400 ein in Süddeutschland weit verbreitetes Zahlungsmittel waren und sich lange im Münzumlauf hielten. Der größte Anteil unter den danach einsetzenden einheimischen Geprägen entfällt auf Ausgaben der Stadt Konstanz. An einen einzelnen Schilling nach dem Münzvertrag von 1417 (Abb. 229 b) schließen sich sieben entsprechende Ausgaben nach dem Riedlinger Vertrag von 1423 an (Abb. 229 c–i). Sie wurden in zahlreichen Varianten über längere Zeit hin geprägt. Zu unterscheiden sind ältere Stücke mit kürzerer (Abb. 229 c) und spätere mit längerer Umschrift (Abb. 229 d–i). Weiterhin sind sie danach zu differenzieren, ob der Vierpass mit dem Stadtschild auf der Vorderseite verziert ist (Abb. 229 c–f) oder nicht (Abb. 229 g–i). Bei einem beschädigten Stück, auf dem der Name des heiligen Konrad nicht wie üblich als CONRA(DVS), sondern als CVONRA wiedergegeben ist, könnte es sich um einen Beischlag handeln (Abb. 229 k). Eine weitere Prägung nach dem Vertrag von 1423, die im Vergleich zu den Konstanzer Stücken etwas besser erhalten ist, kommt aus Ulm (Abb. 229 l). Die gleichzeitigen württembergischen Schillinge sind nicht vertreten. Die Prägungen der Landesherrschaft beginnen erst mit einem württembergisch-badischen Gemeinschaftsschilling von 1479/80 (Abb. 229 m) und setzen sich – dann bereits im 16. Jahrhundert – mit zwei Schillingen des Herzogs Ulrich von 1505 fort (Abb. 229 n–o). Ihre badische Entsprechung des Markgrafen Christoph ist vier Jahre später entstanden (Abb. 229 p). Das einzige Stück des Schatzes, das von den münzgeschichtlichen Veränderungen zu Beginn des 16. Jahrhunderts kündet und das als Schlussmünze einen Anhaltspunkt für die Zeit seiner Verbergung bietet, ist schließlich ein für Karl V. geprägter Halbbatzen der Reichsmünzstätte Augsburg von 1521 (Abb. 229 q). Größere Münzschätze aus der Zeit des Bauernkriegs, wie etwa die Funde von Unterkochen (Stadt Aalen, Ostalbkreis) oder Uttenhofen (Gde. Rosengarten, Kreis Schwäbisch Hall) sind im Gegensatz zur Pfullinger Barschaft viel stärker durch auswärtige Gepräge aus dem ersten Viertel des 16. Jahrhunderts bestimmt.
Von zwei neuzeitlichen Einzelfunden ist dem äußeren Erscheinungsbild nach gerade mit dem Augsburger Halbbatzen eine entsprechende Kemptener Ausgabe von 1513 aus Villingen-Schwenningen zu vergleichen (Abb. 229 r). Das zweite Stück, das aus dem

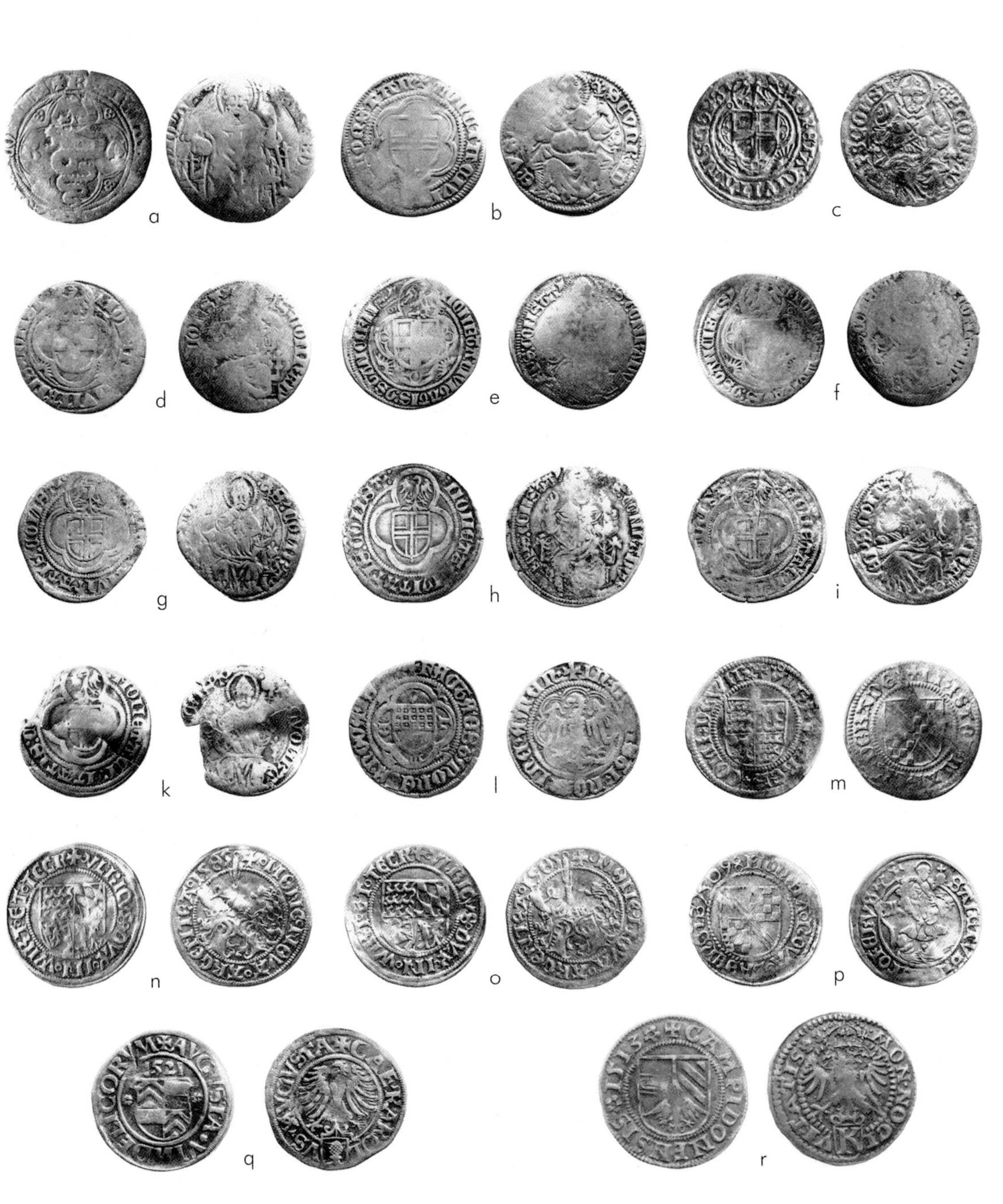

Humpisquartier in Ravensburg (Rossbachstraße) stammt und zunächst für älter angesehen wurde, präsentierte sich nach der Reinigung als ein ganz gewöhnlicher kurpfälzischer Kreuzer von 1727 (Abb. 225 s).

Ulrich Klein

Abb. 229
Mittelalterlich-neuzeitlicher Münzschatz aus Pfullingen (a–q) und Kemptener Halbbatzen aus Villingen-Schwenningen (r). Mailänder Groschen (a), Konstanzer Schillinge (b–i) und Beischlag (k), Ulmer Schilling (l), württembergische Schillinge (m–o), badischer Schilling (p), Halbbatzen der Reichsmünzstätte Augsburg (q). M. 1:1.

Ortsregister

Affalterbach-Wolfsölden 243 ff., 273 f.
Bad Buchau 39 ff.
Bad Buchau-Kappel 24 ff., 39 ff.
Bad Ditzenbach 258 ff.
Bad Krozingen 274 f.
Bad Rappenau 274
Baiersbronn 261 ff.
Biberach → Heilbronn
Bietigheim-Bissingen 271
Blaubeuren-Sonderbuch 33 ff.
Bopfingen 71 ff.
Bopfingen-Trochtelfingen 80 f.
Bopfingen-Unterriffingen 75 ff.
Breisach 106 f., 108 ff.
Dischingen-Dunstelkingen 81
Dühren → Sinsheim
Dunstelkingen → Dischingen
Dürrmenz → Mühlacker
Edingen-Neckarhausen 31 ff.
Efringen-Kirchen, Kleinkems 215 ff.
Engen-Welschingen 90 ff.
Esslingen 198 ff., 276
Fellbach-Oeffingen 140 ff.
Freiburg 219 ff., 223 ff.
Gondelsheim 234 ff.
Göppingen 201 ff.
Grabenstetten 50 ff.
Güglingen 268
Haigerloch-Owingen 153 ff.
Hechingen-Stein 147 ff.
Heidelberg 207 ff.
Heidenheim-Schnaitheim 177 ff.
Heilbronn-Biberach 271
Heimsheim 126 f.
Heitersheim 150 ff.
Herbertingen 68 ff.
Herbertingen-Hundersingen 58 ff., 63 ff.
Herbrechtingen 139 f., 271, 274
Hessigheim 170 ff., 174 ff., 271 ff.
Hundersingen → Herbertingen
Ilvesheim 37 f., 131 ff.
Inzigkofen 52 ff.
Kappel → Bad Buchau
Kirchheim a. R.-Osterholz
Kleinglattbach → Vaihingen a. d. Enz
Kleinkems → Efringen-Kirchen
Köngen 143 ff., 268 ff.
Königshofen → Lauda-Königshofen
Konstanz 44 f.
Ladenburg 55 ff., 116 f.
Langenenslingen 67 f.
Lauda-Königshofen 94 ff.
Leimen 160 ff.
Mannheim 212 ff.
Mannheim-Vogelstang 181 ff.
Maurach → Uhldingen-Mühlhofen
Mittelzell → Reichenau
Mudau-Schloßau 134 ff.
Mühlacker-Dürrmenz 250 ff., 255 ff.
Neckarhausen → Edingen-Neckarhausen
Neuenbürg-Waldrennach 82 ff.
Niederstotzingen-Stetten ob Lontal 20 ff.
Oberflacht → Seitingen
Oedheim 28 ff.
Oeffingen → Fellbach
Offenburg 190 ff.
Ortenberg 186 ff.
Osterburken 98 ff., 268
Osterholz → Kirchheim a. Ries
Owingen → Haigerloch
Pattonville → Remseck
Pfullingen 276 f.
Rauenberg-Rotenberg 204 ff.
Ravensburg 240 ff.
Reichenau 232 ff.
Reichenau-Mittelzell 227 ff., 230 ff.
Remseck-Pattonville 157 ff.
Riesbürg-Utzmemmingen 81
Rotenberg → Rauenberg
Rottenburg a. Neckar 194 ff.
Rottenburg a. N.-Wurmlingen 248 ff.
Rottweil 111 ff.
Sasbach a. Kaiserstuhl 165 ff.
Schelklingen 17 ff.
Schloßau → Mudau
Schnaitheim → Heidenheim
Schriesheim 49 f.
Seefelden → Uhldingen-Mühlhofen
Seitingen-Oberflacht 163 ff.
Sindelfingen 128 ff.
Sinsheim-Dühren 86 ff.
Sonderbuch → Blaubeuren
Stein → Hechingen
Stetten ob Lontal → Niederstotzingen
Stettfeld → Ubstadt-Weiher
Trochtelfingen → Bopfingen
Ubstadt-Weiher, Stettfeld 118 ff., 122 ff.
Uhldingen-Mühlhofen 44 ff.
Unterriffingen → Bopfingen
Unteruhldingen → Uhldingen-Mühlhofen
Utzmemmingen → Riesbürg
Vaihingen a. d. Enz-Kleinglattbach 271
Vogelstang → Mannheim
Waldrennach → Neuenbürg
Wannweil 273
Weil der Stadt 276
Welschingen → Engen
Welzheim 101 ff., 271
Westerstetten 265 ff.
Wolfsölden → Affalterbach
Wurmlingen → Rottenburg a. Neckar

Grabungstechnik, Grafik, Zeichnungen, Fotografie, Restaurierung

R. Auch, R. Barcsay-Regner, D. Bibby, T. Biel, M. Bischler, W.-D. Blumer, R. Boes, G. Born-Wirth, A. Bücheler, E. Bürk, M. Dauner, H. Deniffel, H. Eberspächer, N. Ebinger-Rist, P. Eisinger, M. Erne, P. Eule, M. Frebel, T. Freier, K. Fisch, L. Fischer, W. Frey, A. Harwath, B. Hausner, A. Hipp-Mannschott, I. Hofmann, W. Hohl, M. Horn, W. Horst, Z. Hussain, H. Hüther, U. Jondral, A. Kalkowski, J. Kordsmeyer, T. Kreß, H. Lang, A. Lerch, T. Märkle, I. Marszalek, H. Masula, M. Mayer, S. Mehret, Y. Mühleis, B. Nädele, B. Nägele, J. Niemann, C. Nübold, D. Orelly, St. Papadopoulos, H. Peters, K.-H. Ponradl, S. Reißing, J. Ritz, E. Rümmele, K. Salmon, Th. Schlipf, H. Schmierer, Ch. Schwarzer, R. Staub, H. Steinwand, A. Striffler, S. Sutt, A. Szymanski, H.-J. Teufel, D. Tschocke, C. Urbans, M. Vöhringer, B. Volkmer, M. Weber, Th. Wehler, M. Weissert, K. Zarrad.

Bildnachweis

K. Bode, Friedrichshafen: 166, 218
M. Bomm, Südwestpresse/Geislinger Zeitung: 215
O. Braasch, Landshut: 10, 42, 51, 75, 149, 156 (Bearbeitung B. Lück), 185, 219
nach: W. Erdmann 1970, 13 Abb. 14 (aktualisiert): 179
GLA Karlsruhe J-B Gondelsheim/1: 193, 196, 199
R. Goldschmidt: 151
Gräflich Douglassches Archiv Langenstein, 5897/Foto Th. Adam: 197
R. Hajdu, Stuttgart: 41, 47
G. Hell/O. Teschauer (Grundlage)/F. Damminger (Ergänzung u. Korr.)/Kartographie Peh & Schefcik (digitale Umsetzung): 145, 147
L. Hildebrandt, Wiesloch: 168
M. Hoeper, Freiburg: 150
M. Klefenz: 167
G. Knepel: 191
J. Köninger, Freiburg: 24–28
Kreisarchäologie Göppingen: 164, 165, 216, 217
Kreisarchäologie Konstanz: 67 (Grundlage: TK 1:25000, Blatt 8118, © Landesvermessungsamt Baden-Württemberg [http://www.lv-bw.de], Az.: 2851.3 – A/218); 68–70
Landesmuseum Württemberg, U. Klein: 224–229
T. Marstaller, Rottenburg: 208, 210, 211
nach: Offizielle Karte UNESCO-Weltkulturerbe Obergermanisch-Raetischer Limes in Baden-Württemberg, © Landesvermessungsamt Baden-Württemberg: 74
Kartographie Ch. Peh & G. Schefcik, Eppelheim: Karte S. 7; 170, 171 (Vorlage RPK, Zeichnung R. Auch); 148 (Grundlage Topogr. Atlas Großherzogtum Baden Bl. 6, 1838)
M. Rauschkolb (Zeichnung)/M. Strotz (Digitalisierung): 183
Reiss-Engelhorn-Museen Mannheim: 13–15, 18–20, 29
Römisches Freilichtmuseum Hechingen-Stein: 119–121
G. Schäfer, Schwäbisch Hall: 209
nach: E. Schallmayer, Arch. Ausgr. Baden-Württemberg 1992, 204 Abb. 1: 92
nach: B. Schaufelberger 2000, 91 Abb. 160 (aktualisiert): 180
Th. Schwarz, Urbach: 160, 161, 202, 204
M. Seitz, Rottenburg: 102
Staatsarchiv Sigmaringen: 39
G. Stegmaier, Tübingen: 30, 31
D. Tonn, Karlsruhe: 107
Universität Frankfurt, Institut für Archäologische Wissenschaften: 52–58
Universität Freiburg, Abt. Provinzialrömische Archäologie: 84; G. Seitz: 122, 123; Universitätsarchiv A 90/8: 182
Universität Tübingen, Institut für Ur- und Frühgeschichte und Archäologie des Mittelalters: 16, 17; M. Malina: 1, 4; S. Feine (Zeichnungen)/T. Verrept (Digitalisierung): 2; R. Ehmann (Zeichnungen)/T. Verrept (Digitalisierung): 3; R. Ehmann (Zeichnungen)/R. Seitz (Digitalisierung): 5,1–12; E. Ghasidian (Zeichnungen)/R. Seitz (Digitalisierung): 5,13–17; H. Jensen (Fotos)/M. Malina (Digitalisierung): 6

Alle anderen: Landesamt für Denkmalpflege im Regierungspräsidium Stuttgart und die Fachreferate für Denkmalpflege in den Regierungspräsidien

Der Förderkreis Archäologie in Baden und die Gesellschaft für Vor- und Frühgeschichte in Württemberg und Hohenzollern wollen die interessierte Öffentlichkeit mit den großen Denkmälern unserer südwestdeutschen Vorzeit vertraut machen. Sie versuchen dies durch Veröffentlichungen, durch Lichtbildervorträge im Land, durch Exkursionen im In- und Ausland und durch jährliche Zusammenkünfte zu erreichen. Die beiden Vereinigungen arbeiten eng mit der Archäologischen Denkmalpflege zusammen. Sie sind gemeinnützige Vereine, die ein Maximum an Information bei einem Minimum an Kosten vermitteln wollen. Helfen auch Sie durch Ihren Beitritt mit, das Wissen um das große historische Erbe unseres Landes zu fördern und dem drohenden Verfall bedeutender Kulturdenkmäler entgegenzuwirken!

Auskünfte und Rat erteilen:

Gesellschaft für Vor- und Frühgeschichte
in Württemberg und Hohenzollern,
Berliner Straße 12, 73728 Esslingen,
Telefon (0711) 66463-416;
E-Mail: mail@gesellschaft-vfg.de;

Förderkreis Archäologie in Baden,
Kurpfälzisches Museum
Dr. Renate Ludwig
Schiffgasse 10, 69117 Heidelberg
Telefon (06221) 5834180
E-Mail: info@foerderkreis-archaeologie.de;

Landesamt für Denkmalpflege im
Regierungspräsidium Stuttgart,
Berliner Straße 12, 73728 Esslingen,
Telefon (0711) 66463-501,
E-Mail: poststelle@rps.bwl.de,
Internet: www.denkmalpflege-bw.de,

mit den Referaten für Denkmalpflege
in den Regierungspräsidien
Karlsruhe – Moltkestraße 74,
76133 Karlsruhe, Telefon (0721) 926-4801;
Freiburg – Marienstraße 10a,
79089 Freiburg, Telefon (0761) 20712-0;
Tübingen – Alexanderstraße 48,
72074 Tübingen, Telefon (07071) 913-200
und Stuttgart – Berliner Straße 12,
73728 Esslingen, Telefon (0711) 66463-401.